北魏

本书得到河南省教育厅高校人文社科重点研究基地河洛文化国际研究中心"河洛文化"重点学科以及河南省高等学校哲学社会科学创新团队支持计划资助（2020-CXTD-04）。

文库

北魏洛阳城南的
居民与居住环境

王静 著

社会科学文献出版社
SOCIAL SCIENCES ACADEMIC PRESS (CHINA)

目　录

图表目录

绪　论

美国城市规划师刘易斯·芒福德（Lewis Mumford）曾这样说道：

> 城市通过它集中物质的和文化的力量，加速了人类交往的速度，并将它的产品变成可以储存和复制的形式。通过它的纪念性建筑、文字记载、有秩的风俗和交往联系，城市扩大了所有人类活动的范围，并使这些活动承上启下，继往开来。城市通过它的许多储存设施（建筑物，保管库，档案，纪念性建筑，石碑，书籍），能够把它复杂的文化一代一代地往下传，因为它不但集中了传递和扩大这一遗产所需的物质手段，而且也集中了人的智慧和力量。这一点一直是城市给我们的最大的贡献。①

从刘易斯·芒福德的这段论述中我们可以获取如下信息：其一，城市是人类社会发展到一定历史阶段的产物，是人类赖以生存和发展的重要介质，其发展的历史，反映着人类社会、人类自身同样的发展过程；其二，城市居住环境是提高城市居民生活质量的一个重要因素，也是城市经济、文化和社会等活动的一个重要支撑。可以说，居住生活场所的改善是人类社会有史以来的基本生存活动，在这一进程中，居民自身也得到了改造并取得了一定发展，即居民和居住环境二者之间相互联系和相互影响。这一观点更是集中体现在他对城市诸多美好的展望中：

---

① 〔美〕刘易斯·芒福德著，宋俊岭、倪文彦译《城市发展史——起源、演变和前景》，中国建筑工业出版社，2005，第580页。

> 我们必须使城市恢复母亲般的养育生命的功能，独立自主的活动，共生共栖的联合，这些很久以来都被遗忘或被抑止了。因为城市应当是一个爱的器官，而城市最好的经济模式应是关怀人和陶冶人。①

很显然，芒福德在阐述城市发展过程中，试图证明人类凭借城市这个容器不断提高自己，丰富自己，城市最重要的功能和目的是关怀人和陶冶人。尽管其评述仅限于西方文明，准确地说是西欧的区域性经验认识，但是它基本上展现了全球范围内城市发展的一般历程。然而不容回避的是，不同区域国家的城市有着不同的自然地理环境和社会发展形态，因而居民的来源构成和居住环境的历史面貌必然各不相同。本书试图对中国中古时期北魏洛阳城南的居民与居住环境进行复原，以此揭示这一区域居民与居住环境的动态演变轨迹，以期呈现历史地理学研究的核心思想——人地关系学之人地互动的历史图景。

一 研究对象的界定及其学术意义

北魏洛阳城是在西周洛邑城址的基础上，经过春秋晚期、秦代的增扩，东汉、魏晋及北魏等王朝的修缮和增筑活动，适应社会历史发展变化的需要而逐渐形成的，由内城和外郭城组成。为了便于行文，笔者依据《洛阳伽蓝记》的记载顺序及内容，将北魏洛阳城的居民情况分别从内城、城东、城南、城西和城北等五部分进行叙述，又据《洛阳伽蓝记》收录的城南诸寺院方位，并参考孟凡人所著《北魏洛阳外郭城形制初探》② 一文，界定北魏洛阳城南的范围。

具体来说，笔者所指的北魏洛阳城南，以洛水为自然分界线，包括洛水北岸和洛水南岸两部分。其中洛水北岸为东西狭长地带，西起城西寿丘里③

---

① 〔美〕刘易斯·芒福德著，宋俊岭、倪文彦译《城市发展史——起源、演变和前景》，中国建筑工业出版社，2005，第586页。
② 孟凡人：《北魏洛阳外郭城形制初探》，《中国国家博物馆馆刊》1982年第4期。
③ 寿丘里的范围：自延酤（大市西侧的里坊）以西，张方沟以东，南临洛水，北达邙山，其间东西二十里，南北十五里，并名为寿丘里，皇宗所居也，民间号为王子坊。详见（北魏）杨衒之撰，周祖谟校释《洛阳伽蓝记校释》卷3《城南》，中华书局，2010，第147页。

之东界，东至城东外郭城城墙，北接内城南墙阳渠及西明门外大道，南达洛水北岸；而洛水南岸范围，南达伊水之北的圜丘，北接洛水南岸，其方圆以内城铜驼街延伸而来的中央御道为轴线，向西约 2 里，往东 2～3 里（即伊、洛水交汇处）。如图 1 所示。

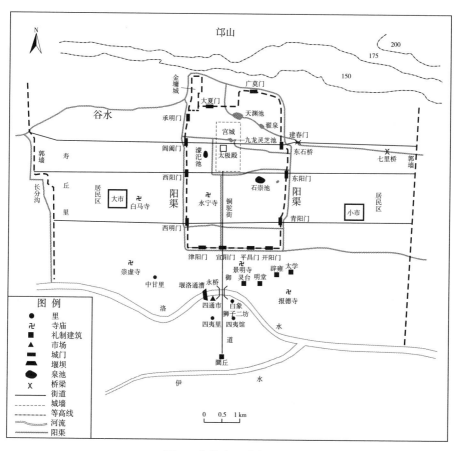

图 1　北魏洛阳城南示意

《辞海》中"居民"的现代定义是："居住在一国境内受该国管辖的自然人。按照法律地位，分为本国人、外国人、无国籍人等不同类别。本国人构成一国居民的绝大多数。"① 有鉴于此，本选题尽量采用较为宽泛的"居民"定义，以便拥有更多可供研究的内容。诸如《魏书》等正史所录

---

① 辞海编辑委员会：《辞海》，上海辞书出版社，1999，第 3045 页。

的皇帝皇后妃嫔、四夷附洛人员等,《洛阳伽蓝记》记载的各城区里坊居住者及管理者、各寺院的僧尼道士及隐逸者、市场周围居住的商人、一般士庶、官宦人家的奴仆等,佛教典籍收录的曾在北魏洛阳城传教、译经、游历的高僧,以及墓志资料涉及的各城区里坊(包括宫城和金墉城)居住者(或言其卒于某里坊)等,上述这些人员不论其在北魏洛阳城居住时间的短长,笔者均视为北魏洛阳城的居民。

本书研究的居住环境,是指人群生活空间中影响居住者生活与发展的各种因素的综合,主要由自然环境和人文环境两部分组成,既包括沟渠、园林、环境绿化,也包括道路、桥梁、里城、市场、寺院、礼制场所,还有居住环境对人的行为产生的心理感知等。换言之,北魏洛阳城,作为王朝统治的核心,既是从皇帝宗室、公卿百官到商人庶民、僧尼道隐的生活居住空间,又是朝廷各项行政制度运作的舞台。因此,对于洛阳城尤其是城南居住环境的认知和阐释,无疑为我们深入了解北魏洛阳时代诸多方面提供了一个独特视角。

通过对"居住环境"这一研究概念的界定,不难窥知,人类的生产、生活和发展,总是需要一定的地理环境才能进行,没有人的地理环境是不存在的,更是没有意义的,诚如王恩涌先生所说,"人地关系"既是古老的哲学命题,也是地理学的核心思想[①]。也就是说,人类活动与地理环境之间的关系(简称"人地关系"),是自人类起源以来就客观存在的关系。对此,历史地理学家侯仁之教授曾言,历史地理学"主要研究对象是人类历史时期地理环境的变化,这种变化主要是由于人的活动和影响而产生的"。[②] 可以说,历史地理学研究的核心是人地关系,在研究地理现象变化时不能缺少人或人类社会这一主角。由此,王社教研究员做出了进一步阐释,他认为,"人类社会和地理环境是一个问题的两个方面,与地理环境是对等的、相互作用的,而且人类社会的行为远较地理环境的变化复杂,不懂得人类的思想意识和人类社会活动的运行机制,就无法科学地说明人地关系的真

---

① 参见王恩涌《"人地关系"的思想——从"环境决定论"到"和谐"》,《北京大学学报》(哲学社会科学版)1992 年第 1 期。

② 侯仁之:《历史地理学刍议》,《北京大学学报》(自然科学版)1962 年第 1 期,第 73 页。

正内涵"。①

从上述学者的观点中，我们可以认为，人类活动与地理环境都处于不断运动变化之中，这不仅意味着不同时期不同地区的人们对其所处地理环境以及人地关系有着不同的认识，还意味着同一时期同一地区的人们对其所处地理环境以及人地关系有着不同的认识。例如，北魏朝廷都洛后，富有远见地将洛水南岸拓展为四夷馆，即四方归附人员聚居的场所。一时间，体貌有别、风俗各异的外来之风，在四夷馆一带汇聚成五光十色、奇姿异彩的文化景观。不容回避的是，当时流行以居此为耻的社会现象，然而经过二十余年的发展，这一观念在北魏洛阳后期趋于弱化。尽管这种转变涉及多方面因素，但四夷馆居住环境的改善无疑是重要原因之一。也就是说，四夷馆居住环境是一个不断丰富发展的过程，是朝廷官员和各色人等，各种不同心态、经历、际遇、沉浮的居民共同努力的结果。他们开辟了众多建筑场地，密集的永久性定居点，繁盛的商贸场所，从事宗教活动的专用建筑物，纪念性公共建筑等，再现了一个时代的情境。由此不难看出，四夷馆居住条件在改善，吸引力也在增大，故而由"耻居"到"乐居"，也是很自然的事情了。

综上可见，北魏洛阳城南的居住环境，是当地居民在日常生活和社会活动的不断影响下而逐渐形成的，这种影响不仅在空间上逐渐扩大，还在时间上不断加深。例如洛水北岸由"崇礼"之区演变为"崇佛"之区，洛水南岸由荒芜之地演变为文明聚落，鉴于其独特性，这里无疑成为考察北魏洛阳城的一个窗口。此外，目前学界关于北魏洛阳城的研究成果丰硕，有了一定的学术枳累，但尚鲜有"人地关系"视角的认知。因此笔者尝试以"人地关系"为切入点，复原北魏洛阳城南居民与居住环境的历史发展图景，进而探寻居民认识、利用、改造居住环境的态度与方法，以及二者互动关系和动态演变等相关问题，以期对北魏洛阳城的学术研究贡献些许素材，从而以更加广阔的视野，从更深层次上理解北魏洛阳城在我国古代都城发展史上的重要地位和价值。

---

① 　王社教：《中国历史地理学向何处去》，《中国历史地理论丛》2017 年第 1 期，第 7 页。

二 学术史回顾与问题的提出

洛阳，目前考古勘测有五大都城遗址，按年代先后依次为二里头遗址、偃师商城遗址、东周王城遗址、汉魏洛阳城遗址和隋唐洛阳城遗址。长期以来，中外学界诸多学者围绕历史时期洛阳的考古遗迹、城市规划、城市建筑、空间布局、生态环境及民众的社会生活、宗教信仰等问题，在考古学、历史学、建筑学、宗教学等不同领域做了许多研究。对此，李久昌先生从学术史角度总结并评述了 20 世纪 50 年代以来洛阳古都研究的丰硕成果[①]，这对进一步深入研究古都洛阳有重要意义。尤其值得关注的是，2010 年在日本东京召开的"洛阳学国际研讨会"上，"洛阳学"正式被提出，旨在为中外学界共同探讨洛阳的历史多样性提供一个平台。可以说，"研究洛阳学，研究千年帝都的形成、演化、发展变化规律以及源于洛阳的包容文化，可以较好地阐释为什么全球四大文明发祥地只有中国传统文明在包容文化氛围中传承至今，而且一直具有很大的韧性，具备可持续发展和创新能力"。[②]

在上述五大都城遗址中，汉魏洛阳城遗址是在周代成周城基础上扩建起来的东汉、曹魏、西晋、北魏四朝的都城遗址。因该城址在东汉和北魏时期最为繁盛，故史称"汉魏洛阳故城"，其中北魏洛阳城，在中国都城发展史上有着重要地位[③]。自 20 世纪 50 年代开始对汉魏洛阳故城进行考古勘探以来，其研究成果日渐丰富。方钢从城市规划、里坊制度、佛寺石

---

① 李久昌：《20 世纪 50 年代以来的洛阳古都研究》，《河南大学学报》（社会科学版）2007年第 4 期，第 27~35 页。

② 张占仓等：《千年帝都洛阳人文地理环境变迁与洛阳学研究》，《中州学刊》2016 年第 12期，第 118 页。

③ 宿白：《北魏洛阳城和北邙陵墓——鲜卑遗迹辑录之三》，《文物》1978 年第 7 期，第42~52 页；徐金星、杜玉生：《汉魏洛阳故城》，《文物》1981 年第 9 期，第 85~87页；王仲殊：《中国古代都城概说》，《考古》1982 年第 5 期，第 505~515 页；段鹏琦：《汉魏洛阳城的几个问题》，载《中国考古学研究——夏鼐先生考古五十年纪念论文集》，文物出版社，1986，第 244~251 页；陈桥驿主编《中国七大古都》，中国青年出版社，1991，第 149~160 页；史念海：《汉魏洛阳故城在历史上的作用和地位》，载《中国古都研究（第十三辑）——中国古都学会第十三届年会论文集》，1998，山西人民出版社，第 122~126 页。

窟及社会经济等方面，对北魏洛阳城的相关研究进行了较为全面的综述，继而分析了该学术领域存在的局限性，并为以后的研究提出建议，具有一定的参考价值①。

此后，学界陆续发表出版了关于北魏洛阳城的相关论著。

城市规划方面。刘涛研究员主要从考古学的角度出发，指出北魏洛阳城的营建，虽多沿用魏晋洛阳城的旧制，又独具特色，充分体现了以宫城为核心的规划理念及皇权至上的统治思想，无疑是拓跋魏政权锐意汉化改革在城市规划上的充分展现，由此开创了中国古代都城布局的新阶段，影响深远②；聂晓雨等根据近年汉魏洛阳宫城太极殿、阊阖门等遗址考古发掘材料，并结合相关文献记载，对汉魏洛阳城宫城布局演变进行了翔实的论述，并就汉魏洛阳故城的形制、布局、沿革重新加以探讨，主张北魏洛阳宫城形制对隋唐以降历代都城规划都有影响，在中国古代都城建设史上有重要地位③；岳东先生尝试从渡口对城市形态、市场布局的牵制，交通路线、经济腹地、政治形势等对市场分工的影响，孝文帝、李冲的心境与政治抱负对规划境界的制约等角度分而论之，指出这样壮美的城市布局，是北魏加强中原王朝正统地位的硕果，并认为北魏洛阳城规划格局的主体性、包容性与创新性浑然天成④；周胤主张北魏洛阳城佛寺的增多，无疑与里坊规划产生矛盾，寺院常常毁坊开墙、阻碍道路，不仅给城市管理带来压力，也不断改造京城的面貌⑤。笔者认为周文的主要特色，一是对当时洛阳城寺院布局和里坊内的街巷格局进行了较为细致的推测，二是认为佛教及佛教建筑在推动城市变迁进程中发挥了不可忽视的作用，这都对北魏洛阳城研究颇具启发借鉴意义。

都城文化方面。于涌综合分析了相关正史、墓志及文学典籍，他认为，孝文帝定鼎嵩洛后，以北魏宗室为核心的文人群体，带动了城市文学

① 方钢：《北魏都城洛阳相关研究综述》，《新西部》2016 年第 5 期，第 62 ~ 63 页。
② 刘涛：《北魏洛阳城的规划与改建》，《唐都学刊》2016 年第 4 期。
③ 聂晓雨等：《汉魏洛阳城宫城形制及其影响》，《中州学刊》2017 年第 8 期。
④ 岳东：《北魏洛阳市场布局环境、格局与境界》，《三门峡职业技术学院学报》2018 年第 3 期。
⑤ 周胤：《北魏武、明时期洛阳寺院布局与里坊规划》，《社会科学战线》2018 年第 10 期。

的复兴，使洛阳迅速成为当时北方的文化中心，该城由此迎来了继西晋太康之后的文学复兴与开拓时代①；魏斌研究员又以中古洛阳城的圜丘为出发点，详细分析了孝文帝重启圜丘所承载的复杂文化内涵，认为圜丘祭祀是一种承载着思想和秩序的仪式，为我们更好理解北魏洛阳城的文化提供了丰富的维度②；蔡丹君否定了学界提出的"南北朝时期北方文学的复苏，主要是由于南朝文学力量的北传"的观点，提出北方地区文学复苏的真正引领者是迁都洛阳后的鲜卑贵族，他们在洛阳城引领了新的文学风尚，最终将北方地区文学的发展推进到新的历史阶段③；杨柳透过大量史籍资料，认为北魏都洛后，文人的文学空间发生了较大变化，他们的文学活动已然渗透到日常生活中，其文学观念也较北魏前期有了较大变化，又指出当时南北文化在礼乐典章、饮食服饰、语言风俗、思想学术、宗教文学等方面都有了不同程度的交流与融合，并分析这种状况的出现与统治者的文化策略密不可分④；柏俊才教授则主张北魏文学自拓跋鲜卑族建国后缓慢发展，迁都洛阳后凸显繁荣，这是孝文帝全面汉化的结果，并进一步指出，北魏文人出现了学习、模仿汉族文化的高潮，是有意识地继承与发展，促进了拓跋鲜卑文学风格的改变和文学的繁荣⑤。

里坊制度方面。陈建军等在前人研究基础上，依据相关文献及出土墓志资料，对北魏洛阳城的里坊数量及名称进行了翔实考证，又通过分析里坊内道路体系构成和推测封建等级制度下各级官员住宅规模，探讨北魏洛阳城里坊的平面布局，为学界深入研究里坊制度提供了线索⑥。

佛教方面。陈建军以北魏洛阳皇家首刹永宁寺的泥塑为研究对象，指明在南北朝抢占中华文化制高点的大背景下，鲜卑人锐意汉化，将佛教融

---

① 于涌：《定鼎嵩洛与北魏洛阳诗赋之复兴》，《中国韵文学刊》2017 年第 1 期。
② 魏斌：《思想的圜丘》，《读书》2017 年第 6 期。
③ 蔡丹君：《鲜卑贵族与北魏洛阳文学风气的形成》，《民族文学研究》2018 年第 2 期。
④ 杨柳：《从〈洛阳伽蓝记〉管窥北魏中后期士人文学生活的新变》，《北方论丛》2018 年第 2 期；杨柳：《从〈洛阳伽蓝记〉看北魏后期南北文化的交流与融合》，《名作欣赏》2018 年第 12 期。
⑤ 柏俊才：《洛阳时期的汉化与北魏文学的繁荣》，《石家庄学院学报》2019 年第 1 期。
⑥ 陈建军：《汉魏洛阳城里坊搜佚》，《三门峡职业技术学院学报》2017 年第 3 期；陈建军：《北魏洛阳城里坊平面布局之探讨》，《三门峡职业技术学院学报》2018 年第 1 期。

入汉化的大潮之中，加速了西来佛教与中国传统文化的会通融合，使印度佛教逐渐发展成为富有鲜明民族特色的中国佛教，极大地丰富了中华文化①。

丝路贸易方面。张爽从胡商和僧侣相互依赖的关系出发，认为北魏迁都洛阳后，大批西域胡商来到洛阳从事丝绸贸易，西域胡商、北魏各界投入奉佛活动的大量贵金属物资，与丝绸贸易沿线各国胡商间的战争和经济往来有密切关系②；张乃翥研究员对洛阳地区的文献史料及地下出土文物进行系统考察，他表示，由于中古时代丝绸之路的畅通，丝路沿线日益密集的人事流动，包括物质层面和意识形态领域的资源交流，已日渐为洛阳社会生活注入崭新的活力，北魏洛阳曾无疑受到西域文明的深度熏染③。

此外，韩国的金大珍先生对北魏洛阳城进行了综合研究，他以城市风貌为主题，从建筑材料、建筑色调、夯筑技术、建筑渊源等方面考察洛阳的建筑风貌，借助交通网络、经济结构和里坊制度等内容分析洛阳的社会风貌，以礼乐制度、宗教信仰、文学特色为例展现该城的文化风貌，进而评判其在中国古代文化史上的地位，可谓一种新尝试④；刘连香先生以北魏墓志为切入点，她认为，孝文帝迁都洛阳之后，墓志在洛阳大量出现，北魏洛阳的墓志无疑是古代墓志形制统一和制度化的关键时期，这一现象既说明以孝文帝为代表的鲜卑族群统治集团对汉晋以来传统中华民族墓志文化的继承和发展，也反映了其对此后唐宋时代墓志文化流行的重要影响。她的学术观点为我们深入理解北魏洛阳城提供了一个全新视角⑤。

很显然，自 2016 年至今，学界对北魏洛阳城的研究可谓方兴未艾，研

① 陈建军等：《北魏洛阳永宁寺塔基遗址新出土的彩绘泥塑造像》，《文物天地》2018 年第 10 期。
② 张爽：《从平城到洛阳：北魏丝绸贸易与佛教兴盛关系略论》，《四川师范大学学报》（社会科学版）2017 年第 3 期。
③ 张乃翥：《北魏晚期洛阳地区的胡人部落》，《石河子大学学报》（哲学社会科学版）2018 年第 5 期。
④ 〔韩〕金大珍：《北魏洛阳城市风貌研究》，中国社会科学出版社，2016。
⑤ 刘连香：《民族史视野下的北魏墓志研究》，文物出版社，2017。

究深度和广度均有不同程度的提高，诸如城市规划与佛寺和里坊布局的探讨、城市规划与市场环境的深层分析、佛教寺院繁荣与丝路贸易的关联、丝路畅通对城市风貌的浸染、都城文化的深入研究等。但总体来看，关于北魏洛阳城的综合性系统宏观研究仍相对薄弱，这一时期的研究范围仍是集中在城市规划布局、都城文化、里坊制度、佛教等方面，研究内容多偏重对宫城空间和礼制建筑的论述，兼及郭城里坊区、市场、寺院等方面，而在城南尤其是洛水南岸的开发上依然略显沉寂①。值得一提的是，作为具有综合性与交叉性的学科，历史地理学素来注重人地关系研究，但学界对北魏洛阳城"地"的一面关注较多，对"人"的一面重视较少。

如众所知，北魏洛阳城的诸多规划形制，承上启下，在我国都城发展史上有重要地位。尤其值得注意的是，拓跋鲜卑在北魏洛阳城南的拓展上，亦出现了划时代的变革，为隋唐洛阳跨洛水建城开创了先例，对后世影响极大。进而言之，当前学界对北魏洛阳城研究可谓方方面面，然而无论哪一主题，城市居民的一切活动都不可能脱离其所处居住环境，正因为如此，笔者尝试以城南一隅为研究对象，以居民与居住环境的互动为研究主旨，以期指出北魏洛阳城南的居住环境，不仅是朝廷政策运作的结果，更是居民在日常生活和社会活动的影响下逐渐形成的。本书正是基于这一学术诉求，依据相关史料，展开对中下层社会的研究，从而展现丰富立体的北魏洛阳社会面相，继而尽可能真实地反映当时当地的人地关系情状。

三　可以利用的文献资料和考古资料

北魏洛阳城的面貌早已今非昔比，其地面上的建筑大多早已不复存在，但其昔日的荣光，仍能通过正史、地方志、笔记小说、佛教典籍、诗人的吟咏篇什，以及考古勘察及墓志资料等，或多或少地保存下来。笔者认为不妨先从古籍文献的记录入手，透过这些文献记载，去遥想当年都市的辉煌，看看不同时期的古人对这一地理范围有何认识，或许可以从历史

---

① 当前学界对洛水两岸风貌有较为全面描述的，就笔者目力所及，仅见张乃翥研究员的《元魏畿下的洛水两岸绎述》（《中州学刊》1985 年第 6 期，第 100～106 页），该文对洛水两岸的寺院、市场、里坊等进行了复原描述。

中汲取一些思路和看法。

西晋陆机所著的《洛阳记》是"古代城市史志中较早的一部，也是写得较好的一部"。① 该书对当时洛阳城的规模、形制、城门、街道、宫殿、官署、里坊、市场、苑囿等均有翔实记载，为研究北魏洛阳城市史提供了大量可资参考的珍贵史料。需要说明的是，此书早已亡佚，但我们可从隋唐以来的类书、总志的征引中窥其概貌。

北魏时人郦道元的《水经注》，是我国第一部水文地理专著。作者在卷10《浊漳水》、卷15《洛水》及卷16《谷水》中都有论及当时的都城洛阳，主要体现在河川水利、水陆交通、城门宫殿、街市、园林、寺观等方面，为我们重绘汉晋魏洛阳城的历史图景提供了丰富的素材。尤其值得一提的是，仅《谷水》一篇，郦道元作注7000余字，是全书最长的一篇。对此，陈桥驿先生认为，在魏晋南北朝时期，与洛阳关系最密切的是谷水，洛阳又是北魏当代首都，郦道元身历其境，故而所记内容不仅生动真实，而且丰富多彩②。由此不难认识到，在研究北魏洛阳的资料中，《水经注》所具有的重要价值毋庸置疑。

与《水经注》相肩随的又一北魏历史地理名著——《洛阳伽蓝记》，是作者杨衒之在北魏迁都邺城十余年后，重游洛阳，追忆劫前城郊佛寺之盛的一部记叙性作品。该书对北魏洛阳城70余所寺院的建置、规模、形制等进行了详细记载，并论及当时的政治、经济、军事、风俗、人物、地理、中外关系等诸多方面内容，生动再现了当时的城市社会风貌，还原了历史的真实，可补《魏书》《北史》之阙，颇具历史价值，有"拓跋之别史"的美誉，这已是学界的共识。而且不容忽视的是，《洛阳伽蓝记》具有强烈的文学性，不仅文笔优美，还蕴含着鲜明的思想性和强烈的人文关怀，亦具有极高的文学价值。

笔者认为，《洛阳伽蓝记》难能可贵之处在于，它给我们提供了不少描绘当时市井生活的重要史料。

---

① 史为乐：《陆机〈洛阳记〉的流传过程和使用价值》，《殷都学刊》1991年第4期，第28页。

② 陈桥驿：《郦道元笔下的洛阳》，《文史知识》1994年第3期，第107～108页。

其一，《洛阳伽蓝记》不乏对一般居民生活情状的记载。通常情况下，正史偏重政治史等重大叙事，比如都城的核心——内城作为重要的礼仪空间，被经常提及，而外郭城居民及其日常活动的寻常坊里和公共场所，则较少出现。于是，都城洛阳丰富而生动的日常生活风貌，便多在诗赋小说类作品的文学叙事中得到保留，比如《洛阳伽蓝记》收录有儒生荀子文、张斐常及裴子明，乐伎徐月华、修容、艳姿、朝云及田僧超，军人马僧相和张车渠，庶民刘宣明、杜子休、韦英、张弓、侯庆等，以及酿酒人刘白堕、大商人刘宝、奴仆春风等的事迹。很显然，这些文字对于我们了解北魏洛阳城一般居民生活情状，是不可或缺的稀有史料，继而通过这些记录可以推知，居住在洛阳城的居民开始有了共同感受悲喜哀欢的契机，他们在各种居住环境中的记忆，随着时间一层一层在意识中不断加深，并作为一种洛阳城的历史为时人所共有。

其二，《洛阳伽蓝记》中诸多神异市井故事中地名所具有的真实性，使得虚构的作品在北魏洛阳城地理研究上具有了信史的价值。杨衒之在写作中虽多有对神异故事的记载，但这些故事的产生均以洛阳城内各种实有场所为背景。可以想象，这些发生在具体地点的神异故事因时间的流逝而日积月累，于是对这些故事有着共同记忆的人群就大量产生，进而促进了不同于因政治权力建立起的自上而下相联系的居民之间的联结纽带，洛阳的都市市井社会生活遂得以形成。也就是说，讲述城内外特定场所、建筑及物品的起源和由来的故事传说描述出洛阳城内外特定场所各自的特征，带来了洛阳城迥别于其他城市的神圣化和特别化，或许可以说，杨衒之通过采录当时居民的传说逸闻，进行了洛阳城的神圣化尝试。不可否认的是，杨衒之编纂的或许是民间道听途说的记录，但他充分运用了北魏洛阳城的地理背景史料，例如故事的起源、转折都有北魏洛阳城真实存在的坊名及街道名称出现，不仅使得故事本身具有还原现场的逼真感，也展现了当时城市市井社会的生动画面，即"地理空间观"。这种借助地理空间的真实外壳以增强真实性、现场感的文学手法，在《洛阳伽蓝记》中比比皆是。

其三，《洛阳伽蓝记》关于洛阳城居民的佛界鬼蜮故事，在某种程度上反映了当时市井居民的精神世界。北魏洛阳城作为当时中国北方的"佛教中心"，我们通过聆听当时城市居民讲述的佛界神奇传说，可以观察和思考市井居民的精神世界。这些故事今天看来也许荒诞不经，但它们不是完全理想化的构想，而是与北魏洛阳城的居住环境有着剪不断理还乱的联系，这才是当时洛阳城历史的真实，才是当时佛都居民精神世界的真实反映。正因为如此，认为《洛阳伽蓝记》中诸多佛教诡异故事荒诞、不可靠的看法，是失之偏颇的，它忽视了这些记载也有自己的知识逻辑和历史记忆的演进规律从而保留了人类历史真实可靠的印迹。

大约成书于北魏末年的《齐民要术》，是中国现存最早的一部农书。从所列卷目可知，其内容非常丰富，除粮食、菜蔬、瓜果、竹树、桑麻的种植与栽培，家禽、家畜及池鱼的饲养外，还包括冶陶、造酒、伐木、制造家具等工艺制作，多是正史地志等不屑于收录的内容。它反映了当时黄河中下游中原地区的农业技术和庶民生活，以实用为目的，根植于中国传统的民本思想，为我们今天观察当时中原地区人们的社会生活情况，提供了另一个角度的原始文本，亦是我们更好地了解北魏洛阳城不可多得的背景材料。

北齐人魏收所撰的《魏书》，记述了公元 4 世纪末至 6 世纪中叶北魏王朝的历史，是现存叙述北魏历史最原始和比较完备的史料。该书共 114 卷，其中本纪 12 卷，列传 92 卷，志 10 卷，这些内容为复原北魏洛阳城居民的来源与构成状况，提供了丰富翔实的史料基础，亦是研究北魏洛阳城居住环境相对集中且重要的参考资料，更是笔者立论的支撑依据所在，其重要性不言而喻。此外，《北史》《南齐书》《北齐书》《梁书》《隋书》等正史中，有着相对分散的人物或民族传记，可补《魏书》记载之阙。值得一提的是，《资治通鉴》作为我国历史上第一部编年体通史，可以很好地与诸多正史相互比照、核对、辨误、补缺、解读，也是一部研究北魏洛阳城不可多得的参考史籍。

此外，作为现存最早的洛阳古方志——《河南志》，是清代地理学家徐松从《永乐大典》中辑出的，它在研究北魏洛阳城史发展的诸多文献中，亦占有十分重要的地位。其内容涉及"周城古迹""后汉城阙古迹""魏城阙古迹""晋城阙古迹""后魏城阙古迹"等，不仅包括各朝代洛阳的城门、街衢、宫室、衙署、苑囿、里坊、市场等文字叙述文本，还附有各城阙图幅视觉文本，可谓对北魏洛阳城市沿革的系统化记录，能使我们较为清楚直观地了解洛阳城在汉晋魏时期的发展演变过程，具有极高的文献价值。

北魏洛阳城作为当时中国北方的"佛教中心"，诸多佛教典籍也是不容忽视的。《魏书·释老志》是正史中唯一记述佛道二教历史的"志"，为我们研究北魏洛阳城的居住环境提供了很好的背景资料。又有中古时期的一些经典佛教史书，诸如《高僧传》《续高僧传》等所载的一些高僧在北魏洛阳城传教、译经、建寺及游历等事迹，无疑丰富了北魏洛阳城居民的研究内容。另外，宋代志磐撰写的纪传体佛教通史《佛祖统纪校注》，堪称中国佛教史上一部里程碑式的佛教史巨著，其中记载的南北朝时期佛教的发展情状，对于北魏洛阳城佛教的研究有重要借鉴价值。

除了上述诸多史籍外，南朝梁萧统的《文选》和清代彭定求的《全唐诗》等文学作品中关于北魏洛阳城的零散史料，也可作为研究中的文本依据。

值得庆幸的是，从 20 世纪 50 年代至今，考古人员对汉魏洛阳故城进行了大量考古勘察工作，成果丰硕，汉魏故城布局形制已基本探明，由此奠定了北魏洛阳城市研究的坚实基础，使上述文献中许多相关联的历史记载，由不能理解逐渐得以理顺并可以相互印证①。学界对此有详细总结，此不赘述。

显而易见，汉魏洛阳城遗址的考古发现，无疑丰富了洛阳城研究的学术资料，然而不容忽视的是，考古出土的墓志亦是北魏洛阳城研究中的重要实物资料。我们知道，墓志记录的是墓主人的生平、职官等内容，这种不以传承历史为务的文字记载，客观上保留了大量正史中所没有收录的史料，对正史记载的不足具有补益之功，其可信度和真实性相对较高，也是复原和释读历史的重要途径。据刘连香先生统计，孝文帝迁洛之后，墓志

---

① 详见杜金鹏、钱国祥主编《汉魏洛阳城遗址研究》，科学出版社，2007。

在洛阳大量出现，目前发现的北魏洛阳墓志392方，在全部北魏墓志中占近3/4①。尤其值得注意的是，洛阳现存的众多墓志和实物记录了中外交流、多民族交流的丰富史实，相较于史书记载，更加客观和可信。因此，对于北魏洛阳城南的居民以四夷归附人员为主的史实，作为"石刻资料"的墓志是不可或缺的史料自不待言。

四　研究方法与对人地关系理论的理解

历史研究的本质是求真，即最大限度搜集发掘史料以复原研究对象，试图尽可能地接近历史实相。韩茂莉教授对此曾有深入探讨，她认为：进入21世纪信息时代，诸多新方法介入历史地理研究，而传统的历史文献和考古发掘资料仍是历史地理的研究依据，无论哪一类研究方法的分析、论证都不能离开这两类资料②。正因为如此，笔者在研究过程中始终秉承这一治学宗旨——历史文献与考古发掘资料两者相互印证补充。然而，对于历史研究者来说，从过去混沌、没有秩序的史料中抽取某些内容，赋予它意义和秩序，继而生产出某种历史，若要在这一过程中拒绝那种"想当然"地对往日历史的重构，抑或是停留在就事论事层面，没有一定的理论观照，是难以想象的，甚至是危险的。因此，笔者在"学术史回顾及问题的提出"中刻意凸显历史地理学的核心思想——人地关系学，正是基于对人地关系学理论有意识地推进的考量。

首先，在人地关系中，地对人的制约性，既无法挣脱，又相对可变。以居住环境为例，它是居民赖以生存的唯一物质基础和空间场所，包括自然环境和人文环境两个方面。其一，自然环境中诸如气候、地形地貌、河流系统等不同要素影响居民的生活方式。例如秋来春去的"北夷"雁臣、洛水北岸的果园以及洛水南岸的鱼鳖市等，充分展现了人对地具有无法挣脱的依赖性。其二，人文环境经常地影响居民活动的地域特性，制约着居民社会活动的深度和广度，这种影响和制约作用是随着居民对居住环境认

---

① 参见刘连香《民族史视野下的北魏墓志研究》，文物出版社，2017，第9～14页。
② 参见韩茂莉《历史地理研究方法刍议》，《中国历史地理论丛》2017年第1期，第15～16页。

识和利用能力的变化而变化的。例如洛水北岸儒学教育机构太学式微，该地居民荀子文需前往城东就学；居住在有"三千余家"的归正里的南朝士族夏侯道迁，大约是为了追求宽敞舒适的居住环境，在城西居民相对稀少的引水渠处修建园林以纳朋唤友①；与夏侯道迁同居一里的南朝宗室萧宝夤，却以居此为耻而徙居城内等。

其次，在人地关系中，人处于主动地位，地是可被人认识、利用、改变、保护的对象。"通常情况下，地理环境只是为人类社会发展提供多种可能性，至于某些可能性以某种形态转变为现实性，则取决于人类的选择。"② 例如，北魏以前，水资源丰沛的伊洛水之间基本上是无人居住的蛮荒之地，北魏时期却出现了鱼鳖市场。据《洛阳伽蓝记》记载，景明初年大量来自水乡的南人附魏后，凭借伊、洛水优越的水环境，在其居住地归正里自发设置了专门的水产市场——鱼鳖市，以满足其对水产品的需求。又如，伊洛夹河滩为低洼地带，历史时期易发生水患，不太适合人们居住，北魏朝廷却选择在洛水凹面地势较高的阶地上营建四夷馆。由此可见，"人地关系的好与坏，其根源不在于地而在于人"③。人类在利用自然方面具有选择力，并对其利用、改造，创造出宜居的环境。诚然，北魏洛阳城丰富多彩的历史和文化，就是居民对居住环境不同的利用程度和方式的产物。

再次，在人地关系中，社会生产力每变化一次，这个关系就调整一次。诚如普列汉诺夫所言："社会人和地理环境之间的相互关系，是出乎寻常的，变化多端的。因此，地理环境对社会人的影响在不同的生产力发展阶段中产生着不同的结果。"④ 洛水南岸从"无"到"有"的拓展，生产力的发展无疑起了至关重要的作用，其中尤其引人注意的是"堰洛通漕"水利工程。该工程在东汉时已出现，充分展示了古人的治水智慧。鉴

① （北齐）魏收：《魏书》卷71《夏侯道迁传》，中华书局，1974，第1583～1584页。
② 曹诗图、黄昌富：《正确认识地理环境的决定作用》，《人文地理》1989年第2期，第38页。
③ 张远广等：《人地系统与人地关系浅析》，《国外人文地理》1988年第2期，第20页。
④ 〔俄〕普列汉诺夫：《普列汉诺夫哲学著作选集》第2卷，生活·读书·新知三联书店，1961，第170页。

于前代沟渠工程建造科学，质量高超，运行有效，北魏朝廷遂因袭增固之，并修筑了三重城垣，与汉魏晋相比，无疑增强了城市御洪能力，使得洛水南岸的开发成为可能。由此可见，人类利用和改造自然环境的能力是在生产实践中形成和发展的，人的活动场所，是随着生产力发展和科技进步不断扩大的，它没有一个固定的、不可逾越的界限①。进而言之，随着居民文化、科技、生产力发展水平的不断提高，其认识、利用居住环境的能力亦逐渐增强，居民和居住环境的关系将变得日益密切，并随着人类社会的进步而不断变化，向更广更深处发展。

最后，在人地系统中，人与地相互影响、相互制约、相互依存，处于不断运动变化之中，是一个历史范畴。由东汉到北魏，随着居民来源与构成的日益多元复杂化，洛水南北两岸居住环境自然会在原先的格局上有所变动，尤其是北魏时期变化显著。其中洛水北岸，由汉晋时期传统的"崇礼场所"演变为以"崇佛场所"为主的格局；而洛水南岸则由汉晋时期的蛮荒边缘之地，拓展为异族异国人员的聚集区，让繁华的洛阳城充满了异域情调。

综上可以看出，人地关系学无疑是我们重新理解人类历史的切入点之一。以本书为例，人地关系理论视野能给我们带来什么？抑或说借助人地关系理论方法，我们将如何重构居民与居住环境问题的研究思路？具体来讲，包括以下几个方面：其一，对北魏洛阳城南居民来源与构成的复原，构成本书立论的基础；其二，对洛水南北两岸的居民与居住环境的复原，可以看出，洛水两岸在城市发展阶段和功能上有着明显的差异性，不同居住环境之间在自然环境、居住人口及其生产生活方式、文化形态等各方面存在巨大差异；其三，对城南居住环境进行总体评估，可知城南包括洛水南北两岸各不相同但又相互联系的系统，在这个系统中，任何一个要素的变化，都会引起其他要素的相应变化，即居民与居住环境是相互联系、相互作用的动态结构。比如，由于居民的某些不合理活动（如因佞佛而广建

---

① 严高鸿：《论人类社会与自然环境的关系——兼评传统的地理环境理论》，《哲学研究》1999 年第 4 期，第 30 页。

寺院），居住环境各组成部分之间出现了不平衡趋势，即洛水北岸由传统的"崇礼"场所演变为"崇佛"场所。

基于上述分析，本书拟在人地关系学的理论观照下，试就北魏洛阳城南居民与居住环境的动态演变过程，依据若干文献与考古证据材料，来展现这里的居民如何巧妙利用当地居住环境，创造较为适宜的生活空间的历史内容，试图在更深层次上揭示某种历史现象：尽管北魏洛阳城南不同的居住环境呈现出不同的功能，但在"以儒治国"的主旨下，最终都是为统治者服务，由此可视其为一个整体"区域"，即洛水南北两岸是一个系统的统一体。

第一章　北魏洛阳城的变迁及其城南的拓展

洛阳，地处天下之中，四周群山环抱，诸多河流纵横其内，山间河谷关隘错峙，既为战略要地，易守难攻，又适于农耕，利于区域经济发展，且交通发达，素有"八关都邑""十省通衢"之美誉。凭借优越的自然人文环境诸如其壮丽的河山景物，巍峨的城郭宫殿，洛阳在历史上曾长期作为帝王之都，足见这里的自然人文环境是相当优越的。尤其值得注意的是，北魏政权利用这个地理舞台，突破洛水的天然阻碍，开创了跨洛水营筑城南新城区的先例，使城市获得了较大发展。

第一节　北魏洛阳城变迁大略

北魏洛阳城是在西周洛邑城址的基础上，经过春秋晚期、秦代的增扩，东汉、魏晋及北魏等王朝的修缮和增筑活动，适应社会历史发展变化的需要而逐渐形成的。它始建于孝文帝太和十七年（493），至永熙三年（534）北魏分裂为东魏、西魏，国都他移，此城开始衰微。之后该城继续被利用，如北周复营洛阳宫、隋末李密踞洛阳金墉城、唐初在此设洛阳县等。贞观六年（632），洛阳县治所移到隋唐洛阳城郭城的毓德坊，至此，拥有近1600年历史的洛阳城，逐渐淡出史籍的记载，其残垣遗址至今仍依稀可辨，成为后人凭吊的历史遗迹。因该城在东汉和北魏时期最为繁盛，故史称"汉魏洛阳故城"（见图 1–1）。

一　西周至西汉时期

西周初年，周成王迁都洛邑，派遣召、周二公占卜相宅，遂营建洛

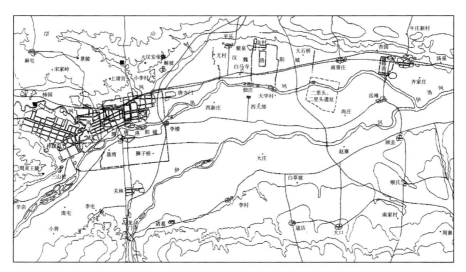

图 1 - 1　洛阳古代都城形势（采自段鹏琦《汉魏洛阳故城》，文物出版社，2009，第 11 页）

邑；东周时期，周敬王由王城迁至成周城，其时因城较为狭促，晋侯遂合诸侯之力，把西周成周城东北的狄泉（一说今翟泉）扩至城内；秦并六国后，相国吕不韦又增扩东周成周城南部，形成东西六里、南北九里的"九六城"规模，并业已修建了南、北二宫；西汉洛阳城基本沿用秦代洛阳城的规模和形制，为全国著名商业都市（见图 1 - 2）。

洛阳城始建于西周。历史文献《尚书》《史记》及考古发现的青铜器《何尊》铭文均表明，西周初年营建成周洛邑确凿无疑。由于文献对于洛邑城由"王城"（今洛阳王城公园一带）和"成周"（汉魏洛阳故城遗址处）两城并存的记载较为含混，学界对此曾有不同看法①。1984 年，考古人员对汉魏洛阳故城城墙进行考古发掘，由此消弭了学界的歧见。考古发掘证明，该城址最早的城墙夯土始建于西周，至少不晚于西周中晚期，并确认被叠压在汉魏洛阳故城下的西周城址形制略为东西长方形，位于汉晋时期洛阳城的中段②，城址范围

---

① 详见钱国祥《汉魏洛阳故城沿革与形制初探》，载《21 世纪中国考古学与世界考古学》，中国社会科学出版社，2002，第 438 ~ 439 页；段鹏琦《汉魏洛阳故城》，文物出版社，2009，第 21 ~ 23 页。

② 中国社会科学院考古研究所洛阳汉魏城队：《汉魏洛阳故城城垣试掘》，《考古学报》1998 年第 3 期，第 382 ~ 383 页。

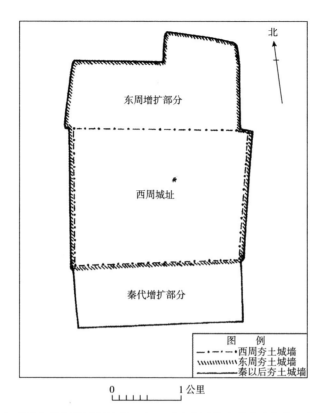

图 1－2　汉魏洛阳城早期城址沿革示意（采自中国社会科学院考古研究所洛阳汉魏城队《汉魏洛阳城城垣试掘》，《考古学报》1998 年第 3 期，第 383 页）

东西 2500～2650 米，南北 1800～1900 米，大致合当时的东西六里、南北四里余，是目前汉魏洛阳故城中发现最早的城址①。

　　东周洛阳城在西周城址基础上，向北扩建。《史记》和《水经注》等史书都提及，春秋末年周敬王时期，由于王子朝在洛邑王城发动内乱自立，晋侯率众诸侯迁敬王至成周城，其时因城狭小而不受王都，故在狄泉扩城以居敬王②，而居敬王的成周城，即为今汉魏洛阳故城处。此外，考古勘查也证实，在西周城址夯土墙的外侧，确实包筑有东周修补或增筑的

---

① 钱国祥：《汉魏洛阳故城沿革与形制初探》，载《21 世纪中国考古学与世界考古学》，中国社会科学出版社，2002，第 438 页。

② （汉）司马迁：《史记》卷 4《周本纪》云："敬王元年，晋人入敬王，子朝自立，敬王不得入，居泽。四年，晋率诸侯入敬王于周，子朝为臣，诸侯城周。"中华书局，1959，第 157 页。

夯土，它是在西周城址基础上向北进行扩建的，东西仍为六里，南北扩为3000～3200米，约合当时的七里，形制为不甚规整的南北长方形①。该城北墙不成直线而为曲折状，东北部城圈突出于北墙外，很可能与文献记载中所提到的毁"狄泉"、将其水域扩入城内的这种变化有关。该城由于地处天下之中，水陆两路，四通八达，在战国时期日渐成为中原地区最大的商业都市②。

秦代洛阳城在东周城址基础上，向南拓展，奠定了汉晋洛阳城的规模，并已有南、北二宫。秦始皇统一六国后，在洛阳设三川郡治，封吕不韦为文信侯，食邑洛阳十万户。吕不韦遂增扩东周成周城南部，使城址规模达到东西六里、南北九里的规模，即俗称的"九六城"。这次扩城，在汉魏洛阳故城形制发展史上具有重要意义，因为东汉、曹魏、西晋洛阳城及北魏洛阳的内城，都是在这个城址基础上修建沿用的③。也就是说，秦代奠定了汉晋洛阳城的规模，且已有南、北二宫④。可以肯定地说，南北两宫制度，是汉魏洛阳故城早期宫殿建筑布局的显著特征。

西汉洛阳城是全国著名商业都市。西汉初年，刘邦幸洛阳南宫，欲建都于此，后因故徙往长安，洛阳遂成为河南郡治所在。故而这一时期的洛阳城，除了沿用秦代的城圈规模与形制，基本上没有大的城市建筑活动。但据周长山先生考证，西汉洛阳城由于其优越的地理位置，是全国著名的商业都市⑤。

二 东汉时期

东汉建武元年（25），光武帝刘秀建都洛阳，并在西汉洛阳城的基础

---

① 钱国祥：《汉魏洛阳故城沿革与形制初探》，载《21世纪中国考古学与世界考古学》，中国社会科学出版社，2002，第440页。
② 周长山：《汉代城市研究》，人民出版社，2001，第82页。
③ 钱国祥：《汉魏洛阳故城沿革与形制初探》，载《21世纪中国考古学与世界考古学》，中国社会科学出版社，2002，第440页。
④ （汉）司马迁：《史记》卷8《高祖本纪》：汉五年五月，"高祖置酒洛阳南宫"。《正义》引《括地志》云："南宫在洛州洛阳县东北二十六里洛阳故城中。《舆地志》云秦时已有南北宫"。中华书局，1959，第380～381页。
⑤ 周长山：《汉代城市研究》，人民出版社，2001，第83页。

上，广修宫殿、庙宇、园林，建成了宏伟壮丽的东汉洛阳城。新的城墙和城门，大约建成于光武帝建武十四年（38），城的平面形状近于长方形，其城圈范围仍未超出被称为"九六城"的秦、西汉洛阳城（见图1-3）。

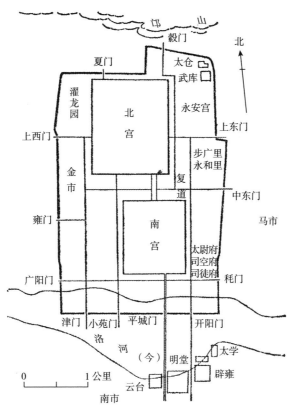

图1-3　东汉洛阳城平面示意（采自王仲殊《中国古代都城概说》，《考古》1982年第5期，第507页）

承继秦、西汉二宫制。东汉洛阳城有二十四街，皆通向十二座城门，主要宫殿是南宫和北宫，占全城总面积的三分之一以上。很显然，南、北宫对峙且两宫地位并重是汉代洛阳宫城布局的重要特征[①]。此外，城中还有位于北宫东面的永安宫和位于西面的皇家宫苑濯龙园；城东北有太仓和武库，东南则为太尉府、司空府和司徒府；城西有金市，城东分布着诸如

[①]　赵振华、孙红飞：《汉魏洛阳城——汉魏时代丝绸之路的起点》，三秦出版社，2015，第38页。

步广里和永和里等达官贵族居住区。① 可见，东汉洛阳城主要作为皇宫、禁苑、仓库、官署等使用，而礼制建筑、市场以及一般居民区等建筑物，大都在城外布局②。

始建"堰洛通漕"水利工程。东汉建武五年（29），河南尹王梁"穿渠引谷水（即今涧河）注洛阳城下，东泻巩川，及渠成而水不流"③；建武二十三年（47），司空张纯穿阳渠，"引洛水为漕，百姓得其利"④；《水经注》则综述了这一史实："汉司空渔阳王梁之为河南也，将引谷水以溉京都，渠成而水不流，故以坐免。后张纯堰洛以通漕，洛中公私稬赡。"⑤ 透过上述材料不难得知，堰洛通漕就是修建堤堰、迫使部分洛水流入城南阳渠，以增大渠水流量而便于漕运。对此，郦道元在《水经注》中翔实记录了当时的漕运盛况⑥。

城南礼制建筑分布最为集中。圜丘，作为郊祀祭天场所，始建于东汉建武二年（26），坐落在城南七里的伊水之阳，规模形制可观⑦；太学则是国家最高学府，于建武五年（29）在洛水北岸营筑⑧，到了永建六年（131），立太学生房舍千余间，自是游学增盛，生员至三万多人⑨，灵帝熹平四年（175），学者蔡邕等奏求正定六经文字，竖石经于太学门前⑩；灵台、明堂和辟雍（又称"三雍"⑪），作为中原传统礼制建筑，始建于光武

---

① 王仲殊：《中国古代都城概说》，《考古》1982 年第 5 期，第 74～75 页。
② 钱国祥：《汉魏洛阳故城沿革与形制初探》，载《21 世纪中国考古学与世界考古学》，中国社会科学出版社，2002，第 437～451 页。
③ （南朝宋）范晔：《后汉书》卷 22《王梁传》，中华书局，1973，第 775 页。
④ （南朝宋）范晔：《后汉书》卷 35《张纯传》，中华书局，1973，第 1195 页。
⑤ （北魏）郦道元著，陈桥驿校证《水经注校证》卷 16《谷水》，中华书局，2013，第 379 页。
⑥ （北魏）郦道元著，陈桥驿校证《水经注校证》卷 16《谷水》："（建春门外石）桥首建两石柱，桥之右柱铭云：阳嘉四年（135）乙酉壬申，诏书以城下漕渠，东通河、济，南引江淮，方贡委输，所由而至，使中谒者魏郡清渊马宪监作石桥梁柱敦敕工匠，尽要妙之巧，攒立重石，累高周距，桥工路博，流通万里云云。"中华书局，2013，第 379 页。
⑦ （南朝宋）范晔：《后汉书》志第 7《祭祀上》，中华书局，1965，第 3159 页。
⑧ （南朝宋）范晔：《后汉书》卷 1 下《光武帝纪》，中华书局，1965，第 83 页。
⑨ （南朝宋）范晔：《后汉书》卷 79 上《儒林传上》，中华书局，1965，第 2547 页。
⑩ （南朝宋）范晔：《后汉书》卷 60 下《蔡邕传》，中华书局，1965，第 1990 页。
⑪ （南朝宋）范晔：《后汉书》卷 79《儒林传上》，中华书局，1965，第 2545 页。

帝中元元年（56）①，至明帝永平二年（59），落成于洛水北岸所谓的"亳坂"上②，地位非常重要。

具体而言，灵台是一座天文观测台，其遗址位于今洛阳市偃师佃庄镇岗上村与大郊寨之间的庄稼地里③，但从当时的地望来看，它位于平城门外御道西。我们知道，东汉时期平城门正对皇宫，在诸城门中最为尊贵，皇帝多由此出入。基于平城门的特殊地位，由此南行三里，路西是灵台，路东则是明堂（祭天享祖的场所），再向东依次是辟雍（皇帝宣儒礼教的场所）、太学。显而易见，这几个建筑物由西向东，依次排列在洛水北岸。可以想象，东汉时期这里是神圣庄严的地方，每年朝廷都要在此举办大型国事活动：成千上万太学生充当礼生，皇帝携三公九卿、文武百官、冠带缙绅，集聚于城南祭祖祀天，以保国泰民安。除城南礼制建筑群外，城北有北郊祠和六宗祠、城东有迎春祠等礼仪建筑物零星分布④。

东汉洛阳城的南市十分繁盛。作为我国蚕桑业起源地之一的洛阳及其周围地区，由于在先秦时期就已有比较发达的基础，降及秦汉时期以至隋唐之际，其蚕桑业与丝织业更加呈现一片兴旺的局面，洛阳更是中国丝绸最重要的集散地，关东各地所产的丝绸，大量汇集到洛阳，再往西运⑤。由此不难看出，东汉时期的洛阳城，与西域商业联系已然密切，是当时国内最大最繁华的商业都会，为丝绸之路的东方起点，商业盛极一时⑥。值得一提的是，这一时期洛阳城有三大市场，除了城内的金市（大市）外，城外设

---

① （南朝宋）范晔：《后汉书》卷1下《光武帝纪下》，中华书局，1965，第84页。
② 参见阎文儒《洛阳汉魏隋唐城址勘查记》，《考古学报》1955年第1期，第121页；王学荣《偃师商城与二里头遗址的几个问题》，《考古》1996年第5期，第56页；段鹏琦《洛阳古代都城城址迁移现象试析》，《考古与文物》1999年第4期，第43～45页；许宏《何以中国》，生活·读书·新知三联书店，2016，第122页。
③ 陈久恒：《试论汉晋时期的洛阳灵台及其相关问题》，载《洛阳考古四十年——1992年洛阳考古学术研讨会论文集》，科学出版社，1996，第270～277页。
④ 张中印：《东汉—北魏时期洛阳城市形态与内部空间结构演变》，陕西师范大学硕士学位论文，2003，第28页。
⑤ 朱和平：《汉唐间洛阳及其周围地区的蚕桑业与丝织业》，载《洛阳——丝绸之路的起点》，中州古籍出版社，1992，第502～522页。
⑥ 参见张中印《东汉—北魏时期洛阳城市形态与内部空间结构演变》，陕西师范大学硕士学位论文，2003，第22～25页；王育民《论历史时期以洛阳为起点的丝绸之路》，载《洛阳——丝绸之路的起点》，中州古籍出版社，1992，第24～25页。

置马（东）市和南市两个市场，以便为一般中小贵族官僚和城市平民提供服务。其中马市在城东靠近漕渠处，是当时各方运输货物贡赋进入洛阳的孔道；南市则在明堂南面，邻近洛水，有航运之利，加上有太学生这一庞大的消费群体，应该是比较繁荣的地区[①]。

佛教首传于洛阳。自西汉张骞"凿空"西域后，佛教有了东渐的条件；东汉明帝时，曾派使者赴西域求佛法，佛教遂在洛阳传播，但自明帝以后诸帝没有好佛者；到了桓灵之世，西域来洛僧人渐多，他们以译经、讲经及宣扬佛理为主要佛事，故而东汉末年，洛阳城中佛经译本，已有数十部之多[②]。

三 魏晋时期

东汉末年战乱，洛阳城遭受严重破坏，都城一度西迁长安。曹魏黄初元年（220），魏文帝在东汉洛阳城的废墟上重建都城，其时城圈规模未超过东汉，城门仍为十二座，基本沿用前代，仅名称有些许变化。曹魏元帝咸熙二年（265），西晋都洛，基本上沿用曹魏城池，都城形制与布局变化不大（见图1-4）。

始创单一宫城制。前已述及，东汉洛阳的南、北二宫制，在我国古代都城中是一种极为独特的形制。然而，20世纪60年代考古勘探汉魏洛阳故城时，发现该城的宫城形制为整体长方形，位于大城北中部略偏西，是一座单一宫城[③]。考古资料证实，曹魏洛阳宫之阊阖门及太极殿位置与北魏宫城相同，都是在汉代北宫故地上营建的，而在汉代南宫位置则未见任何恢复重建的迹象。值得一提的是，据考古勘测，南墙宣阳门内御道，即魏晋至北魏时期的南北轴线大街铜驼街，北端起于宫城南门阊阖门，城内

---

① 张中印：《东汉—北魏时期洛阳城市形态与内部空间结构演变》，陕西师范大学硕士学位论文，2003，第23～24页。
② 参见程有为《魏晋北朝河南地区佛教的传播和兴盛》，《许昌师专学报》（社会科学版）1986年第3期，第73页。
③ 中国科学院考古研究所洛阳工作队：《汉魏洛阳城初步勘查》，《考古》1973年第4期，第512～514页。

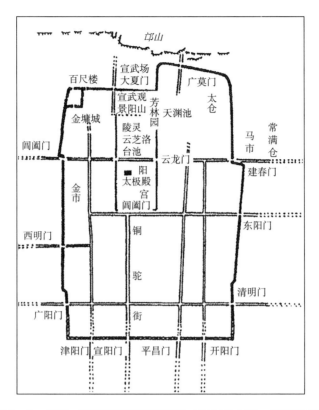

图 1 - 4　曹魏、西晋洛阳城复原示意（采自杜金鹏、钱国祥主编
《汉魏洛阳城遗址研究》，科学出版社，2007，第 402 页）

残长 1650 米，宽 40～65 米①。简言之，曹魏洛阳宫，是在汉代北宫故地重建的单一形制宫城，这是中国古代都城制度演变过程中的一个重要变化②。

始建军事性城堡——金墉城及马面。为了军事防御需要，魏明帝在洛阳城西北角内营建了金墉城。这里地势高亢，墙外侧修筑有马面，谷水自西来入城分流。据史载，魏明帝还在附近修建芳林园、百尺楼，重建大夏门，使东、西、南三面宫墙与北面城墙连为一体，形成了一个固若金汤的防御体系，加之城上百尺楼能俯瞰全城，在防卫上是全城的制高点，

①　杜金鹏、钱国祥主编《汉魏洛阳城遗址研究》，科学出版社，2007，前言。

②　钱国祥：《汉魏洛阳故城沿革与形制初探》，载《21 世纪中国考古学与世界考古学》，中国社会科学出版社，2002，第 440～451 页。

易守难攻，故而金墉城的军事作用极为明显；西晋时期，金墉城又具有离宫别馆的性质，一度成为废主弃后的幽禁之地。此外，突出于大城墙外的马面，属于城墙上的附属性建筑，也称墙垛、墩台，当地群众称之为"炮台"。1962 年，考古人员在汉魏洛阳故城西墙北段、北墙西段及金墉城外侧，均发现有魏晋时期所筑的马面遗址。① 这种设置于城墙外壁的墩台，其作用在于坚固防守，是都城防御性加强的表现，不难推想当为战乱频仍背景下的特殊发明。

复建增修"堰洛通漕"水利工程。《水经注》和《洛阳伽蓝记》等文献中均有魏晋人重修千金堨、开凿湖沟、九曲渎，增设长分沟、皋门桥等事迹②。这些配套水利设施的增建完善，无疑加强了该工程的供水、泄洪及漕运等功能，使之更好地为城市居民服务。

修缮前代城南礼制建筑。曹魏黄初元年（220），朝廷在东汉洛阳城南废墟上，重修"三雍"及太学建筑③，并在太学刊立了三字石经④。由于魏晋禅让，曹魏建筑基本上被完好保存下来，故而西晋洛阳城南的礼制建筑，因循旧迹重修使用。值得一提的是，尽管西晋太学规模较曹魏时期有所扩大，并增筑了国子学，但魏晋太学的生员规模及教学质量，已不能和东汉时期等量齐观⑤，难以再现东汉的盛况。耐人寻味的是，这一时期圜

① 中国社会科学院考古研究所汉魏故城工作队：《洛阳汉魏故城北垣一号马面的发掘》，《考古》1986 年第 8 期，第 726～730 页。
② （北魏）郦道元著，陈桥驿校证《水经注校证》卷 16《谷水》，中华书局，2013，第 374～376 页；（北魏）杨衒之撰，周祖谟校释《洛阳伽蓝记校释》卷 4《城南》，中华书局，2010，第 162～163 页。
③ 中国社会科学院考古研究所：《汉魏洛阳故城南郊礼制建筑遗址 1962～1992 年考古发掘报告》，文物出版社，2010，第 5～21 页。
④ （北魏）郦道元著，陈桥驿校证《水经注校证》卷 16《谷水》，中华书局，2013，第 385 页。
⑤ （晋）陈寿：《三国志·魏书》卷 13《王肃传》："太学始开，有弟子数百人。至太和、青龙中，中外多事，人怀避就。虽性非解学，多求诣太学。太学诸生有千数……弟子本亦避役，竟无能习学，冬来春去，岁岁如是。"中华书局，1959，第 420 页。（北魏）郦道元著，陈桥驿校证《水经注校证》卷 16《谷水》："魏正始中，又立古、篆、隶三字石经。"中华书局，2013，第 385 页。许景远：《晋辟雍碑》，载《中国大百科全书·考古学》，中国大百科全书出版社，1986，第 241 页。（唐）房玄龄：《晋书》卷 55《潘岳传》记载《闲居赋》曰："两学齐列，双宇如一，右延国胄，左纳良逸"。中华书局，1974，第 1505 页。

丘不再处于伊水之阳，而是改迁到城南 25 公里的委粟山①，西晋一脉承袭之②。

魏晋洛阳城继续发挥着丝路起点的作用，市场兴盛。董卓之乱使东汉洛阳城遭到彻底毁灭，魏晋时期洛阳由于作为都城，经济再度兴盛起来，与西域建立联系，并开始朝贡贸易。可见，继东汉之后，曹魏洛阳城仍是丝绸之路的东方起点③。这一时期保留并发展了东汉洛阳城的三大市场，其中金市仍是唯一位于城内的市场，同东汉一样，主要是供达官显贵购买奢侈消费品的场所；马市又称东市，位于城东漕渠处，并建有旗亭，用于管理工商业；南市又名羊市，在城南，经营品种多为一般平民所需的商品。除三大市场外，这一时期还有一些诸如东市、西市、五谷市和宫市等小市。④

曹魏时期洛阳城仍是北方佛教重镇，译经之风不衰；西晋承曹魏之余绪，都城寺庙图像居全国之首，当时寓居洛阳的西域人很多。⑤

四　北魏时期

西晋后期，皇室争夺王位，引起"八王之乱"，加上北方"五胡乱华"，魏晋时期逐渐恢复并再度繁荣的洛阳城，又一次在战火中沦为废墟。北魏太和十七年（493），孝文帝从平城迁都洛阳，暂居金墉城，诏令司空公穆亮、尚书李冲及将作大匠董爵，在魏晋旧址上重建洛阳城。太和十九年（495），六宫及文武百官尽迁洛阳。这一时期，城市发展最显著的变化是增扩外郭城，这是汉魏洛阳故城形制演变中最重要的变化，在中国城市建设史上具有划时代的意义。尤其值得注意的是，洛水南岸得到有效开

---

①　段鹏琦：《汉魏洛阳故城》，文物出版社，2009，第 63 页。

②　（晋）陈寿《三国志·魏书》卷 3《明帝纪》有明确记载，景初元年（237）冬十月"乙卯，营洛阳南委粟山为圜丘。十二月壬子冬至，始祀"。中华书局，1959，第 110 页。（唐）房玄龄《晋书》卷 19《礼制上》载晋武帝泰始二年（266）十一月，"庚寅冬至，帝亲祠圆丘于南郊"。中华书局，1974，第 584 页。

③　王育民：《论历史时期以洛阳为起点的丝绸之路》，载《洛阳——丝绸之路的起点》，中州古籍出版社，1992，第 31～36 页。

④　参见张中印《东汉—北魏时期洛阳城市形态与内部空间结构演变》，陕西师范大学硕士学位论文，2003，第 33～35 页。

⑤　程有为：《魏晋北朝河南地区佛教的传播和兴盛》，《许昌师专学报》（社会科学版）1986年第 3 期，第 73～75 页。

发，城市功能分区较之汉魏更为明确，规划布局更趋完备，由此开创了跨洛水营建新城区的成功实例，为隋唐洛阳城所效仿（见图1-5）。

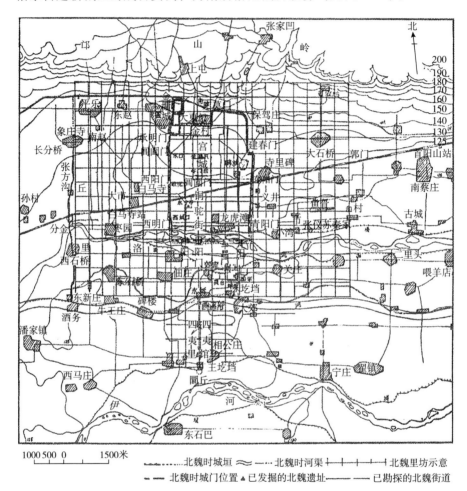

图1-5 北魏洛阳城里坊示意（采自宿白《北魏洛阳城和北邙陵墓——
鲜卑遗迹辑录之三》，《文物》1978年第7期，第53页）

迁都之初，暂居并增固金墉城。我们知道，金墉城是魏晋洛阳城西北隅的一座重要宫苑小城，孝文帝都洛初期，因为宫阙尚未修建，暂居于此[①]。

① （北齐）魏收：《魏书》卷7下《高祖纪》记载，太和十七年（493）"冬十月戊寅朔，幸金墉城。诏征司空公穆亮与尚书李冲、将作大匠董爵经始洛京"；太和十九年（495）"丁巳……金墉宫成。甲子，引群臣历宴殿堂。九月庚午，六宫及文武尽迁洛阳"。中华书局，1974，第173、178页。

为了往来方便，朝廷又在城西北墙开辟承明门①，至此，北魏洛阳城门达到了十三座。此外，北魏朝廷在魏晋旧址上加厚北城墙，兴建了不少高层建筑，这些高层建筑和金墉城及宫城连成一片，使得北城墙的防御性更强，"自广莫门以西，至于大夏门，宫观相连，被诸城上"②。金墉城作为仅次于皇宫的主要宫殿，很明显，其离皇宫很近，且防守严密，便于监视控制。

然而令人困惑的是，当前学界关于汉魏洛阳故城的平面图，诸如《汉魏洛阳城平面实测图》③、《汉魏洛阳城城垣探沟位置示意图》④、《汉魏洛阳城遗址影像图》⑤ 等均显示，北魏洛阳内城西北角，修筑有三个相互毗邻的小城，这与魏晋洛阳金墉城（仅是大城西北角城墙内侧单一小城）的规模形制迥然有别⑥。更耐人深思的是，史书亦不见北魏拓建金墉城的记载。幸而考古勘探证实，在汉魏洛阳故城西北角勘探发现的甲、乙、丙三个小城，显然不是同一时期所建造，它们是不同时期建造，或后代逐渐增扩、改造而形成的产物。其中只有汉晋洛阳大城西北角内的丙城，才是由曹魏明帝始建，并一直沿用到北魏时期的金墉城，而甲、乙二小城的建筑时代，明显晚于北魏，为隋末李密修建的可能性极大⑦。也就是说，孝文帝居住的金墉城应是丙城，即魏晋金墉城所在（见图 1-6）。

沿用魏晋洛阳城旧址。孝文帝营洛，基本上因袭了魏晋时期的洛阳宫，这已是学界的共识。考古人员勘探该宫城南北 1400 余米，东西 660 余米，呈

① （北魏）杨衒之撰，周祖谟校释《洛阳伽蓝记校释·序》："承明者，高祖所立，当金墉城前东西大道。迁京之始，宫阙未就，高祖住在金墉城，城西有王南寺，高祖数诣寺（与）沙门论议，故通此门。"中华书局，2010，第 30～31 页。
② （北魏）杨衒之撰，周祖谟校释《洛阳伽蓝记校释·序》，中华书局，2010，第 32 页。
③ 中国科学院考古研究所洛阳工作队：《汉魏洛阳城初步勘查》，《考古》1973 年第 4 期，第 199 页。
④ 中国社会科学院考古研究所洛阳汉魏城队：《汉魏洛阳故城城垣试掘》，《考古学报》1998 年第 3 期，第 362 页。
⑤ 杜金鹏、钱国祥主编《汉魏洛阳城遗址研究》，科学出版社，2007，图版一。
⑥ 钱国祥：《汉魏洛阳故城沿革与形制初探》，载《21 世纪中国考古学与世界考古学》，中国社会科学出版社，2002，第 437～451 页。
⑦ 钱国祥：《汉魏洛阳城金墉城形制布局研究》，载《汉魏洛阳城遗址研究》，科学出版社，2007，第 460～467 页。

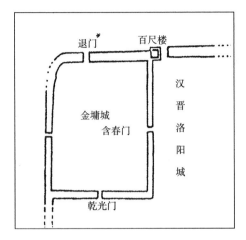

**图 1-6 魏晋金墉城复原示意（采自杜金鹏、钱国祥主编
《汉魏洛阳城遗址研究》，科学出版社，2007，第 403 页）**

南北长方形，被东西横穿的御道（阊阖门至建春门之间）分为南北两部分：其中南半部是朝政区，太极殿为正殿，阊阖门为正门；北半部则是宫苑区，也称西游园，为帝王宴乐及后妃居住的场所，其北面营建有皇家禁苑华林园。由此可见，从城门、宫城及宫后禁苑中的门阙、殿台、园池的名称与位置来看，北魏多承魏晋之旧。事实上，北魏不仅沿用魏晋洛阳宫遗址，还因袭魏晋宫城以南的街道布局，尤其是铜驼街仍为城市的南北中轴线。这一时期宫城以南为官署区，各种中央衙署办公机构，诸如太尉府、昭玄曹、御史台、左卫府、右卫府、司徒府、国子学堂、宗正寺、太庙及太社等，布列在铜驼街两侧。此外，还有一些较大的佛教寺院及贵族官僚宅邸，分布在这些衙署建筑物的周围。

修复疏浚前代的"堰洛通漕"水利工程。前已提及，东汉人引洛水注入洛阳城南墙的阳渠，魏晋人则在城西和城东开沟、凿渠、建桥，构筑了一系列配套工程，这些附属建筑物，满足了城市用水和漕运之需，有助于"堰洛通漕"水利工程更好地在城南发挥作用。鉴于前代沟渠工程建造科学，质量高超，运行有效，北魏朝廷遂复修了千金堨、堰洛通漕等水利工程，以发挥城市供水和漕运的功能。该工程经四百多年变化，其基础建筑在东汉时已出现，兼具防御、防洪、灌溉、漕运等诸多功能，整个枢纽工程运行灵活、方便、安全，综合效益突出。北魏洛阳水利工程虽沿袭前代，但由于该城增筑了三重城墙，故而与汉魏晋相比，其御洪能力更为突出。

增扩外郭城，形成三重城圈形制格局。《洛阳伽蓝记》如是描述外郭城城圈范围："京师东西二十里，南北十五里。"① 远大于汉晋洛阳城"九六城"的规模。考古勘探亦表明，整个郭城呈东西长方形，其中东、西墙分别距内城东墙 3500 米，距西墙 3500～4250 米，郭城北墙距内城北墙约 850 米，有三条东西御道、四条南北御道贯穿全城，由此形成了三重城圈形制布局。其中最内圈是承继魏晋洛阳的宫城，中间主要设置官署和庙社等皇家建筑，最外圈郭城内安置规整的里坊、市场及寺院。可见，北魏修建外郭城的规划手法，在中国古代都城史上具有重要意义，其时都城功能发生了根本性变化，由原来"筑城以卫君，造郭以守民"，重宫室轻民居的单一防护功能，真正具有了"城"和"市"并重的概念。正是在此意义上，北魏洛阳外郭城的出现，是汉魏洛阳故城形制演变中一次最重要的变化。总体而言，这一时期内城中除了宫殿区、皇家禁苑、官署、社庙、武库、太仓及重要佛寺、高官显宦府邸外，一般官宅、民居、寺院、市场及手工业作坊基本上安置在郭城内。

沿承前朝礼制建筑，彰显儒学治国。建都伊始，孝文帝考察了汉晋洛阳城南礼制建筑遗迹，《魏书》如是记载：太和十七年（493）九月"庚午，（孝文帝）幸洛阳，周巡故宫基址……壬申，观洛桥，幸太学，观石经"②。由此不难看出，北魏朝廷对城南礼制文化遗迹的重视。鉴于这里儒学氛围浓厚，是文化传承的现实存在和具体象征，孝文帝遂在太学遗迹附近设立了劝学里和延贤里；宣武帝和孝明帝时期，朝廷曾多次议论修建明堂、辟雍及太学等礼制建筑事宜，其间一度修复太学门前石经残石，并重建明堂及太学等建筑（详见后文）。

将圜丘迁移至城内，凸显城南礼制文化区的功能。圜丘是中原传统社会祭天的坛，南郊祭天又是汉族王朝祭典中最重要的一环，孝文帝曾于太

---

① （北魏）杨衒之撰，周祖谟校释《洛阳伽蓝记》卷 5《城北》，中华书局，2010，第 212 页。
② （北齐）魏收：《魏书》卷 7 下《高祖纪》，中华书局，1974，第 173 页。

和十九年（495）沿用魏晋时的南郊祭天的圜丘，"行幸委粟山，议定圜丘。甲申，有事于圜丘"①。景明二年（501）九月，朝廷把洛水南岸纳入城市规划建设范围，十一月，宣武帝遂诏令"改筑圜丘于伊水之阳"②，也就是说，圜丘从城南20里外的委粟山，改移至伊水之阳。很显然，这一举措可视为洛水北岸传统礼制功能在洛水南岸的延续，亦充分体现拓跋魏王朝以儒学为立国之本的旨要。

北魏洛阳城作为东汉洛阳城丝绸之路起点地位的延续，在北魏时代进一步繁荣畅通，达于鼎盛。有学者认为，这与洛阳所处的地理位置不无关系："由于洛阳地处经济发达、交通便利的中原地区，北魏都洛的四十年中，与西域频繁交往，各国入华至洛阳和中土自洛阳沿丝路西行的使节、商团、僧侣络绎于途，使洛阳迅速成为中国北部最为发达的商业城市，形成商业繁荣、外贸兴盛的局面。"③ 北魏时人杨衒之在《洛阳伽蓝记》中，亦生动记录了当时京城洛阳商贸的繁盛景象，"自葱岭已西，至于大秦，百国千城，莫不款附，商胡贩客，日奔塞下。所谓尽天地之区已"④。为了方便异域商人在这里从事贸易，朝廷在城西中部、城东南部和洛水以南，分别设置大市、小市和四通市三个市场。另外，洛水南岸还修建有称为"四夷馆"和"四夷里"的馆舍和里坊，以安置附洛四夷人员，"是以附化之民，万有余家"，"天下难得之货，咸悉在焉"⑤。其时都城规模空前扩大，胡商云集，商贸经济繁荣，充分体现了当时东西方文化商贸交流的盛况。可以说，"即便是在北魏迁都洛阳后，汉代以来的以洛阳为中心、经由'丝绸之路'抵达西方的东西方贸易和文化交流的热度也是有增无减的"。⑥

① （北齐）魏收：《魏书》卷7下《高祖纪》，中华书局，1974，第178页。
② （北齐）魏收：《魏书》卷8《世宗纪》，中华书局，1974，第194页。
③ 赵振华、孙红飞：《汉魏洛阳城——汉魏时代丝绸之路的起点》，三秦出版社，2015，第252页。
④ （北魏）杨衒之撰，周祖谟校释《洛阳伽蓝记校释》卷3《城南》，中华书局，2010，第117页。
⑤ （北魏）杨衒之撰，周祖谟校释《洛阳伽蓝记校释》卷3《城南》，中华书局，2010，第117页。
⑥ 张南男：《北魏洛阳地区"维纳斯"式女性陶俑研究》，青岛科技大学硕士学位论文，2018，第47页。

佛寺遍布。拓跋魏入主中原后，统治者便以佛教为工具，"助王政之禁律，益仁智之善性"。[①] 北魏统治者诸如孝文帝、宣武帝、胡太后均由信佛到佞佛，孝文冯皇后、宣武高皇后、孝明胡皇后都出家为尼，不仅王公百官奉佛，而且文人学士如崔光、王肃、王翊、孟仲晖、冯亮、裴粲、徐纥都奉依佛教[②]。关于北魏洛阳佛寺兴盛的场景，《洛阳伽蓝记》开篇即言："逮皇魏受图，光宅嵩洛，笃信弥繁，法教愈盛。王侯贵臣，弃象马如脱屣；庶士豪家，舍资财若遗迹。于是招提栉比，宝塔骈罗，争写天上之姿，竞摹山中之影，金刹与灵台比高，讲殿共阿房等壮。"[③] 其时洛阳上自皇室、权贵官僚，下至平民，莫不建寺造塔凿窟，顶礼膜拜。到了北魏晚期，洛阳佛寺竟多达 1367 所[④]，再加上统治者崇信佛教自上而下的倡导，亦吸引沿丝路东来的僧侣络绎不绝，"时佛法经像盛于洛阳，异国沙门，咸来辐辏，负锡持经，适兹乐土"。[⑤] 鉴于来洛胡僧众多，宣武帝还专设胡寺以憩之。可以说，北魏洛阳城寺院之兴盛，僧侣之众多，"自中国之有佛法，未之有也"[⑥]。史念海先生曾指出："北魏洛阳寺院之多，在当时世界各国中应该是首屈一指，是任何国家任何都会都难于赶得上的。也许是佛教发展史上唯一可数得上的寺院最多的都城。"[⑦]

概而言之，北魏朝廷对洛阳城重建工作所取得的一系列辉煌成就，是建立在前代营城丰富经验基础之上的，故而北魏洛阳城在中国古代都城建制史上，有着重要意义。遗憾的是，繁盛的北魏倾覆后，上述城市景观遂成为历史的绝响。

---

①　（北齐）魏收：《魏书》卷 114《释老志》，中华书局，1974，第 3035 页。

②　程有为：《魏晋北朝河南地区佛教的传播和兴盛》，《许昌师专学报》（社会科学版）1986年第 3 期，第 76 页。

③　（北魏）杨衒之撰，周祖谟校释《洛阳伽蓝记校释》之《洛阳伽蓝记序》，中华书局，2010，第 22～24 页。

④　（北魏）杨衒之撰，周祖谟校释《洛阳伽蓝记校释》之《洛阳伽蓝记序》，中华书局，2010，第 212 页。

⑤　（北魏）杨衒之撰，周祖谟校释《洛阳伽蓝记校释》卷 4《城西》，中华书局，2010，第157 页。

⑥　（北齐）魏收：《魏书》卷 114《释老志》，中华书局，1974，第 3048 页。

⑦　史念海：《汉魏洛阳故城在历史上的作用和地位》，载《中国古都研究（第十三辑）——中国古都学会第十三届年会论文集》，1995，第 126 页。

第二节 北魏洛阳城南的拓展

与汉晋洛阳城仅在洛水北岸略有经营有所不同的是,北魏洛阳城南的开发,是在洛水南北两岸充分展开营建的。这里自然环境独特,水资源充足,且洛水南岸存有大片空地,故而在城市规划设计上可塑性相对较强。

一 北魏洛阳城的自然环境

从自然条件而言,洛阳地区地形复杂多样,山川丘陵平原交错,其中山地约占45%,丘陵约占40%,河谷平川约占15%。这里地势西高东低,海拔高差2000米以上,自西绵延而来的秦岭山系,构成面积广大的豫西山地,其中有伏牛山、熊耳山、崤山、邙山及嵩山,构成典型的盆地地形,素称洛阳盆地(大致相当于今洛阳市、偃师市大部分和孟津县、巩义市一部分),总面积约800平方公里。发源于豫西山地的伊、洛、瀍、涧等河流,在盆地内汇流,并形成适宜人类居住的伊洛黄土冲积平原,最终汇入黄河,成为交通全国的重要水上通道。(见图1-7)

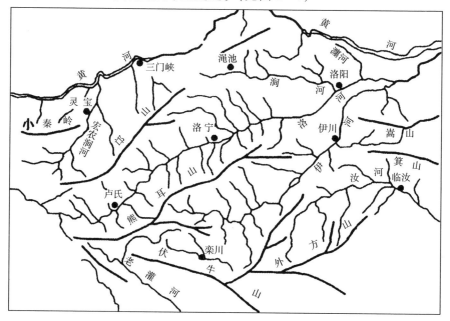

图1-7 洛阳周围自然环境示意

（一）洛阳盆地自然环境

洛阳盆地，呈东西狭长的椭圆形，为四周高中间低的平原地貌。其西部为丘陵地，地势高亢，沟壑纵横，海拔高程达 200～300 米，并逐渐向东降低至 150～190 米；中东部为平原地带，海拔降至 110～150 米。这里南北高，中间低，略呈槽型，北部为邙山黄土丘陵，中部是呈三级阶地的伊、洛河冲积平原，南部为万安山低山丘陵和山前洪积冲积坡地。其中一级阶地，主要分布于伊、洛河之间的夹河滩东部和伊河南岸西段，形成盆地的最低部分；二级阶地宽度可达 5～10 公里，成为盆地的主体；三级阶地，则在盆地的南部两侧分布较广，以南侧为甚。也就是说，洛阳盆地南北各有一带状高地，依山面河，由山麓至伊、洛河两岸，海拔高度逐渐下降，高程多在 150 米以下，二高地间则为东西狭长的伊洛平原，是盆地内海拔最低的区域。

气候温和，雨量充沛。由于地处我国第二阶地至第三阶地的过渡地带，洛阳盆地的气候属北亚热带向暖温带过渡的季风性质，四季分明，温暖湿润，全年无霜期 6～8 个月，年平均气温 12℃，年均降水量 600～700 毫米，降雨量集中于 7～9 月，夏秋季节降雨量占全年降水量近 80％。故而这里水源较为丰富，有"五水绕洛"之说。

黄河从山陕黄土高原东来，沿邙山北麓的新安、孟津东去，至入海口，使洛阳盆地免受黄河水患侵扰。黄河洛阳河段，经行河道比降骤然变缓，河床较为稳定，宽阔而平坦，且水利资源相当优越，对古代舟船航行颇为有利。因此，有学者指出，历史上黄河丰沛的水量接济着人工运道，是沟通全国的水上交通线，洛阳长达 1000 多年的建都史，在很大程度上得益于黄河便利的水运。然而，由于历史时期黄河流域植被不断遭到破坏，黄河水质较为浑浊，无法与境内的伊、洛河相比，所以黄河基本上不作为洛阳城市饮用水或灌溉水源。[①]

洛河，古称洛水，为洛阳盆地最大的河流。发源于陕西省洛南县，经

[①] 参见李永强编著《隋唐大运河的中心——洛阳》，中州古籍出版社，2011，前言第 5 页。

卢氏、洛宁、宜阳三县进入洛阳市区后，河床为卵石和砂构成，水浅多沙洲，与涧水、瀍水汇合，再经白马寺至偃师杨村与伊水合流，素称伊洛河，后经巩义神堤入黄河。《水经注》明确记载其源流："洛水出京兆上洛县灌举山，东北过卢氏县南，又东北过蠡城邑之南，又东过阳市邑南，又东北过于父邑之南，又东北过宜阳县南，又东北出散关南，又东北过河南县南，又东过洛阳县南，伊水从西来注之。"[1] 全长约 440 公里，流域面积近 1.2 万平方公里，河道宽 500～800 米，基本为东北走向。由于流域面积大，东流过程中不断汇入其他支流，其中一级支流约有 74 条[2]，故而水量特别丰富，即使是冬季枯水期也很少断流。由于其上游多为山地和丘陵地貌，河床高而窄，水流急，在宜阳县界内，河床 160～170 米，进入洛阳盆地，降至 150 米以下，至瀍、涧二河入洛处，不足 140 米，而伊、洛二河汇流处，二河河床高度均降至 120 米以下，越往东流河床越低。显而易见，这种海拔落差，是由洛阳盆地西高东低的地势造成的，这一特点不仅有利于城市建设和取水，还在一定程度上起到减轻城市水患的作用。

伊河，古称伊水，为洛河最大的支流。源自栾川县陶湾乡三合村的熊耳山南麓，为洛阳本地河流，东北流向，经嵩县、伊川二县，穿过龙门伊阙后，两岸骤然开阔，河面宽展，泥沙淤积，河床海拔约 150 米，出伊阙北口，陡降至 120 米以下，遂进入洛阳市区，并在偃师杨村与洛河汇合。《水经注》如是说："伊水出南阳鲁阳县西蔓渠山，东北过郭落山，又东北过陆浑县南，又东北过新城县南，又东北过伊阙中，又东北至洛阳县南，北入于洛。"[3] 全长约 260 公里，尽管该河流流程较短，流域面积也不大，但基于其上中游流经地区多为植被保持良好的伏牛山区，加上有约 30 条的一级支流[4]，故

---

① （北魏）郦道元著，陈桥驿校证《水经注校证》卷 15《洛水》，中华书局，2013，第 347～353 页。
② 参见（北魏）郦道元著，陈桥驿校证《水经注校证》卷 15《洛水》，中华书局，2013，第 347～357 页统计。
③ （北魏）郦道元著，陈桥驿校证《水经注校证》卷 15《伊水》，中华书局，2013，第 357～363 页。
④ 参见（北魏）郦道元著，陈桥驿校证《水经注校证》卷 15《伊水》，中华书局，2013，第 357～363 页统计。

而水资源仍然较为丰富，水质优良且流量稳定，很少发生断流。但是其内河航运能力，既要受制于自身水量，又要受到冬季枯水期的影响，在古代，伊河航运仅限于一些中小型内河船只。①

要之，伊、洛河水系干流明确，支流众多，水量丰沛，它们流入本区时，平面形态基本相同，均为东北流向，河道宽浅，多沙洲，流速缓慢，两侧均有高约 1 米的自然堤，其中伊洛河夹河滩地带，为本区地势最低处，这里自古土壤肥沃，农业发达②。除了伊河，涧、瀍二河亦是洛河的重要支流，它们均发源于洛阳以北黄土覆盖的山地，其多数河段穿行于丘陵间，河床海拔多在 150 米以上，近洛河段稍有降低，海拔为 140 ~ 150 米。

涧河，古称涧水、谷水，由上游谷、涧二水合流而成，全长约 120 公里。谷水，发源于今河南省渑池县白石山，涧水，发源于今洛阳市新安县，二水在新安县函谷关东交汇后，流入洛阳市区，并在瞿家屯附近汇入洛河，其入洛处，距汉魏洛阳故城大约 18 公里。《水经注》记载其经行："涧水出新安县南白石山，东南入于洛。"③ 历史上涧河水质清澈，水量也较为丰沛，但它在洛阳附近山地进入平原后，流量增大，特别是在夏秋雨季，山水骤下，易于溃决为患。故而历史时期涧河曾多次被人工改道，尤其是汉魏时期，流至洛阳城西北，经过人工疏导，成为城市的护城河。恰如陈桥驿先生所言，"在魏晋南北朝时期，与洛阳关系最密切的是谷水"④。此外，考古人员在涧河两岸，发现了大量原始居民遗存，进一步证实涧河自古以来，就与洛阳城的发展关系密切，尤其是对周代洛邑和汉魏洛阳城，曾有重要作用，为伊洛平原上重要的水运航道之一自不待言⑤。

① 参见李永强编著《隋唐大运河的中心——洛阳》，中州古籍出版社，2011，前言第 5 ~ 6 页。
② 参见钮仲勋、李非《伊洛河水利开发的历史研究》，《中原地理研究》1985 年第 1 期，第 40 ~ 41 页。
③ （北魏）郦道元著，陈桥驿校证《水经注校证》卷 15《涧水》，中华书局，2013，第 363 页。
④ 陈桥驿：《郦道元笔下的洛阳》，《文史知识》1994 年第 3 期，第 108 页。
⑤ 参见王炬《谷水与洛阳诸城址的关系初探》，《考古》2011 年第 10 期，第 79 ~ 84 页。

瀍河，古称瀍水，发源于今洛阳市孟津县横水乡邙山黄土塬顶部，东南流向，下游穿洛阳市老城区东南入洛河，其入洛处，距汉魏洛阳故城约10公里。全长约35公里，流程非常短促，是一条水量较小的季节性河流，流量极不稳定，汛期又威胁洛阳城。《水经注·瀍水》记载："瀍水出河南谷城县北山，东与千金渠合，又东过洛阳县南，又东过偃师县，又东入于洛。"① 汉魏时期，由于其海拔高度达150米以上，水源比较容易自流入城，加上人工截流入注千金渠，又在一定程度上缓解了其汛期河水暴涨的状况。

概而言之，洛阳盆地内众多河流，诸如洛河及其支流伊河、涧河及瀍河等，从西部高山峡谷奔流而东，自盆地内流淌，最后注入黄河，同属黄河水系。"虽为黄河水系，但伊、洛河发源于秦岭山地，其水文状况自与黄土高原其他部分的河流不同"②，流域内大部分是坚硬的岩石，河水多穿行于峡谷之中，不易受到侵蚀，河流水质变化不明显，仅是在下游流入黄土地区，故而流水含沙量小，水源较清，北魏时就有"浩浩大川，决决清洛"③ 的记载，直到唐代仍有"清洛浮桥南渡头""伊洛泛清流""周秦几时变，伊洛水犹清"④ 的说法。

除了水质较好外，盆地内最大河流洛河，还有"清洛""温洛"的美誉。洛河经行山区和平原两个地段，其中上中游水资源丰富，水系发育良好，流量稳定，下游则交汇于盆地之中，因此与同纬度其他河流相比，有冬季不全冻、不断流的特点，唐代的时候仍有"清洛含温溜"⑤ 的说法。这使洛阳周围河渠水源经年不断，对于农业灌溉和航运极为有利，更便利于人们日常生产和生活用水。

很显然，洛阳盆地内伊、洛、瀍、涧等河流，自成一个完整水系，互相

---

① （北魏）郦道元著，陈桥驿校证《水经注校证》卷15《瀍水》，中华书局，2013，第362～363页。

② 史念海等：《黄土高原森林与草原的变迁》，陕西人民出版社，1985，第4页。

③ 杨衒之撰，周祖谟校释《洛阳伽蓝记》卷3《城南》，中华书局，2010，第113页。

④ （清）彭定求等：《全唐诗》卷82《洛中清月送殷四入关》、卷305《出东城》、卷595《过洛阳城》，中华书局，1960，第886、3468、6897页。

⑤ （清）彭定求等：《全唐诗》卷780《洛出书》，中华书局，1960，第8822页。

贯通，水资源较为丰沛。但是这些河流的水位和流量，随季节的不同而变化很大，特别是枯水期与洪水期流量相差十倍甚至百倍以上，因而在汛期常常泛滥，河流含沙量大①，河床不断淤积抬高，洪水灾害频发，对城市形制乃至居民的生产生活产生了深远影响，故而历史时期这里的居民，不断增修人工渠道及其配套设施，以解决城市用水问题。由是观之，城市居民利用、改造河流的诸多活动，不仅在一定程度上形塑了洛阳城及其附近的微观地貌，更为城市及周边地区提供了水源、灌溉、航运和防御等便利，使被洛水及其支流滋养的洛阳城，焕发着勃勃生机。

不容忽视的是，"（洛阳）盆地景观组成复杂，低山、丘陵、台地、平原相间，伊、洛、瀍、涧等水系纵横，景观异质性强，为人类和多种动植物的生存繁衍提供了理想的生境"②，是古代理想的建都之地。然而详加寻绎，我们发现，只有在今天洛河与伊河汇流处（今偃师杨村）以西地域，才具备营建都城的地理条件，这里的洛河两岸地势较为低平开阔，这也正是洛阳五大都城遗址均发现于此的根本原因③。

（二）城南自然环境特征

北魏洛阳城位于洛阳盆地中部，即今洛阳市区以东 15 公里处。这里地势开阔平缓，北依邙山，南跨洛河，北高南低，海拔高程 120～140 米，其中宫城及内城，坐落在邙山南麓至洛河以北高地上，而城南古伊、洛水交汇地带，则为全城最低处，海拔高程 120 米以下。总的来看，北魏洛阳城南附近的地形与河流水系，古今基本相似，也存在一定差异。

城南微高地。1954 年，阎文儒先生勘查北魏洛阳内城南面城墙遗址时，发现洛河南岸地势比较隆起④。此后陆续有考古学人指出，北魏洛阳

---

① 邓静中：《黄河下游地区的气候和水文》，《地理知识》1953 年第 12 期，第 341 页。
② 参见韩玉玲《伊洛河文明的人地关系初探》，载《环境考古研究》（第 2 辑），科学出版社，2000，第 17～21 页。
③ 参见康为民《〈水经注〉中的偃师水系》，载《中国古都研究》（第十六辑），1999，第 370 页；段鹏琦《洛阳古代都城城址迁移现象试析》，《考古与文物》1999 年第 4 期，第 42 页。
④ 阎文儒：《洛阳汉魏隋唐城址勘查记》，《考古学报》1955 年第 1 期，第 121 页。

城南这片自然隆阜地带，应当是古文献所称的"亳坂"①。这块微高地，东西绵延20公里有余，西逾北魏洛阳城遗址，东达偃师商城遗址。事实上，北魏洛阳城遗址和偃师商城遗址的地势，都是南北高、中间低，向北均随邙山地势逐渐抬升，向南的抬升，则是因为古"亳坂"的存在。进而言之，北魏洛阳城的前身——东汉洛阳城的南宫及灵台、明堂、辟雍等礼制建筑和中国最早的"国立大学"——太学，都位于所谓的"亳坂"上，这一现象应与该地带地势较高有关。② 饶有趣味的是，古"亳坂"所具有的明显凸起特性，在今天当地居民流行通用的地名中，也有所反映。诸如朱圪垱冈上（太学遗址）、北冈村（灵台遗址）、西岗及孙家岗等③。很显然，"冈"在称谓上具有古"亳坂"的高地地形特色。一般而言，"冈"是根据地形，因地制宜地为村庄命名的一种方式，应是自古就流传下来的命名规则，通常情况下，看着地图上这种以"冈"命名的地名，就可以知道这一带地势隆起。由此可以肯定地说，城南这些地名的集中出现，生动地展示了这块微高地，由古到今备受人们的关注和利用。

洛水水道在城南四里处。我们知道，今洛河水道在北魏洛阳城南的流向，是穿该城内城南墙护城河东去，然而北魏时期，洛水是经流城南四里之外东奔，这在《洛阳伽蓝记》中记载非常明确："宣阳门外四里，至洛水上，作浮桥，所谓永桥也。"④ 诚如段鹏琦先生所说，汉魏时期洛水水道在城南四里处，其走向"在今偃师佃庄和东大郊村南、西大郊和翟镇村北的东西一线，北距汉魏洛阳南垣近2公里"。⑤ 此外，考古学人也为我们提供了弥足珍贵的实物资料："古洛河的确切方位，在酒务村北向东延伸，

---

① 据晋《太康地记》载："尸乡南有亳坂，东有城，太甲所放处。"1983年春，考古工作者在偃师尸乡沟发现了3600多年前的古城遗址——商都西亳城。
② 王学荣：《偃师商城与二里头遗址的几个问题》，《考古》1996年第5期，第56页；段鹏琦：《洛阳古代都城城址迁移现象试析》，《考古与文物》1999年第4期，第43~45页；许宏：《何以中国》，生活·读书·新知三联书店，2016，第122页。
③ 阎文儒：《洛阳汉魏隋唐城址勘查记》，《考古学报》1955年第1期，第121~122页；中国科学院考古研究所洛阳工作队：《汉魏洛阳城一号房址和出土的瓦文》，《考古》1973年第4期，第209页；杜金鹏、钱国祥主编《汉魏洛阳城遗址研究》，科学出版社，2007，图版一。
④ （北魏）杨衒之撰，周祖谟校释《洛阳伽蓝记校释》卷3《城南》，中华书局，2010，第112页。
⑤ 段鹏琦：《汉魏洛阳与自然河流的开发和利用》，载《庆祝苏秉琦考古五十五年论文集》，文物出版社，1989，第505页。

经西石桥与东石桥村之间东流，又经大郊寨与西大郊村之间继续东流。"①
可见，考古勘查与段氏的论断也基本吻合，都证实今洛河水道较故道北
移。总体看来，通过对这条古河道走向的确认，有益于我们全面认识北魏
洛阳城南居民与居住环境的情状。

伊、洛二水交汇于城南，而非今偃师市杨村②。北魏郦道元《水经注》
对伊、洛二水的经流记载为："（洛水）又东北过河南县南，又东过洛阳县
南，伊水从西来注之"③，"（伊水）又东北过伊阙中，又东北至洛阳县南，
北入于洛"④，明确了二水在洛阳县南交汇。不言而喻，洛阳县治的地理位
置，是判断二水交汇点的关键。关于当时洛阳县的方位，《洛阳伽蓝记》
有描述："（建春门外）阳渠北有建阳里"，"建阳里东有绥民里，里内有
洛阳县。临渠水"⑤。由此可知，北魏洛阳县是在城东建春门阳渠的北面，
这似乎与《水经注》所说有悖。王学荣先生认为，"很多文献中将洛阳城
又称作洛阳县"⑥，若按此理解，《水经注》所指洛阳县就是北魏洛阳城，
那么，二水交汇于城南的描述，就合情合理了。对于二水交汇的具体位
置，已得到考古发掘证实，即在今偃师东大郊一带⑦，并且实测结果显示，
当时洛水与伊水交汇处，河床宽 800 米左右⑧。"从某种程度上来说，城
市水源是城市赖以生存的生命线，没有水源的城市难以兴起，也无法
延续发展"⑨，可见，质优且丰沛的水源是影响和制约都城存续的重要因

---

① 中国社会科学院考古研究所洛阳汉魏城工作队：《北魏洛阳外廓城和水道的勘查》，《考
　古》1993 年第 7 期，第 608 页。
② 康为民：《〈水经注〉中的偃师水系》，载《中国古都研究》（第十六辑），1999，第 370 页。
③ （北魏）郦道元著，陈桥驿校证《水经注校证》卷 15《洛水》，中华书局，2013，第 353 页。
④ （北魏）郦道元著，陈桥驿校证《水经注校证》卷 16《谷水》，中华书局，2013，第 361～
　362 页。
⑤ （北魏）杨衒之撰，周祖谟校释《洛阳伽蓝记校释》卷 2《城东》，中华书局，2010，第
　56、64 页。
⑥ 王学荣：《偃师商城与二里头遗址的几个问题》，《考古》1996 年第 5 期，第 51 页。
⑦ 孟凡人：《北魏洛阳外郭城形制初探》，《中国国家博物馆馆刊》1982 年第 4 期，第 42
　页；中国社会科学院考古研究所洛阳汉魏城工作队：《北魏洛阳外廓城和水道的勘查》，
　《考古》1993 年第 7 期，第 608 页。
⑧ 洛阳文物考古研究院：《洛阳汉唐漕运水系考古调查》，《洛阳考古》2016 年第 4 期，第
　13 页。
⑨ 马正林：《中国城市历史地理》，山东教育出版社，1999，第 303 页。

素。透过上述材料不难想象，北魏洛阳城南的水环境十分优越。

在上述认识的基础上，我们进一步确信，北魏洛阳城南的自然环境，是相当优越的。城南微高地的存在，使这一带居民及建筑物，在一定程度上免受洪涝灾害威胁；盆地内最大的河流洛水流经城南四里处，有助于我们对其时生活在这里的居民及其居住环境，有较为深入的了解；伊、谷（涧）、瀍水作为洛水的支流，在盆地内纵横，尤其是伊、洛水在城南交汇，加上其时有"浩浩大川，泱泱清洛"的美誉，足见当时城南水源可观、水质较好。

二 北魏以前洛阳城南居民与环境的演变

由东汉到魏晋，洛阳城南的居民和居住环境有着些许变化。

（一）东汉洛阳城南居民与环境

这一时期，洛阳城内（即"九六城"）基本为贵戚豪族所占据，一般居民多居住在城外，且极有可能主要分布在城东、城南及城西三面靠近城门的区域，其中城东、城南主要是中下级官吏及一般居民居住地，城西由于主要分布着帝王贵臣郊猎场所的苑囿，以及游赏宴乐的观台等建筑，故而城西人口密度，远远小于城东和城南①。总的来看，一般官员和平民多集中于城南和城东，城西和城北则鲜见居民区的记载。

洛水北岸居住着少量平民和数量庞大的太学生。我们知道，东汉洛阳城南至洛水北岸的南北距离，大约四里，地域相对窄狭，主要是诸如"堰洛通漕"大型水利工程、"三雍"礼制建筑、太学及南市等皇家公共用地，故而居民区布局有限，仅限于平城门大街及开阳门大街附近区域，且一般多为平民，兼有数量可观的太学生（生员人数最多时有三万多）②。段鹏琦

---

① 参见张中印《东汉—北魏时期洛阳城市形态与内部空间结构演变》，陕西师范大学硕士学位论文，2003，第29～30页；赵振华、孙红飞《汉魏洛阳城——汉魏时代丝绸之路的起点》，三秦出版社，2015，第10～11页。

② 张中印：《东汉—北魏时期洛阳城市形态与内部空间结构演变》，陕西师范大学硕士学位论文，2003，第30页。

先生也指出，当时重要礼制建筑所在地、太学和市场等周围人口较为密集①，这应是当时洛水北岸居民分布情况。值得一提的是，1964年春天，考古人员在东汉洛阳城洛水南岸的一片高地上，发掘了规模较大的刑徒墓地，并认为此处在被用作墓地的时候，还是一片空荒的郊野②，因而这里显然不可能有居民居住。简言之，当时城南规划设计仅是洛水北岸，洛水南岸当属尚未规建的蛮荒之地。

（二）魏晋洛阳城南居民与环境

与东汉相比较，这一时期的洛水北岸，不仅是一般居民和为数众多太学生的居住地所在，还有权贵潘岳建宅于此，且驻扎有军队③。与东汉洛阳城居住环境明显不同的是，魏晋洛阳城出现了里坊居民区，且居民区有所扩大，例如"城内有永安里和步广里等，城外东郭有权贵张华所居的寺东里"④，等等。值得注意的是，《晋书·夏统传》还记载了上巳节官民修禊洛水之滨的场景⑤，加上这里有热闹的南市，洛水北岸很可能有较多居民。尽管如此，居民区范围也不会太大，毕竟与东汉洛阳城南相比，这一时期城南的居住区域变化不大⑥。然而相比较于前朝，魏晋洛阳城外居民区的占地面积仍有所扩大⑦，但居民区和市场处于无序状态，且基本上分布在洛水北岸，洛水南岸仍不见有居民居住的记载。

---

① 段鹏琦：《汉魏洛阳故城》，文物出版社，2009，第61页。
② 中国科学院考古研究所洛阳工作队：《东汉洛阳城南郊的刑徒墓地》，《考古》1972年第4期，第2～19页。
③ 参见张中印《东汉—北魏时期洛阳城市形态与内部空间结构演变》，陕西师范大学硕士学位论文，2003，第36～37页。该引文中作者有意无意间似乎忽略了"数量庞大的太学生"，笔者以为城南还应居住着太学生员更为合理。
④ 参见张中印《东汉—北魏时期洛阳城市形态与内部空间结构演变》，陕西师范大学硕士学位论文，2003，第36页。
⑤ （唐）房玄龄等撰《晋书》卷94《夏统传》，中华书局，1974，第2428～2429页。
⑥ 魏晋时期，城南规划设计仍然局限于洛水北岸，且仅是复建增修了前代的"堰洛通漕"水利工程、修缮东汉城南的礼制建筑、恢复了市场等等，基本上没有大规模的城市扩建活动。
⑦ 段鹏琦：《汉魏洛阳故城》，文物出版社，2009，第62页。

三 北魏洛阳城南的拓展及基础

洛阳盆地水系发达，是连接往来东西丝绸之路和交通全国的重要通道。故而北魏孝文帝以"恒代无运漕之路，故京邑民贫。今移都伊洛，欲通运四方"① 为目的，于太和十七年（493），在魏晋旧址上经营洛阳城。太和十九年（495），孝文帝迁都洛阳，遂在洛水上修筑浮桥，《魏书》有明确记载："宫殿初构，经始务广，兵民运材，日有万计，伊洛流渐，苦于厉涉，（成）淹遂启求，敕都水造浮航。高祖赏纳之。"② 《洛阳伽蓝记》称此桥为"永桥"："宣阳门外四里，至洛水上，作浮桥，所谓永桥也。"③ 《水经注·谷水》亦言："皇都迁洛，移置于此，对阊阖门南，直洛水浮桁。"④ 可以说，永桥的修造，使洛水南北两岸变为通途，城南自然也逐渐成为北魏洛阳城拓展的场所。

（一）城南的拓展

北魏迁洛初期，洛水北岸作为传统礼制文化区而备受关注。经营新都伊始，孝文帝遂考察了汉晋洛阳城南礼制建筑遗存，《魏书》如是记载：太和十七年（493）九月"庚午，（孝文帝）幸洛阳，周巡故宫基址……壬申，观洛桥，幸太学，观石经"。⑤ 由此不难想见，北魏朝廷对城南礼制文化遗物的关注程度。孝文帝随后又在太学遗址附近设置"劝学里"和"延贤里"等居民区⑥，以安置南朝降附的江东显贵王肃，使其作为朝廷锐意汉化改革的旗手。此外，孝文帝时期在这里仿照平城模式，营建了报德寺和崇虚寺，前者是为祖母冯太后祈福、宣扬孝道的佛教寺院，后者则是中

---

① （北齐）魏收：《魏书》卷79《成淹传》，中华书局，1974，第1754页。
② （北齐）魏收：《魏书》卷79《成淹传》，中华书局，1974，第1754～1755页。
③ （北魏）杨衒之撰，周祖谟校释《洛阳伽蓝记校释》卷3《城南》，中华书局，2010，第112页。
④ （北魏）郦道元著，陈桥驿校证《水经注校证》卷15《谷水》，中华书局，2013，第383页。
⑤ （北齐）魏收：《魏书》卷7下《高祖纪》，中华书局，1974，第173页。
⑥ （北魏）杨衒之撰，周祖谟校释《洛阳伽蓝记校释》卷3《城南》，中华书局，2010，第106～108页。

原本土道教寺院①。

除了重视城南礼制文化意义外，孝文帝时期外郭城营建不完善。历史上，洛水北岸曾长期作为中原传统礼制文化区，因而孝文帝元宏都洛后，这里"受到了较高重视，并大片作为皇室预留地"。② 不言而喻，孝文帝作为北方草原民族入主中原，不遗余力推行汉化政策，迁洛后尤其关注洛水北岸中原传统礼制的传承意义，以确立其"华夏正朔"的统治地位。由于当时魏廷多忙于对南征战等事宜，在都城建设上，对内城规划布局相应完备，对外城的营建设计并不完善③，更无暇顾及一般居民居住问题。

孝文帝朝一般居民居住问题凸显。《魏书·李平传》记载了当时由北而来士庶平民生活的惨淡景象："洛邑俶营，虽年跨十稔，根基未就。代民至洛，始欲向尽，资产罄于迁移，牛畜毙于辇运，陵太行之险，越长津之难，辛勤备经，得达京阙，富者犹损太半，贫者可以意知。兼历岁从戎，不遑启处，自景明以来，差得休息。事农者未积二年之储，筑室者裁有数间之屋。"④ 从文献记载的迹象显示，北魏都洛之初，朝廷主要是对鲜卑宗室贵族和汉族官僚的居住事宜进行了初步规划，而对由平城南迁而来的士庶平民的居住问题并不重视。《魏书·任城王澄传》也明确记载北魏都洛初期，这些代迁户在居住安置上的怨怼："人怀恋本，细累相携，始就洛邑，居无一椽之室，家阙儋石之粮，而使怨苦即戎。"⑤ 由此可知，平城代迁户来洛后，存在严重的居住问题，因而扩建外郭城以解决居民的居住问题，不仅是孝文帝朝的遗留问题，更是当时面临的重大课题。

宣武帝时期，扩建外郭城以解决居民的居住问题，并把洛水南岸拓展

---

① （北魏）杨衒之撰，周祖谟校释《洛阳伽蓝记校释》卷3《城南》，中华书局，2010，第106、126页。

② 王佳月：《谈孝宣之际北魏洛阳城的规建》，载《石窟寺研究》，文物出版社，2011，第252页。

③ 参见王佳月《谈孝宣之际北魏洛阳城的规建》："北魏在迁洛初期就对洛阳城的宫城、内城和外郭城都进行了规划。内城由于模仿了南朝的建康城，因此形成了居民以官位相从的公地分配，而外郭城主要对元氏宗亲、勋贵官僚等上层社会的居住作了安排，没有着重去区分市里，使四民异居，因此市等基础设施并不及《洛阳伽蓝记》所载那么严整。"载《石窟寺研究》，文物出版社，2011，第255页。

④ （北齐）魏收：《魏书》卷65《李平传》，中华书局，1974，第1451页。

⑤ （北齐）魏收：《魏书》卷19中《任城王澄传》，中华书局，1974，第466页。

为四夷归附人员的聚居区。《魏书》记载，宣武帝元恪即位后，社会较为安定，"承升平之业，四疆清晏，远迩来同，于是蕃贡继路，商贾交入，诸所献贸，倍多于常"。① 显而易见，自东汉就已连通的丝绸之路，北魏时期进一步繁荣畅通，来自中亚和西域的胡商倾慕东来，他们在都城洛阳尤为活跃，由此带来的人口压力及居民管理等事宜，遂成为当时城市发展过程中面临的严峻问题。很显然，居民数量迅速增长，朝廷急需对城市原有的居住模式和管理方式进行调整和改革，以适应城市发展的新需要。鉴于孝文帝朝遗留的较为严重的代迁户居住问题，以及宣武帝朝四方归附人口的日益骤增局势，景明二年（501）九月，元恪按照司州牧广阳王嘉的建议②，下诏营建外郭城，"发畿内夫五万人筑京师三百二十三坊，四旬而罢"。③

这次筑城，从京师征调民工五万人，营筑三百二十三坊，规模十分庞大，至此，在内城四周安置大量居民的外郭城也就应运而生了。尤其引人注目的是，作为四方归附人士聚居地的四夷馆，在洛水南岸拔地而起。接着，在城南这片土地上，除了四夷馆和四夷里主体建筑外，营造工程逐步展开，诸如增辟市场、寺院、礼制建筑、富人宅邸、平民里坊，修缮桥梁，增筑佛塔，规建白象、狮子二坊以及园林绿化等等，以满足本区域居民的物质和精神生活所需。可以肯定地说，宣武帝时期，城市景观有了划时代的发展，到了孝明帝时期，城南建筑物明显增多，且更加完善，洛水两岸焕发着勃勃生机（详见后文）。

（二）城南拓展的基础

如前所述，北魏洛阳城开创了跨洛水拓建新城区的先例，而且这一规划手法为隋唐洛阳城所效仿，影响深远。鉴于北魏洛阳城变迁的悠久历

---

① （北齐）魏收：《魏书》卷65《邢峦传》，中华书局，1974，第1438页。
② （北齐）魏收：《魏书》卷18《广阳王建附子嘉传》："表请于京四面，筑坊三百二十，各周一千二百步，乞发三正复丁以充兹役，虽有暂劳，奸盗永止。诏从之"。中华书局，1974，第428页。
③ （北齐）魏收：《魏书》卷8《世宗纪》，中华书局，1974，第194页。

史，何以北魏时期才出现拓展洛水南岸的这种土地利用方式？很显然，这是北魏朝廷适应社会经济发展需要使然。

首先，社会经济发展与繁荣是城南拓展的前提。如众所知，拓跋魏入主中原后，逐步推行汉化政策，以改变其落后的生产方式，特别是颁行均田制、三长制和新租调制等一系列调整生产关系的先进措施，使得社会经济有了长足发展。可以说，这些制度对于恢复和发展农业生产起了一定作用，尤其是均田制在一定程度上限制了贵族地主对土地的兼并，不仅增加了国家的税源，而且极大地促进了社会经济的繁荣，为手工业和商业的发展提供了物质基础。

除了推行一系列促进社会经济发展的制度措施，朝廷还一度颁行货币，以适应社会经济发展需要。我们知道，货币是衡量城市经济发展水平的重要指标，"魏初至于太和，钱货无所周流，高祖始诏天下用钱焉。十九年（495），冶铸粗备，文曰'太和五铢'，诏京师及诸州镇皆通行之……世宗永平三年（510）冬，又铸五铢钱"[1]。由此可以断言，魏廷都洛后城市经济有了长足发展。尽管肃宗时期出现了新旧货币并行的格局，引起"商货不通，贸迁颇隔"[2]，充分暴露了当时货币经济水平的低下，但相比较北魏立国之初至迁都洛阳前夕，有着长达近一个世纪竟未曾发行过货币的史实，孝文帝朝的"太和五铢"和宣武帝朝的"五铢钱"，无疑是城市社会经济飞跃发展的重要标识。

值得注意的是，魏廷所铸五铢钱，甚至影响波及西域龟兹。"（龟兹）自铸圆形方孔五铢钱。钱的一面有龟兹文，一面有汉文'五铢（朱）'，广泛发现于塔里木盆地的库车地区，被称为汉龟二体五铢钱。其铸行时代上限在北魏太和十九年（495）之后，唐高祖武德四年（621）币制改革之前，前后120余年。"[3] 可以说，由于北魏洛阳城繁盛的社会经济，周边各邦及异域钦慕不已而纷至，是为城市拓展的基础和强大的推动力。从这个意义上讲，城南拓展是北魏社会经济繁荣

---

① （北齐）魏收：《魏书》卷110《食货志》，中华书局，1974，第2863页。
② （北齐）魏收：《魏书》卷110《食货志》，中华书局，1974，第2863页。
③ 颜松：《对汉龟二体五铢钱的再认识》，《新疆钱币》2005年第3期，第71页。

发展的必然结果。

其次，"堰洛通漕"水利工程是城南拓展的保障。前已述及，"堰洛通漕"及其配套工程的主要目的和功能，是为了保证城内供水和城东漕运，但在客观上致使洛水水量减小，使得城南居民区的水患概率大大降低。简言之，"堰洛通漕"不仅实现了城东漕渠水运的畅通，更为重要的是，它有助于控制洛水水量，防止水患，使城南新城区拓展成为可能①。吴庆洲先生根据大量文献资料进行翔实的统计，指出东汉至北魏都洛期间，以北魏水灾最少，仅有的一次谷水泛滥，还是北魏末年水利工程失修所致②，这也从侧面印证了古人在长期的社会生活实践中，对自然环境的依赖逐渐减少，敢于突破洛水的天然局限，使跨洛水营建新区成为可能。

北魏时期"堰洛通漕"防洪性能提高。有学者认为，"正是因为有了这一大型综合性水利工程，尤其是'堰洛通漕'工程，使洛河（这里指洛水，下同）等自然河流得到了合理而有效的控制，北魏时期才敢于突破洛河的局限，跨过洛河在伊、洛河之间开辟新的居民区，……使以往不敢问津的多水患地带，变成了四方附化之民聚居的繁华区域"。③ 这一观点明确肯定北魏朝廷疏浚开通"堰洛通漕"工程的重要性，尤其是该工程在洛水南岸营建中所起的基础性作用，它使得洛水南岸的拓展成为可能。鉴于这一工程的重要性，魏廷专门征丁一千人进行科学的岁修维护和保养等事宜④。然而令人遗憾的是，一些学人在研究中对此视而不见，一味从气候干旱、森林植被破坏的角度出发，认为"堰洛通漕"工程由东汉到北魏，工程的安全性不断降低，水患不断，以致北魏洛阳城南成为无人区⑤。不难看出，这一论点很可能出自主观臆断，且未做较为充足的论证，

---

① 参见段鹏琦《洛阳古代都城城址迁移现象试析》，《考古与文物》1999 年第 4 期，第 46～47 页。

② 吴庆洲：《汉魏洛阳城市防洪的历史经验及措施》，《中国名城》2012 年第 1 期，第 69～72 页。

③ 段鹏琦：《汉魏洛阳故城》，文物出版社，2009，第 172 页。

④ （北魏）杨衒之撰，周祖谟校释《洛阳伽蓝记》卷 4《城西》，中华书局，2010，第 163 页。

⑤ 杨俊博：《从水源问题看汉魏洛阳城址的迁移》，《河南师范大学学报》（哲学社会科学版）2013 年第 5 期，第 96～99 页。

自然不足为据。

值得一提的是，北魏洛阳外郭城城墙，尤其是西郭城墙的修建①及城南四夷馆建在一片地势稍高的小型台地上②，这些都在某种程度上有助于增强城南防洪的效用。

最后，适宜的外交政策是城南拓展的助推力。"为了招徕、安抚来自周边政权与民族的人士，北魏实施了一套以优遇宾客为主要方式的招怀政策，对那些具有特殊背景与作用的外来人士提供了优厚的待遇和相应的职位。"③ 特别是对待南朝降附人员，《洛阳伽蓝记》记载："时朝廷方欲招怀荒服，待吴儿甚厚，襄裳渡于江者，皆居不次之位。"④ 基于北魏朝廷开放优容外交政策的实施，"逮景明之初，承升平之业，四疆清晏，远迩来同，于是蕃贡继路，商贾交入，诸所献贸，倍多于常"⑤，大批异族异国官员使节、商人及僧侣等迢迢慕名而来。

对此，魏廷采用科学有效的举措对其进行管理，即针对不同性质的归附人员施以不同的优抚政策。对于政治流亡者，魏廷"一般都给予其优厚的待遇：在政治上授予高官，在经济上赐给住宅、田产及奴婢、钱财，在社会地位上让皇室公主与之通婚，或让其他高官子女与之攀亲"⑥，在生活习惯上尊重北夷酋长不适南方暑热环境，允许其"常秋来春去，避中国之热"⑦；对于来华贸易的使节，朝廷亦给予优遇，诸如孝明帝正光年间（520～525），

① 参见吴庆洲《汉魏洛阳城市防洪的历史经验及措施》："综观汉魏洛阳城的城市防洪，由于北魏以前未筑外郭，故城外受伊、洛泛滥之灾，历史上伊、洛水患均发生在北魏之前。北魏筑外郭城，是城市防洪上的一大进步，北魏时未见有伊、洛水患的记载，即是其外郭城防洪发挥效益的明证。"《中国名城》2012 年第 1 期，第 72 页。

② 参见中国科学院考古研究所洛阳工作队《东汉洛阳城南郊的刑徒墓地》："刑徒墓地在今河南省洛阳地区偃师佃庄人民公社西大郊村西南的一片高地上。"《考古》1972 年第 4 期，第 2 页。

③ 安介生：《略论北魏时期的"上客"、"第一客"与招怀政策》，《中国边疆史地研究》2007 年第 1 期，第 18 页。

④ （北魏）杨衒之撰，周祖谟校释《洛阳伽蓝记校释》卷 2《城东》，中华书局，2010，第 89 页。

⑤ （北齐）魏收：《魏书》卷 65《邢峦传》，中华书局，1974，第 1438 页。

⑥ 肖锋：《南北朝的政治流亡者》，《汉中师范学院学报》1995 年第 4 期，第 52 页。

⑦ （北魏）杨衒之撰，周祖谟校释《洛阳伽蓝记校释》卷 3《城南》，中华书局，2010，第 116 页。

四方多事，民不堪命，有司奏断百官常给之酒，但却规定"远蕃使客不在断限"①，又如北魏的商业政策是"不设科禁，买卖任情，贩贵易贱，错居混杂"② 等等，这些政策无疑吸引了西域商贾经河西来中原贸易，形成了"相继而来，不间于岁"的兴盛局面。对于域外僧侣，魏廷也甚重视，比如宣武帝元恪时期，"时佛法经像盛于洛阳，异国沙门，咸来辐辏，负锡持经，适兹乐土。"③ 鉴于来洛胡僧数量庞大，宣武帝专设胡寺永明寺以憩之④。此外，魏廷对纳贡及归附人员处馆与赐宅政策的制度化及规范化⑤，亦是不容忽视的。总的来看，北魏朝廷所营造的宽松民族政策，加上其对四夷附洛居民的有效管理，自然吸引数量庞大的异族异国人员来洛⑥，亦在某种程度上助推了城南拓展。

由上可见，北魏洛阳城南的拓展是一个漫长、逐步深入的过程。其中城市经济的长足发展是根本，"堰洛通漕"工程的更加完善是基础，魏廷适宜的外交政策是助推力。

小　结

北魏洛阳城始建于西周，经过春秋晚期北扩和秦代南扩，奠定了汉魏洛阳城"九六城"的基本形制；作为当时全国最大的商业都会和丝绸之路的东方起点，东汉洛阳城承继秦、西汉二宫制，始建"堰洛通漕"水利工

---

① （北齐）魏收：《魏书》卷 110《食货志》，中华书局，1974，第 2861 页。
② （北齐）魏收：《魏书》卷 60《韩麒麟传附子显宗传》，中华书局，1974，第 1341 页。
③ （北魏）杨衒之撰，周祖谟校释《洛阳伽蓝记校释》卷 4《城西》，中华书局，2010，第 157 页。
④ （北魏）杨衒之撰，周祖谟校释《洛阳伽蓝记校释》卷 4《城西》，中华书局，2010，第 157 页。
⑤ （北魏）杨衒之撰，周祖谟校释《洛阳伽蓝记校释》卷 3《城南》，中华书局，2010，第 114～117 页。
⑥ 参见吴少珉《北魏对外交往的国际大都会——洛阳》："北魏王朝的强盛、对外族外域实行亲善开放的政策、四通八达的水路交通网络、丰饶的物产、发达的文化加上繁华美丽的都城，强烈地吸引着四方各国、各族使者、僧侣、商贾和学者纷纷来洛……他们或出于对北魏王朝的畏服，希望建立友好睦邻关系；或因仰慕源远流长的华夏文明，希望求取经史典籍，传播儒家文化，或醉心中原丰饶的物产，前来开展经贸活动。"《史学月刊》1996年第 3 期，第 111～114 页。

程及城南礼制建筑群，一般居民和市场多分布在城外，其中南市在洛水北岸，洛水南岸则为荒野之地，此期佛教亦开始传入洛阳；魏晋洛阳城圈沿袭东汉"九六城"规模，城门仍为十二座，但城市内部空间布局由"二宫制"演变为"一宫制"，出现了军事性城堡金墉城及马面建筑，复建增修"堰洛通漕"水利工程，修缮前代城南礼制建筑群，其中城南建设仍是以洛水北岸为主，南市也多经营一般平民生活用品，城市仍继续发挥着丝绸之路起点和北方佛教重镇的作用。

北魏都洛后，孝文帝朝暂居前朝保存较为完好的金墉城，沿用魏晋"一宫制"布局，修复疏浚前代"堰洛通漕"水利工程，宣武帝初期增扩外郭城，形成了"东西二十里，南北十五里"规模空前的三重城圈形制格局，沿承魏晋礼制建筑，又将圜丘迁移至城内。这一时期内城除了宫殿区、皇家禁苑、官署、社庙、武库、太仓及重要佛寺、官邸外，一般官宅、寺院、民居、手工业作坊和市场均设置在外郭城，北魏洛阳城作为丝路起点达于鼎盛，佛寺遍布全城，寺院数量最多时达1367所，是为北方佛教中心。尤其值得关注的是，这一时期洛水南岸得到了合理有效的开发，朝廷在此规划设计四夷馆和四夷里，使这里成为北魏王朝与周边异族异国的政治、经济、文化交往的中心和象征。

北魏洛阳城是在西周洛邑城址基础上，经过春秋晚期、秦代的增扩，东汉、魏晋及北魏等王朝的修缮和增筑活动，适应社会历史发展变化的需要而逐渐形成的，足见这里的自然地理环境是相当优越的。诸如城南微高地的存在，使这一带居民及建筑物在一定程度上免受洪涝灾害威胁；盆地内最大的河流洛水流经城南四里处，有助于我们对其时生活在这里的居民及其居住环境有较为深入的认知；伊、谷（涧）、瀍水作为洛水的支流，在盆地内纵横，尤其是伊、洛水在城南交汇，加上其时有"浩浩大川，泱泱清洛"的美誉，足见当时城南水源可观、水质较好。

由东汉到魏晋，洛阳城南的居民和居住环境有些许变化。东汉时期，洛水北岸仅有少量平民和大规模太学生居住，洛水南岸当属尚未规建的蛮荒之地；魏晋时期的洛水北岸，不仅是一般居民和为数众多太学生的居住地所在，还有权贵潘岳建宅于此，且驻扎有军队，相比较于前朝，这一时期城外居民区的占地面积仍有所扩大，但居民区和市场处于无序状态，且基本上分布在洛水北岸，洛水南岸仍不见有居民居住的记载。

与汉晋洛阳城仅在洛水北岸略有经营有所不同的是，北魏洛阳城南的拓展，是在洛水南北两岸充分展开的。尤其引人注目的是，北魏洛阳城开创了跨洛水拓建新城区的先例，并被隋唐洛阳城所效仿，影响深远。鉴于汉魏洛阳故城悠久的历史，何以北魏时期才出现拓展洛水南岸的这种土地利用方式？很显然，这是北魏朝廷和居民适应社会经济发展需要，不断扩大、加深和改造地理环境面貌的结果。其中城市经济发展与繁荣是前提，"堰洛通漕"水利工程是保障，开放优容政策吸引数量众多"四夷"人员则是诱因。

第二章　北魏洛阳城南的居民

北魏洛阳城南的拓展，是一个逐步深入的过程，直到北魏迁洛二十余年后才基本实现。在这个过程中，城南居民的来源与构成发生了很大变化，无论从来源的广度，还是构成的复杂度，都是十分突出的，且居住环境亦由洛水北岸拓展到南岸，这显然是城市历史发展的进步体现。尽管这种变化是社会经济、政治等多种因素使然，从中仍能发现一条贯穿始终的主线，即居民和居住环境的动态演变过程。也就是说，居民的来源与构成呈现多元复杂的状态，而这种状态，又牵动着城市居住环境的利用改造亦显现与之相适应的运动轨迹，二者相互作用和影响。因此，考察城南居民的来源与构成是为本书立论的基础。

第一节　北魏洛阳城居民的基本情况

北魏洛阳城是在魏晋废墟上营建的，故而迁都伊始，向京畿大规模移民是很自然的事情。据《魏书》记载：太和十九年（495）六月，"诏迁洛之民，死葬河南，不得还北。十是代人南迁者，悉为河南洛阳人"；八月，"诏选天下武勇之士十五万人为羽林、虎贲，以充宿卫"；九月，"庚午，六宫及文武尽迁洛阳"。[①] 又据《洛阳伽蓝记》记载，"永桥以南，圜丘以北，伊、洛之间，夹御道，东有四夷馆……道西有四夷里……吴人投国者，处金陵馆，三年已后，赐宅归正里……北夷来附者处燕然馆，三年已后，赐宅归德里……东夷来附者，处扶桑馆，赐宅慕化里。西夷来附者，

---

① 　（北齐）魏收：《魏书》卷7下《高祖纪》，中华书局，1974，第178页。

处崦嵫馆，赐宅慕义里。自葱岭已西，至于大秦，百国千城，莫不款附。商胡贩客，日奔塞下。所谓尽天地之区也。乐中国土风因而宅者，不可胜数。是以附化之民，万有余家。"① 由此可知，北魏洛阳时代，规模庞大的四夷降服人员亦是城市居民的主要来源之一。基于"今稽古建极，光宅中区，凡所徙居，皆是公地"② 的史实，不难推知当时洛阳城内原住居民数量有限③。

由之，北魏洛阳城的居民，除代北南迁而来的六宫和百官外，诚如张剑先生所言："还有大量随迁的军队、佛教僧侣以及洛阳的原住居民，相当数量从事商业和手工业的流动人口，及从南方和四夷汇集的人口。"④ 也就是说，拓跋魏在汉晋洛阳城的废墟上，通过大规模移民与少量原住居民的共同经营，城市迅速崛起，凝聚近六十万居民⑤，北魏洛阳城成为繁荣的都市和中国北方政治、经济、文化及交通中心。

笔者在相关史籍及墓志资料基础上，对各城区居民状况进行复原。需要特别说明的是，这里所指的北魏洛阳内城，即汉晋洛阳城旧址，以宫城为主体，周围环绕着庙社、府曹、苑囿、佛寺及贵族官邸等，而城东、城南、城西、城北，即外郭城。

一 内城居民：以皇室和六宫为主

北魏洛阳内城由于皇家建筑占据了较大空间，故而这里的居民主要以皇室和六宫为主。

（一）拓跋皇室

根据《魏书》帝王本纪所载，孝文帝元宏、宣武帝元恪、孝明帝元

① （北魏）杨衒之撰，周祖谟校释《洛阳伽蓝记校释》卷3《城南》，中华书局，2010，第114～116页。
② （北齐）魏收：《魏书》卷60《韩麒麟传附子显宗传》，中华书局，1974，第1341页。
③ 参见刘连香《民族史视野下的北魏墓志研究》："迁都之初，洛阳城内旧住居民有限……城中仅有部分居民，新迁入等为六宫和百官。"文物出版社，2017，第395～396页。
④ 张剑：《关于北魏洛阳城里坊的几个问题》，载《洛阳考古四十年》，科学出版社，1996，第267页。
⑤ （北魏）杨衒之撰，周祖谟校释《洛阳伽蓝记校释》卷5《城北》，中华书局，2010，第212页。

诩、孝庄帝元子攸、节闵帝元恭及孝武帝元修等，均为居住在内城的居民是毫无疑问的①。

元乂。《洛阳伽蓝记》记载："西阳门内御道南有永康里。里内复有领军将军元乂宅。"② 很显然，宗室江阳王元乂是内城的居民。

元雍。《洛阳伽蓝记》记载了朝廷把没收来的宅邸，赐予皇室元雍的史实："阉官司空刘腾宅……在西阳门内御道北所谓延年里……至孝昌二年（526）太后反政，遂诛（元）乂等，没（刘）腾田宅……以（刘腾）宅赐高阳王（元）雍。"③ 可见，皇宗高阳王元雍应是居住在内城的居民的可能性较大。

元洪超和元睿。关于元洪超其人其事，史书记载他为拓跋氏昭成帝子力真后裔④。《洛阳伽蓝记》亦言："修梵寺，在青阳门内御道北……寺北有永和里……里内有……廷尉卿元洪超……等六宅。"⑤ 显而易见，元洪超也是内城居民。又据罗新和叶炜先生考证，宗室元睿，字洪哲，和元洪超为同父兄弟，其墓志称其于延昌三年（514）死于洛阳城内的永和里，看来永和里正是元睿一家在洛阳的住处⑥。因此元睿亦是为内城居民无疑。

此外，刘连香先生根据墓志资料的翔实考证，认为光睦里是位于内城的里坊，并指出居于其中者，诸如北海王元详、彭城王元勰及其子元子直、赵郡王元干之孙元毓、乐陵王之后元彦和元茂等，均为皇室元氏诸王及其后裔⑦。另外，献文帝曾孙元昉墓志铭载："魏故使持节抚军将军光州刺史元懿公墓志铭：公讳昉，字子朏，河南洛阳光睦里人也。"⑧ 故而元昉

---

① 详见（北齐）魏收《魏书》卷7下《高祖纪》、卷8《世宗纪》、卷9《肃宗纪》、卷10《孝庄纪》、卷11《前废帝广陵王等纪》，中华书局，1974，第161～314页。

② （北魏）杨衒之撰，周祖谟校释《洛阳伽蓝记校释》卷1《城内》，中华书局，2010，第33页。

③ （北魏）杨衒之撰，周祖谟校释《洛阳伽蓝记校释》卷1《城内》，中华书局，2010，第32～33页。

④ 参见（北齐）魏收《魏书》卷15《元洪超传》，中华书局，1974，第384页。

⑤ （北魏）杨衒之撰，周祖谟校释《洛阳伽蓝记校释》卷1《城内》，中华书局，2010，第47～48页。

⑥ 参见罗新、叶炜《新出魏晋南北朝墓志疏证》，中华书局，2005，第75～77页。

⑦ 参见刘连香《民族史视野下的北魏墓志研究》，文物出版社，2017，第398～402页。

⑧ 赵超：《汉魏南北朝墓志汇编》，天津古籍出版社，1992，第243页。

理应视为内城居民。

由上可知，皇室诸帝、元乂、元雍、元洪超、元睿、元详、元翩、元子直、元毓、元彦、元茂及元昉等，应是内城居民毋庸置疑。

（二）"六宫"

一般来说，六宫是古代皇后及嫔妃等居住的地方。关于"六宫"的记载，《魏书》如是说：太和十九年（495）九月庚午，"六宫及文武尽迁洛阳"。[①] 由此可见，这里的"六宫"应指拓跋魏历代皇帝、诸王、皇族等的皇后、嫔妃、夫人较为妥帖。依据《魏书·皇后列传》所载，孝文废皇后冯氏、孝文幽皇后、宣武顺皇后于氏、宣武皇后高氏、宣武灵皇后胡氏及孝明皇后胡氏等应是内城居民无疑[②]。此外，据《魏书·李彪传》记载，"彪有女，幼而聪令，彪每奇之，教之书学，读诵经传……彪亡后，世宗闻其名，诏为婕妤，以礼迎引。婕妤在宫，常教帝妹书，诵授经史。"[③] 可见，朝臣李彪之女理应是居住在宫城的居民。

除正史所录外，根据出土墓志资料显示，以下人员亦应是内城居民。

显祖成嫔、司马显姿及于仙姬。依据墓志铭文可知，显祖拓跋弘的嫔妃——成嫔于延昌四年（515）[④]、宣武帝第一贵嫔司马显姿于正光元年（520）[⑤]、文成帝夫人于仙姬（西域于阗国的公主）于孝昌二年（526），均卒于洛阳金墉宫[⑥]。前已述及，金墉宫位于内城西北隅，因此显祖成嫔、司马显姿及于仙姬应是内城的居民不言而喻。

昭仪胡明相。根据墓志文本载，后宫嫔御胡明相于孝昌三年（527），卒于宫城建始殿[⑦]。由此可以基本断言，昭仪胡明相是内城居民的可能性很大。

---

① （北齐）魏收：《魏书》卷7下《高祖纪》，中华书局，1974，第178页。
② （北齐）魏收：《魏书》卷13《皇后列传》，中华书局，1974，第332～340页。
③ （北齐）魏收：《魏书》卷62《李彪传》，中华书局，1974，第1399页。
④ 赵超：《汉魏南北朝墓志汇编》，天津古籍出版社，1992，第78页。
⑤ 赵超：《汉魏南北朝墓志汇编》，天津古籍出版社，1992，第120页。
⑥ 赵超：《汉魏南北朝墓志汇编》，天津古籍出版社，1992，第180页。
⑦ 赵超：《汉魏南北朝墓志汇编》，天津古籍出版社，1992，第209页。

元氏夫人赵光。墓志铭文载，赵光"于正光元年（520）卒于永康里"。①《洛阳伽蓝记》明确说明永康里是位于内城的里坊："西阳门内御道南有永康里。"② 由此可知，赵光极有可能是内城的居民。

宋灵妃。身为开国侯长孙士亮之妻，宋灵妃于永熙三年（533）终于洛阳永和里第③。《洛阳伽蓝记》明确记载永和里亦是位于内城的里坊："修梵寺，在青阳门内御道北……寺北有永和里"④，由此不难推知，宋灵妃是居住在内城的居民无疑。

总之，北魏洛阳时代诸皇后、李彪之女、显祖成嫔、司马显姿、于仙姬、昭仪胡明相、元氏夫人赵光、宋灵妃等，都是内城的居民。

（三）宫廷女官

女官，又称宫官，她们大多因家族获罪而籍没入宫，又由于才能出众而负责管理后宫事务。通常情况下，她们往往具有一定的官职品秩，并领取一定的俸禄，是为高级宫女。

刘连香先生依据墓志文本资料，考证出北魏洛阳时期共有 11 位宫廷女官。她们是：皇内司吴光、宫内大监刘阿素、宫品一大监刘华仁、宫御作女尚书冯迎男、宫品一大监张安姬、傅母一品王遗女、一品女尚书王僧男、宫内司杨氏、细谒大监夫人孟元华、傅母宫大监杜法真及第一品家监夫人缑光姬等。这些女官多因父祖家难而年幼入宫，在宫人中地位较高，卒后不仅使用墓志，而且赠官授爵。⑤ 显而易见，这些女官皆为内城居民毫无疑问。

（四）官员

大将军高肇。《洛阳伽蓝记》记载了高肇在内城有府邸的史实："景乐

① 赵超：《汉魏南北朝墓志汇编》，天津古籍出版社，1992，第 113 页。
② （北魏）杨衒之撰，周祖谟校释《洛阳伽蓝记校释》卷 1《城内》，中华书局，2010，第 33 页。
③ 赵超：《汉魏南北朝墓志汇编》，天津古籍出版社，1992，第 301 页。
④ （北魏）杨衒之撰，周祖谟校释《洛阳伽蓝记校释》卷 1《城内》，中华书局，2010，第 47 页。
⑤ 参见刘连香《民族史视野下的北魏墓志研究》，文物出版社，2017，第 75～78 页。

寺……在阊阖南，御道东。西望永宁寺正相当。寺西有司徒府，东有大将军高肇宅。北连义井里。"① 可以肯定地说，高肇是居住在内城的居民。

阉宦刘腾。《洛阳伽蓝记》说："阉官司空刘腾宅……在西阳门内御道北所谓延年里。"② 很显然，刘腾亦居住在内城毋庸置疑。

中书令王琼。关于王琼本人，正史有传，且明确记载了他在内城有宅邸："（王琼）字世珍。高祖赐名焉。太和九年，为典寺令。十六年，降侯为伯。高祖纳其长女为嫔，拜前军将军、并州大中正。正始中，为光州刺史。有受纳之响，为中尉王显所劾，终得雪免。神龟中，除左将军、兖州刺史。去州归京，多年沉滞。所居在司空刘腾宅西。"③ 显而易见，王琼是为内城居民毫无疑义。

宦官赵广者。赵广者，史书不文，仅见于墓志所载其为南阳人，曾任金紫光禄大夫、大长秋卿，于普泰元年（531）薨于洛阳金墉城德宫里④。可见，赵广者是内城居民的可能性很大。

晋阳男王祯和歧州刺史于纂。据墓志文本所录，王祯和于纂，分别于延昌三年（514）⑤ 和孝昌三年（527）⑥ 卒于洛阳永康里。基于永康里是位于内城的里坊，故而王祯和于纂是内城的居民可能性很大。

《洛阳伽蓝记》又载内城宜寿里和永和里的居民情况："（愿会）寺南有宜寿里。内有苞信县令段晖宅。"⑦ "修梵寺，在青阳门内御道北……寺北有永和里……里内有太傅录尚书事长孙稚、尚书右仆射郭祚、吏部尚书邢峦、廷尉卿元洪超、卫尉卿许伯桃、凉州刺史尉成兴等六宅。"⑧ 很显

---

① （北魏）杨衒之撰，周祖谟校释《洛阳伽蓝记校释》卷1《城内》，中华书局，2010，第41页。
② （北魏）杨衒之撰，周祖谟校释《洛阳伽蓝记校释》卷1《城内》，中华书局，2010，第32～33页。
③ （北齐）魏收：《魏书》卷38《王慧龙传附琼传》，中华书局，1974，第878页。
④ 齐运通：《洛阳新获七朝墓志》，中华书局，2012，第34页。
⑤ 赵超：《汉魏南北朝墓志汇编》，天津古籍出版社，1992，第80页。
⑥ 赵超：《汉魏南北朝墓志汇编》，天津古籍出版社，1992，第208页。
⑦ （北魏）杨衒之撰，周祖谟校释《洛阳伽蓝记校释》卷1《城内》，中华书局，2010，第45页。
⑧ （北魏）杨衒之撰，周祖谟校释《洛阳伽蓝记校释》卷1《城内》，中华书局，2010，第47～48页。

然，段晖、长孙稚、郭祚、邢峦、许伯桃、尉成兴等，都是内城居民。

总而言之，高肇、刘腾、王琼、赵广者、王祯、于纂、段晖、长孙稚、郭祚、邢峦、许伯桃、尉成兴等，是为居住在内城的居民。

（五）南朝降附人员

南朝皇室萧宝夤及妻南阳长公主。《洛阳伽蓝记》记载："景明初，伪齐建安王萧宝夤来降，封会稽公，为筑宅于归正里，后进爵为齐王，尚南阳长公主。宝夤耻与夷人同列，令公主启世宗，求入城内，世宗从之，赐宅于永安里。"[1] 这段文字清楚地表明，萧宝夤和南阳长公主是居住在内城的居民。

江东琅琊氏王翊。《洛阳伽蓝记》又言王翊在内城有府邸的史实："昭仪尼寺，阉官等所立也。在东阳门内一里御道南……有池……池西南有愿会寺，中书侍郎王翊舍宅所立也。"[2] 可见，王翊亦是居住在内城的居民无疑。

江东琅琊王氏后裔贵华夫人王普贤。由墓志刻文可知，王普贤是江东琅琊王氏一族，随其母北奔附洛后，被宣武帝选入宫中，是为"贵华夫人"[3]。故而王普贤是为内城居民。

（六）僧尼

菩提流支、佛陀扇多、勒那摩提和勒那漫提。《续高僧传》记载："菩提流支，魏言道希，北天竺人也……以魏永平之初来游东夏。宣武皇帝下敕引劳，供拟殷华，处之永宁大寺，四事将给，七百梵僧，敕以流支为译经之元匠也。其寺本孝明皇帝熙平元年灵太后胡氏所立……于时又有中天竺僧勒那摩提，魏云宝意，博瞻之富，理事兼通。诵一亿偈，偈有三十二

① （北魏）杨衒之撰，周祖谟校释《洛阳伽蓝记校释》卷3《城南》，中华书局，2010，第115页。
② （北魏）杨衒之撰，周祖谟校释《洛阳伽蓝记校释》卷1《城内》，中华书局，2010，第43～45页。
③ 赵超：《汉魏南北朝墓志汇编》，天津古籍出版社，1992，第69页。

字。尤明禅法，意存游化。以正始五年初届洛邑，译《十地》《宝积论》等大部二十四卷。又有北天竺僧佛陀扇多，魏言觉定，从正光元年至元象二年，于洛阳白马寺及邺都金华寺译出《金刚上味》等经十部。当翻经日，于洛阳内殿，流支传本，余僧参助。其后三德乃徇流言，各传师习，不相询访。帝以弘法之盛，略叙曲烦，敕三处各翻，讫乃参校。""魏宣武帝崇尚佛法，天竺梵僧菩提流支初翻《十地》在紫极殿，勒那摩提在太极殿，各有禁卫，不许通言。校其所译，恐有浮滥。始于永平元年，至四年方讫。""勒那漫提，天竺僧也，住元魏洛京永宁寺，善五明，工道术。"① 透过上述材料不难发现，天竺僧人菩提流支、佛陀扇多、勒那摩提和勒那漫提应是居住在内城的居民。

胡僧芝。《洛阳伽蓝记》记载，"胡统寺，太后从姑所立也。入道为尼，遂居此寺。在永宁南一里许。"② 很显然，胡太后的姑姑僧芝，居住在内城最大的佛寺——永宁寺南面的胡统寺。由此可以肯定地说，比丘尼统僧芝是内城的居民。

慈庆。根据慈庆的墓志铭文可知，她于太和中固求出家，既居紫禁，侍护先帝于弱立之辰，保卫圣躬于载诞之日，春秋八十有六，于正光五年（524）薨于昭仪寺③。基于昭仪尼寺的地理坐落在内城"东阳门内一里御道南"④，因此，比丘尼统慈庆无疑也居住在内城。

（七）道士

赵暄。1998 年 12 月洛阳出土《赵暄墓志》，赵暄本人正史无传，其墓志文本为我们提供了可资参考的资料。志主为河南洛阳人，聪颖出众，隐

---

① （唐）道宣撰，郭绍林点校《续高僧传》卷 1《元魏南台永宁寺北天竺沙门菩提流支传》、卷 7《魏邺下沙门释道宠传》、卷 26《魏洛京永宁寺天竺僧勒那漫提传》，中华书局，2014，第 13～16、245、977 页。

② （北魏）杨衒之撰，周祖谟校释《洛阳伽蓝记校释》卷 1《城内》，中华书局，2010，第 46 页。

③ 赵超：《汉魏南北朝墓志汇编》，天津古籍出版社，1992，第 146 页。

④ （北魏）杨衒之撰，周祖谟校释《洛阳伽蓝记校释》卷 1《城内》，中华书局，2010，第 43 页。

居山林，精通数艺，道力无边，是继寇谦之后为皇室重用的著名道士。他在正始年间受到宣武帝礼遇，开始干预朝政，历宣武、孝明和孝庄三朝长达20年，与魏廷保持了密切的关系，任朝廷四品官，在宫廷决策政事中颇具影响力，深受最高统治者倚重和信任。[①] 由此不难看出，赵暄是内城居民的可能性很大。

姜斌。《佛祖统纪校注》记载：正光四年（523），"帝加元服，命沙门道士讲道禁中，帝曰：佛与老子同时否？道士姜斌曰：'《开天经》云，老子定王三年（前604）生，年八十五西入化胡，以佛为侍者。'沙门昙莫最曰：'吾佛以昭王二十六年（前1027）生，穆王五十二年（前949）灭，自灭后至定王三年，凡三百四十五年老子方生，而言化胡，无乃谬甚？'帝令群臣详定真伪，太尉萧综等劾奏：《开天》伪经，罪当惑众，诏流斌于马邑。"[②] 透过这段史料不难推知，道士姜斌极有可能是内城居民。

（八）处士

处士，是古人对有才德而隐居不仕者的称呼，后来泛指没有入仕做官的士人。

王基[③]和王晓[④]。二者史书均无传，其墓志铭载，他们都是乐浪遂城人，于正光三年（522）二月二十四日，薨于洛阳永康里。鉴于永康里是内城的里坊，基本上可以判断王基和王晓是内城居民的可能性很大。

（九）城市一般管理人员

《洛阳伽蓝记》记载："京师东西二十里，南北十五里，户十万九千余。庙社宫室府曹以外，方三百步为一里，里开四门，门置里正二人，吏

① 赵振华：《赵暄墓志与都洛北魏朝廷的道教》，《河南科技大学学报》（社会科学版）2004年第3期，第31～33页。
② （宋）志磐撰，释道法校注《佛祖统纪校注》卷39《法运通塞志十七之五》，上海古籍出版社，2012，第881页。
③ 赵超：《汉魏南北朝墓志汇编》，天津古籍出版社，1992，第138页。
④ 余扶危、张剑主编《洛阳出土墓志卒葬地资料汇编》，北京图书馆出版社，2002，第7页。

四人，门士八人，合有二百二十里。"① 这是北魏洛阳城里坊数量及其基本管理人员组成模式。从现有文献资料及墓志文本来看，内城有永康里、衣冠里、凌阴里、延年里、义井里、宜寿里、永和里、步广里、光睦里及永和里等，若按照每里方三百步，每里有里正 8 人、吏 16 人、门士 32 人，共计 56 人的计算单位，不难推知，内城里坊门吏官员数量不容忽视，他们都是有一定官阶，且训练有素的专职人员②。

此外，《洛阳伽蓝记》亦言："（建中）寺东有乘黄署，署东有武库署……东阳门内道北有太仓、导官二署。东南治粟里，司仓官属住其内。"③ 由此可知，治粟里居住着太仓、导官署的管理人员，故而这些人也应是内城居民。

综上，北魏洛阳内城居民既有皇室、"六宫"、宫廷女官、大量汉族官员，又有南朝降服人员，还有胡僧及比丘尼统，也有道士，甚至还有处士，还有城市一般管理人员等。值得注意的是，基于内城有大量寺院的史实④，一定数量的僧尼也应是内城居民的一部分。此外，既然内城居民以皇室六宫为主，那么规模可观的羽林虎贲及奴仆也应是这里居民的重要组成部分。

二 城东居民：以汉族官僚和一般士庶为主

城东布列着诸多寺院和里坊居民区，这里的居民主要以汉族官僚和一般士庶为主。

（一）汉族官员及其家属

《洛阳伽蓝记》详细记载了城东有大量官员的史实："庄严寺，在东阳

---

① （北魏）杨衒之撰，周祖谟校释《洛阳伽蓝记校释》卷 5《城北》，中华书局，2010，第212 页。
② 参见宿白《北魏洛阳城和北邙陵墓——鲜卑遗迹辑录之三》，《文物》1978 年第 7 期，第44～45 页。
③ （北魏）杨衒之撰，周祖谟校释《洛阳伽蓝记校释》卷 1《城内》，中华书局，2010，第33、43 页。
④ 据（北魏）杨衒之撰，周祖谟校释《洛阳伽蓝记校释》卷 1《城内》，中华书局，2010，第 1～48 页统计，城内有佛寺 12 座。

门外一里御道北，所谓东安里也。北为租场。里内有驸马都尉司马悦、济州刺史刀宣、幽州刺史李真奴、豫州刺史公孙骧四宅。""在东阳门外二里御道北，所谓晖文里也。里内有太保崔光、太傅李延寔、冀州刺史李韶、秘书监郑道昭等四宅。""在东阳门外御道南，所谓敬义里也……敬义里南有昭德里。里内有尚书仆射游肇、御史中尉李彪、七兵尚书崔休、幽州刺史常景、司农张伦等五宅。""在青阳门外三里御道南，所谓景宁里也。高祖迁都洛邑，（杨）椿创居此里……（杨）椿弟（杨）慎，冀州刺史；（杨）慎弟（杨）津，司空，并立性宽雅，贵义轻财，四世同居，一门三从。朝贵义居，未之有也。"① 由此不难看出，城东居住着颇具规模的汉族高官。

除史书记载外，由出土墓志资料可知，以下人员亦应是城东居民。

太守裴敬。其墓志言："魏故新平太守裴府军墓志铭……春秋六十有二，延昌四年二月壬寅卒于洛阳敬义里之第。"② 根据《洛阳伽蓝记》记载敬义里的方位"在东阳门外御道南"③，不难看出官员裴敬是城东居民的可能性很大。

豫州刺史李蒇和散骑常侍崔猷。墓志文本资料显示，李蒇④居住在城东里，其父为北魏大臣李承。又据《魏书·李韶传》记载，李韶是李承的长子⑤，由此可知李韶和李蒇是兄弟关系。从"城东里"的字面意思来看，其应是坐落于城东的里坊，显而易见，这一假说明显不足征。进而论之，根据一般居住规律，同一家族往往居于一处，或相距不远，又基于冀州刺史李韶居于城东晖文里⑥，如若城东里和晖文里是为同里异名，那么李蒇

① （北魏）杨衒之撰，周祖谟校释《洛阳伽蓝记校释》卷2《城东》，中华书局，2010，第68、69、73～74、88页。
② 胡海帆、汤燕编《1996～2012北京大学图书馆新藏金石拓本菁华》，北京大学出版社，2012，第78页。
③ （北魏）杨衒之撰，周祖谟校释《洛阳伽蓝记校释》卷2《城东》，中华书局，2010，第73页。
④ 赵超：《汉魏南北朝墓志汇编》，天津古籍出版社，1992，第48页。
⑤ （北齐）魏收：《魏书》卷39《李宝传附孙韶传》，中华书局，1974，第886页。
⑥ （北魏）杨衒之撰，周祖谟校释《洛阳伽蓝记校释》卷2《城东》，中华书局，2010，第69页。

是为城东居民的可能性很大。很显然这只是假想，有待更多材料来支撑，暂存一说。另外，崔猷墓志志文记载，崔猷于永平四年（511）终于洛阳晖文里宅①，故而崔猷亦为居住在城东的居民。

太尉府参军李弼。其墓志记载："孝昌二年（526）八月八日甲戌终于洛阳东安里。"② 依据《洛阳伽蓝记》所录"东安里"是城东的里坊之一，可见李弼很可能是城东的居民。

又如，李翼夫人崔徽华③和李叔胤夫人崔宾媛④，二者均卒于城东之东安里，由此可推知她们作为官员的家属，应是城东居民的可能性很大。

此外，依据墓志文本资料可知，杨氏家族的杨颖⑤、杨舒⑥、杨津⑦、杨彦⑧、杨仲礼⑨、杨顺⑩、杨仲宣⑪、杨遁⑫等，均卒于洛阳依仁里，杨熙仙⑬、杨宜成⑭卒于阮曲里。据《魏书·杨播传》载："播家世纯厚，并敦礼让，昆季相事，有如父子。播刚毅，椿、津恭谦……一家之内，男女百口，緦服同爨，庭无闲言，魏世以来，唯有卢渊兄弟及播昆季，当世莫逮焉。"⑮ 由此可以看出，弘农杨氏家族有聚族而居的优良传统，故而推想，依仁里应与城东杨氏家族的聚居地——景宁里相距不远，又基于城东水系中有重要人文建筑阮曲的记载⑯，进而推测阮曲里极有可能是城东的里坊居

① 赵超：《汉魏南北朝墓志汇编》，天津古籍出版社，1992，第66页。
② 朴南巡：《赞皇北朝李氏家族墓葬的初步整理和研究》，北京大学硕士学位论文，2013，第26~28页。
③ 沈丽华、朱岩石、汪盈：《河北赞皇县北魏李翼夫妇墓》，《考古》2015年第12期，第65~77页。
④ 陶钧：《北魏崔宾媛墓志考释》，《收藏家》2012年第6期，第25~34页。
⑤ 赵超：《汉魏南北朝墓志汇编》，天津古籍出版社，1992，第61页。
⑥ 崔汉林、夏振英：《陕西华阴北魏杨舒墓发掘简报》，《文博》1985年第2期，第4~11页。
⑦ 赵文成、赵君平编《秦晋豫新出墓志蒐佚续编》，国家图书馆出版社，2015，第80页。
⑧ 赵文成、赵君平编《秦晋豫新出墓志蒐佚续编》，国家图书馆出版社，2015，第82页。
⑨ 赵文成、赵君平编《秦晋豫新出墓志蒐佚续编》，国家图书馆出版社，2015，第84页。
⑩ 罗新、叶炜著《新出魏晋南北朝墓志疏证》，中华书局，2005，第150页。
⑪ 罗新、叶炜著《新出魏晋南北朝墓志疏证》，中华书局，2005，第152页。
⑫ 罗新、叶炜著《新出魏晋南北朝墓志疏证》，中华书局，2005，第154页。
⑬ 乔栋、李献奇、史家珍：《洛阳新获墓志续编》，科学出版社，2008，第4页。
⑭ 吴钢：《全唐文补疑千唐志斋新藏专辑》，三秦出版社，2006，第440页。
⑮ （北齐）魏收：《魏书》卷58《杨播传》，中华书局，1974，第1302页。
⑯ 详见（北魏）郦道元著，陈桥驿校证《水经注校证》卷15《谷水》，中华书局，2013，第386页。

民区。如果上述假说成立，景宁里、依仁里和阮曲里应该距离不远，上述杨氏家族诸多后裔，应是城东居民无疑，这有待新材料进一步印证，暂存一说。

东市司马王安兴。1964 年在偃师县南蔡庄乡发现了北魏正光四年（523）扫逆将军翟兴祖的造像碑，李宪奇先生认为该碑背阴题榜"征虏将军京邑东市司马王安兴"，指的是城东小市的治安长官王安兴[①]。故而推测，王安兴是城东居民的可能性很大。

值得一提的是，刘连香先生依据墓志文本资料，认为"照明里与（城东）正始里或即一里"[②]，如果刘氏推测成立，那么毫无疑义，居住在照明里的官员王温[③]，亦为城东居民。

（二）一般士庶及平民

一般而言，传统史书特别凸显对于社会上层精英的记录，而忽略了为数众多的普通民众的行为、观念和情感，然而难能可贵的是，在《洛阳伽蓝记》中，作者也用一定的笔墨书写了普罗大众的社会生活点滴，为我们提供了弥足珍贵的史料："璎珞寺，在建春门外御道北，所谓建阳里也……里内士庶，二千余户。""出建春门外一里余，至东石桥……桥北大道西有建阳里，大道东有绥民里。里内有河间刘宣明宅。""绥民里东，有崇义里。里内有京兆人杜子休宅。""出青阳门外三里，御道北有孝义里……孝义里东，即是洛阳小市……孝义里东市北殖货里，里有太常民刘胡兄弟四人，以屠为业。"[④] 由此可见，城东除了建阳里居住着颇具规模的士庶人员，还有河间人刘宣明、京兆人杜子休、太常民刘胡兄弟等一般平民居住在这里。

（三）宗教人士

城东寺院遍布，见于史书记载就有 29 座[⑤]，高居北魏洛阳城郭寺院数

---

① 李献奇：《北魏正光四年翟兴祖等人造像碑》，《中原文物》1985 年第 2 期，第 24 页。

② 刘连香：《民族史视野下的北魏墓志研究》，文物出版社，2017，第 403 页。

③ 张乃翥：《北魏王温墓志纪实钩沉》，《中原文物》1994 年第 4 期，第 88～93 页。

④ （北魏）杨衒之撰，周祖谟校释《洛阳伽蓝记校释》卷 2《城东》，中华书局，2010，第 58～59、63、64、89、96 页。

⑤ 根据（北魏）杨衒之撰，周祖谟校释《洛阳伽蓝记校释》卷 2《城东》，中华书局，2010，第 55～88 页资料统计。

量之首，故而这里僧尼等宗教人士应有一定规模。至于各个寺院僧徒的大致数目，史无明文，但也不是毫无迹象可寻。据《魏书·释老志》载神龟元年（518）任城王澄的表奏："今之僧寺，无处不有。或比满城邑之中，或连溢屠沽之肆，或三五少僧，共为一寺。"① 由此不难推测，一定数量的僧尼亦是城东居民的重要组成部分。

（四）里坊管理人员

据《洛阳伽蓝记》统计，城东分布着建阳里、绥民里、崇义里、东安里、晖文里、敬义里、昭德里、孝敬里、景宁里、孝义里、殖货里11个里坊②。鉴于前文提及的北魏洛阳城的里坊，若按每里方三百步，每里有里正8人、吏16人、门士32人，共计56人的计算单位，共计616个里坊管理人员，数目亦是可观。故而一定数量的里坊管理人员也是这里居民的重要组成部分，是不容忽视的史实。

（五）皇室

元怀。《洛阳伽蓝记》记载："平等寺，广平武穆王怀舍宅所立也。在青阳门外二里御道北，所谓孝敬里也。"③ 从中不难发现，皇室广平王元怀在城东有宅邸，应视其为居住在城东的居民。

元弼。根据墓志所载，元弼于永安二年（529）卒于孝义里宅④。基于孝义里属城东里坊的史实可知，宗室元弼是城东居民无疑。

刘连香先生也依据墓志文本资料，认为皇室元倪、元干父子为城东居民⑤。如若刘氏所推测的"元倪、元干父子所居照明里与（城东）正始里或即一里"一说成立，也就是说，照明里坐落于城东，那么居住在照明里

---

① （北齐）魏收：《魏书》卷114《释老志》，中华书局，1974，第3045页。
② （北魏）杨衒之撰，周祖谟校释《洛阳伽蓝记校释》卷2《城东》，中华书局，2010，第55~88页。
③ （北魏）杨衒之撰，周祖谟校释《洛阳伽蓝记校释》卷2《城东》，中华书局，2010，第79~80页。
④ 赵超：《汉魏南北朝墓志汇编》，天津古籍出版社，1992，第279页。
⑤ 刘连香：《民族史视野下的北魏墓志研究》，文物出版社，2017，第403页。

的皇室元琛①，理应亦视为城东居民。

（六）南朝降附人员

据《洛阳伽蓝记》记载："孝义里东，即是洛阳小市。北有车骑将军张景仁宅。景仁，会稽山阴人也。景明年初从萧宝夤归化，拜羽林监，赐宅城南归正里。民间号为'吴人坊'，南来投化者多居其内……景仁住此以为耻，遂徙居孝义里焉。"②显而易见，南朝降附人员张景仁，是居住在城东的居民无疑。

（七）处士

宋京。关于宋京其人其事，史书不见记载，据出土墓志可知，其于孝昌二年（526）卒于洛阳绥民里③。鉴于绥民里是位于城东的里坊，处士宋京是城东居民可能性很大。

（八）奴仆

既然城东居住着大批汉族大官僚，又有少量的元魏皇室人员及南来降附者，家内奴仆自然是必不可少的。一般来说，奴仆们多随主人居住在宅邸内，被广泛安排从事各种家内劳动和耕织生产活动。故而一定规模的奴仆理应是城东居民的组成部分。

总而言之，居于城东者，既有大批汉族大官僚，又有规模庞大的一般士庶平民，也有少量元魏皇室、南来降附人员，还有一定数量的奴仆，甚至还有处士。此外，基于本区域有较多寺院和里坊分布，故而一定规模的僧尼和里坊管理人员，理应也是城东居民的重要组成部分自不待言。值得注意的是，作为京城，城东驻守一定规模的羽林、虎贲等军人也是很自然的事情④，

---

① 赵振华：《洛阳古代铭刻文献研究》，三秦出版社，2009，第272页。

② （北魏）杨衒之撰，周祖谟校释《洛阳伽蓝记校释》卷2《城东》，中华书局，2010，第89页。

③ 赵君平、赵文成编《秦晋豫新出墓志蒐佚》，国家图书馆出版社，2012，第28页。

④ 城东佛寺龙华寺，是宿卫羽林、虎贲所立，这在一定程度上可以佐证城东驻守有皇家卫队等军人的史实。见（北魏）杨衒之撰，周祖谟校释《洛阳伽蓝记校释》卷2《城东》，中华书局，2010，第56页。

暂存一说，有待新资料来印证。

三　城南居民：以四夷降附人员为主

城南居民虽然以四夷归附人员（详见本章第二节）为主，但不乏拓跋宗室人员、汉族官僚、羽林虎贲、僧侣道士、一般居民及太学生、奴仆艺人等。

（一）元魏宗室

元恭。拓跋魏皇室元恭，是广陵王元羽之子，元义专权时，他托称哑病，不参政事，一直住在城南龙华寺，永安末年（530）被契胡尔朱世隆拥立为节闵帝。《洛阳伽蓝记·平等寺》有明确记载："恭是庄帝从父兄也。正光中为黄门侍郎，见元义秉权，政归近习，遂佯哑不语，不预世事……恭常住龙华寺，至是，世隆等废长广而立焉。"[1]《魏书·前废帝广陵王纪》又说："王即绝言，垂将一纪，居于龙华寺，无所交通。"[2]《洛阳伽蓝记》城东和城南均有"龙华寺"条的记载，鉴于元恭是元羽之子，故元恭所居龙华寺，当为广陵王元羽于城南所建的龙华寺[3]更合乎情理。综上，节闵帝元恭曾是城南居民无疑。

元雍。元雍是孝文帝元宏的弟弟，《魏书·高阳王雍传》对元雍有一概括性记载："雍识怀短浅，又无学业，虽位居朝首，不为时情所推。既以亲尊，地当宰辅，自熙平以后，朝政褫落，不能守正匡弼，唯唯而已。及清河王怿之死，元义专政，天下大责归焉。"[4]可见，正光年间元义秉权时，宗室元雍一度飞黄腾达，担任丞相之显职，贵极人臣。《洛阳伽蓝记》描述元雍任丞相时，在城南津阳门外御道西洛水之滨修建豪奢的府邸，"居止第宅，匹于帝宫。"[5]

---

[1]（北魏）杨衒之撰，周祖谟校释《洛阳伽蓝记校释》卷2《城东》，中华书局，2010，第81~82页。

[2]（北齐）魏收：《魏书》卷11《前废帝广陵王纪》，中华书局，1974，第273页。

[3]（北魏）杨衒之撰，周祖谟校释《洛阳伽蓝记校释》卷3《城南》，中华书局，2010，第112页。

[4]（北齐）魏收：《魏书》卷21《高阳王雍传》，中华书局，1974，第557页。

[5]（北魏）杨衒之撰，周祖谟校释《洛阳伽蓝记校释》卷3《城南》，中华书局，2010，第122页。

《魏书·京兆王义传》又载:"会太后与肃宗南游洛水,(元)雍邀请,车驾遂幸雍第"①,从中不难看出,高阳王元雍居住在城南确凿无疑。

元怀。元怀是孝文帝元宏第五子,宣武帝元恪的同母弟。他日常生活奢靡,在洛阳城中的宅邸仅见记载就有多处。一是城东孝敬里私邸。《洛阳伽蓝记·平等寺》说:"平等寺,广平武穆王怀舍宅所立也。"② 二是城西居宅。《洛阳伽蓝记·大觉寺》记载:"大觉寺,广平王怀舍宅而立也。"③三是乘轩里宅邸。《元怀墓志》所载其本籍属"河南洛阳乘轩里人"④,很显然元怀当在乘轩里有府第。四是城南宅邸。《洛阳伽蓝记》说:"(城南)当世富贵,高阳、广平。"⑤ 虽然史籍不见广平王元怀在城南有王府的记载,鉴于杨衒之是当朝人论当朝事,且时间间隔较短,所论人事又是京城名人要事,当不会记载有误,再加上元怀在城中广建府邸之史实,故而其在城南也有宅邸的可能性较大,因此可以初步得出,广平王元怀为城南居民。

元质。朱亮主编的《洛阳出土北魏墓志选编》中有元质墓志铭⑥,提及元质为洛阳都乡延贤里人,然而朱先生认为该墓志为伪造。该志石现藏洛阳关林管理处,目前尚未能确凿考证,再加上元质史书也不见传,因而魏世祖景穆帝曾孙元质是否为城南居民,暂时存疑,还有待今后更多考古研究来证明。

(二) 汉族官员

京兆望族杜祖悦父子。据杜祖悦《墓志》所载,"以魏正光五年(524)岁次寿星六月十四日奄疾卒于洛阳劝学里"⑦,故杜祖悦为劝学里居

① (北齐)魏收:《魏书》卷16《京兆王传附义传》,中华书局,1974,第406页。
② (北魏)杨衒之撰,周祖谟校释《洛阳伽蓝记校释》卷2《城东》,中华书局,2010,第79页。
③ (北魏)杨衒之撰,周祖谟校释《洛阳伽蓝记校释》卷4《城西》,中华书局,2010,第157页。
④ 赵超:《汉魏南北朝墓志汇编》,天津古籍出版社,1992,第92页。
⑤ (北魏)杨衒之撰,周祖谟校释《洛阳伽蓝记校释》卷3《城南》,中华书局,2010,第126页。
⑥ 朱亮主编《洛阳出土北魏墓志选编》,科学出版社,2001,第434页。
⑦ 赵君平、赵文成编《秦晋豫新出墓志蒐佚续编》,国家图书馆出版社,2015,第60页。

民的可能性很大。杜祖悦其人在正史中亦有传："颇有识尚。大将军刘昶参军事，稍迁天水、仇池二郡太守，行南秦州事。正光中，入为太尉、汝南王悦咨议参军。出除高阳太守……子长文……肃宗挽郎、员外散骑侍郎，稍迁尚书郎……长文第四弟子达。"① 我们知道，杜氏是京兆一带的名门望族，杜祖悦是杜铨的族子，曾在朝廷历任显职也是自然的事情。又鉴于父子亲属通常同里居住，故而推测，杜祖悦之子杜长文和杜子达很可能也居住在劝学里，是为城南居民。

三公令史高显略。《洛阳伽蓝记》记载官员高显略在城南有私宅："（景明寺）在宣阳门外一里御道东……大统寺，在景明寺西，即所谓利民里。寺南有三公令史高显略宅。"② 由于高显略在正史中不见记载，仅依据《洛阳伽蓝记》里的零星史料来判断，其应是居住在城南利民里、掌管文书案牍的官员毋庸置疑。

（三）宗教人士

北魏洛阳城南寺院遍布，见于史书记载就有 16 座③。基于城南寺院众多，其中又不乏诸如报德寺、景明寺、秦太上公寺及崇虚寺等高规格寺院，故而城南僧侣道士等宗教人士④应有一定规模。

至于各个寺院僧徒道士的具体人数，史无明文，但也不是毫无迹象可寻。《北史·彭城王勰传》载："景明、报德寺僧，鸣钟欲饭，忽闻勰薨，二寺一千余人皆嗟痛为之不食，但饮水而斋。"⑤ 这条史料记录了北魏宗室彭城王元勰于永平元年（508）被害，当时京城景明和报德两大皇家寺院僧徒一千余人，为其嗟痛，不食，从中亦不难推断，作为皇家大寺院，这

---

① （北齐）魏收：《魏书》卷45《杜铨传附祖悦传》，中华书局，1974，第1019~1020页。
② （北魏）杨衒之撰，周祖谟校释《洛阳伽蓝记校释》卷3《城南》，中华书局，2010，第97、102页。
③ 根据（北魏）杨衒之撰，周祖谟校释《洛阳伽蓝记校释》卷3《城南》，中华书局，2010，第97~126页资料统计。
④ 目前尚未掌握足够的资料，以了解各寺院道士、僧侣、佛图户、僧祇户及仆婢等具体情况，故大而化之，粗略笼统称为"宗教人士"，视为城市居民来源之一。
⑤ （唐）李延寿：《北史》卷19《彭城王勰传》，中华书局，1974，第707页。

两座寺院的僧侣数量应该是最多的，也就是说，当时寺院宗教人士规模的最大上限可作如是观。又据《魏书·释老志》载神龟元年（518）任城王澄的表奏："今之僧寺，无处不有。或比满城邑之中，或连溢屠沽之肆，或三五少僧，共为一寺。"① 由此可以看出，北魏洛阳城只居住几位僧侣的寺院比比皆是，这一数据不妨视为寺院宗教人员数量的下限。毕竟，"养活一个庞大的僧侣集团和建筑常常是非常豪华的寺院，所有这一切的开销都要从国家所拥有的财富中大量攫取"。② 简言之，寺院的规模、可容纳僧侣的数量与寺院的财力是成正比的。

又如皇家道教寺院崇虚寺，是孝文帝迁都洛阳后，朝廷遵循旧制而营建的。崇虚寺作为官办寺院，可推知其规模形制、人员组成以及皇帝所恩赐的某些特权，包括每年从宫廷中所获布施，应当都不亚于京城中其他皇家寺院，故而崇虚寺聚集着数量可观的道士以及一定数量的信徒，应该是可信的。关乎此，《魏书·释老志》如是记载："给户五十，以供斋祀之用，仍名为崇虚寺。可诏诸州隐士，员满九十人。迁洛移邺，踵如故事，其道坛在南郊。"③ 若按每户5人为单位计算，崇虚寺给户应是250人，加上诸州隐士90人，共约350人，即为崇虚寺道士人员的限额。

依据现有史料，居住在城南的具体僧侣情况如下。

高僧道登。报德寺应是北魏洛阳城最早修建的皇家寺院④，曾吸附了一大批高僧慕名来此居住、传教甚或终老于此。《续高僧传》记载的高僧道登即为典型一例："姓芮，东莞人……及到洛阳，君臣僧尼莫不宾礼……讲说之盛，四时不辍。末趣恒岳，以息浮竞，学侣追随，相仍山舍，不免谈授。遂终于报德寺焉，春秋八十有五，即魏景明年也。"⑤ 可见，高僧道登

① （北齐）魏收：《魏书》卷114《释老志》，中华书局，1974，第3045页。
② 〔法〕谢和耐著，耿昇译《中国5－10世纪的寺院经济》，上海古籍出版社，2004，第20页。
③ （北齐）魏收：《魏书》卷114《释老志》，中华书局，1974，第3055页。
④ （北魏）杨衒之撰，周祖谟校释《洛阳伽蓝记校释》卷3《城南》，中华书局，2010，第106页。
⑤ （唐）道宣撰，郭绍林点校《续高僧传》卷6《义解二·魏恒州报德寺释道登》，中华书局，2014，第194～195页。

是城南居民毫无疑义。

法师普珍和比丘法和。《天统三年韩永义造像碑》中有"都邑师太上公寺普珍法师"和"景明寺比丘法和"的记载，李献奇先生据此认为，北齐天统三年（567）的这块造像碑中"普珍"和"法和"二僧名的出现，反映出"太上公寺"和"景明寺"这两座初建于北魏的佛寺北齐时又得以复兴，也就是说，它们是北魏末年幸存的寺院[1]。由此可以推测，法师普珍和比丘法和是北魏洛阳城南居民的可能性极大，可暂存一说，有待新材料加以佐证。

法师罗什。《佛祖统纪校注》记载："（太和）二十一年（497），诏为（冯）太后建报德寺，为罗什法师于所居旧堂建三级浮图。"[2] 由此可推知，罗什法师应为城南居民的可能性很大。

（四）里坊管理人员

据《洛阳伽蓝记》及相关墓志文本来看，城南分布着诸如劝学里、延贤里、利民里、中甘里、洛滨里、四夷馆、四夷里以及白象、狮子二坊等15个里坊居民区[3]，若按每里方三百步，每里有里正8人、吏16人、门士32人，共计56人的计算单位，共计840个里坊管理人员，因此颇具规模的里坊管理人员理应是城南居民的重要组成部分，这是不言而喻的。

（五）羽林、虎贲等从军人员

据《魏书》记载：太和十九年（495）八月，北魏迁都洛阳时，"诏选天下武勇之士十五万人为羽林、虎贲，以充宿卫"；九月，"庚午，六宫及文武尽迁洛阳。"[4] 由此可见，北魏迁都洛阳后，京城驻扎着规模庞大的羽林、虎贲等皇家军队，既体现了都城的特殊性，更为显明的是，京城各处

---

[1] 李献奇：《北齐洛阳平等寺造像碑》，《中原文物》1985 年第 4 期，第 96 页。

[2] （宋）志磐撰，释道法校注《佛祖统纪校注》卷 39《法运通塞志十七之五》，上海古籍出版社，2012，第 879 页。

[3] （北魏）杨衒之撰，周祖谟校释《洛阳伽蓝记校释》卷 3《城南》，中华书局，2010，第 97～126 页；朱亮：《洛阳出土北魏墓志选编》，科学出版社，2001，第 26 页。

[4] （北齐）魏收：《魏书》卷 7 下《高祖纪》，中华书局，1974，第 178 页。

似乎应密驻着为数众多的羽林、虎贲，护卫着都城的安全。

然而，随着孝文帝迁都洛阳前后一系列诏令的颁行①，羽林、虎贲作为"代迁人"②，不再是皇帝近侍武官的专称，即由中央宿卫之士（即近侍武官）开始向普通宿卫之士转变。也就是说，他们的政治地位开始下降，完成了由官到兵的转变。③ 这些人员作为"代迁户"南迁后，作为"特殊社会集团在洛阳城内外一定地区居住，如城南门外灵台南就是他们聚居区之一"。④ 不难看出，翟氏的观点似乎提供了可资参考的资料，但令人遗憾的是，他所持的观点仅是一笔带过，而未做出进一步阐释，故而无法让人信服，但翟氏的看法并不是无迹可寻。《洛阳伽蓝记》记述了洛阳人虎贲洛子渊自称"宅在灵台南，近洛河"的奇闻逸事，甚有启发性：

> 孝昌初，妖贼四侵，州郡失据。朝廷设募征格于堂之北，从戎者拜旷掖将军、偏将军、裨将军。当时甲胄之士，号"明堂队"。时有虎贲洛子渊者，自云洛阳人。昔孝昌年戍在彭城，其同营人樊元宝得假还京师，子渊附书一封，令达其家。云："宅在灵台南，近洛河，卿但至彼，家人自出相看。"元宝如其言，至灵台南，了无人家可问。徙倚欲去，忽见一老翁来，问从何而来，彷徨于此。元宝具向道之。老翁云："是吾儿也。"取书引元宝入，遂见馆阁崇宽，屋宇佳丽。既坐，命婢取酒。须臾婢抱一死小儿而过，元宝初甚怪之。俄而酒至，色甚红，香美异常。兼设珍羞，海陆具备。饮讫，辞还，老翁送元宝

① （北齐）魏收：《魏书》卷7下《高祖纪》：太和十九年（495）六月"丙辰，诏迁洛之民，死葬河南，不得还北。于是代人南迁者，悉为河南洛阳人"。八月"乙巳，诏选天下勇武之士十五万人为羽林、虎贲，以充宿卫"。九月"庚午，六宫及文武尽迁洛阳"。太和二十年（496）冬十月"戊戌，以代迁之士皆为羽林虎贲"。中华书局，1974，第178、180页。

② 参见康乐《从西郊到南郊——国家祭典与北魏政治》，稻乡出版社，1995，第64页。作者认为，所谓"代人"，其成员绝大多数为鲜卑、匈奴、柔然、乌桓、高车等北亚游牧民族，也包括少数的汉人和其他少数民族。他们自拓跋珪定都平城后，放弃部落组织而为编户，即以"代人"身份活跃于中国北方的政治军事舞台，云代地区是他们唯一的"家乡"。

③ 张金龙：《北魏前期禁卫武官制度考论——以史籍记载为中心》，《历史研究》2003年第3期，第120页。

④ 翟建波：《魏晋南北朝时期洛阳的兴衰》，《甘肃社会科学》1985年第2期，第87页。

出云："后会难期，以为悽恨！"别甚殷勤。老翁还入，元宝不复见其门巷。但见高岸对水，绿波东倾。①

基于《魏书》所载："以代迁之士皆为羽林、虎贲"，宿白先生亦指出："北魏大规模迁洛，在组织上还有相当一部分保留着旧日的部落性质的军事编制。这部分既属羽林虎贲卫宿亲军，又都携家带口。"② 由此可以推想，上述故事中的洛子渊应是"代迁户"身份毫无疑问，而故事中涉及的家书、老父等场景设置或人物描述，也颇吻合代迁户附洛"又都携家带口"的历史事实，更不用说灵台南面"高岸对水，绿波东倾"贴切的环境表达，由此可见此段神话也是具有历史背景的。尽管这个故事听起来非常荒诞，属于虚构的传说，实际上也是有内在逻辑的，毕竟在古人的逻辑里，一些故事其实是符合他们当时的认知的。故而推测一定规模的羽林、虎贲亦是城南居民的组成部分，暂存一说，有待更多证据佐证。

值得一提的是，西晋文学家潘岳的《闲居赋》说："于是（潘岳）退而闲居，于洛之涘……背京沂伊，面郊后市……其西则有元戎禁营……其东则有明堂辟雍。"③ 由此可知，潘岳曾是居住在洛水之滨灵台附近的居民，且其住所附近驻扎着皇家军队。由此可推想，北魏洛阳城规划设计时，是否效仿西晋洛阳城南灵台附近驻扎军队的城市管理方案，限于史料匮乏，不得而知，如若是之，这一史料不失为"城南门外灵台南就是他们聚居区之一"的又一佐证。

（六）一般居民及太学生

前已述及，洛水南岸是四夷降附人员聚集区，而洛水北岸的东西狭长地带则主要是皇家用地，这里主要分布着寺院、礼制建筑群及"堰洛通

① （北魏）杨衒之撰，周祖谟校释《洛阳伽蓝记校释》卷 3《城南》，中华书局，2010，第 104~105 页。
② 宿白：《北魏洛阳城和北邙陵墓——鲜卑遗迹辑录之三》，《文物》1978 年第 7 期，第 42~52 页。
③ （梁）萧统编，（唐）李善注《文选》卷 16 志下，上海古籍出版社，2010，第 700~702 页。

漕"水利工程等。很显然，这些公共建筑物占据了洛水北岸大部分空间，故而实际里居宅第并不多，《洛阳伽蓝记》及墓志文本仅记载了洛水北岸有劝学里、延贤里、利民里、中甘里及洛滨里等少数里坊分布①。

根据一般居住规律，洛水北岸除拓跋宗室、汉族官僚等居民，这里还应有一般居民生活于其中。基于正史史料所录主要反映的是上层统治者的特点，故而普通居民情况不能详知，但这并不能阻碍我们仍然可以得出应有不少寻常百姓居住于此的一般认识。杨衒之在《洛阳伽蓝记》中就收录了不少普通人和平常事，城南儒生荀子文即为一例②。

值得一提的是，一定数量的太学生，也当为该区域居民的一部分。我们知道，太学作为中国古代都城中的皇家学府，由东汉经魏晋至北魏逐渐衰落下来，加上相关资料记载寥寥，北魏洛阳城太学生的具体情况，暂时无从考证，但其生员数量，应该远远逊于汉魏晋时期的"三万多人""万有余人"则是毫无疑问的。尽管如此，一定数量的太学生也当为城南居民的一部分。

（七）奴仆、艺人

我们已知，洛水南北两岸里坊不乏官宦居住，因此这些官宦人家的奴仆数量，也应是较为可观的。他们生活相对稳定，但社会地位低下，基于其社会底层的生活状况，故而史籍多不见书写。难能可贵的是，《洛阳伽蓝记》却透露了高阳王元雍宅邸奴仆的基本情况：

> 高阳王寺，高阳王雍之宅也。在津阳门外三里御道西……僮仆六千，妓女五百……出则鸣驺御道，文物成行，铙吹响发，笳声哀转。入则歌姬舞女，击筑吹笙，丝管迭奏，连宵尽日……及雍薨后，诸妓悉令入道，或有嫁者。美人徐月华，善弹箜篌，能为《明妃出塞》

---

① （北魏）杨衒之撰，周祖谟校释《洛阳伽蓝记校释》卷3《城南》，中华书局，2010，第97~126页；朱亮：《洛阳出土北魏墓志选编》，科学出版社，2001，第26页。

② （北魏）杨衒之撰，周祖谟校释《洛阳伽蓝记校释》卷3《城南》，中华书局，2010，第125页。

之歌，闻者莫不动容。永安中，与卫将军原士康为侧室，宅近青阳门。徐鼓箜篌而歌，哀声入云，行路听者，俄而成市。徐常语士康曰："王有二美姬，一名修容，一名艳姿，并蛾眉皓齿，洁貌倾城。修容亦能为《绿水歌》，艳姿善为《火凤舞》；并爱倾后室，宠冠诸姬。"[1]

可见，除了日常起居的奴仆群像外，元雍府邸不乏才艺出众者，如善弹箜篌的徐月华，"能为《明妃出塞》之歌，闻者莫不动容"，又有能歌善舞的修容和艳姿，"爱倾后室，宠冠诸姬"。

要之，城南居民不仅有大量四夷归附人员，又有少量元魏宗室诸如元恭、元雍、元怀及元质等，也有汉族官僚诸如杜祖悦父子、高显略等，还有宗教人士如道登、普珍、法和、罗什，甚至包括一定规模的羽林虎贲、里坊管理人员、僧侣及道士，还有为数不少的平民及太学生，当然亦有数量可观的官宦人家的奴仆等。

四　城西居民：以皇宗贵族为主

（一）元魏皇室

清河王元怿。《洛阳伽蓝记》记载："冲觉寺，太傅清河王（元）怿舍宅所立也。在西明门外一里御道北。"[2] 基于元怿在城西有宅邸的史实，不难推想，他是城西居民的可能性很大。

广平王元怀。《洛阳伽蓝记》亦记载了皇室元怀在城西有府邸："融觉寺，清河文献王（元）怿所立也，在闾阖门外御道南"；"大觉寺，广平王（元）怀舍宅所立也，在融觉寺西一里许"。[3] 由此可知，元怀亦为居住在城西的居民。

---

① （北魏）杨衒之撰，周祖谟校释《洛阳伽蓝记校释》卷3《城南》，中华书局，2010，第122~124页。

② （北魏）杨衒之撰，周祖谟校释《洛阳伽蓝记校释》卷4《城西》，中华书局，2010，第127页。

③ （北魏）杨衒之撰，周祖谟校释《洛阳伽蓝记校释》卷4《城西》，中华书局，2010，第155、157页。

城阳王元徽。《洛阳伽蓝记》记载了宗室元徽舍宅为寺的经过："宣忠寺，侍中司州牧城阳王徽所立也。在西阳门外一里御道南。永安中，北海王入洛，庄帝北巡，自余诸王，各怀二望，唯（元）徽独从庄帝至长子城。大兵阻河，雄雌未决，（元）徽愿入洛阳，舍宅为寺。及北海败散，国道重晖，遂舍宅焉。"① 透过这段文字不难看出，元徽曾经居住在城西，是为城西居民无疑。

河间王元琛和东平王元略。《洛阳伽蓝记》记载："自延酤以西，张方沟以东，南临洛水，北达邙山，其间东西二十里，南北十五里，并名为寿丘里，皇宗所居也。民间号为'王子坊'……河间王元琛最为豪首。常与高阳争衡。"② 可以肯定地说，元琛应是城西居民。鉴于寿丘里的地望在城西，《洛阳伽蓝记》记载了位于寿丘里的元略宅邸："追先寺，在寿丘里，侍中尚书令东平王（元）略之宅也。"③ 由此可见，元略亦是居住在城西的居民毫无疑义。

临淮王元彧。法云寺是西域胡僧在城西所立的名寺，杨衒之记载了皇室元彧的府邸在法云寺的北面："（法云）寺北有侍中尚书令临淮王（元）彧宅。"④ 因此，元彧是城西的居民毋庸置疑。

陈留王元景皓。北魏洛阳城的宜年里在永明寺的西面，《洛阳伽蓝记》如是说："（永明）寺西有宜年里，里内有陈留王（元）景皓……等二宅。"⑤ 基于永明寺是城西著名的胡寺⑥，元景皓是居住在城西的居民不言而喻。

---

① （北魏）杨衒之撰，周祖谟校释《洛阳伽蓝记校释》卷 4《城西》，中华书局，2010，第 129～130 页。
② （北魏）杨衒之撰，周祖谟校释《洛阳伽蓝记校释》卷 4《城西》，中华书局，2010，第 147～148 页。
③ （北魏）杨衒之撰，周祖谟校释《洛阳伽蓝记校释》卷 4《城西》，中华书局，2010，第 152 页。
④ （北魏）杨衒之撰，周祖谟校释《洛阳伽蓝记校释》卷 4《城西》，中华书局，2010，第 139 页。
⑤ （北魏）杨衒之撰，周祖谟校释《洛阳伽蓝记校释》卷 4《城西》，中华书局，2010，第 160 页。
⑥ （北魏）杨衒之撰，周祖谟校释《洛阳伽蓝记校释》卷 4《城西》，中华书局，2010，第 157 页。

另外，刘连香先生依据墓志文本资料认为，齐郡王元简、元祐和妃常季繁、元演、元子永，均为居住在城西的居民①。

（二）官员及其家属

侯刚、王虬、奚真、杨乾及张懋等。《洛阳伽蓝记》明确记载侯刚在城西有府邸："出西阳门外四里御道南，有洛阳大市，周回八里。市南有皇女台……台东有侍中侯刚宅。"② 很显然，官员侯刚是城西居民毫无疑义。值得一提的是，侯刚墓志亦载其于孝昌二年（526）薨于洛阳中练里第③。由此不难推想，中练里的地望应在城西大市南面。此外，依据墓志文本所载，胥藏令王虬、奚真、清水太守杨乾及张懋，均为居住在中练里的居民，诸如王虬于正光三年（522）终于中练里④，孝廉奚真河阴中练里人⑤，杨乾于孝昌二年（526）卒于洛阳中练里第⑥，张懋于永安二年（529）薨于洛阳中练里⑦。因而他们都是城西居民可能性很大。

侍中胡元吉和太守穆纂。《洛阳伽蓝记》记载："（永明）寺西有宜年里，里内有……侍中安定公胡元吉等二宅。"⑧ 由于永明寺是城西著名大寺，故而不难得出，胡元吉是居住在城西的居民。又穆纂墓志记录，其于正光二年（521）卒于京师宜年里宅⑨。由此不难发现，穆纂是亦是居住在城西的居民。又如何氏夫人张孃墓志所录⑩，其于正光三年（522）卒于河阴宜年里，可见，张孃作为官员的家属，很可能是居住在城西的居民。

---

① 参见刘连香《民族史视野下的北魏墓志研究》，文物出版社，2017，第 404～407 页。
② （北魏）杨衒之撰，周祖谟校释《洛阳伽蓝记校释》卷 4《城西》，中华书局，2010，第 140～141 页。
③ 赵超：《汉魏南北朝墓志汇编》，天津古籍出版社，1992，第 188 页。
④ 赵君平、赵文成编《河洛墓刻拾零》，北京图书馆出版社，2007，第 29 页。
⑤ 赵超：《汉魏南北朝墓志汇编》，天津古籍出版社，1992，第 142 页。
⑥ 赵超：《汉魏南北朝墓志汇编》，天津古籍出版社，1992，第 192 页。
⑦ 宫万瑜：《邙洛近年出土冯聿、源模、张懋三方北魏墓志考略》，《中原文物》2012 年第 5 期，第 77 页。
⑧ （北魏）杨衒之撰，周祖谟校释《洛阳伽蓝记校释》卷 4《城西》，中华书局，2010，第 160 页。
⑨ 赵超：《汉魏南北朝墓志汇编》，天津古籍出版社，1992，第 121 页。
⑩ 乔栋、李献奇、史家珍：《洛阳新获墓志续编》，科学出版社，2008，第 7 页。

石育戴夫人。根据墓志文本记载，石育戴夫人于永熙二年（517）薨于河阴延沽里第。① 《洛阳伽蓝记》亦明确记载延酤里是城西的里坊②，由此可推知，官员家属石育戴夫人，应是城西居民无疑。

此外，刘连香先生依据墓志文本资料翔实地考证出，位于城西谷水北岸的谷阳里，是于氏家族所在，故而于景、于纂、于祚妻和丑仁是城西居民③。

（三）僧尼

北魏洛阳佛寺兴盛，故而居住着规模庞大的僧尼是很自然的事情。据杨衒之所载，城西著名佛寺就有 14 座④，由此不难看出，一定规模的僧尼，应是城西居民的重要组成部分。例如《洛阳伽蓝记》就记载了城西永明寺有着数量众多的胡僧："永明寺，宣武皇帝所立也，在大觉寺东。时佛法经像盛于洛阳，异国沙门，咸来辐辏，负锡持经，适兹乐土……百国沙门，三千余人。"⑤ 其中比丘尼慧静，据其墓志志文记载，少小弃家，皈依三宝，神龟二年（519）卒于永明寺。⑥ 由此可以肯定地说，慧静是城西的居民。是书亦载："宝光寺，在西阳门外御道北……法云寺，西域乌场国胡沙门昙摩罗所立也。在宝光寺西，隔墙并门。"⑦ 由此可见，胡沙门昙摩罗，亦是居住在城西的居民毫无疑问。《续高僧传》记载："北天竺僧佛陀扇多，魏言觉定，从正光元年至元象二年，于洛阳白马寺及邺都金华寺译出《金刚上味》等经十部。"⑧ 又《佛祖统纪校注》记载，"（永平）二

---

① 赵超：《汉魏南北朝墓志汇编》，天津古籍出版社，1992，第 306 页。
② （北魏）杨衒之撰，周祖谟校释《洛阳伽蓝记校释》卷 4《城西》，中华书局，2010，第 143 页。
③ 刘连香：《民族史视野下的北魏墓志研究》，文物出版社，2017，第 407～408 页。
④ （北魏）杨衒之撰，周祖谟校释《洛阳伽蓝记校释》卷 4《城西》，中华书局，2010，第 127～157 页。
⑤ （北魏）杨衒之撰，周祖谟校释《洛阳伽蓝记校释》卷 4《城西》，中华书局，2010，第 157 页。
⑥ 朱亮：《洛阳出土北魏墓志选编》，科学出版社，2001，第 280 页。
⑦ （北魏）杨衒之撰，周祖谟校释《洛阳伽蓝记校释》卷 4《城西》，中华书局，2010，第 136、138 页。
⑧ （唐）道宣撰，郭绍林点校《续高僧传》卷 1《元魏南台永宁寺北天竺沙门菩提流支传》，中华书局，2014，第 16 页。

年（509），帝御式乾殿译《维摩经》。时，西域沙门至者三千人，南方歌营国世不与东土通，有僧菩提跋陀来，诏建永明寺，以居外国沙门。"① 可见僧人佛陀扇多、菩提跋陀亦是城西居民的可能性较大。

（四）商人

在《洛阳伽蓝记》里，杨衒之把城西大市描绘为一幅色彩斑斓的市井风情画："出西阳门外四里御道南，有洛阳大市，周回八里……市东有通商、达货二里……市南有调音、乐律二里……市西有延酤、治觞二里……市北有慈孝、奉终二里……别有阜财、金肆二里，富人在焉。凡此十里，多诸工商货殖之民。"② 由上可见，城西大市居住着为数不少的商人。尤其值得注意的是富商刘宝，《洛阳伽蓝记》如是描述："出西阳门外四里御道南，有洛阳大市，周回八里。……市东有通商、达货二里。里内之人尽皆工巧屠贩为生，资财巨万。有刘宝者，最为富室。州郡都会之处皆立一宅，各养马十匹，至于盐粟贵贱，市价高下，所在一例。舟车所通，足迹所履，莫不商贩焉。是以海内之货，咸萃其庭，产匹铜山，家藏金穴。宅宇逾制，楼观出云，车马服饰，拟于王者。"③ 除了商人精英刘宝，杨衒之还勾画了善于酿酒的河东人刘白堕的形象："出西阳门外四里御道南，有洛阳大市，周回八里。……市西有延酤、治觞二里。里内之人多酝酒为业。河东人刘白堕善能酿酒。"④ 可以断言，以经商为业的刘宝和河东人刘白堕，都居住在城西无疑。

（五）南朝降附人员

北魏洛阳城有着浓郁的佛都氛围，从佛教造像铭文中亦可窥知端倪。

---

① （宋）志磐撰，释道法校注《佛祖统纪校注》卷39《法运通塞志十七之五》，上海古籍出版社，2012，第880页。
② （北魏）杨衒之撰，周祖谟校释《洛阳伽蓝记校释》卷4《城西》，中华书局，2010，第140～145页。
③ （北魏）杨衒之撰，周祖谟校释《洛阳伽蓝记校释》卷4《城西》，中华书局，2010，第140～142页。
④ （北魏）杨衒之撰，周祖谟校释《洛阳伽蓝记校释》卷4《城西》，中华书局，2010，第140～143页。

北魏武泰元年（528）四月八日陈天宝造像，其文云："有扬州丹阳郡溧阳县右乡西里佛弟子陈天宝因茅齐都，输官魏阙，……乃于中练里私宅造塔三级，并建石像一区。"① 这段文字记录了一个虔诚的南朝佛教徒北奔附魏为官，并在洛阳定居的人物形象。基于陈天宝降附者的身份，按照当时朝廷安置四夷降附者的政策，其应是城南的居民。又鉴于他在城西中练里有私邸，或视为其在城西之别宅，抑或由城南徙居于此，种种推想均因史料缺乏，今天已不能详知，但南人陈天宝是城西居民无疑。

（六）一般庶民

尽管城西居民以元魏宗室为主，但还居住着一定数量的士庶平民是很自然的。例如《洛阳伽蓝记》记载了挽歌孙岩及庶民韦英和侯庆的逸闻趣事。② 因此，挽歌孙岩、京兆人韦英和南阳人侯庆为城西居民无疑。

（七）里坊管理人员

据《洛阳伽蓝记》记载，城西有宜年里、通商里、达货里、调音里、乐律里、慈孝里、奉终里、延酤里、治殇里、阜财里、金肆里、寿丘里12个里坊，其中寿丘里东西二里，南北十五里，即方圆三十里③。鉴于北魏洛阳城的里坊，若按每里方三百步，每里有里正8人、吏16人、门士32人，共计56人的计算单位，共计至少672个里坊管理人员。故而一定数量的里坊管理人员亦是这里居民的重要组成部分，是不容忽视的史实。

（八）奴仆

本区居民以元魏宗室为主，且有一定数量的富商，因此为数不少的奴婢也应是本区居民的组成部分，正如杨衒之所言："凡此十里，多诸工商

---

① 北京图书馆金石组编《北京图书馆藏中国历代石刻拓本汇编》5 册，中州古籍出版社，1989，第 32 页。

② （北魏）杨衒之撰，周祖谟校释《洛阳伽蓝记校释》卷 4《城西》，中华书局，2010，第 144～147 页。

③ （北魏）杨衒之撰，周祖谟校释《洛阳伽蓝记校释》卷 4《城西》，中华书局，2010，第 127～157 页。

货殖之民。千金比屋，层楼对出，重门启扇，阁道交通，迭相临望。金银锦绣，奴婢缇衣，五味八珍，仆隶毕口。神龟年中，以工商上僭，议不听衣金银锦绣。虽立此制，竟不施行。"①

综上，城西居民主要以元魏宗室为主，仍不乏规模庞大的僧尼，又有一定数量的汉族官员及其家属，还有为数众多的商人及一般士庶平民、里坊管理人员和奴仆，甚至还有南朝降附人员。此外，这里驻扎一定规模的羽林、虎贲等军人也是极有可能的，有待新史料进一步佐证，暂存一说。

五　城北居民：以羽林、虎贲为主

城北几近邙山脚下，地域相对小狭，"为防御重地，所以仅在广莫门东有少量里坊"。② 因而这里居民数量有限。

（一）羽林、虎贲

城北作为重要防守地带，一定规模的羽林、虎贲等皇家卫队，亦应是此区居民的重要组成部分。《洛阳伽蓝记》就记载了这里有阅武场及羽林、虎贲角戏的鲜活场景："禅虚寺，在大夏门（外）御道西。寺前有阅武场，岁终农隙，甲士习战，千乘万骑，常在于此。有羽林马僧相善角抵戏，掷戟与百尺树齐等。虎贲张车渠，掷刀出楼一尺。帝亦观戏在楼，恒令二人对为角戏。"③ 从中不难看出，这里驻扎一定规模的军队应是可信的。

（二）手工业者

城北地近邙山，作为制瓦区，这里从地势高燥，到制瓦所需的大量泥土，乃至人烟稀疏，可谓天时地利人和，因而居住着为数不少的造瓦手工业者。《洛阳伽蓝记》明确记载："洛阳城东北有上商里，殷之顽民所居处

---

① （北魏）杨衒之撰，周祖谟校释《洛阳伽蓝记校释》卷4《城西》，中华书局，2010，第145页。

② 孟凡人：《北魏洛阳外郭城形制初探》，《中国国家博物馆馆刊》1982年第4期，第46～47页。

③ （北魏）杨衒之撰，周祖谟校释《洛阳伽蓝记校释》卷5《城北》，中华书局，2010，第165～166页。

也。高祖名闻义里。迁京之始，朝士住其中，迭相讥刺，竟皆去之。唯有造瓦者止其内，京师瓦器出焉。"① 由此可知，闻义里内的居民多是烧制瓦器的手工业者，因而其应为城北居民的重要组成部分。

（三）官员及其奴婢

阉宦贾璨。《洛阳伽蓝记》记载了官员贾璨曾居住在城北的史实："凝玄寺，阉官济州刺史贾璨所立也。在广莫门外一里御道东，所谓永平里也。……迁京之初，创居此里，值母亡，舍以为寺。"② 显而易见，贾璨及其家人曾是城北居民无疑。

将军郭文远。《洛阳伽蓝记》明确记载郭文远在城北建有府邸："洛阳城东北有上商里，殷之顽民所居处也。高祖名闻义里。……冠军将军郭文远游憩其中，堂宇园林，匹于邦君。时陇西李元谦乐双声语，常经文远宅前过，见其门阀华美，乃曰：'是谁第宅？过佳！'婢春风出曰：'郭冠军家'。"③ 由此可以断言，郭文远及奴婢春风是居住在城北的居民。

（四）僧侣及居士

杨衒之记录了北魏洛阳城北有诸如禅虚寺、凝玄寺等少许佛寺，并提及这里居住着西行求法者居士宋云："闻义里有敦煌人宋云宅。"④ 因而一定数量僧侣及居士应是城北居民的构成部分。

（五）里坊管理人员

《洛阳伽蓝记》载，城北永平里和闻义里等少量里坊⑤。按照北魏洛阳

① （北魏）杨衒之撰，周祖谟校释《洛阳伽蓝记校释》卷5《城北》，中华书局，2010，第167~168页。
② （北魏）杨衒之撰，周祖谟校释《洛阳伽蓝记校释》卷5《城北》，中华书局，2010，第166~167页。
③ （北魏）杨衒之撰，周祖谟校释《洛阳伽蓝记校释》卷5《城北》，中华书局，2010，第167~168页。
④ （北魏）杨衒之撰，周祖谟校释《洛阳伽蓝记校释》卷5《城北》，中华书局，2010，第168页。
⑤ （北魏）杨衒之撰，周祖谟校释《洛阳伽蓝记校释》卷5《城北》，中华书局，2010，第167~168页。

城的里坊，每里方三百步，每里有里正 8 人、吏 16 人、门士 32 人，共计 56 人的计算单位，共计 112 个里坊管理人员。这些人员应是城北居民的一部分。

要之，由于地理环境和政治因素所限，城北居民分布稀少，主要是为数不少的皇家卫队、一定规模的制瓦手工业者，少数官员、一定数量的僧侣及里坊管理人员等。

综而观之，北魏洛阳城居民皆为里坊编户，尽管各城区里坊居民混杂，但大致亦有一定区划：内城居民主要以皇室及其"六宫"人员为主；城东主要为汉族官僚和一般士庶居住区；城南主要聚居着四夷降附人员；城西主要为皇宗贵族、鲜卑大官僚等内迁者居住区；城北则以羽林、虎贲为主，人数相对稀少。

第二节　城南居民的主要来源

北魏洛阳城南以洛水为自然分界线，包括洛水北岸和洛水南岸两部分。孝文帝时期，这里的居民主要分布在洛水北岸[①]，宣武帝即位后，随着城南的拓展，洛水南岸的四夷附化之民，遂成为本区居民的主要来源，正如《洛阳伽蓝记》所载："所谓尽天地之区已。乐中国土风因而宅者，不可胜数。是以附化之民，万有余家。"[②] 也就是说，洛水南岸的居民来自四面八方，主要包括南朝归顺人士、西域胡商贩客、边夷首领及其侍子、朝贡使节等（见表 2 - 1）。

一　南朝归顺人士

我们知道，北魏迁洛后，由于与南朝征战不断，双方遂断绝交聘，直至天平四年（537），南北才正式恢复使节往来，故而北魏洛阳时代，多有南朝降附者入魏。按照当时城市的规划设计方案，这些附魏者通常被安置

---

① 王佳月：《谈孝宣之际北魏洛阳城的规建》，载《石窟寺研究》，文物出版社，2011，第252 页。
② （北魏）杨衒之撰，周祖谟校释《洛阳伽蓝记校释》卷 3《城南》，中华书局，2010，第117 页。

在洛水南岸四夷馆之金陵馆，三年后愿意定居者，朝廷赐宅于归正里①。归正里，"民间号为'吴人坊'，南来投化者多居其内……里三千余家……时朝廷方欲招怀荒服，待吴儿甚厚，褰裳渡于江者，皆居不次之位"。② 可见，南朝归附者基本上居住在金陵馆及归正里，且人数多达三千余户，如此庞大规模，应与朝廷对南人特殊的招怀政策不无关系③。值得一提的是，南来降附者除了居住在洛水南岸外，来自江东的琅琊王氏和隐士陈亮居于洛水北岸。

（一）琅琊王氏家族

琅琊王氏，是中古时期中原最具代表性的名门望族，世居琅琊临沂，西晋末年永嘉之乱时，"衣冠南渡"，南朝时不乏"政治流亡者"北奔降魏，其中较为知名的是王肃家族。

王肃。关于其人其事，史书多有述及。《洛阳伽蓝记》记载："开阳门御道东有汉国子学堂（即太学）……高祖题为劝学里……劝学里东有延贤里，里内有正觉寺，尚书令王肃所立也。肃字恭懿，琅琊人也，伪齐雍州刺史奂之子也。赡学多通，才辞美茂，为齐秘书丞，太和十八年背逆归顺。时高祖新营洛邑，多所造制，肃博识旧事，大有裨益，高祖甚重之，常呼王生。延贤之名，因肃立之。"④ 从上述史实记载来看，王肃是江南显贵琅琊王氏的后裔，博学多才，尤通传统典制，于太和十八年（494），从南朝来仕魏，受到朝廷的优遇和重用，并被安置在城南太学附近的延贤里居住。显而易见，王肃是城南居民毫无疑问。

---

① （北魏）杨衒之撰，周祖谟校释《洛阳伽蓝记校释》卷3《城南》，中华书局，2010，第114～116页。

② （北魏）杨衒之撰，周祖谟校释《洛阳伽蓝记校释》卷2《城东》，中华书局，2010，第89页。

③ 恰如安介生所言："自民族与政权交争竞存的割据时期，北魏对政治与文化人才的需求更趋迫切，更为甚者，政治、文化人才的取向与贡献直接关系到割据政权兴衰存亡。"安介生：《略论北魏时期的"上客"、"第一客"与招怀政策》，《中国边疆史地研究》2007年第1期，第26页。

④ （北魏）杨衒之撰，周祖谟校释《洛阳伽蓝记校释》卷3《城南》，中华书局，2010，第106～109页。

王肃妻陈留公主及前妻谢氏，亦是城南居民。据《魏书·王肃传》载："高祖崩，遗诏以肃为尚书令，与咸阳王禧等同为宰辅……诏肃尚陈留长公主……裴叔业以寿春内附，拜肃使持节、都督江西诸军事、车骑将军，与骠骑大将军、彭城王勰率步骑十万以赴之……肃频在边，悉心抚接，远近归怀，附者若市……景明二年薨于寿春……绍，肃前妻谢生也。临肃薨，谢始携二女及绍至寿春。世宗纳其女为夫人，肃宗又纳绍女为嫔。"① 透过上述史料，不难看出王肃的两段婚姻史实：一是他在江南时的前妻谢氏及二女一子，二是其于景明元年（500）尚孝文帝之妹陈留公主。关乎此，《洛阳伽蓝记》也有记载："肃在江南之日，聘谢氏女为妻，及至京师，复尚公主……肃甚有愧谢之色，遂造正觉寺以憩之。"② 综合这些资料可以发现，景明二年（501）王肃临薨前，其前妻谢氏曾携子女北上寻夫。在这种尴尬局面下，王肃在洛阳城南的居住地延贤里，为前妻谢氏营造了一座佛教寺院聊以自慰。基于此，王肃妻陈留公主及其前妻谢氏，当是居住在延贤里，应属城南居民毋庸置疑。

至于王肃二女一子的情况，史书记载较为简略，幸而其大女儿王普贤和儿子王绍都有墓志留存，不仅印证了正史记载的真实性，而且对于了解王肃家庭情况亦大有助益。王普贤墓志志文载："祖奂……父肃，魏故侍中司空昌国宣简公。夫人陈郡谢氏……后尚陈留长公主……魏故贵华夫人王普贤，徐州琅琊郡临邑县都乡南仁里人也……春秋廿有七，魏延昌二年（513）……寝疾薨于金墉之内。"③ 王绍墓志又载："父肃，魏故侍中司空昌国宣简公。夫人陈郡谢氏，父庄右光禄大夫宪侯。君讳绍，字安宗，徐州琅琊郡临沂县都乡南仁里人也……春秋廿有四，延昌四年（515）八月二日遘疾薨于第。"④ 至于王肃二女儿的情境，广阳王元渊之子元湛墓志提供了蛛丝马迹："父讳渊……母琅琊王氏，父肃，尚书令、司

① （北齐）魏收：《魏书》卷 63《王肃传》，中华书局，1974，第 1410～1412 页。
② （北魏）杨衒之撰，周祖谟校释《洛阳伽蓝记校释》卷 3《城南》，中华书局，2010，第 108～109 页。
③ 赵超：《汉魏南北朝墓志汇编》，天津古籍出版社，1992，第 69 页。
④ 赵超：《汉魏南北朝墓志汇编》，天津古籍出版社，1992，第 82～83 页。

空、宣简公"①，从中可以看出，王肃与谢氏的二女儿嫁给了广阳王元渊。综合上述墓志文本可以推测，王肃死时，其大女儿王普贤约十五岁，其子王绍约十岁，其二女儿应在二者之间或更为年幼。鉴于王肃临薨时，其子女尚年幼，不见得有多少自主行事的能力，因而他们应是随母亲谢氏居住在延贤里的可能性较大。这些传世史料与墓士铭使得王肃家庭的信息更加完整。很显然，王普贤、王绍、王肃二女儿及王绍之女，曾是城南居民无疑。

王诵及其妻元贵妃，应是居住在城南。《魏书》记载，王肃之弟王秉，涉猎书史，微有兄风。世宗初（约 500），携兄子诵、翊、衍等入国，拜中书郎，迁司徒咨议，出为辅国将军、幽州刺史。其中王诵有孝康和俊康二子，王翊则有一子名渊。② 鉴于王秉一行附魏时间（约 500）与四夷馆里的始置时间（501 年 9 月）出入较大，由此可以推测，他们居住在四夷馆的可能性不大。既然王秉等人奔魏时洛水南岸尚未开发，那么他们又当居在何处？史书对此不见记载，但也不是毫无迹象可寻，考古发掘墓志资料就为我们提供了些许线索。《王诵妻元贵妃墓志》③ 提及王诵妻于熙平二年（517）亡于洛阳之学里宅（这里的"学里宅"应是城南"劝学里"④），由此推断王诵也应该居住在这里。也就是说，王诵及其妻元贵妃应是劝学里的居民。

王诵前妻宁陵公主，亦可能居住在劝学里。饶有趣味的是，王则先生依凭墓志资料指出："彭城王元勰之女宁陵公主为王诵初配，元贵妃乃为王诵继室"⑤，因而能否可以推知，王诵前妻宁陵公主家也在劝学里？如果宁陵公主居于劝学里的推测成立，又据宁陵公主亡于永平三年（510）的时间节点，是否就此得出王诵入魏之初，即为劝学里的居民。

进而言之，是否可以想见王秉、王诵、王翊、王衍及其后裔孝康、俊康和渊等，附魏初期也应居住在劝学里？关乎此，我们还可以从王秉一行入魏时的年龄来寻求解释。《魏书》说，王诵河阴遇害时，年三十七，逆

---

① 赵超：《汉魏南北朝墓志汇编》，天津古籍出版社，1992，第 356 页。
② （北齐）魏收：《魏书》卷 63《王肃传附秉传》，中华书局，1974，第 1412～1413 页。
③ 赵超：《汉魏南北朝墓志汇编》，天津古籍出版社，1992，第 92 页。
④ 张金龙：《北魏迁都后官贵之家在洛阳的居住里坊考》，《河洛史志》2000 年第 1 期，第 29 页。
⑤ 王则：《魏故宁陵公主考释》，《北方文物》2004 年第 3 期，第 58～59 页。

推其生年为太和十六年（492），进而推断王诵于景明初年（500）入魏时最多十岁。同样方法推测，王衍入魏时最多十三岁，而王翊与王诵同岁，也即入魏时约十岁①。从上述分析可知，王诵、王翊和王衍北投时尚年幼，彼时很可能还不具备独居能力和入仕资格，故而王秉携带他们奔魏时，很可能是以琅琊王氏家族的身份，入住于延贤里附近的劝学里。至于王诵子孝康、俊康及王翊子渊是否也是劝学里的居民，鉴于王诵的初配和继室都居住在劝学里，又根据一般规律，父子应同居一处，或相距不远，笔者以为这种可能性极大。概言之，王秉、王翊、王衍、王诵初配宁陵公主、王诵之子孝康、俊康、王翊之子王渊等，应曾居住在城南劝学里的可能性极大。

（二）裴叔业家族及其僚属

南齐名将裴叔业，因帝萧宝卷诛杀大臣，遂投顺北魏。裴氏出自河东大族，其族人入魏者甚多，影响甚著。《魏书·裴叔业传》有详细记载：景明元年（500）正月，宣武帝下诏封叔业为征南将军、豫州刺史等显职，食邑三千户，然而叔业军未渡淮已病卒，但其家族及僚属在景明初年先后归魏，朝廷均给予高官厚禄。②

《魏书》所录裴叔业家人及其僚属等降魏具体人员如下：裴叔业家人裴谭、裴测、裴芬之、裴涉、裴乔尼、裴蔼之、裴彦先、裴约、裴英起、裴威起、裴植、裴恢、裴炯、裴斌、裴瑜、裴堪、裴粲、裴含、裴衍、裴嵩等20人；裴叔业僚属及其家人，诸如尹挺、尹循、尹象、柳玄达、柳缔、柳远、柳玄瑜、柳谐、杨令宝、杨彪、杨令仁、韦伯昕、裴智渊、王昊、赵革、李道真、胡文盛、魏承祖、皇甫光、皇甫场、梁祐、崔高客、阎庆胤、柳僧习、李元护、李会、李景宜、李静、李铉、席法友、席景通、席鹍、王世弼、王会、王由等35人。这些人员或与叔业参谋归诚，或为叔业爪牙心膂，或为衣冠之士，均归降北魏，并赐高官显职。值得注意的是，从正史记载不难发现，南朝勋贵北奔，往往并非单独个人行动，随他们

---

① （北齐）魏收：《魏书》卷63《王肃传》，中华书局，1974，第1412～1413页。
② （北齐）魏收：《魏书》卷71《裴叔业传》，中华书局，1974，第1565～1580页。

迁徙的不仅有僚属，更有其亲族。这些南来降附人员定居洛阳后，往往生息繁衍，乐业安居，其中生于斯、长于斯的柳谐就是一个绝好的例证。① 据《洛阳伽蓝记》所言的城市规划方案，这些南人附洛后，应是被安置在洛水南岸的归正里居住。换言之，他们都是城南居民，这应该是毫无疑问的。

虽然这些人员"应当"或者"必须"是归正里的居民，但实际情况仍使人困惑不已。上文说到，裴叔业家族及其僚属是在景明初年（500）陆续归魏的，但这与四夷馆的始置时间（501 年 9 月）有交叉重叠。也就是说，四夷馆建置前他们如何居住？对此史书没有详细记录。从《魏书》所载不难看出，这批降魏人员数量庞大，而且来洛时往往又是携家带口，可以想见规模是相当可观的。基于如此大规模人员降附，不妨推想，这批人员中的绝大部分极有可能是在四夷馆设置妥当后陆续迁入的，他们都应是居住在归正里，裴谭墓志的出土似乎为此提供了有力佐证。

裴谭，正史有传，《魏书》称其是裴叔业之孙，"世宗以谭及高皇后弟贞、王肃子绍俱为太子洗马。肃宗践阼，转员外常侍。迁辅国将军、中散大夫。"② 鉴于裴叔业是在景明元年（500）归顺，其孙裴谭（492～524）随之归魏，并居高官显要是很自然的事情，又按照当时城市规划管理居住政策，裴谭等附魏人员应被安置在伊、洛二水区域间的归正里。然而裴谭墓志却记载："年三十三，正光五年（524）九月十九日薨于洛阳县洛汭里宅。"③ 显而易见，这是一个耐人寻味的问题。如何在"归正里"和"洛汭里"之间建立关联？也就是说，如何详加寻绎把二者架通起来，探求二者一体同源的关系，从而为提出的问题找到一种合理的解释，是一个富有趣味的问题。

遗憾的是，洛汭里不见于史书记载，似乎只能从生活常识中寻找些许线索。很显然，"洛汭"为地域概念，《说文》说："汭，水相入也"，也就是两条河流汇合处。不言而喻，这与《洛阳伽蓝记》所载伊、洛水之间有归正里的说法有一定的吻合度，但这种解说难免牵强，因为如果此说成立，那么伊、洛水交汇区域内所有居民区，都可以称作"洛汭里"。可见，

① （北齐）魏收：《魏书》卷71《裴叔业传》，中华书局，1974，第 1565～1580 页。
② （北齐）魏收：《魏书》卷71《裴叔业传附孙谭传》，中华书局，1974，第 1567～1568 页。
③ 赵君平、赵文成编《河洛墓刻拾零》，北京图书馆出版社，2007，第 30 页。

若要把"归正里"和"洛汭里"等同起来，需要寻求更为具体的"点"，而不是普遍的"面"。一般来说，古代的村落、城邑等聚落大都有逐河而居的传统，并不约而同地处在河流转弯凹面的一边为多。根据现代物理科学的水力惯性原理，水流冲击河岸时，往往携带大量泥沙，随着时间的推移，凸面的河岸会逐年溃退，而凹面的河岸却会逐年增长，从而使居住在凹面河岸的居民获得更多的土地。据《伊洛河志》记载："洛河各段流经地区的地质、地貌不同，河流的输沙量差别很大……下游河段流量大，比降小，因此输沙量、淤积量较大。"① 由此可知，洛水进入洛阳市区后，流速变缓，流水中往往携带大量泥沙，水流冲击河岸携带极易形成凹面河岸。所以，古人在建村筑城时，往往会利用这一特点，这种现象在古代建筑法中叫"攻位于汭"，早在西周初年周公营造洛邑时，即已"以庶殷攻位于洛汭"②。这里的"攻"是兴作的意思，"洛"指洛水，"汭"即河的凹面河岸，古称"隈曲"，总而言之，"洛汭"就是洛水的凹面河岸。

归正里的大致方位在伊、洛水之间中央御道西的一片高地上。前已提及，归正里位于永桥南面伊、洛二水间中央御道的西侧，其具体位置据考古勘测证实，在今偃师佃庄西大郊村西南被称作"岗上"的一片高地上③，而这一高地属性，又与河流凹岸水流泥沙堆积现象是吻合的。进而言之，归正里所处地望即为洛水南岸的一块凹地，值得一提的是，这处凹地分别在《汉魏洛阳城遗址及地形图》④ 和《汉魏洛阳城遗址影像图》⑤ 中均有清晰显示，孟凡人亦指明："东新庄至西大郊村的古洛河河道向北弯曲 1～3 公里。"⑥（见图 2-1）

综合上述分析，笔者认为洛汭里和归正里所在地望，均属今天命名为

---

① 郭建民、郑金亮主编《伊洛河志》，中国科学技术出版社，1995，第71～72页。
② 周秉钧：《尚书易解》卷4《周书中·诏告》，华东师范大学出版，2010，第187～197页。
③ 中国科学院考古研究所洛阳工作队：《东汉洛阳城南郊的刑徒墓地》，《考古》1972年第4期，第2页。
④ 参见杜玉生等《北魏洛阳外廓城和水道的勘查》一文所附《汉魏洛阳城遗址及地形图》，《考古》1993年第7期，第602页。
⑤ 杜金鹏、钱国祥主编《汉魏洛阳城遗址研究》，科学出版社，2007年，图版一《汉魏洛阳城遗址影像图》。
⑥ 孟凡人：《北魏洛阳外郭城形制初探》，《中国国家博物馆馆刊》1982年第4期，第42页。

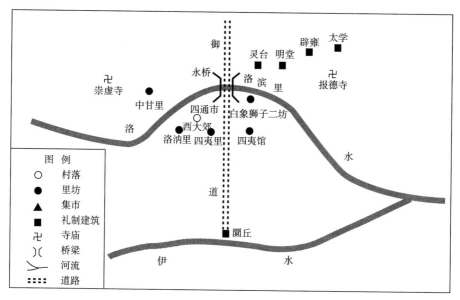

图 2 - 1　北魏洛阳城南洛沕里和洛滨里方位示意

"西大郊"的村庄处，因此可推测文献所言的"归正里"，应与志文所载的"洛沕里"为同里异名。

更进一步的解释是，"洛沕里"为空间位置说明，而"归正里"是人文地理概念，同一地名可能有两个或多个命名方式，是一种正常的社会现象。我们知道，任何地名的命名缘由都不是凭空而生的，要么反映自然特征，要么反映社会历史背景，渊源有自，并非妄说。再回到裴谭墓志为何以"洛沕里"来记录自己宅邸所在这一问题上，从某种意义上来看，用何种方式书写自己的居址以陈述自身的空间方位，并非小事一桩，这既记录了当时人们的生活实际，也反映了那时人们的价值取向与好恶。也就是说，地名表述方式的取舍，体现了人们的价值认同与归属对象，被取用的必符合当事人的心愿，被舍弃的则反之。由此不难想见，裴谭墓志所记"洛沕里"说明在非官方场合人们对带有官方色彩的"归正里"这一命名方式的漠然，甚至是漠视，进而"洛沕里"作为俗名也就不足为怪了。正是在此意义上，作为一种符号和象征意义，"洛沕里"表达了居民对其居住环境的感受和认识。

与之相对应，史书亦有时人以居四夷馆和四夷里为耻的记载，可为此提供进一步的佐证。其一，四夷里的居民中，不乏以居此为耻的事例，其中尤以秉承"正朔所在"的南人为甚。据《洛阳伽蓝记》记载，南朝齐宗室萧宝夤及其随从张景仁附魏后，居住在归正里，后以"耻与夷人同列""住此以为耻"为由，分别徙居内城永安里和城东孝义里①；其二，当时社会上流行以居四夷馆为人所不齿的看法。一般而言，传统史书特别凸显对于帝王将相等社会上层精英的记录，而忽略了为数众多的普通民众的行为、观念和情感，然而难能可贵的是，杨衒之在《洛阳伽蓝记》里书写了平民荀子文因居城南而"城南有四夷馆"遭到同学李才讥笑的故事②。由此不难推想，四夷馆社会地位较低，应是当时包括寻常百姓在内的普遍看法；又如，1963年秋考古人员对北魏洛阳城遗址踏勘时，释读了大量瓦文，并指出北魏洛阳城的建设，就是包括这些在封建经济剥削奴役之下、从事手工劳动的西域高昌人在内的劳动人民，用血汗创造出来的③。正是在此意义上，这些西域瓦工作为四夷里的居民，由于身份卑微，社会地位低下，在某种程度上亦可视为萧宝夤之流"耻与夷人同列""住此以为耻"的佐证。

不论是从四夷里居民的感受，还是当时社会的主流认识，居住在四夷馆和四夷里都是"耻"的，这是一个耐人寻味的问题。其实这种现象可追溯到国家层面，并从中找到缘由，那就是四夷馆和四夷里的命名本身就包含些许政治上的歧视。表面上，四夷馆和四夷里以"金陵""燕然""扶桑""崦嵫""归正""归德""慕化""慕义"等词为其居所定名，无不彰显中原王朝文治武功的理想境界。诚如蔡宗宪所言："以四方之地为客馆命名，隐含的却是洛阳位居天下之中的政治意涵，宣示招抚方国、怀柔远人的态度；四夷里则为北魏塑造代表正统，施行德政，有仁义教化而值得倾慕等正面的形象。"④ 也就是说，朝廷借此推行"王化"，或"变夷为

---

① （北魏）杨衒之撰，周祖谟校释《洛阳伽蓝记校释》卷3《城南》、卷2《城东》，中华书局，2010，第115、89页。

② （北魏）杨衒之撰，周祖谟校释《洛阳伽蓝记校释》卷3《城南》，中华书局，2010，第125~126页。

③ 中国科学院考古研究所洛阳工作队：《汉魏洛阳城一号房址和出土的瓦文》，《考古》1973年第4期，第209~217页。

④ 参见蔡宗宪《南北朝的客馆及其地理位置》，《中国历史地理论丛》2009年第1期，第79页。

华"，或"化蛮为夏"，实质上是为了最终完成对这里的"文化改造"，形成文化认同，表达对四夷的征服和控制，进而展现万国来朝的盛况，其政治意图昭然若揭。这意味着，四夷馆里的命名，作为一种符号和象征意义，很显然是统治者为体现其"天命"或"正统"而刻意策划出来的，从一开始就多少包含着政治上的歧视，而后在社会上形成一般性认识就不足为怪了。正是在此意义上，裴谭墓志所载"洛汭里"与朝廷命名的"归正里"为同里异名的阐释，似乎也就顺理成章了。

换言之，"四夷里之取名，无疑最集中地体现了儒家的夷夏观及以德政吸引感化蕃夷的思想"①，朝廷"处心积虑"地希望借助这些带有明显政治意涵和歧视意味的里坊命名，来弘扬华夏正统思想，却在某种程度上难以完全发挥作用，这也曲折地表达了四夷馆里的居民对其居住区里坊名称的不满，里坊命名在当时的实际生活中似乎并未受到居民的积极认同，故而出现了用居住环境地理特征，来表示所居住地区的命名方式。如果上述推测成立，倘若"洛汭里"和"归正里"是同里异名，这就为裴氏家族及其僚属居住在归正里，提供了另一种解释证据。因此，裴谭墓志暂可作为弥足珍贵的实物资料来看。

（三）淳于诞及其家人

《魏书》记载，蜀汉人淳于诞，是南朝梁的一名步兵校尉。他在幼年时，父亲被群盗所害，遂倾资结交宾客，半月内便得复仇，故而闻名州里。根据正史所言，淳于诞于景明中（500～503），自汉中归魏，既达京师，陈伐蜀之计，世宗嘉纳之。此外，史书又言及其有淳于㐬、淳于胤二子。② 尽管文献所载淳于诞及其家人的相关史实不多，但他们归顺后，应居住于城南金陵馆及归正里亦是无疑。

（四）萧宝夤和张景仁

南朝齐宗室萧宝夤及其追随者张景仁曾居住在城南。《洛阳伽蓝记》

---

① 张金龙：《北魏洛阳里坊制度探微》，《历史研究》1999 年第 6 期，第 61 页。
② （北齐）魏收：《魏书》卷 71《淳于诞传》，中华书局，1974，第 1592～1594 页。

有明确记载："景明初，伪齐建安王萧宝夤来降，封会稽公，为筑宅于归正里，后进爵为齐王，尚南阳长公主。宝夤耻与夷人同列，令公主启世宗，求入城内，世宗从之，赐宅于永安里。"① "景仁，会稽山阴人也……景明初年从萧宝夤归化，拜羽林监，赐宅城南归正里。"② 关于二人归顺的具体时间，《魏书·世宗纪》言："（景明）三年春三月，萧宝卷弟建安王宝夤来降。"③ 由此可知，萧宝夤及其僚属张景仁，于景明三年（502）三月奔魏，按照魏廷规定，应先居于金陵馆，三年后定居归正里。又据《魏书·萧宝夤传》所载，萧宝夤是在兵败钟离、被罢官削爵不久后尚南阳长公主④，《资治通鉴》特别言明萧宝夤于天监六年（507）八月被免官除名的⑤。由此可以断言，萧宝夤是在正始四年（507）八月后不久，尚南阳长公主。然而萧宝夤尚公主后，却以居住城南归正里为耻，公主遂祈请世宗的同意而徙居内城永安里居住。综上所述，萧宝夤、南阳长公主及其僚属张景仁，曾居住在归正里，当属城南居民是不言而喻的。

（五）陈伯之家人及僚属

南齐济阴睢陵人陈伯之，史书多有记载。他幼有膂力，家中贫穷，以盗窃为生，后因建有军功，封为冠军将军、骠骑司马等显职，入仕南朝齐，后在南朝齐梁之际，由于表里受敌，遂北奔降魏。

《资治通鉴》天监元年（502）条载，夏四月闰月，"（陈伯之）与（其子）虎牙等及褚绲俱奔魏"。⑥ 《魏书·世宗纪》亦载：景明三年（502）八月癸卯，"江州刺史陈伯之遣使请降"。⑦《梁书·陈伯之传》又

① （北魏）杨衒之撰，周祖谟校释《洛阳伽蓝记校释》卷3《城南》，中华书局，2010，第115页。
② （北魏）杨衒之撰，周祖谟校释《洛阳伽蓝记校释》卷2《城东》，中华书局，2010，第89页。
③ （北齐）魏收：《魏书》卷8《世宗纪》，中华书局，1974，第194页。
④ （北齐）魏收：《魏书》卷59《萧宝夤传》，中华书局，1974，第1315页。
⑤ （宋）司马光编著，（元）胡三省音注《资治通鉴》卷146，天监六年条，中华书局，1976，第4574页。
⑥ （宋）司马光编著，（元）胡三省音注《资治通鉴》卷145，天监元年条，中华书局，1976，第4523页。
⑦ （北齐）魏收：《魏书》卷8《世宗纪》，中华书局，1974，第194页。

言："天监四年（505）暮春三月，（陈）伯之乃于寿阳拥众八千归。虎牙为魏人所杀。……其子犹有在魏者。褚绲在魏，魏人欲擢用之。魏元会，魏戏为诗曰：'帽上著笼冠，袴上著朱衣，不知是今是，不知非昔非。'魏人怒，出为始平太守。日日行猎，坠马死。"① 将上述三段资料相互补充，可以大致推想出陈伯之等人在中原这段经历的轮廓：南朝将领陈伯之兵败后，遂与诸子陈虎牙等及心腹褚绲降魏，而陈伯之在降魏不足三年时间却又回归南朝梁。其间其心腹褚绲早在奔魏不久便坠马而死，其子陈虎牙又在陈伯之返梁后被魏人所杀，而陈伯之其他儿子最终留在了北魏。

尽管上述史料记载只是寥寥数笔，却极为生动地勾勒出陈伯之二三其德的性格，他的这种反复无常的气质，最终导致了一幕家庭离散的悲剧。由之，我们基本可以推测，陈伯之家人及其僚属褚绲等人降魏期间，应居住在城南金陵馆是毋庸置疑的。

（六）夏侯道迁家人及其僚属

南朝将领夏侯道迁，于北魏正始二年（505）夏，自南郑朝京师。夏侯道迁家人及僚属，诸如夏侯夬、夏侯籍、夏侯夐、江悦之、江文遥、江文远、江果、江昂、张天亮、士孙天与、罗道真、王安世、辛谌、庾道、姜永、姜漾、皇甫徽、皇甫和、皇甫亮19人随之归魏。另外，史书还提及李元护"妓妾十余"，李会之妻为南阳太守清河房伯玉女，皇甫徽妻即道迁之兄女等②。按照当时城市居民管理规划设置，这些人应是安排居住于金陵馆及归正里。由此亦不难想象，这些降魏人员大都有举家北奔的史实。

此外，《魏书·张谠传》说："谠兄子安世，正始中，自梁汉同夏侯道迁归款。为客积年，出为东河间太守，卒官。"③ 从史文可知，张安世是南朝将领张谠的侄子，跟随夏侯道迁归魏后，以客的身份出任东河间太守，

① （唐）姚思廉：《梁书》卷20《陈伯之传》，中华书局，1973，第315页。
② （北齐）魏收：《魏书》卷71《夏侯道迁传》《李元护传》《席法友传》《王世弼传》《江悦之传》，中华书局，1974，第1580~1592页。
③ （北齐）魏收：《魏书》卷61《张谠传附兄子安世传》，中华书局，1974，第1370页。

死于任所。由之，南朝人张谠及其家人，也曾是金陵馆及归正里的居民可能性极大。

（七）李苗及其家人

梓潼涪人李苗，为南朝梁显宦后裔，后因家仇国恨降魏。《魏书》记载，李苗于延昌（512～515）中"遂归阙……有文武才干……解鼓琴，好文咏，尺牍之敏，当世罕及……子昙，袭爵"。① 尽管史书文本对于李苗及其家人的记载较为简略，但基本可以肯定的是，他们也应是金陵馆及归正里的居民。

（八）冯亮

冯亮，是南梁平北将军蔡道恭的外甥，正史有传："少博览诸书，又笃好佛理。随道恭至义阳，会中山王英平义阳而获焉。英素闻其名，以礼待接。亮性清静，至洛，隐居嵩高……会逆人王敞事发，连山中沙门，而亮被执赴尚书事，十余日，诏特免雪。亮不敢还山，遂寓居景明寺，敕给衣食及其从者数人。后思其旧居，复还山室。……亮时出京师。延昌二年冬，因遇笃疾，世宗敕以马舆送令还山，居嵩高道场寺，数日而卒。"② 从引文中可以看出，冯亮是在正始元年（504）八月的南北义阳之战③中，被俘获至北魏，并受到中山王元英的礼遇，后来为了躲避政治风险，曾寓居在城南景明寺④，卒于延昌二年（513）冬。因此可推知，冯亮约于正始元年（504）八月至延昌二年（513）冬期间，是居住在城南的居民。

（九）许团、许周兄弟

我们知道，北魏朝廷授予南朝降人诸多优惠政策，其附魏后一般都能

① （北齐）魏收：《魏书》卷71《李苗传》，中华书局，1974，第1594～1597页。
② （北齐）魏收：《魏书》卷90《冯亮传》，中华书局，1974，第1931页。
③ （宋）司马光编著，（元）胡三省音注《资治通鉴》卷145，天监三年条，中华书局，1976，第4542～4543页。
④ （北魏）杨衒之撰，周祖谟校释《洛阳伽蓝记校释》卷3《城南》，中华书局，2010，第97页。

受到极为友好和优厚的待遇，但由于魏廷赏赐丰厚，难免出现伪造身份者。他们自诩在南朝时曾官显位赫，从而赢得了北魏朝臣的好感与接纳，《魏书·源子恭传》如实记载了这一典型实例："萧衍亡人许周自称为衍给事黄门侍郎，朝士翕然，咸共信待……诏推访，周果以罪归阙，假称职位，如子恭所疑。"① 时任尚书主客郎摄南主客事的源子恭，察觉南人许氏兄弟身份可疑，凭借着职业的敏感，调查核实出许周、许团兄弟的真实身份。虽然许氏兄弟二人最终被证实伪造身份而被迫南返，但可以断言，他们入魏时当暂时居住在城南金陵馆。关于该事件发生的具体时间，史书不文，根据正史所载该事情的原委，可大致推定发生在正光元年（520）以前不久较为妥当。

（十）　文僧明和田官德

《魏书·蛮传》简单略及文僧明和田官德的史实：正光（520～525）中，"萧衍义州刺史、边城王文僧明，铁骑将军、边城太守田官德等率户万余举州内属"。② 可见，南朝边将文僧明和田官德归降时，二人及其家眷，也曾居住在金陵馆及归正里的可能性较大。

（十一）　萧正德

南朝梁宗室萧正德，是梁武帝萧衍的侄子，亦曾是归正里的居民，关乎此，史籍多见记载。《梁书·临贺王正德传》言："普通六年（525）……遂逃奔于魏……七年（526），又自魏逃归。"③ 《洛阳伽蓝记》载："正光四年（523）中，萧衍子西丰侯萧正德来降，处金陵馆。后为筑宅归正里，正德舍宅为归正寺。"④ 《魏书·萧宝夤传》又载：正光四年（523），"时萧衍弟子西丰侯正德来降。宝夤表曰：'伏见扬州表，萧正德自云避祸，

---

① （北齐）魏收：《魏书》卷41《源贺传附子恭传》，中华书局，1974，第932～933页。
② （北齐）魏收：《魏书》卷101《蛮传》，中华书局，1974，第2247～2248页。
③ （唐）姚思廉：《梁书》卷55《临贺王正德传》，中华书局，1973，第829页。
④ （北魏）杨衒之撰，周祖谟校释《洛阳伽蓝记校释》卷3《城南》，中华书局，2010，第115～116页。

远投宸掖，背父叛君，骇议众口，深心指趣，厥情难测。'……正德既至京师，朝廷待之尤薄。"① 而《资治通鉴》普通六年（525）条载：六月"西丰侯萧正德自魏还"。② 综合上述史料不难看出，南朝宗室萧正德降魏时，曾居住在城南金陵馆。因萧正德与萧宝夤有家仇国恨，被萧宝夤从中谮害，故而不受朝廷重用，被迫南返。尽管史料所涉萧正德归魏返梁时间说法不一，成为一段难以厘清的历史，但可以肯定的是，萧正德曾暂时居住在金陵馆和归正里的这一史实，是确凿无疑的。

（十二）萧赞及其僚属徐之才

萧赞，是南齐东昏侯萧宝卷的遗腹子，由于遭梁帝萧衍诸子排斥和猜忌，与叔父萧宝夤暗中联络，遂流亡北魏。基于其宗室贵胄身份，魏廷在婚宦方面皆给予最高礼遇。《魏书·萧赞传》如是说："（萧）宝夤兄宝卷子赞，字德文，本名综，入国，宝夤改焉……孝昌元年（525）秋，居于洛阳，陛见之后，就馆举哀，追服三载……朝廷赏赐丰渥，礼遇隆厚，授司空，封高平郡开国公、丹阳王，食邑七千户。"③ 此处所言就馆举哀之馆，当指城南金陵馆，故而萧赞入魏后，曾是金陵馆和归正里居民无疑。《洛阳伽蓝记》亦言："（萧）综遂归我圣阙，更改名曰缵，字德文，始为宝卷追服三年丧。明帝拜综太尉公，封丹阳王。永安年中，尚庄帝姊寿阳公主。"④ 由此不难看出，萧赞在金陵馆服丧三年后，朝廷礼遇甚隆，随后又娶孝庄帝的姐姐寿阳长公主为妻，故而寿阳长公主也当为城南居民。

徐之才，出身南朝名医世家，曾为萧赞的僚属。其父是南朝名医，一直在梁宫廷任职，受到优厚的待遇。关乎此，《北齐书》有载："（徐之才）丹阳人也。父雄，事南齐，位兰陵太守，以医术为江左所称。……

---

① （北齐）魏收：《魏书》卷59《萧宝夤传》，中华书局，1974，第1320~1322页。
② （宋）司马光编著，（元）胡三省音注《资治通鉴》卷150，普通六年条，中华书局，1976，第4703页。
③ （北齐）魏收：《魏书》卷59《萧宝夤传附赞传》，中华书局，1974，第1325页。
④ （北魏）杨衒之撰，周祖谟校释《洛阳伽蓝记校释》卷2《城东》，中华书局，2010，第57~58页。

（萧）综入魏旬月，位至司空。魏听综收敛僚属，及访（徐）之才在彭泗。'诏征（徐）之才，孝昌二年（526）入洛，敕居南馆，礼遇甚优。"①此南馆即城南的金陵馆，因而徐之才也应为城南居民无疑。

（十三）陈天宝

关于陈天宝其人其事，史无记载，仅有造像铭文可寻求些蛛丝马迹。北魏武泰元年（528）四月八日陈天宝造像，其文云："有扬州丹阳郡溧阳县右乡西里佛弟子陈天宝因茅齐都，输官魏阙，……乃于中练里私宅造塔三级，并建石像一区。"②这段文字虽寥寥数笔，却勾勒出了一个南朝佛教徒北奔附魏为官，并在洛阳定居的史实。至于陈天宝归魏的具体时间，由于史料所限，无从知晓。鉴于其降附者的身份，按照当时朝廷安置四夷降附者的政策，他很可能是居住在金陵馆及归正里。上述铭文又提及他在城西中练里宅造塔建像的崇佛行为，可视为其在城中之别宅，抑或由城南徙居于此的可能性也较大，但均因史料缺乏，今天已不能详知。故而南朝降附者陈天宝，可能是城南的居民，暂列在此，以待将来考证。

综合上述史实不难发现，北魏都洛40年间，诸多南人络绎归附，总体规模庞大，有着多样的归降背景，且附洛待遇有明显的等级差异。在这一系列北奔徙居过程中，他们多以家族为单位整体迁徙，也就是说，这些南降北奔人士，多见携妻子家眷和护卫随从同奔者，人数颇为可观，正如《洛阳伽蓝记》所言"（归正）里三千余家"，其势力是不容忽视的。然而上文所列，仅为史书及墓志文本所见具体降附人员情况，与"里三千余家"落差较大。基于已知与未知悬殊，有待更多史料及考古资料发现来弥补。

二　西域来洛人员

北魏统一北方后，从平城到洛阳，一直控制着西域③，丝路畅通，对

①　（唐）李百药：《北齐书》卷33《徐之才传》，中华书局，1972，第444页。
②　北京图书馆金石组编《北京图书馆藏中国历代石刻拓本汇编》5册，中州古籍出版社，1989，第32页。
③　遍览史料，北朝人杨衒之和魏收所说的西域，应是包括玉门关、阳关以西至中亚、西亚、印度半岛和欧洲东部在内的国家和地区，故本文所指的西域当为上述范围，即广义的西域。

外贸易发达,来自西域各国的商人使节,带着殊方异物纷至沓来,他们以朝贡为主要形式,与北魏频繁交往。关于西夷诸多部族国家,根据史书记载来看,包括《魏书·氐等传》所载的氐、吐谷浑、宕昌、高昌、邓至、蛮及獠等7国①和《魏书·西域传》记载的鄯善、且末、于阗、蒲山、悉居半、权于摩、渠莎、车师、且弥、焉耆、龟兹、姑默、温宿、尉头、乌孙、疏勒、悦般、者至拔、迷密、悉万斤、忸密、洛那、粟特、波斯、伏卢尼、色知显、伽色尼、薄知、牟知、阿弗太汗、呼似密、诺色波罗、早伽至、伽不单、者舌、伽倍、折薛莫孙、钳敦、弗敌沙、阎浮谒、大月氏、安息、大秦、阿钩羌、波路、小月氏、罽宾、吐呼罗、副货、南天竺、叠伏罗、拔豆、嚈哒、朱居、渴槃陀、钵和、波知、赊弥、乌苌、乾陀(罗)、康国等61国②。

在这些国家中,北魏都洛时期曾遣使朝贡的有吐谷浑、宕昌、高昌、邓至、于阗、悉居半、车师、龟兹、乌孙、悦般、悉万斤、洛那、波斯、忸密、薄知、罽宾、副货、南天竺、叠伏罗、嚈哒、朱居、渴槃陀、赊弥、疏勒、乌苌、乾陀罗、破洛侯、康国28国。很显然,他们来自西域地区的不同民族、不同国家、不同部族等,有着鲜明的多元性。其中朝贡多于5次的国家有:吐谷浑28次、高昌14次、嚈哒13次、宕昌12次、邓至10次、疏勒6次、于阗5次、南天竺5次等。③ 要之,北魏洛阳时代,西域诸国遣使朝贡"多达250次以上"④。然而,关于上述各族各国朝贡使节的具体情况,史书不文。按照当时城市规划设计方案,这些朝贡人员进

---

① (北齐)魏收:《魏书》卷101《氐等传》,中华书局,1974,第2227~2251页;

② (北齐)魏收:《魏书》卷102《西域传》,中华书局,1974,第2259~2281页;(北魏)杨衒之撰,周祖谟校释《洛阳伽蓝记校释》卷5《城北》中"赊弥"与"舍弥","朱居波""朱驹波"与"朱居","渴槃陀""槃陀"与"盘陀","乌苌"与"乌场","乾陀"与"乾陀罗"等名称史料所载名目不一,其实皆为同义,中华书局,2010,第168~211页。

③ 根据(北齐)魏收《魏书》卷7下《高祖纪下》、卷8《世宗纪》、卷9《肃宗纪》、卷10《孝庄纪》、卷11《前废帝广陵王等纪》、卷32《高湖传附徽传》、卷101《氐等传》、卷102《西域传》(中华书局,1974年)和周绍良《唐代墓志汇编》(上)(上海古籍出版社,1978,第96页)统计。

④ 赵振华、孙鸿飞:《汉魏洛阳城:汉魏时代丝绸之路起点》,三秦出版社,2015,第249页。

入洛阳后，应居于洛水南岸崦嵫馆，三年以后如有愿意定居者，朝廷赐宅慕义里，《洛阳伽蓝记》记载："自葱岭已西，至于大秦，百国千城，莫不款附。商胡贩客，日奔塞下。所谓尽天地之区也。乐中国土风因而宅者，不可胜数。"① 由此不难想象，西夷附洛人员规模之大，场景之盛，恰如石云涛先生所言："宣武帝即位后，中西交通出现了新的高潮，盛况空前，而景明三年（502）有于阗、疏勒、罽宾等 23 个西域国家遣使北魏，标志着这一高潮的到来，这个高潮一直持续至北魏末年。"②

近年来，考古工作者多次发掘诸如元睿③、元邵④、郭定兴⑤、侯掌⑥、染华⑦、王温⑧等墓葬，从中出土各类胡俑和陶骆驼等明器，十分引人注目。这些出土明器，不仅是当时北魏洛阳与西方交流往来的宝贵实物例证，更值得一提的是，它们就西域胡人来洛生活情状，进行了形象的艺术展示，在一定程度上弥补了文献记载所阙。

学界对此亦多有论及。以西域诸国遣使朝贡最为频繁的吐谷浑来说，"和历史上其他周边民族政权一样，它的目的不外乎二：一是求得政治上的保护，一是通过贸易（包括纳贡）获得经济利益"。⑨ 段鹏琦先生对此也有一番深入分析，并认为西域人纷至沓来，是当时洛阳城的一个标识："随着丝绸之路畅通，西域来洛人口日众，并成为当时洛阳城的一个显著特点。……东西贸易随之迅速活跃起来，奔忙于内地和西域的各族商人，其人数之多，当远在使节之上。"⑩ 也就是说，这些来洛的西域使节，大多

① （北魏）杨衒之撰，周祖谟校释《洛阳伽蓝记校释》卷 3《城南》，中华书局，2010，第 114～115 页。
② 石云涛：《北魏中西交通的开展》，《社会科学辑刊》2007 年第 1 期，第 150 页。
③ 中国社会科学院考古研究所河南二队：《河南偃师县杏园村的四座北魏墓》，《考古》1997 年第 9 期，第 818～831 页。
④ 洛阳博物馆：《洛阳北魏元邵墓》，《考古》1973 年第 4 期，第 218 页。
⑤ 洛阳市第二文物工作队：《洛阳纱厂西路北魏 IM555 发掘简报》，《文物》2002 年第 9 期，第 9～19 页。
⑥ 洛阳市文物工作队：《洛阳孟津晋墓、北魏墓发掘简报》，《文物》1991 年第 8 期，第 48 页。
⑦ 偃师商城博物馆：《河南偃师两座北魏墓发掘简报》，《考古》1993 年第 5 期，图版壹，2。
⑧ 洛阳市文物工作队：《洛阳孟津北陈村北魏壁画墓》，《文物》1995 年第 8 期，第 26 页。
⑨ 姚崇新：《吐谷浑佛教论考》，《敦煌研究》2001 年第 1 期，第 56 页。
⑩ 段鹏琦：《从北魏通西域说到北魏洛阳城——公元五、六世纪丝绸之路浅议》，载《洛阳：丝绸之路的起点》，中州古籍出版社，1992，第 344 页。

以朝贡之名，行经商之实。吕思勉先生也曾有论述："诸外国中，西域与中国通商特盛。西域人在中国经商者亦颇多，实为极可注意之事。此盖由其文明程度特高使然。西胡与中国关系之密，正不待唐、元之世矣。"[①] 王欣先生亦有精辟阐释："北魏一代，其与西域的政治关系或因内外形式的变化有所起伏，但是双方的经济和文化联系却一直在平稳而持续地进行……经济上，受丝路贸易丰厚利益的驱使，更是有大量的西域胡商持续、不间断地往来于丝路之上，……很多西域胡人也因此在这一时期留居内地……西域与内地持续不断的经济与文化联系，成为维系双方一体化的基础。这也是西域与内地尽管时分时合，但终归一统深刻原因。"[②] 尽管不同学者对此有着不同表述，但其基本思想是一致的，可以肯定地说，胡商贩客大多打着"进贡"的旗号，"乐中国土风因而宅者，不可胜数"，是为当时西域来洛人员的主流。正是在此认识的基础上，我们进一步确信，丝路贸易是北魏洛阳城与西域诸国紧密联系的纽带，也是西域诸国频繁遣使朝贡的主旨所在。

由是观之，北魏洛阳时代，居住在崦嵫馆及慕义里的西域人员规模庞大，其中胡商贩客是主流，他们大多为东西丝路贸易上的活跃分子，这是毫无疑问的。遗憾的是，关于这些居民的具体情况，由于史书记载所阙，今天已不能详知，幸而考古学界的诸多发掘与出土资料，为我们提供了弥足珍贵的资料。

西域附洛者除经商贸易外，据已出土墓志可知，他们还有或因政治原因举族内附（如康季大家族），或以"代迁户"身份居住洛阳（如鄯乾、鄯月光）等。

《大唐故洛阳康大农墓铭》提及西域康国之康大农，"君讳婆，字季大，博陵人也，本康国王之裔也。高祖罗，以魏孝文世，举国内附，朝于洛阳，因而家焉，故为洛阳人也"。[③] 鉴于康季大的高祖罗在孝文帝时，举

① 吕思勉：《两晋南北朝史》，上海古籍出版社，1983，第1099页。

② 王欣：《北魏对西域的经营与治理》，载《西北民族论丛》（第十二辑），社会科学文献出版社，2015，第53～67页。

③ 周绍良：《唐代墓志汇编》（上），上海古籍出版社，1978，第96页。

国徙附洛阳，而四夷馆里的始置时间为景明二年（501）九月，可暂时推测，其国人很可能有随后居于崦嵫馆及慕义里者，较为稳妥。

1931 年洛阳老城出土《鄯乾墓志》①。关于鄯乾其人其事，史书不见记载，仅能依据墓志材料作粗浅判断。志文显示，鄯乾年四十四薨于永平五年（512），由此可逆推，其生年当在黄兴三年（469）。我们知道，北魏时期西域诸王常派子弟作为质子"入侍"，以示忠诚，又加上鄯乾之父鄯善王是北魏王朝的重要命官②，因此仅从其家庭背景考虑，鄯乾很有可能是以侍子身份入魏，继而得到朝廷重用也是很自然的事情了。志文显示他曾历任员外散骑常侍、城门校尉，出除征虏将军③等显职，也就是说，鄯乾曾担当过保卫京城的重任，甚至以侍卫皇帝为信任和荣耀。此外，鄯乾墓志明确记载，其为司州河南洛阳洛滨里人，又根据《魏书·高祖纪》记载：太和十九年（495）六月丙辰，"诏迁洛之民，死葬河南，不得还北。于是代人南迁者，悉为河南洛阳人"④ 的诏令，可以推测，鄯乾是跟随孝文帝一起南徙洛阳的"代迁户"，入洛后持续担任要职，并居住在"洛滨里"。"洛滨里"史书不文，但从其字面意思来看，有城南"洛水"岸边之意，因此，鄯乾是城南居民确凿无疑。

1932 年洛阳老城东 15 公里出土北魏正始二年（505）《鄯月光墓铭》⑤。志主鄯月光是已故车师前部国王长子之妻、鄯善国之女，《魏书·西域传》载："车师国，一名前部。其王居交河城……世祖初，始遣使朝贡……正平初（451），遣子入侍，自后每使朝贡。"⑥ 透过这些史料可以发现，车师前部在鄯善西北 100 余公里，两国地望相邻，相互通婚就是很自然的事情，而鄯月光流寓洛阳死葬北邙的实例，正是北魏时期"乐中国上风，因而宅者"的历史见证。鉴于车师国遣子入侍的历史由来已久，那么

① 朱亮：《洛阳出土北魏墓志选编》，科学出版社，2001，第 26 页。
② 余太山：《南北朝与西域关系述考》，《西北民族研究》1996 年第 1 期，第 8 页。
③ 刁淑琴、朱郑慧：《北魏鄯乾、鄯月光、于仙姬墓志及其相关问题》，《河南科技大学学报》（社会科学版）2008 年第 6 期，第 13～14 页。
④ （北齐）魏收：《魏书》卷 7 下《高祖纪》，中华书局，1974，第 178 页。
⑤ 赵超：《汉魏南北朝墓志汇编》，天津古籍出版社，1992，第 47 页。
⑥ （北齐）魏收：《魏书》卷 102《西域传》，中华书局，1974，第 2264～2265 页。

鄯月光是跟随孝文帝都洛的"代迁户"的可能性很大，如若是，鄯月光是否为崦嵫馆和慕义里的居民，尚待考证。简言之，鄯月光是否为城南居民暂存疑。值得一提的是，有学者认为"志文中虽不显前部王子的名字与事迹，但其妻既葬于洛阳，则王子亦必寄居于洛无疑"[①] 的观点，在史料不足证的情况下，明显过于武断，也就是说，车师前部王子作为侍子，是否也作为"代迁户"来洛，应存疑，这一认识还需要提供更有说服力的证明。

1963 年秋，考古人员发掘了北魏洛阳城的一处遗址，该遗址属于官署府庙类建筑，出土了一批不少带有文字的瓦片。这些瓦文的内容，或是工匠的工种及姓名，或显示制瓦日期，其中一块筒瓦刻着"六月十六日麹清里昆"字样。值得玩味的是，"麹清里"这个胡名很有意思。我们知道，"麹"是高昌国姓，"昆"是制瓦过程中的一道工艺，系指削瓦以后打磨瓦面，由此可知，这片筒瓦的匠师，是名为麹清里的高昌人。[②] 鉴于出土瓦文的不完全性，不难想见，西域瓦工麹清里并非个例，很有可能是一个群体，他们附洛后，居住在城南崦嵫馆和慕义里有极大可能性。

以上是笔者目力所及史料所载的西域来洛人员粗略情况。鉴于史书及墓志文本的匮乏，这类人员无论是群像记述，还是个案描写都有概而论之之嫌。但这终究不能阻挡我们的充分想象：崦嵫馆应是当时四夷馆中最为活跃的客馆。

三 北夷归诚者

根据《魏书》所载，北夷族群主要有蠕蠕、匈奴宇文莫槐、徒何段就六眷及高车等[③]，其中主要有蠕蠕和高车两个部族，在北魏都洛期间曾遣使朝贡。从史料记载来看，终北魏洛阳时代，蠕蠕纳贡次数多达 17 次，高车则为 6 次[④]。这些北夷南附者，大都安置在燕然馆及归德里居住，多为

① 刘明恕：《洛阳出土的西域人墓志》，载《洛阳：丝绸之路的起点》，中州古籍出版社，1992，第 205 页。
② 中国科学院考古研究所洛阳工作队：《汉魏洛阳城一号房址和出土的瓦文》，《考古》1973 年第 4 期，第 209～217 页。
③ （北齐）魏收：《魏书》卷 103《蠕蠕等传》，中华书局，1974，第 2289～2313 页。
④ 根据（北齐）魏收《魏书》卷 7 下《高祖纪下》、卷 8《世宗纪》、卷 9《肃宗纪》、卷 10《孝庄纪》、卷 11《前废帝广陵王等纪》统计，中华书局，1974。

降附人员（包括侍子）和朝贡使节。

降附人员。《魏书》记载：正始四年（507）十二月，"蠕蠕、高车民他莫孤率部来降"①；神龟二年（519）冬十有一月，"蠕蠕莫缘梁贺侯豆率男女七百人来降"②；正光元年（520）十月，"肃宗临显阳殿，引从五品以上清官、皇宗、藩国使客等列于殿庭，王公以下及阿那瑰等人，就庭中北面……又引将命之官及阿那瑰弟并二叔位于群官之下……（正光）二年（521）正月，阿那瑰等五十四人请辞，肃宗临西堂，引见阿那瑰及其伯叔兄弟五人"③；"正光元年（520），蠕蠕主郁久闾阿那肱（瑰）来朝……处之燕然馆，赐宅归德里"④；正光二年（521）五月，"婆罗门为高车所逐……十二月……（婆罗门）为州军所讨，禽之……五年（524），婆罗门死于洛南之馆"。⑤《北史·斛律金传》亦载，敕勒部族首领斛律金投降北魏，"魏除为第二邻人酋长，秋朝京师，春还部落，号曰雁臣"⑥。从上述资料不难看出，蠕蠕、高车民他莫孤率部、蠕蠕莫缘梁贺侯豆率男女七百人、阿那瑰及其二叔等五十四人、婆罗门、斛律金等人员皆为降魏归顺人士，他们在洛期间，应居住在燕然馆及归德里，尤其是"婆罗门死于洛南之馆"，此馆应是洛水南岸的燕然馆无疑。

朝贡使节。《魏书·蠕蠕传》记载："正始三年（506），伏图遣使纥悉勿六拔朝献"，"永平元年（508），伏图又遣勿六拔奉函书一封，并献貂裘"，"永平四年（511），丑奴遣沙门洪宣奉献珠像"，"（延昌）四年（515），遣使俟斤尉比建朝贡"，"（熙平）二年（517），又遣俟斤尉比建、纥悉勿六跋、巩顾礼等朝贡"，"神龟元年（518）二月，肃宗临显阳殿，引顾礼等二十人于殿下"⑦，"正光四年（523）春二月，蠕蠕后主侯匿伐来朝京师"⑧，

① （北齐）魏收：《魏书》卷8《世宗纪》，中华书局，1974，第205页。
② （北齐）魏收：《魏书》卷9《肃宗纪》，中华书局，1974，第229页。
③ （北齐）魏收：《魏书》卷103《蠕蠕传》，中华书局，1974，第2298~2300页。
④ （北魏）杨衒之撰，周祖谟校释《洛阳伽蓝记校释》卷3《城南》，中华书局，2010，第116页。
⑤ （北齐）魏收：《魏书》卷103《蠕蠕传》，中华书局，1974，第2301~2302页。
⑥ （唐）李延寿：《北史》卷54《斛律金传》，中华书局，1974，第1965页。
⑦ （北齐）魏收：《魏书》卷103《蠕蠕传》，中华书局，1974，第2297页。
⑧ （北齐）魏收：《魏书》卷9《肃宗纪》，中华书局，1974，第234页。

孝昌元年（525）十月，"阿那瓌复遣郁久闾弥娥等朝贡"，孝昌三年（527）四月，"阿那瓌遣使人巩凤景等朝贡"，"太昌元年（532）六月，阿那瓌遣乌句兰树什伐等朝贡"①。《魏书·高车传》又载："弥俄突既立，复遣朝贡……（肃宗）诏使者慕容坦赐弥俄突杂彩六十匹。""肃宗初……伊匐既复国，遣使奉表，于是诏遣使者谷楷等拜为镇西将军、西海郡开国公、高车王。""正光中，伊匐遣使朝贡。"② 由此可知，纥悉勿六拔、洪宣、俟斤尉比建、巩顾礼、侯匿伐、郁久闾弥娥、巩凤景、乌句兰树什伐、谷楷等，这批朝贡人员来洛期间当居于燕然馆，是为城南居民无疑。

显而易见，这些北夷归诚者，常常动辄数十人乃至数百人之多，规模庞大，且多由国王亲自率领，他们附洛后，往往优游岁月，受到热情招待。尽管蠕蠕和高车与北魏朝廷往来频繁，但由于史料所限，目前尚难窥其附洛人员全貌，以上仅是文献所见具体北夷降附人员及朝贡使节情况。

四　东夷来附者

与北魏洛阳王朝有纳贡联系的东夷国家有高句丽③、勿吉、地豆于、库莫奚和契丹 5 国④。它们在北魏洛阳时代朝贡数量依次为：高丽 25 次、勿吉 17 次、契丹 15 次、库莫奚 13 次及地豆于 1 次⑤。这些东夷人与北魏朝廷关系密切，岁常贡献，往来频繁，例如，"正始（504～508）中，世宗于东堂引见其使芮悉弗"⑥；"景明四年（503），复遣使候力归等朝贡。自此迄于正光，贡使相寻"⑦；"熙平（516～518）中，契丹使人祖真等三十人还，灵太后以其俗嫁娶之际，以青毡为上服，人给青毡两匹"⑧。以上

---

① （北齐）魏收：《魏书》卷 103《蠕蠕传》，中华书局，1974，第 2303 页。
② （北齐）魏收：《魏书》卷 103《高车传》，中华书局，1974，第 2311 页。
③ 关于"高句丽"和"高丽"的书写名称，《魏书·高句丽传》称"高句丽"，而《魏书》帝王本纪均称"高丽"。本书在引用时为了遵循资料的原始性，故视"高句丽"和"高丽"等同。此外，当前学界认为"高句丽"是古代民族的名称，"高丽"是为后世称谓。
④ （北齐）魏收：《魏书》卷 100《高句丽等传》，中华书局，1974，第 2213～2224 页。
⑤ 根据（北齐）魏收《魏书》卷 7 下《高祖纪下》、卷 8《世宗纪》、卷 9《肃宗纪》、卷 10《孝庄纪》、卷 11《前废帝广陵王等纪》统计（中华书局，1974）。
⑥ （北齐）魏收：《魏书》卷 100《高句丽传》，中华书局，1974，第 2216 页。
⑦ （北齐）魏收《魏书》卷 100《勿吉传》，中华书局，1974，第 2221 页。
⑧ （北齐）魏收：《魏书》卷 100《契丹传》，中华书局，1974，第 2224 页。

是关于芮悉弗、俟力归、祖真等三十人等具体的东夷使节情况的记载，毋庸置疑，他们应是居住在扶桑馆和慕化里的。

虽然说东夷诸国与北魏王朝有着频繁交流的记载，其派往中原的使者数量亦是相当可观的，但这些使者的姓名及活动情况却缺乏详细记载，除个别使者的使命偶有提及，大部分使者的活动情况已无法知晓，因而关乎其具体朝聘人员情况的复原研究工作，仍旧贫乏，希冀开拓新史料和新方法以不断丰富之。

表 2 - 1 北魏洛阳时代四夷诸国朝贡一览

时　间	国　家
太和十九年（495）	邓至、高丽（2次）、吐谷浑
太和二十一年（497）	卫大、高昌
太和二十二年（498）	高丽
太和二十三年（499）	高丽（2次）、邓至
景明元年（500）	吐谷浑、高丽
景明二年（501）	高丽（2次）、吐谷浑
景明三年（502）	于阗、疏勒、罽宾、婆罗捺、乌苌、阿喻陀、罗婆、不仑、陀拔罗、弗波女提、斯罗、哒舍、伏耆奚斯太、罗般、乌稽、悉万斤、朱居般、诃盘陀、拔斤、厌味、朱沴洛、南天竺、持沙那斯头
景明四年（503）	南天竺、勿吉
正始元年（504）	高丽
正始二年（505）	邓至
正始三年（506）	高丽、蠕蠕
正始四年（507）	吐谷浑（3次）、宕昌（2次）、勿吉、叠伏罗、鸠磨罗、阿拔墨拔切磨勒、悉万斤（2次）、社兰达那罗、舍弥、比罗直、契丹、库莫奚、疏勒（3次）、车勒那驹、南天竺、婆罗、高丽、半社、可流伽、比沙、于阗、嚈哒、波斯、渴槃陀、渴文揭不那杜忸杜提、阿与陀、呵罗槃、陀拔叶罗、特那杵揭沙钵离阿失勒摩致铧、蠕蠕、高车、钵仑、波利伏佛胄善、乾达
永平元年（508）	勿吉、南天竺、斯罗、阿陀、比罗、阿夷义多、婆那伽、伽师达、于阗、阿伏至罗国、高丽（2次）、高车（2次）、契丹、汗畔、罽宾、吐谷浑、库莫奚、蠕蠕
永平二年（509）	胡密、步就磨、忸密、般是、悉万斤、辛豆那、越拔忸、嚈哒、薄知、高昌（3次）、磨石罗、阿曜社苏突阇、地伏罗、高丽、契丹、邓至、勿吉、库莫奚、叠伏罗、弗菩提、朝陀咤、波罗
永平三年（510）	高昌、邓至、高丽（3次）、吐谷浑（3次）、宕昌、契丹、勿吉、乌苌、伽秀沙尼、高车、龟兹、难地、那竭、库莫奚、比沙杖

时　间	国　家
永平四年（511）	阿悦陀、不数罗、婆比幡弥（2次）、乌苌（2次）、比地（2次）、乾达（3次）、阿婆罗（2次）、达舍（2次）、越伽使密（2次）、不流沙（2次）、吐谷浑、契丹、勿吉、嚈哒、朱罗槃波罗、莫伽陀、移婆仆罗、俱萨罗、舍弥、罗乐陀、宕昌、难地、伏罗、大罗汗、婆来伽
延昌元年（512）	疏勒（2次）、渴槃陀、高丽、勿吉、吐谷浑（2次）、契丹、嚈哒、于阗、高昌、库莫奚、破洛侯
延昌二年（513）	高丽（3次）、高昌、嚈哒、于阗、槃陀、契丹、库莫奚、勿吉、吐谷浑、邓至
延昌三年（514）	勿吉（2次）、吐谷浑、契丹、库莫奚、南天竺、佐越费实、高丽
延昌四年（515）	勿吉（2次）、达般、地豆和、尼步伽、拔但、佐越费实、宕昌（2次）、蠕蠕、吐谷浑（2次）、高昌、库莫奚、契丹、邓至、高丽、高车
熙平元年（516）	吐谷浑（2次）、宕昌（2次）、邓至、高昌（2次）、阴平
熙平二年（517）	勿吉（2次）、地伏罗（2次）、罽宾（2次）、契丹（2次）、邓至（2次）、宕昌、吐谷浑（3次）、高丽、波斯、疏勒、嚈哒、蠕蠕
神龟元年（518）	嚈哒、高丽（2次）、勿吉（2次）、吐谷浑（3次）、宕昌、疏勒（2次）、久未陀、未久半、蠕蠕、舍摩、高车、高昌、波斯、乌孙、龟兹
神龟二年（519）	吐谷浑、宕昌、嚈哒、蠕蠕
正光元年（520）	蠕蠕
正光二年（521）	乌苌、居密、波斯、高昌（2次）、勿吉、伏罗
正光三年（522）	波斯、不汉、龟兹、吐谷浑
正光四年（523）	蠕蠕（2次）、宕昌、库莫奚
正光五年（524）	嚈哒（2次）、契丹、地豆于、库莫奚
孝昌元年（525）	蠕蠕
孝昌二年（526）	叠陀罗、库莫奚
孝昌三年（527）	蠕蠕（3次）
武泰三年（530）	嚈哒
太昌元年（532）	蠕蠕（4次）、嚈哒（2次）、高丽（2次）、契丹（2次）、库莫奚（2次）、高昌
太昌三年（534）	契丹、高丽、吐谷浑

资料来源：《魏书》帝王本纪及卷32《高湖传》。

第三节　城南居民的构成

自太和十九年（495）孝文帝元宏往都城洛阳大规模移民开始，特别是宣武帝元恪即位初期，"承升平之业，四疆清晏，远迩来同，于是蕃贡继路，商贾交入，诸所献贸，倍多于常"①，北魏洛阳城居民规模不断壮大，居民来源日趋多元化，进而居民构成亦呈现复杂多元的局面，而这种复杂化和多样化在城南表现得尤为明显。从现有文献资料来看，城南居民的构成可从民族、宗教、职业和社会身份等多角度来进行分析。

一　民族构成

北魏洛阳城南居民来源复杂，"四方风俗，万国千城"，凸显着多民族聚居共生的特征。从史书记载可以看出，城南居民除了占统治地位的拓跋鲜卑族和汉民族，其余均来自周边的各少数民族及国家。

（一）汉族比重较大

从表面上看，北魏洛阳城南居民的民族构成异常复杂，城南确实弥漫着异族异国气息，毕竟四夷馆里曾聚居着来自周边115②个国家（包括南朝）和民族的朝贡降附人员。然而仔细分析，其实不然。

南朝"吴人投国者"的人员数量约占四夷归附者的三分之一。我们知

①　（北齐）魏收：《魏书》卷65《邢峦传》，中华书局，1974，第1438页。

②　根据（北齐）魏收：《魏书》卷7下《高祖纪下》、卷8《世宗纪》、卷9《肃宗纪》、卷10《孝庄纪》、卷11《前废帝广陵王等纪》、卷32《高湖附徽传》、卷71《裴叔业等传》（中华书局，1974）；周绍良《唐代墓志汇编》（上）（上海古籍出版社，1978，第96页）的统计，北魏都洛期间共有114个国家遣使朝贡，它们是：邓至、高丽、吐谷浑、卫大、高昌、宕昌、勿吉、叠伏罗、鸠磨罗、阿拔墨拔切磨勒、悉万斤、社兰达那罗、合弥、比罗直、契丹、库莫奚、疏勒、车勒那谕、南天竺、婆罗、半社、可流伽、比沙、于阗、嚈哒、波斯、渴槃陀、渴文提不那杖忸杖提、阿与陀、呵罗檗、陀拔吐罗、特那杖提沙钵离阿失勒摩致钵、蠕蠕、钵仑、波利伏佛青善、罽宾、婆罗捺、阿喻陀、罗婆、不仑、陀拔罗、弗波女提、斯罗、哒舍、伏耆奚那太、罗般、乌稽、朱居般、诃盘陀、拔斤、厌味、朱涔洛、持沙那斯头、阿陀、比罗、阿夷义多、婆那伽、伽师达、阿伏至罗、汗畔、胡密、步就磨、忸密、般是、辛豆那、越拔忸、薄知、磨石罗、阿曜社苏突阄、地伏罗、弗菩提、朝陀咤、波罗、伽秀沙尼、难地、那竭、比沙杖、阿悦陀、不数罗、婆比幡弥、比地、乾达、阿婆罗、越伽使密、不流沙、朱罗槃波罗、莫伽陀、移婆仆罗、俱萨罗、赊弥、罗乐陀、伏罗、大罗汗、婆来伽、佐越费实、达般、地豆和、尼步伽、拔俎、阴平、久末陀、未久半、舍摩、乌孙、居密、伏罗、不汉、龟兹、地豆于、叠陀罗、乌苌、高车、破洛侯、康国。

道，南朝是继东晋之后，由汉族在南方建立起来的政权，故而这些南来降附人员多为汉族。杨衒之在《洛阳伽蓝记》中明确记载四夷归化人员的人数："所谓尽天地之区已。乐中国土风因而宅者，不可胜数。是以附化之民，万有余家。"① 进而又特别言明："（归正里）民间号为'吴人坊'，南来投化者多居其内。近伊洛二水，任其习御。里三千余家，自立巷市。"② 透过这些材料提供的数字不难发现，南来投化者占四夷降附人员的比例，约达三分之一。此外，洛水北岸的劝学里和延贤里，还居住着北奔附魏的江东显贵琅琊王氏家族自不待言。因此可以肯定地说，大批南来汉族人士在很大程度上改变了北魏洛阳城南居民的民族结构，更使拓跋鲜卑族受到了汉文化的强烈影响。

"西夷来附者"中亦有一定数量的汉族人。西域自古就是一个多民族聚居的地区，早在西汉武帝时期，中原汉人已然在西域形成了大分散和小聚居的格局，特别是魏晋南北朝时期，楼兰、高昌等地聚居着大量的汉族居民，致使这里很多民族的生活习俗中混杂着汉文化。诸如："（吐谷浑）丈夫衣服略同于华夏"；"（高昌）国有八城，皆有华人"；"（于阗国）自高昌以西，诸国人等深目高鼻，唯此一国，貌不甚胡，颇类华夏"；"（焉耆国）婚姻略同华夏"；"（龟兹国）风俗、婚姻、丧葬、物产与焉耆略同"；"（波斯国）其五谷及鸟兽等与中夏略同"；"（大秦国）衣服车旗拟仪中国"。③ 其中尤其值得一提的是高昌王国，它是公元 460~640 年建立在今新疆吐鲁番地区的一个政权，在北魏洛阳时代曾遣使纳贡多达 14 次，且在西域诸国朝贡频次上仅次于吐谷浑，"是一个以汉族为主的多民族成分的政权"。④ 值得注意的是，陈国灿先生亦根据吐鲁番出土文献考证出，

---

① （北魏）杨衒之撰，周祖谟校释《洛阳伽蓝记校释》卷 3《城南》，中华书局，2010，第 117 页。
② （北魏）杨衒之撰，周祖谟校释《洛阳伽蓝记校释》卷 2《城东》，中华书局，2010，第 89 页。
③ （北齐）魏收：《魏书》卷 101《氐等传》，中华书局，1974，第 2240、2243、2263、2265、2266、2271、2276 页。
④ 杜斗城、郑炳林：《高昌王国的民族和人口结构》，《西北民族研究》1988 年第 1 期，第 80 页。

"高昌国并非化外的异域，而是华夏之邦，尽管她在形式上是一个独立的政权，并具有某些地域性的特征，但她却是中国的一个部分。无论是语言文字、生活习俗、还是文化传承及宗教信仰，都与中原内地息息相通，具有一体性"。① 因此不难想见，这些慕义来华的西域人中，亦应包括一定数量的汉族人。

洛水北岸居民以汉族为主体。前已述及，洛水北岸居住着鲜卑皇室、汉族官员、宗教人士、羽林虎贲、一般平民及太学生、官宦人家的奴仆等，这些人员应多是汉人无疑。我们知道，北魏政权是鲜卑游牧民族南下中原所建，孝文帝迁都洛阳后，禁胡语，改汉姓，穿汉服，尊儒学，与汉族通婚，并规定"迁洛之民，死葬河南，不得北还，于是代人南迁者，悉为河南洛阳人"等一系列汉化政策，鲜卑皇族集团汉化进程明显加快，促使拓跋氏文化迅速融合在中国文化里。诚如南朝梁将领陈庆之所言，"自晋宋以来，号洛阳为荒土，此中谓长江以北尽是夷狄。昨至洛阳，始知衣冠士族并在中原，礼仪富盛，人物殷阜，目所不识，口不能传。所谓帝京翼翼，四方之则"②。也就是说，鲜卑族的"草原气息"，随着迁都洛阳已然淡化，洛阳城居民皆"车舆衣冠，文质彬彬"的面相。除了汉化的鲜卑族，洛水北岸居民不乏诸如京兆世族杜祖悦、三公令史高显略等汉人官宦，学习儒家经典的儒生荀子文及太学生之流，还有数量众多的各寺院僧侣道士等，毋庸置疑也应多为汉族人。③ 值得注意的是，随着孝文帝迁都洛阳，皇家军队羽林、虎贲，完成了由官到兵的转变，且其成分亦由以北方少数民族为主，演变为包括大量汉人在内的各民族组成。

---

① 陈国灿：《从吐鲁番出土文献看高昌王国》，《兰州大学学报》（社会科学版）2003 年第 4 期，第 7 页。

② （北魏）杨衒之撰，周祖谟校释《洛阳伽蓝记校释》卷 2《城东》，中华书局，2010，第 93 页。

③ 北魏洛阳城南寺院除了洛水南岸的"菩提寺"由西域人自立外，笔者认为其他寺院里的僧侣应该都是以汉族为主，因为《洛阳伽蓝记·永明寺》载："永明寺，宣武皇帝所立也，在大觉寺东。时佛法经像，异国沙门，咸来辐辏，负锡持经，适兹乐土。世宗故立此寺以憩之。"也就是说，既然朝廷为外国僧侣设置有专门寺院，那么，永明寺以外的寺院应多是汉人寺院。

（二）多民族共存共融

从正史资料中不难看出，北魏时期来洛朝贡的四夷人员民族构成繁杂，诸如高句丽，"出于夫余"；库莫奚国之先，"东部宇文之别也"；契丹国，"在库莫奚东，异种同类"；吐谷浑，"本辽东鲜卑徒河涉归子也"；宕昌羌者，"其先盖三苗之胤"；高昌者，"车师前王之故地"；邓至者，"白水羌也"；悦般，"其先，匈奴北单于之部落也"；波斯国，"古条支国也"；嚈哒国，"大月氏之种类也，亦曰高车之别种"；康国者，"其王本姓温，月氏人也"；蠕蠕，"东胡之苗裔也"；高车，"盖古赤狄之余种也"等。①

综而观之，东夷诸族群，是地处我国东北的古代民族，其中高句丽属夫余后裔，库莫奚和契丹属鲜卑宇文部后裔；北夷诸族群，属于我国北方蒙古草原民族，其中柔然属鲜卑族后裔②，高车属赤狄后裔；西域自古就是一个多民族聚居的地区，故而西夷诸族群相对多元化，民族成分复杂，其中吐谷浑属辽东鲜卑后裔，宕昌、邓至均为羌人后裔，悦般是匈奴后裔，嚈哒、康国均为大月氏后裔等，加上鲜卑、柔然、高车、嚈哒、吐谷浑等民族不断西迁融合，致使本区域居民的民族成分，更趋于复杂化和多元化。因此关乎西域的民族构成问题，学界也多有论述③，诉讼纷纭，莫衷一是。不难想见，诸多民族在北魏洛阳城南交融杂居，尽管语言、饮食、服饰、宗教等各异，但他们在城市中定居，并从事不同职业，融入当地的社会生活，共同创造多姿多彩的城市风貌。

---

① （北齐）魏收：《魏书》卷100《高句丽等传》、卷101《氐等传》、卷102《西域传》、卷103《蠕蠕等传》，中华书局，1974，第2213、2222、2223、2233、2241、2243、2245、2268、2270、2278、2281、2289、2270页。

② 周伟洲：《敕勒与柔然》，上海人民出版社，1983，第77页。

③ 刘维钧：《西域的民族与宗教概说》，《社会科学战线》1989年第3期，第325～328页；周伟洲：《论魏晋南北朝时期北方的民族融合》，《社会科学战线》1990年第3期，第161～166页；郭琼：《魏晋南北朝时期西域的民族》，《新疆地方志》2002年第2期，第54～55页；赵杰：《论西域民族的发展过程与结合特性》，《石河子大学学报》（哲学社会科学版）2002年第4期，第5～10页；贺萍：《新疆多元民族文化流变述略》，《西北工业大学学报》（社会科学版）2005年第1期，第22～25页。

概括言之，城南居民的民族构成呈现多元化特征，其中汉族占有较大比重，也有其他少数民族，诸如匈奴、鲜卑、赤狄、羌、大月氏等后裔。这些民族交错杂居生息，是为北魏洛阳城南"四方风俗，万国千城"的独特景观，亦显现着丰富绚丽的时代特色。

二　宗教构成

基于城南居民的民族构成多元化和复杂化这一认知，这里的宗教构成亦呈现出鲜明的多元化特性。众所周知，"在各个不同历史时期，每个民族信仰何种宗教，又常常受制于统治阶级的政治斗争需要而变易，当然也和民族自身的心理素质以及其发展演化有着极为密切的关系"[①]。也就是说，民族宗教信仰是一个动态发展演变的过程，不同历史时期有着不同的宗教信仰。因此，我们有必要结合相关史实，对北魏洛阳时代周边异族异国的宗教信仰进行梳理。

（一）儒教

众所皆知，南北朝时期，北方草原游牧民族入主中原时，出于统治需要，他们往往抛弃部落遗俗，效仿汉族以儒术治国，继而实现"以夏变夷"的愿望，故而北魏迁都洛阳后，统治者往往加大汉化政策力度，推行文教，尊孔重儒，并沿承前朝礼制建筑，把遵循汉地制度作为他们的主要治国方略，尤其在城市规划建设上表现显明。众所周知，城南礼制文化区是中原文化传承的现实存在和具体象征，故而迁都伊始，孝文帝遂在太学遗迹附近，设立了劝学里和延贤里，宣武帝和孝明帝时期，朝廷曾多次议论修建明堂、辟雍及太学等礼制建筑事宜，并一度修复太学门前的石经残石、复建明堂及太学等建筑物。由于统治者的重视，"京师洛阳人才荟萃，儒士如林，学术空气很浓厚，又重新成为全国学术文化交流的中心"[②]。

①　刘维钧：《西域的民族与宗教概说》，《社会科学战线》1989 年第 3 期，第 325 页。
②　吴少珉：《北魏京师洛阳与河洛文化》，《洛阳大学学报》1997 年第 3 期，第 9 页。

　　根据文献资料可见，城南社会各阶层笃信儒教广泛，诸如有自幼接受儒学教育、礼爱儒生的皇室元怀①，有深厚经学修养的前废帝元恭②，有掌管文书案牍工作的汉族官僚高显略③，又有南来降附人员诸如王肃"涉猎经史"、王秉"涉猎书史"④、裴植"少而好学，览综经史"、柳玄达"颇涉经史"、柳远"时有文咏"、柳谐"颇有文学"、梁祐"从容风雅，好为诗咏"、崔高客"博学，善文札"、柳僧习"善隶书"、夏侯道迁"历览书史，闲习尺牍，札翰往还，甚有意理"、李元护"颇览文史，习于简牍"、王世弼"善草书隶，好爱坟典"、王由"好学，又文才，尤擅草隶"、王安世"历涉书传，敏于人间"、辛谌"有文学"、李苗"好文咏，尺牍之敏，当世罕及"等等⑤，还有一定数量以四书五经为课业的太学生，甚至还包括儒生荀子文、隐士冯亮⑥等。不难推想，这些文人高士，无疑是北魏洛阳儒学文化勃兴的推手，尤其是南来降附者大规模的人员流徙，自然会将南朝先进的物质文化和精神文化充实北魏，为魏廷的汉文化素养注入强劲的活力。正是在此意义上，尽管汉族士大夫在庙堂政治中从来不是主流，却依然是儒学文化精英的主流。

　　由之，随着中原传统文化的迅速复苏和发展，拓跋魏迁都洛阳后儒学的繁盛景象，令以中原正统自居的南朝人士陶醉不已，将领陈庆之从洛阳回来，别人问他为何"钦重北人，特异于常"，他答道："自晋宋以来，号洛阳为荒土，此中谓长江以北尽是夷狄。昨至洛阳，始知衣冠士族并在中原，礼仪富盛，人物殷阜，目所不识，口不能传。所谓帝京翼翼，

---

① （北齐）魏收：《魏书》卷22《广平王元怀传》："有魏诸王。召入华林别馆，禁其出入，令四门博士董徵，授以经传。"中华书局，1974，第592页。同书卷84《儒林》："（经学家徐遵明）海内莫不宗仰……后广平王怀闻而征焉。"中华书局，1974，第1855页。

② （北齐）魏收：《魏书》卷43《房法寿传》："（房景先）作《五经疑问》百余篇，其言该典，今行于时……符玺郎王神贵答之，名曰《辩疑》，合成十卷，亦有可观。前废帝时奏上之。帝亲自执卷，与神贵往复，嘉其用心，特除神贵子鸿彦为奉朝请。"中华书局，1974，第978、982页，由此不难看出元恭儒学功底深厚。

③ （北魏）杨衒之撰，周祖谟校释《洛阳伽蓝记校释》卷3《城南》，中华书局，2010，第102页。

④ （北齐）魏收：《魏书》卷63《王肃传》，中华书局，1974，第1412～1413页。

⑤ （北齐）魏收：《魏书》卷71《裴叔业等传》，中华书局，1974，第1565～1580页。

⑥ （北齐）魏收：《魏书》卷90《冯亮传》，中华书局，1974，第1931页。

四方之则。"① 总之,北魏都洛后二三十年间,汉化改革有着长足发展,儒学风尚兴盛,诚如《魏书》载:"肃宗历位,文雅大盛,学者如牛毛,成者如麟角。"②《北齐书》亦言:"自孝明之后,文雅大盛。"③

(二) 佛教

我们知道,北魏皇室和汉族士大夫多虔信佛教,这使得社会各阶层趋之若鹜,寺院和僧尼数量激增,据《洛阳伽蓝记》所载,北魏洛阳城南佛教寺院多达 15 座,仅次于城东④,且不乏皇家规格的大寺院。不难想象,这些寺院内不仅生活着为数众多的僧侣,还有日常前来进奉香火的社会各阶层信徒。根据相关史料可以看出,这些寺院的香客主要包括拓跋皇室、汉族官僚及诸多四夷降附人员,足显城南浓郁的佛教氛围。

拓跋皇室。宗室元怀在城南具体崇佛事迹史书不文,但鉴于他把城东和城西的两处私宅均舍为寺院⑤的相关记载,不难看出其舍宅为寺以建功德的尚佛信仰;节闵帝元恭在称帝前,一直寓居在城南龙华寺近十年之久⑥,再加上其家庭宗教文化背景⑦,可以肯定他也是笃信佛教的。

汉族官僚。《洛阳伽蓝记》记载了城南居民三公令史高显略舍宅为寺的事情⑧,不难推知他应是一名虔诚的佛教徒。

四夷人员。《洛阳伽蓝记》《魏书》《北史》等史籍及墓志文本中,多

---

① (北魏) 杨衒之撰,周祖谟校释《洛阳伽蓝记校释》卷 2《城东》,中华书局,2010,第 93 页。
② (北齐) 魏收:《魏书》卷 85《文学传序》,中华书局,1974,第 1869 页。
③ (唐) 李百药:《北齐书》卷 36《邢邵传》,中华书局,1972,第 475 页。
④ 根据 (北魏) 杨衒之撰,周祖谟校释《洛阳伽蓝记校释》统计,中华书局,2010;北魏洛阳城佛寺分布情况如下:城东汉族官僚集聚区 29 座,城南 15 座,城西拓跋宗室集中区 14 座,城北 2 座。
⑤ (北魏) 杨衒之撰,周祖谟校释《洛阳伽蓝记校释》卷 2《城东》,中华书局,2010,第 79、157 页。
⑥ (北魏) 杨衒之撰,周祖谟校释《洛阳伽蓝记校释》卷 2《城东》,中华书局,2010,第 81 页;(北齐) 魏收:《魏书》卷 11《前废帝广陵王纪》,中华书局,1974,第 273 页。
⑦ (北魏) 杨衒之撰,周祖谟校释《洛阳伽蓝记校释》卷 3《城南》:"龙华寺,广陵王所立也。"中华书局,2010,第 112 页。
⑧ (北魏) 杨衒之撰,周祖谟校释《洛阳伽蓝记校释》卷 3《城南》,中华书局,2010,第 97、102 页。

有城南四夷居民信仰佛教的记载。

其一，南来降附人员笃信佛教者众。《洛阳伽蓝记》言及王肃为前妻谢氏在延贤里立有正觉寺的史实①，关乎此，王永平先生明确指出："王肃为琅琊王氏之人物，其信奉甚笃……颇有佛学修养，其入魏后依然信佛。"②《僧芝墓志》载："孝文冯皇后、宣武高太后逮诸夫嫔廿许人，及故车骑将军、尚书令、司空公王肃之夫人谢氏，乃是齐右光禄大夫、吏部尚书庄之女，越自金陵，归荫天阙。以法师道冠宇宙，德兼造物，故捐舍华俗，服膺法门，皆为法师弟子。"③ 从上述史料可以看出，王肃及其前妻谢氏都是佛教徒无疑。《魏书》记载裴植"览综经史，尤长释典，善谈理义"。④ 裴粲"性好释学，亲升讲座，虽持义未精，而风韵可重"。⑤ 裴植母亲"年逾七十，以身为婢，自施三宝，布衣麻菲，手执箕帚，于沙门寺洒扫。植弟瑜、粲、衍并亦奴仆之服，泣涕而从，有感道俗"。⑥ 由此可见，裴氏家族亦笃信佛教毫无疑问。《洛阳伽蓝记》又载："正光四年（523）中，萧衍子西丰侯萧正德来降，处金陵馆，为筑宅归正里。后正德舍宅为归正寺。"⑦ 鉴于萧正德舍宅为寺之举，他应是虔诚佛教徒毋庸置疑。此外，前文提及的南朝佛教徒陈天宝降魏为官的实例，亦可证明陈天宝信仰佛教。

其二，西夷诸族多有信奉佛教者。西域诸国由于地处佛教东传要道周围，多有崇佛倾向。关于吐谷浑信奉佛教情况，《魏书》仅有"（王）坐师子床"⑧ 寥寥数言，鉴于金狮子床经常出现在佛事装饰中，可以初步推测吐谷浑人信奉佛教。张洪泽先生认为："南朝宋齐梁时期，各代吐谷浑

---

① （北魏）杨衒之撰，周祖谟校释《洛阳伽蓝记校释》卷3《城南》，中华书局，2010，第108页。

② 王永平：《北魏孝文帝崇佛之表现及其对佛教义学之倡导》，《学习与探索》2010年第1期，第214页。

③ 赵君平、赵文成编《河洛墓刻拾零》，北京图书馆出版社，2007，第20页。

④ （北齐）魏收：《魏书》卷71《裴叔业传附植传》，中华书局，1974，第1570页。

⑤ （北齐）魏收：《魏书》卷71《裴叔业传附粲传》，中华书局，1974，第1573页。

⑥ （北齐）魏收：《魏书》卷71《裴叔业传附植传》，中华书局，1974，第1571页。

⑦ （北魏）杨衒之撰，周祖谟校释《洛阳伽蓝记校释》卷3《城南》，中华书局，2010，第115～116页。

⑧ （北齐）魏收：《魏书》卷101《吐谷浑传》，中华书局，1974，第2240页。

王都有崇奉佛教的举措。"① 姚崇新先生进一步指出:"吐谷浑佛教……尤其是梁武帝时期(502~549)达到极盛。我们所能见到的有关吐谷浑造寺、求经、求像以及礼敬高僧的记载多在这一时期。"② 此外,史书明确记载西域诸部族信佛的有:"(于阗)俗众佛法,寺塔僧尼甚众,王尤信尚"③;"(高昌)俗事天神,兼信佛法。"④;"(龟兹)其王头系彩带,垂之于后,坐金师子床";"(疏勒)其王遣使送释迦牟尼佛袈裟一……其王戴金师子冠";"(朱居国)咸事佛";"(渴槃陀国)亦事佛道";"(乌苌)事佛,多诸寺塔,事极华丽";"(康国)奉佛为胡书"⑤;"(乾陀罗国)国中人民,悉是婆罗门种,崇奉佛教,好读经典"⑥;景明四年(503)四月庚寅,"南天竺国献辟支佛牙"。⑦

其三,尽管史书有东夷高句丽"常以十月祭天"⑧ 的简单记载,但有学者认为,随着历史的发展,高句丽人"除了信仰朴素的原始宗教外,也信仰佛教"。⑨ 据刘殿福先生考证:"故国原王九年(392)始,崇信佛法之风遍及高句丽……相当于5世纪末,高句丽崇信佛法之风已是鼎盛。"⑩

其四,北夷柔然"俗事天神,兼信佛法"。⑪ 周伟洲先生对此有深入分析:"在宗教信仰方面,柔然除了保存自匈奴以来蒙古草原传统的巫术之外,还普遍信仰佛教。"⑫ 《魏书·蠕蠕传》也记载了柔然奉佛的迹

---

① 张泽洪:《吐谷浑多元宗教的文化透视》,《青海社会科学》2013年第1期,第171页。
② 姚崇新:《吐谷浑佛教论考》,《敦煌研究》2001年第1期,第55页。
③ (北齐)魏收:《魏书》卷102《西域传》,中华书局,1974,第2262页。
④ (北齐)魏收:《魏书》卷101《高昌传》,中华书局,1974,第2243页。
⑤ (北齐)魏收:《魏书》卷102《西域传》,中华书局,1974,第2266、2268、2279、2280、2271、2280、2281页。
⑥ (北魏)杨衒之撰,周祖谟校释《洛阳伽蓝记校释》卷5《城北》,中华书局,2010,第195页。
⑦ (北齐)魏收:《魏书》卷8《世宗纪》,中华书局,1974,第196页。
⑧ (北齐)魏收:《魏书》卷100《高句丽等传》,中华书局,1974,第2215页。
⑨ 林茂雨、李龙彬:《高句丽民族的婚丧习俗及宗教信仰》,《北方文物》2002年第3期,第55页。
⑩ 刘殿福:《高句丽古墓壁画反映高句丽社会生活习俗的研究》,《北方文物》2001年第3期,第25~26页。
⑪ (唐)李延寿:《北史》卷98《西域传》,中华书局,1974,第3251页。
⑫ 周伟洲:《敕勒与柔然》,上海人民出版社,1983,第159页。

象：永平四年（511），柔然可汗丑奴，"遣沙门洪宣来奉献珠像"①，由此可知佛教在柔然地域内十分盛行，亦受到统治者的重视。

　　以上是依据相关史籍，对与北魏洛阳有遣使、交聘、纳贡及降附的四夷各国的佛教信仰情况所进行的初步统计。可以发现，信奉佛教的四夷国家和民族有南朝、高句丽、柔然、吐谷浑、高昌、于阗、朱居、渴槃陀、乌苌、乾陀、南天竺、康国等，这些国家的佛教徒来到京城洛阳很有可能依然崇信佛法。值得注意的是，上述这些崇奉佛教的国家中，大多遣使纳贡也较为频繁，诸如吐谷浑 28 次、高丽 25 次、柔然 17 次、高昌 14 次、于阗 5 次、南天竺 5 次，这些数据在某种程度上亦反映着附洛四夷人员信仰佛教人员之众。

（三）道教

　　北魏洛阳除外来宗教佛教兴盛，作为中国本土宗教的道教，也与洛阳有着不解之缘。《洛阳伽蓝记》《魏书》及《赵暄墓志》② 等史料都表明，北魏洛阳时代统治者崇信道教。诸如《洛阳伽蓝记》记载了城南道教寺院崇虚寺："高祖迁京之始，以地给民，憩者多见妖怪，是以人皆去之，遂立寺焉。"③ 又据《魏书·高祖纪》载：太和十五年八月戊戌，"移道坛于桑乾之阴，改曰崇虚寺"。④《魏书·释老志》亦载，太和十五年秋，诏曰："自有汉以后，置立坛祠，先朝以其至顺可归，用立寺宇。昔京城之内，居舍尚希，今者里宅栉比，人神猥凑，非所以祇崇至法，清敬神道。可移于都南桑乾之阴，岳山之阳，永置其所。给户五十，以供斋祀之用，仍名为崇虚寺。可召诸州隐士，员满九十人。迁洛移邺，踵如故事。其道坛在南郊。"⑤ 此外，"新出土的赵暄墓志，以石刻文献的形式为我们提供了前

---

① （北齐）魏收：《魏书》卷 103《蠕蠕传》，中华书局，1974，第 2297 页。
② 赵振华：《赵暄墓志与都洛北魏朝廷的道教》，《河南科技大学学报》（社会科学版）2004 年第 3 期，第 30～33 页。
③ （北魏）杨衒之撰，周祖谟校释《洛阳伽蓝记校释》卷 3《城南》，中华书局，2010，第 126 页。
④ （北齐）魏收：《魏书》卷 7 下《高祖纪下》，中华书局，1974，第 168 页。
⑤ （北齐）魏收：《魏书》卷 114《释老志》，中华书局，1974，第 3055 页。

所未有的都洛后期朝廷尊崇道教、倚重道士的可贵信息"。①

透过上述史实可以看出，崇虚寺作为道坛的历史由来久远，并且是作为"常制"被安置在都城的南郊。因此，孝文帝虽于太和十五年（491）在北魏旧都平城已建有道教寺院崇虚寺，迁都洛阳后仍重建此寺。尽管北魏洛阳时代佛教占据上风，但是道教作为当时社会宗教的一个组成部分，其用来牵制佛教势力的作用，亦不容忽视。

（四）原始巫教

城南居民除信仰儒教、佛教和道教外，还崇奉原始巫教。诸如北夷柔然"俗事天神"②，而高车"（不）喜致震霆，每震则叫呼射天而弃之移去。至来岁秋，马肥，复相率候于震所，埋杀羊，燃火，拔刀，女巫祝说，似如中国被除，而群队驰马旋绕，百匝乃止"③；东夷高句丽人"常于十月祭天"④，关于契丹的宗教信仰，《魏书》不见记载，邢康先生认为："契丹巫教直至契丹建国相当长时间内，在辽朝的宗教信仰上仍保持着权威地位，随着契丹社会发展和辽统治区域的扩大，契丹与汉族及其他民族文化交流增强，中原儒、佛、道三教在辽地广泛流传。"⑤ 从这个意义上来看，北魏时期的契丹国当信奉原始巫教无疑；库莫奚，"东部宇文之别也……契丹国，在库莫奚东，异种同类"⑥，由此可推测，库莫奚国信奉原始巫教的可能性较大；西夷高昌"俗事天神"⑦，宕昌"三年一相聚，杀牛羊以祭天"⑧，邓至"土风习俗，亦与宕昌同"⑨，波斯"俗事火神、天神"⑩，赊

① 赵振华：《赵暄墓志与都洛北魏朝廷的谊教》，《河南科技大学学报》（社会科学版）2004年第3期，第33页。
② （唐）李延寿：《北史》卷98《西域传》，上海古籍出版社，1974，第3251页。
③ （北齐）魏收：《魏书》卷103《高车传》，中华书局，1974，第2308页。
④ （北齐）魏收：《魏书》卷100《高句丽等传》，中华书局，1974，第2215页。
⑤ 邢康：《从契丹宗教信仰变化看民族文化交流与融合的趋势》，《内蒙古电大学刊》1993年第5期，第5页。
⑥ （北齐）魏收：《魏书》卷100《库莫奚传》，中华书局，1974，第2222~2223页。
⑦ （北齐）魏收：《魏书》卷101《高昌传》，中华书局，1974，第2243页。
⑧ （北齐）魏收：《魏书》卷101《宕昌传》，中华书局，1974，第2242页。
⑨ （北齐）魏收：《魏书》卷101《邓至传》，中华书局，1974，第2245页。
⑩ （北齐）魏收：《魏书》卷102《西域传》，中华书局，1974，第2271页。

弥"专事诸神"①。

从上述史料不难看出，北魏洛阳时期，信奉本土原始宗教的四夷人员仍然占有很大比重，他们附洛后极有可能仍旧信奉之。

（五）尚不知名的宗教

考古人员曾在汉魏洛阳故城，出土属于北魏时期的两件铜制双翼童子造像②。基于新疆和洛阳两地均发现有双翼天使艺术形象，段鹏琦先生认为，这一造像题材包含双翼天使的一种西方宗教沿丝绸之路自西向东传播的轨迹。从当时的历史环境及文化面貌分析，这种宗教，肯定不是佛教，但不能说一定就是基督教或基督教的聂斯脱利派，它究竟是哪种宗教，仍是一个有待探讨的学术问题。③ 段氏的看法无疑丰富了北魏洛阳城南居民的宗教信仰。

概而言之，北魏洛阳城南居民的宗教信仰颇为庞杂，其中洛水北岸佛教寺院遍布，加上道教寺院崇虚寺以及礼制建筑群所体现的儒教信仰，不难发现这一区域宗教信仰构成为儒、释、道三教并存格局；洛水南岸四夷附化之民，除了信奉儒教和佛教，还包括原始巫教信仰崇拜，甚至还有祆教、景教、摩尼教等④。三夷教的存在，无疑体现了朝廷的宽容，但事实上，这是为了安定西域移民的人心，鼓励他们为魏廷效忠服务。

---

① （北齐）魏收：《魏书》卷 102《西域传》，中华书局，1974，第 2280 页。
② 中国社会科学院考古研究所：《汉魏洛阳故城南郊礼制建筑遗址 1962—1992 年考古发掘报告》，文物出版社，2010，图版一六四，第 272~273 页。
③ 段鹏琦：《从北魏通西域说到北魏洛阳城——公元五六世纪丝绸之路浅议》，载《洛阳——丝绸之路的起点》，中州古籍出版社，1992，第 353 页。
④ 参见孔毅《北魏洛阳与西域的经济文化交流》："祆教通过丝路传入中原，北魏称祆教信仰的神为'火神天神'，北魏统治集团中部分人笃信并扶持祆教。"载《洛阳——丝绸之路的起点》，中州古籍出版社，1992，第 392 页。参见周伟洲《古代西北少数民族多元文化的发展与变异》："自公元前 1 世纪后，佛教通过各种渠道和方式，沿着丝绸之路，在西北各民族中广为传播……此外，从波斯和中亚还传入了有特色的其他宗教，如祆教、摩尼教、景教等。"《中国历史地理论丛》2003 年第 3 期，第 8 页，从中可以推测西域附洛人员中应有信仰祆教、摩尼教和景教的人士。邢建洛：《丝绸之路的见证——洛阳发现的北魏时期祆教文物》，《洛阳考古》2017 年第 4 期。参见张乃翥《北魏晚期洛阳地区的胡人部落》："从十六国至北魏建都洛阳时代，久行西域地区的祆教，即沿着丝绸之路传播于内地，从而为当时的洛都精神生活注入一种全新的宗教理念。"《石河子大学学报》（哲学社会科学版），2018 年第 5 期，第 77 页。

　　然而不容忽视的一个事实是，居民的宗教信仰构成往往不是单一的，而是两种或两种以上信仰的交织。也就是说，同一民族或国家，甚或是作为个体的居民，具有同时信仰几种宗教的普遍性。由此观之，城南居民的民族宗教信仰异彩纷呈，也反映出北魏是一个开放包容的朝代，统治者倡导以儒术治国，以佛教为统治工具，又崇信道教，同时还对四夷归附人员各自的宗教信仰给予包容的自由开放政策，使得理念各异的宗教信仰，在兼容并蓄的社会环境中相互影响，和谐共存。但值得注意的是，博大精深的儒家文化的强劲影响、感召力及渗透力仍占主导地位，也正是在这个意义上，上文陈庆之所言构成了江南"洛阳形象"的源泉，成为南人想象洛阳的经典题材，即陈庆之眼中的"洛阳形象"："车舆衣冠，文质彬彬"的儒化城市风貌。

三　职业和社会身份构成

　　北魏国力强盛，文化发达，吸引了众多域外人士出于遣使结好、商业贸易，求学问知，传播宗教等原因远涉而来，因此北魏洛阳城内活跃着不少异乡来客，这些人员基本上被安置在城南居住，其中不少人员甚至定居于此，逐渐融入当地社会。随着人口的激增，城南的居民结构也趋于多元化和复杂化，聚集了从事各种不同职业、具有不同社会身份的居民群体，他们有的是皇室人员，有的身居高官，有的为商贾及手工业者，有的是军人，有的则是宗教人士，还有的是一般平民及太学生，甚至还有艺人、奴仆等。

（一）皇室人员

　　前已述及，北魏洛阳城西主要为皇宗贵族、鲜卑系大官僚等内迁者居住区。换言之，拓跋魏皇室宗亲主要聚居在城西，故而城南皇室宗亲，仅有节闵帝元恭、高阳王元雍、广平王元怀、魏世祖景穆帝曾孙元质以及陈留公主、南阳公主、寿阳公主等少数居住者见于史书及墓志文本记载。

（二）官员

　　一般而言，都城作为统治重心，庞大的官僚机构和官僚队伍占有很大比重。北魏洛阳城南就居住着数量庞大的官员，且主要以南朝降附人员为主。我们知道，北魏都洛后，南北朝对峙，双方交聘基本断绝。也就是说，这一时期南来降附人士基本上是诸如皇室、显宦及武将等降附者，为了招徕安抚这些降附者，北魏朝廷采取优遇宾客的招怀政策，本着笼络人心的目的，给他们封官加爵，享有较高的社会政治地位，《洛阳伽蓝记》如是记载："时朝廷方欲招怀荒服，待吴儿甚厚，褰裳渡于江者，皆居不次之位。"① 朝廷给予南来归降者以优厚的待遇和相应的职位，也由此吸引了大批南来附魏人员。

南朝皇室降魏者。这类人员诸如萧宝夤，北奔后魏廷授使持节、都督东扬南徐兖三州诸军事、镇东将军、东扬州刺史、丹阳郡开国公等显职，食邑八百户，并尚南阳长公主②；萧赞，朝廷赏赐丰渥，礼遇隆厚，授司空，封高平郡开国公、丹阳王，食邑七千户，并尚寿阳长公主等③。很显然，他们降魏后，朝廷均给予极高的政治待遇和优厚的经济地位。由是观之，南来皇室凭借其皇族贵胄身份，易于受到魏廷较高等级的礼遇。

南朝高官附魏者。北魏迁洛后，最早北降的南人是琅邪王氏家族，他们均受到朝廷优待。据《魏书·王肃传》载，王肃北奔受到孝文帝礼遇，除辅国将军、大将军长史、尚书令、使持节、都督江西诸军事等职；其子绍，历官太子洗马、员外常侍、中书侍郎；王肃弟秉，拜中书郎，迁司徒谘议，出为辅国将军、幽州刺史；王诵，自员外郎、司徒主簿、转司徒属、司空谘议、通直常侍、汝南王友、光禄大夫、秘书监、给事黄门侍郎等；王衍，历司空主簿、清河王友、中书侍郎、左将军、冀州刺史等。可见，江左琅邪王氏在南朝虽然政治地位逐渐下降，但其社会地位仍有一定影响力，故而王氏家族北奔后在北魏朝廷颇受礼遇，又如世宗纳肃女为夫人，肃宗又纳绍女为嫔。④

---

① （北魏）杨衒之撰，周祖谟校释《洛阳伽蓝记校释》卷2《城东》，中华书局，2010，第89页。
② （北齐）魏收：《魏书》卷59《萧宝夤传》，中华书局，1974，第1314~1315页。
③ （北齐）魏收：《魏书》卷59《萧宝夤传附赞传》，中华书局，1974，第1325页。
④ （北齐）魏收：《魏书》卷63《王肃传》，中华书局，1974，第1407~1413页。

　　南朝边镇武将及其僚属归魏者。据《魏书·裴叔业传》所载，魏廷对裴叔业家族及其僚属均授以高官。诸如裴谭历任太子洗马、员外常侍、辅国将军、中散大夫等；裴测、裴芬之、裴瑜、裴衍和裴彦先，历通直散骑常侍；裴约，起家员外郎，转给事中；裴植，诏为征虏将军、兖州刺史、大鸿胪卿、度支尚书、金紫光禄大夫等；裴炯，除镇远将军、散骑侍郎、扬州大中正等；裴堪，历尚书郎等。此外，其僚属也"皆居不次之位"，诸如尹挺，除辅国将军、南司州刺史、冠军将军、东郡太守；尹循，历太原太守；尹象，历饶安令、辽西太守；柳玄达，除辅国将军、司徒肆意参军；柳玄瑜，除正员郎、转镇南大将军、开府、从事中郎；柳谐，除著作佐郎；杨令宝，除辅国将军、南兖州刺史；韦伯昕，拜南阳太守、员外散骑常侍等。①

　　除了河东大族裴氏及其僚属，还有诸如夏侯道迁，出为散骑常侍、平西将军、华州刺史等；夏侯央，历位前军将军、镇远将军、南兖州大中正；②李元护，为辅国将军、齐州刺史；李会，除宣威将军、给事中；③席法友，为冠军将军、华州刺史；④王世弼，除冠军将军、南徐；州刺史；王由，历给事中，尚书郎、东莱太守；江文遥，除步兵校尉等⑤；淳于诞，除骁骑将军、假冠军将军⑥；李苗，除镇远将军、步兵校尉、尚书右丞等；⑦陈伯之，为使持节、散骑常侍、都督淮南诸、军事、平南将军、光禄大夫、曲江县侯；⑧又有萧宝寅的随从张景仁拜羽林监，虽"无汗马之劳，高官通显"⑨；等等。

　　这些亡魏的南朝将领及其后裔，附魏后均受到朝廷授以高官厚禄的优

① （北齐）魏收：《魏书》卷71《裴叔业传》，中华书局，1974，第1565～1580页。
② （北齐）魏收：《魏书》卷71《夏侯道迁传》，中华书局，1974，第1580～1585页。
③ （北齐）魏收：《魏书》卷71《李元护传》，中华书局，1974，第1585～1587页。
④ （北齐）魏收：《魏书》卷71《席法友传》，中华书局，1974，第1587～1588页。
⑤ （北齐）魏收：《魏书》卷71《江悦之传》，中华书局，1974，第1589～1592页。
⑥ （北齐）魏收：《魏书》卷71《淳于诞传》，中华书局，1974，第1592～1594页。
⑦ （北齐）魏收：《魏书》卷71《李苗传》，中华书局，1974，第1594～1597页。
⑧ （唐）姚思廉：《梁书》卷20《陈伯之传》，中华书局，1973，第311页。
⑨ （北魏）杨衒之撰，周祖谟校释《洛阳伽蓝记校释》卷2《城东》，中华书局，2010，第89页。

遇，他们中有不少是"衣冠之士"，有着一定的文化修养，可谓"人才济济"，受到优待也是很自然的事情。不言而喻，大批南来汉族人士在魏廷居官任职，使拓跋鲜卑族受到汉文化的强烈影响。也正是在此意义上，"类似的大规模行动和人员流徙，自然会将大量有形的物质文化和无形的精神文化充实'新邦'北魏"。①

尽管汉族官僚主要在城东集聚居住，现依据正史和墓志文本等资料，城南也有少许汉族官僚居住，诸如杜祖悦父子、三公令史高显略等。除上述中高级官员外，北魏洛阳城南还有一定数量的里坊管理人员，前文均已述及，此不赘述。由上可见，城南里坊门吏官员数量不容忽视，他们都是有一定官阶且训练有素的专职人员②。

（三）商人及手工业者

前已述及，西夷外邦来使，与其说是向风慕义，不如说是为了经贸往来。除了西域附洛商业人士，北夷、东夷朝贡使节也极有可能进行商业贸易事宜。基于四夷人员多以朝贡之名，行经商之实，"天下难得之货，咸悉在焉。别立市于洛水南，号曰四通市"③ 的史实，北夷朝贡使节纥悉勿六拔、洪宣、俟斤尉比建、巩顾礼、侯匿伐、郁久闾弥娥、巩凤景、乌句兰树什伐、谷楷等以及东夷纳贡使者芮悉弗、候力归、祖真等三十人，来洛期间从事商业贸易的可能性较大。可以想见，朝廷为了适应当时城市经济发展需要，在洛水南岸四夷人员集聚地设置了"四通市"，以方便居民的经济贸易往来。诚如《魏书·食货志》所载："自魏德既广，西域、东夷贡其珍物，充于王府。又于南垂立互市，以致南货，羽毛齿革之属无远不至。神龟、正光之际，府藏盈溢。"④

值得一提的是，南来投化者亦多从事渔业贸易活动。《洛阳伽蓝记》

---

① 李力、杨泓：《魏晋南北朝文化史》，新世界出版社，2018，第218页。
② 参见宿白《北魏洛阳城和北邙陵墓——鲜卑遗迹辑录之三》，《文物》1978年第7期，第44~45页。
③ （北魏）杨衒之撰，周祖谟校释《洛阳伽蓝记校释》卷3《城南》，中华书局，2010，第117页。
④ （北齐）魏收：《魏书》卷110《食货志》，中华书局，1974，第2858页。

记述的十分清楚："（归正里）民间号为'吴人坊'，南来投化者多居其内。近伊洛二水，任其习御。里三千余家，自立巷市。所卖口味，多是水族，时人谓为鱼鳖市也。"① 从中可以看出，基于南人有喜爱食鱼的习俗，这些南来降附人员凭借周围优越的水环境，或捕捞或养殖淡水鱼，从事渔业贸易，由此亦不难想象南人自发形成"鱼鳖市"的繁华场面。

除了贸易经商，四夷人员附洛后亦有从事手工业者。1963 年秋，考古人员对龙虎滩村西北一号房址（即汉魏洛阳故城遗址南部）进行发掘，出土刻有文字的瓦片数枚，文字内容显示工匠的工种姓名及制瓦日期。据考古分析，一号房址出土瓦文中，在姓名前后刻昆人或昆者近三十人，这些瓦工系西域高昌人在洛阳从事手工劳动的印证。②

（四）军人

羽林和虎贲是我国古代守卫王宫、护卫君主的中央禁卫军。据张金龙先生考证，北魏前期主要从拓跋部及其元从部落中选拔羽林、虎贲。随着北魏征服漠南高车后，又从高车部族中选拔羽林、虎贲来不断充实北魏禁卫部队。简言之，羽林、虎贲是北魏前期禁卫武官制度的重要成分。③ 太和十九年（495）八月，"乙巳，诏选天下武勇之士十五万人为羽林、虎贲，以充宿卫"；是年九月，"庚午，六宫及文武尽迁洛阳"；太和二十年（496）十月，"戊戌，以代迁之士皆为羽林、虎贲"。④ 可见，迁都洛阳后，京城驻扎着规模庞大的羽林、虎贲等皇家军队。前已考证，城南驻扎着一定数量的职业从军人员是可信的。

（五）宗教人员

古代中国，不同宗教机构有着不同的规模，既有可容纳成百上千出家

---

① （北魏）杨衒之撰，周祖谟校释《洛阳伽蓝记校释》卷 2《城东》，中华书局，2010，第 89 页。
② 中国科学院考古研究所洛阳工作队：《汉魏洛阳城一号房址和出土的瓦文》，《考古》1973 年第 4 期，第 209～217 页。
③ 张金龙：《北魏前期禁卫武官制度考论——以史籍记载为中心》，《历史研究》2003 年第 3 期，第 106～127 页。
④ （北齐）魏收：《魏书》卷 7 下《高祖纪》，中华书局，1974，第 178、180 页。

人的大寺院，也有仅居三五名僧人的小兰若，故而对寺院僧侣道士数量不能估计过高。关乎此，谢和耐先生曾精辟指出："中国僧侣界的实际人数（包括全部真正的出家人为职业而生活的人），从来也只占中国人口中的一小部分，其人数始终低于1%。"① 前已述及，北魏洛阳城南寺院遍布，见于史书记载就有16座，其中又不乏高规格寺院，故而城南以宗教为职业的人员应有一定规模。

（六）一般居民及太学生

我们知道，城南洛水南北两岸分布15个里坊居民区，这里的居民主要以四夷降服人员为主，亦不乏一般居民生活于其中。基于正史史料所录主要反映的是上层统治者的特点，故而普通居民情况不能详知，但这并不能阻碍我们得出应有不少寻常百姓居住于此的一般认识。杨衒之在《洛阳伽蓝记》中就收录了不少普通人和平常事，城南儒生荀子文即为一例。《洛阳伽蓝记》载："（中甘）里内颍川荀子文，年十三，幼而聪辨，神情卓异，虽黄琬、文举无以加之。正光初，广宗潘崇和讲《服氏春秋》于城东昭义里，子文摄齐北面。"② 这则材料讲述了儒生荀子文在城东受教的场景，他虽然年仅十三岁，但由于聪敏机辩而被京城时人所津津乐道，因此也引起了杨衒之的关注，并述诸笔端。又如，洛水南岸四夷馆里居民区，生活着为数众多以捕鱼为生的南来降附一般阶层人员。

不容忽视的是，《洛阳伽蓝记》和《魏书》均记载城南有太学的史实，故而一定数量的以儒生为职业的人员，也当为该区域居民的一部分。

（七）奴仆、艺人

前已述及，城南里坊不乏官宦居住，其中洛水北岸有宗室元恭、元雍、元怀及元质，有汉族官僚杜祖悦父子及高显略，有南朝降附人员琅琊

---

① 〔法〕谢和耐著，耿昇译《中国5-10世纪的寺院经济》，上海古籍出版社，2004，第18页。
② （北魏）杨衒之撰，周祖谟校释《洛阳伽蓝记校释》卷3《城南》，中华书局，2010，第125页。

王氏家族，还有代迁户鄀乾等；洛水南岸则多有降附人员位居高官的实
例，尤其是南朝归附人士"皆居不次之位"，因此这些四夷附洛人员不仅
多为高官显宦，而且人数亦颇具规模。进而可以想见，这些官宦人家的奴
仆数量，也应是较为可观的。一般来说，奴仆们多随主人居住在宅邸内，
被广泛安排从事各种家内劳动和耕织生产活动，社会地位低下，故而史籍
多不见书写。具有鲜明思想性和强烈人文关怀的《洛阳伽蓝记》为我们提
供了不可多得的史料：

> 高阳王寺，高阳王雍之宅也。在津阳门外三里御道西……正光中，
> 雍为丞相，给羽葆鼓吹、虎贲班剑百人，贵极人臣，富兼山海。……僮
> 仆六千，妓女五百，隋珠照日，罗衣从风。自汉晋以来，诸王豪侈，
> 未之有也。出则鸣驺御道，文物成行，铙吹响发，笳声哀转。入则歌
> 姬舞女，击筑吹笙，丝管迭奏，连宵尽日……及雍薨后，诸妓悉令入
> 道，或有嫁者。美人徐月华，善弹箜篌，能为《明妃出塞》之歌，闻
> 者莫不动容。永安中，与卫将军原士康为侧室，宅近青阳门。徐鼓箜
> 篌而歌，哀声入云，行路听者，俄而成市。徐常语士康曰："王有二
> 美姬，一名修容，一名艳姿，并蛾眉皓齿，洁貌倾城。修容亦能为
> 《绿水歌》，艳姿善为《火凤舞》，并爱倾后室，宠冠诸姬。"士康闻
> 此，遂常令徐鼓《绿水》《火凤》之曲焉。①

在文人笔下，皇室元雍豪宅的众多奴仆群像仿佛打开了一扇窗口，
略可窥知昔日宗室贵族人家的奴仆众生相。这些记载尽管有些许浮夸之
词，但大体上可反映元雍府邸奴仆的基本情况。诸如有羽葆鼓吹、虎贲
班剑百人，僮仆六千、妓女五百等的记述，可以想见当时官宦人家奴
仆的概貌，无疑构成了北魏上层社会日常奢靡的生活由众多奴婢的渲
染与推助的典型特征，亦是北魏皇族及世家大族势力膨胀、走向奢靡
的真实写照。

---

① （北魏）杨衒之撰，周祖谟校释《洛阳伽蓝记校释》卷3《城南》，中华书局，2010，第
122~124页。

除了日常起居的奴仆群像外，元雍府邸不乏才艺出众者，如善弹箜篌的徐月华，能为《绿水歌》的修容、善为《火凤舞》的艳姿等。此外，南方降附人士的后裔柳谐，生卒于洛阳，"颇有文学。善鼓琴，以新声手势，京师士子翕然从学"①。萧赞的僚属徐之才，为医术世家，曾一度附洛，《北齐书》有传："丹阳人也。父雄，事南齐，位兰陵太守，以医术为江左所称……孝昌二年（526）入洛，敕居南馆，礼遇甚优。"② 不难看出，北魏洛阳城南不乏个性鲜明的艺人形象，他们之所以被杨衒之记录，应与其技艺高超而名冠京城不无关系。

（八）隐士

《魏书·逸士传》记载隐士冯亮降魏后隐居京城附近的嵩山，曾一度拒绝宣武帝元恪的高官厚禄，故而《魏书》本传将冯亮列入"隐逸"者一类，是为当时典型的逸士③。

综上，北魏城南居民的来源与构成呈现多元化和复杂化特征，这与迁都之初朝臣韩显宗所认为的"四民异居"规划思想迥然有异。尽管孝文帝时期奉行城市各类人等居住区域应有严格规定、决不可混杂的建城理念④，但是经过十几年的发展，"五方杂沓……诸坊混杂，厘比不精"⑤，城市居民混居现象在城南表现尤为明显。不管怎样，这些居民一起构成了北魏洛阳城南居民的基本情状，他们在这个区域共同居住，亦显现了国都的特殊性。

小　结

北魏洛阳城是在魏晋废墟上营建的，故而迁都伊始，向京畿大规模移民是很自然的事情。

---

① （北齐）魏收：《魏书》卷71《裴叔业传附谐传》，中华书局，1974，第1577页。
② （唐）李百药：《北齐书》卷33《徐之才传》，中华书局，1972，第444页。
③ （北齐）魏收：《魏书》卷90《冯亮传》，中华书局，1974，第1931页。
④ 参见（北齐）魏收《魏书》卷60《韩麒麟传附子显宗传》，中华书局，1974，第1338～1339页。
⑤ （北齐）魏收：《魏书》卷68《甄琛传》，中华书局，1974，第1514页。

除代北南迁而来的六宫和百官外，还有大量随迁的军队、佛教僧侣，还有洛阳城的原住居民，相当数量从事商业和手工业的流动人口，又有四夷降附人员。也就是说，通过朝廷大规模移民与少量原住居民的共同经营，在汉晋洛阳城的废墟上，近六十万居民凝聚起来，北魏洛阳城迅速崛起，成为繁荣的都市和中国北方政治、经济、文化及交通中心。综而观之，北魏洛阳城居民皆为里坊编户，尽管各城区里坊居民混杂，但大致亦有一定区划：内城居民主要以皇室及其"六宫"人员为主；城东主要为汉族官僚和一般士庶居住区；城南主要聚居着四夷降附人员；城西主要为皇宗贵族、鲜卑大官僚等内迁者居住区；城北则以羽林、虎贲为主，人数相对稀少。

北魏洛阳城南以洛水为自然分界线，包括洛水北岸和洛水南岸两部分。孝文帝时期，这里的居民主要分布在洛水北岸，宣武帝即位后，随着城南大开发，洛水南岸的四夷附化之民遂成为本区域居民的重要组成部分。

城南居民不仅有南朝归顺人士、西域来洛人员、北夷归诚者和东夷来附者等四夷降附人员，也包括皇室宗亲元恭、元雍、元怀及元质等，也有汉人官僚诸如杜祖悦父子、高显略等，还有宗教人士如道登、冯亮等，还有一定数量的羽林、虎贲，又有为数不少的普通老百姓、太学生及里坊管理人员，当然还有数量可观的官宦人家的奴仆等。由此可见，城南居民的来源呈现出复杂化特征，他们在这个区域共同居住，既显现了国都的特殊性，亦反映了时代特征及居民结构层次的重新组合。随着北魏洛阳城居民规模的不断壮大，这里的居民构成亦呈现出复杂化和多样性的特点，而这种复杂化和多样化在城南表现得尤为明显。就城南居民的构成可从民族、宗教、职业和社会身份等多角度来进行分析。

其一，居民的民族构成呈现多元化特征。其中汉族占有较大比重，也有其他少数民族诸如匈奴、鲜卑、赤狄、羌、大月氏等后裔，这些民族交错杂居生息，是为北魏洛阳城南"四方风俗，万国千城"的独特景观，亦显现着多彩多姿的时代特色。

其二，居民的宗教构成亦呈现复杂化趋势。洛水北岸佛教寺院遍布，再加上道教寺院崇虚寺以及礼制建筑群所体现的儒家信仰，不难发现这一区域宗教信仰构成为儒、释、道三教并存格局；洛水南岸四夷附化之民除了信奉儒教和佛教，还包括原始巫教信仰崇拜，甚至还有袄教、景教、摩尼教等。由此观之，城南居民的民族宗教信仰异彩纷呈，体现出北魏是一个开放包容的朝代，统治者倡导以儒术为治国主旨，利用佛教为统治工具，又崇信道教，同时又对四夷归附人员各自的宗教信仰给予包容的自由开放政策，使理念各异的宗教在兼容并蓄的社会环境中相互影响，和谐共存，共筑美好精神家园。

其三，居民的职业与身份构成也趋于多元化和复杂化。城南聚集了从事各种不同职业、具有不同社会身份的居民群体，诸如皇室宗族元雍、元怀、元恭、元质及诸多公主；以南朝降附人员为主的庞大官僚群体；有为数众多的西夷胡商，又有南人以渔业为资生之计，甚至还有西域高昌人从事手工职业；又有一定数量护卫京师安全的军人；还有数量众多的僧侣及道士等宗教人士；根据一般居住规律，外郭城主要是安置普通老百姓，故而北魏洛阳城南亦应有一般居民生活其中；基于这里营筑有太学，一定数量的太学生也应为本区域居民职业构成的组成部分；这里亦不乏才艺出众者，如善弹箜篌的徐月华，善歌舞的修容与艳姿，南方降附人士后裔柳谐擅鼓琴，与萧赞一同附洛的徐之才为医术世家，这些人在一定程度上丰富着北魏洛阳城的居民生活；值得一提的是，北魏洛阳城南不乏高官居住，这些官宦人家多有一定数量的奴仆；此外，还有隐逸者之类。

第三章　城南居民的居住环境（一）：
洛水北岸

由东汉到北魏，洛水北岸的居民来源与构成有着显著变化，与之相对应，这里的居住环境演变也是十分突出的：一是随着居民来源与构成的日益多元复杂化，居住环境自然会在原先的格局上有所变动，但不可忽视的是，居住环境亦在某种程度上不可避免地受到历史性影响，洛水北岸仍为传统礼制文化区，是为皇室用地；二是这里作为传统的"崇礼场所"，北魏时期却演变为以"崇佛场所"为主的格局；三是居民与居住环境呈现对称性，即居民身份与其所处居住环境基本上是吻合的。

第一节　洛水北岸的居民

前已述及，在北魏洛阳城南，其洛水北岸分布着诸如寺院、礼制建筑以及"堰洛通漕"水利工程等公共建筑。这些建筑物占据了较大空间，尤其是寺院居多，故而僧侣道士是本区居民的重要组成部分。除宗教人士外，这里的居民还包括皇室元雍、元怀及元质等，有南朝降附人员琅琊王氏家族，有汉人官僚杜祖悦父子、高显略等，有"代迁户"鄯乾，也有寓居寺院的宗室元恭、隐士冯亮等，甚至还有陈留公主、谢氏、徐月华等各阶层女性，还有为数不少的一般平民、太学生、里坊管理人员及羽林、虎贲等，当然还有数量可观的官宦人家的奴仆等。尽管这里的居民来源和构成呈现复杂多元态势，其中不乏与居住环境相对应的典型案例。

一 王肃奔洛和在延贤里的生活

王肃附洛遂被安置在礼制文化区居住。王肃，江南显贵琅琊王氏的后裔，史书多有涉及。

《洛阳伽蓝记》如是记载："开阳门御道东有汉国子学堂……高祖题为劝学里……劝学里东有延贤里，里内有正觉寺，尚书令王肃所立也。肃字恭懿，琅琊人也，伪齐雍州刺史奂之子也。赡学多通，才辞美茂，为齐秘书丞，太和十八年背逆归顺。时高祖新营洛邑，多所造制，肃博识旧事，大有裨益，高祖甚重之，常呼王生。延贤之名，因肃立之。"① 《魏书·王肃传》又载："（王）肃自建业来奔，是岁，太和十七年也。高祖幸邺，闻肃至，虚襟待之，引见问故。"②

《魏书·高祖纪》又说："（十七年十月）癸卯，（孝文帝）幸邺城……初，帝之南伐也，起宫殿于邺西；十有一月癸亥，宫成，徙御焉……十有八年（494）春正月丁未朔，朝群臣于邺宫澄鸾殿……乙亥，幸洛阳西宫。二月乙丑，行幸河阴……壬寅，车驾北巡……（十一月）己丑，车驾至洛阳。"③

《资治通鉴》则明确记载了王肃奔魏以及被孝文帝接见的时间：永明十一年（493）"三月……秘书丞肃独得脱，奔魏……十月……癸卯，魏主如邺城，王肃见魏主于邺"。④ 透过上述材料，不难对王肃附魏情状做一简单梳理⑤：

---

① （北魏）杨衒之撰，周祖谟校释《洛阳伽蓝记校释》卷3《城南》，中华书局，2010，第106～109页。
② （北齐）魏收：《魏书》卷63《王肃传》，中华书局，1974，第1407页。
③ （北齐）魏收：《魏书》卷7下《高祖纪》，中华书局，1974，第173～175页。
④ （宋）司马光编著，（元）胡三省音注《资治通鉴》卷138，永明十一年条，中华书局，1976，第4328～4341页。
⑤ 徐冲：《两方墓志与三场葬礼：北魏孝文帝迁都的另类风景》，《文汇报》2018年7月20日。文中认为："王肃因家祸北奔确实在太和十七年（493）三月，但仔细梳理史料可以发现，他在邺城为孝文帝引见要迟至太和十八年（494）的十一月七日……也就是说，从王肃北奔到他第一次为孝文帝引见，中间有长达一年半的间隔期。这段时间王肃的行踪在史料中是空白的。"依据当时的时空背景脉络来比照，笔者判断作者上述推论可能有错误，从而导致"一位逃北的琅琊王氏""共同创造的纪念装置""孝文帝与'冯熙墓志石刻'"的诸多讨论及结论是站不住脚的，难免牵强附会之感。

王肃作为东晋显贵琅琊王氏的后裔，博学多才，尤通传统典制，由于其父王奂被齐武帝所杀害，遂于太和十七年（493）三月从南朝来仕魏，初抵邺城，并于该年十月在邺城受到孝文帝"虚襟待之"，荣宠之态跃然纸上；孝文帝于太和十八年（494）春天回到洛阳时，想必王肃与孝文帝同行来洛的可能性比较大，这亦与《洛阳伽蓝记》记载王肃奔洛事件在时间上是衔接的。

综观王肃北奔之际，时值孝文帝面临困境与苦闷，因为"自晋氏丧乱，礼乐崩亡，孝文虽厘革制度，变更风俗，其简朴略，未能淳也。（王）肃明练旧事，虚心受委，朝仪国曲，咸自肃出"。① 此时的孝文帝以推行汉化改革为当务之急，渴慕江左典章文物制度，加上王肃家族又为江东文物典制之渊薮，王肃也因之获得了备受礼遇的机缘，正如《魏书·刘芳传》所载："王肃之来奔也，高祖雅相器重，朝野瞩目。"② 由此可知，王肃北奔来附，恰逢其时，受到孝文帝的赏识和信任，逐渐在拓跋氏权力中心占有举足轻重的地位。

从上述史料亦不难看出，孝文帝礼制文化改革，是从恢复学校教育入手，例如在洛水北岸的太学遗址设置劝学里和延贤里。可以想见，"劝学"二字有昭示洛阳城居民重视学习儒家思想的意涵；又鉴于王肃的特殊身份，孝文帝遂把他安置在太学遗址附近居住，并把他居住的地方命名为"延贤里"，使其作为汉化改革的重要旗手，别具深意，是为居民身份与其所处居住环境相对应的成功实例。

王肃"斯文在兹"的礼制意义亦受到学界的肯定。诸如陈寅恪先生高度概括了王肃北奔承前启后的意义，他指出，"魏孝文帝所以优礼王肃固别有政治上之策略，但肃之能供给孝文帝当日所渴盼之需求，要为其最大原因……能将南朝前期发展之文物制度转输于北朝以开太和时代之新文化，为后来隋唐制度不祧之远祖者，概别有其故也"。③ 张宏斌先生也认为："王肃的北奔其实有'斯文在兹'的含义，他带来了

① （唐）李延寿：《北史》卷42《王肃传》，中华书局，1974，第1407页。
② （北齐）魏收：《魏书》卷55《刘芳传》，中华书局，1974，第1220页。
③ 陈寅恪：《隋唐制度渊源略论稿》，生活·读书·新知三联书店，2001，第15～16页。

制度建设和文化建树的模式，表征了中华文明一脉相承的历史文化，与孝文帝希冀统一中国，光宅中原，定鼎河洛王里以袭华夏正朔的理念相偕……王肃入北魏初期，孝文帝就存心把其打造成魏晋文化正统的代表。"① 可以说，王肃初到洛阳，孝文帝便把他的住宅安置在代表中原正统的传统礼制文化区，是有意而为之举，进而言之，在当时的社会背景下选择王肃，是极为关键和恰当的，这也是学界的基本共识。然而，随着孝文帝于太和二十三年（499）四月驾崩，王肃的命运发生了一系列戏剧性的转变。

宣武帝时期王肃多参与军事而非文化建设。据《魏书·王肃传》载："高祖崩，遗诏以（王）肃为尚书令，与咸阳王禧等同为宰辅……禧兄弟并敬而昵之，上下称为和辑。唯任城王澄以其起自羁远，一旦在己之上，以为憾焉……寻为澄所奏劾，称肃谋叛，言寻申释……裴叔业以寿春内附，拜肃使持节、都督江西诸军事、车骑将军，与骠骑大将军、彭城王勰率步骑十万以赴之……肃频在边，悉心抚接，远近归怀，附者若市……景明二年薨于寿春。"② 由上记载可知，王肃授孝文帝遗诏为尚书令辅佐宣武帝，由于遭到任城王澄等同僚的弹劾排挤，宣武帝遂令其出任江南，统领对南朝梁的战事，他却很快于景明二年（501）七月病死于寿春。换言之，王肃辅政宣武帝前后两年多时间里，基本上是担任军职，参与边境战事，这与孝文帝希冀把王肃打造成魏晋文化代表的初衷背道而驰，这一希冀也因王肃的突然病逝而夭折了，这是孝文帝始料未及的。

王秉一行归魏入居劝学里，与孝文帝"斯文在兹"的礼制文化理想已然无甚关联。前已论及，王肃的弟弟王秉，在宣武帝景明初年携兄子诵、翊、衍等投诚归附朝廷，应是居住在礼制文化区的劝学里，而不是按照当时的城市规划设计，安置在洛水南岸的四夷馆。戈红叶虽然也认同此看法，但她认为北魏王朝之所以把王秉等人安置在劝学里居住，是朝廷把他们视为中原文化的象征，利用他们文化精英的典范作用为统治者服务③。

---

① 张宏斌：《"斯文在兹"：从北魏祭祀制度的变迁看王肃北奔的含义》，《世界宗教文化》2014年第6期，第31～34页。
② （北齐）魏收：《魏书》卷63《王肃传》，中华书局，1974，第1410～1411页。
③ 参见戈红叶《北魏首都客馆研究》，吉林大学硕士学位论文，2015，第33～34页。

笔者以为此观点有待商榷，理由如下：其一，王肃居于延贤里的确是北魏朝廷把他作为华夏正统文化的象征，是孝文帝"斯文在兹"有意而为之举，但是宣武帝即位后，王肃多参与军事而非文化建设，并没有受到宣武帝的优待。进而言之，宣武帝元恪并没有利用琅琊王氏家族的文化精英典范作用为统治者服务之意；其二，不可否认，王肃入魏后多参与文物典章制度等礼制建设，然而《魏书》记载王秉附魏后仅为中书郎、司徒咨议，不久又出除辅国将军、幽州刺史，并没有所谓的"利用他们文化精英的典范作用为统治者服务"之痕迹，即使后来王诵、王翊、王衍长大从宦，又据史籍所载他们所从事的官职①来看，也没有特意打造"斯文在兹"的意味，更不用说王翊后来徙居内城另建宅邸②的史实。凡此种种，都与孝文帝的"斯文在兹"礼制文化理想无甚关联。故而笔者以为，他们之所以居住在礼制文化区，当与其同属于江东琅琊王氏家族的亲缘有着极大关系，亦与当时洛水南岸尚未规划兴建不无关联。

二　皇室元雍、元怀追求的"当世富贵"

北魏平城时期，国家物资相对匮乏，拓跋鲜卑皇室贵族仍保留着氏族部落质朴的遗风，生活较为俭素。拓跋魏南迁洛阳后，逐步完成封建化历程，社会经济发展，"国家殷富，库藏盈溢，钱绢露积于廊者，不可较数"③，汉族地主阶层诸多不良生活习俗，尤其是其腐朽化生活习惯，逐渐被鲜卑族所接受。故而北魏皇族在掌握大量生产资料基础上，凭借其强有力的政权支持，宗室权贵上层弥漫着奢靡之风，生活极度腐化堕落是很自然的。恰如张金龙先生所言："以宗室为首的统治集团成员，奢侈淫靡，奢华攀比之风在北魏晚期的上层社会弥漫。"④《洛阳伽蓝记》有多处记载王室贵族骄奢淫逸的史实，充分暴露了北魏后期统治者生活的腐朽侈靡，

---

① （北齐）魏收：《魏书》卷63《王肃传》，中华书局，1974，第1412~1413页。
② （北魏）杨衒之撰，周祖谟校释《洛阳伽蓝记校释》卷1《城内》："愿会寺，中书侍郎王翊舍宅所立也。"由此推测王翊有徙居内城的可能性。中华书局，2010，第45页。
③ （北魏）杨衒之撰，周祖谟校释《洛阳伽蓝记校释》卷4《城西》，中华书局，2010，第208页。
④ 张金龙：《北魏官宦贪腐与政府之对策》，《中国高等社会科学》2014年第4期，第99页。

诸如拓跋魏宗室高阳王元雍和广平王元怀，在城南古亳板微高地上营建豪奢宅邸就可见一斑。不可否认的是，洛水北岸受到皇室青睐，亦与这里自然地理环境优美、水资源丰沛、交通便利不无关系。

才疏学浅的元雍在孝文、宣武朝不受重用。高阳王元雍是北魏宗室大臣，孝文帝元宏的弟弟。《魏书·高阳王传》载：

> 高阳王（元）雍，字思穆，少而偈傥不恒……识怀短浅，又无学业，虽位居朝首，不为时情所推。①

很显然，元雍作为宗室贵族，未能像其他元魏皇室一样，在北魏政坛上发挥应有的重要作用。也就是说，元雍身为才疏学浅的庸常之辈，与"孝文、宣武诸帝对鲜卑上层后进之拔擢，一个重要标准是其文化修养，从而造成了一种政策导向"②背道而驰，故而在这种选官背景下，偈傥不恒、识怀短浅又无学业的元雍在孝文帝和宣武帝时期理所当然不受待见，在政治上无所作为是很自然的事情。

孝明帝时期元雍为辅政大臣。《魏书·高阳王传》记载：

> 肃宗初，诏（元）雍入居太极西柏堂，谘决大政，给亲信二十人。又诏（元）雍为宗师，进太傅、侍中，领太尉公，王如故。别敕将作，营国子学寺，给雍居之……既以亲尊，地当宰辅，自熙平以后，朝政褫落，不能守正匡弼，唯唯而已。③

从引文可以看出，延昌四年（515）一月宣武帝驾崩之后，元雍遽然被拥立为太傅领太尉，辅政孝明帝于西柏堂。为何孝明帝时期元雍突然"得意腾达"，窪添庆文先生的看法颇具解释力，他认为，"孝文帝的三个皇子除外，此时生存下来的皇子只有雍，年龄四十五左右，虽有强烈的个

---

① （北齐）魏收：《魏书》卷21上《高阳王雍传》，中华书局，1974，第552~557页。
② 王永平：《墓志所见北魏后期迁洛鲜卑皇族集团之雅化——以学术文化积累之提升为中心的考察》，《学习与探索》2011年第3期，第259页。
③ （北齐）魏收：《魏书》卷21上《高阳王雍传》，中华书局，1974，第552、557页。

性，却不似有非常能力之人，因此是占据形式上的首辅的适宜人选"。^① 很显然，正是因其皇室宗亲近属身份，元雍作为"政治资源"方于孝明帝时期进入显宦生涯。进而言之，他之所以能在孝明朝出任高职，乃是朝廷为形势"所迫"的不得已之举，其所任仅为虚位而并无实权自不待言，似乎亦不足以为朝廷所信用，甚至一度出现领军于忠"废雍以王归第"^② 的尴尬局面。元雍在这样的背景下出任"显职"，却"不能守正匡弼，唯唯而已"就不难理解了。然而，这种窘局延续至正光元年（520）元义专权时出现了转机。

元义专权时元雍攀上了个人权力的顶峰，地位相当显赫。《魏书·高阳王传》明确记载："及清河王（元）怿之死，元义专权，天下大责归焉。"^③ 综观元雍的为官生涯，直至正光元年（520）元义专权时，才于当年九月得以位居显职^④，"总摄内外，与元义同决庶政。岁禄万余，粟至四万，伎侍盈房，诸子珰冕，荣贵之盛，昆弟莫及焉"^⑤。也就是说，原先地位并不高的元雍通过这么曲折的方式，成为政治上的暴发户。

何为"无才无德"的元雍能得到元义的"青睐"，并共同把持朝政达近五年之久，这可从正史所载元义传记中寻找到些许痕迹。据《魏书·元义传》记载，元义是道武帝之玄孙：

> 世宗时，拜员外郎。灵太后临朝，以（元）义妹夫，除通直散骑侍郎……以此意势日盛……寻迁侍中，余官如故，加领军将军。既在门下，兼总禁兵，深为灵太后所信委……（元）义之专政，矫情自饰，劳谦待士，时事得失，颇以关怀，而才术空浅，终无远致。得志之后，便骄慢，耽酒好色，与令忤情。乃于禁中自作别库掌握之，宝充牣其中。又曾卧妇人于食舆，以帕覆之，令人舆入禁内，出亦如

① 〔日〕窪添庆文著，陈巍译《北魏的宗室》，《西夏研究》2015年第4期，第73页。
② （北齐）魏收：《魏书》卷21上《高阳王传》，中华书局，1974，第555页。
③ （北齐）魏收：《魏书》卷21上《高阳王传》，中华书局，1974，第557页。
④ （北齐）魏收：《魏书》卷9《肃宗纪》："（正光元年九月）戊戌，以太师高阳王雍为丞相，加后部羽葆、鼓吹、班剑四十人。"中华书局，1974，第231页。
⑤ （北齐）魏收：《魏书》卷21上《高阳王雍传》，中华书局，1974，第556~557页。

之。直卫虽知，莫敢言者。轻薄趣势之徒，以酒色事之，姑姊妇女，朋淫无别。政事怠惰，纲纪不举，州镇守宰，多非其人。于是天下遂乱矣。①

这条史料表明两方面的重要信息：其一，元义本人不过是帝室疏属，因缘际会，得到胡太后的"宠信"而居显位，但其在人望与正统上皆大有欠缺，本无多少实力依傍，不具备运转皇权政治的条件；其二，元义与元雍可谓"一丘之貉"，二人同样才疏学浅，侈靡豪奢，荒淫贪婪无度，依仗权势大肆聚敛财富，二人共同执政有"物以类聚"之感。进而言之，元义正是利用元雍具备宗室近属"政治资源"这把利器，将其推上权势的浪尖。然而他们的命运又是如此悬殊：孝昌元年（525）四月胡太后复政时，放逐并诛杀了元义，而元雍依旧保住了丞相显职，居位崇重直至武泰元年（528）"河阴之变"遇害。在这种持续显贵的背景下，不难想见元雍生活上的奢侈淫靡及其宅邸的豪奢，亦不难理解连当时的洛阳首富河间王元琛，亦"常与高阳争衡"②。《洛阳伽蓝记》更是以浓墨重彩描摹了位于洛水北岸的元雍豪宅：

> 高阳王寺，高阳王（元）雍之宅也。在津阳门外三里御道西。雍为尔朱荣所害也，舍宅以为寺。正光中，雍为丞相，给羽葆鼓吹、虎贲班剑百人，贵极人臣，富兼山海。居止第宅，匹于帝宫。白壁丹楹，窈窕连亘，飞檐反宇，缪䡾周通。僮仆六千，妓女五百，隋珠照日，罗衣从风。自汉晋以来，诸王豪侈，未之有也。出则鸣驺御道，文物成行，铙吹响发，笳声哀转。入则歌姬舞女，击筑吹笙，丝管迭奏，连宵尽日。其竹林鱼池，侔于禁苑，芳草如积，珍木连阴，雍嗜口味，厚自奉养，一食必以数万钱为限。海陆珍羞，方丈于前。③

---

① （北齐）魏收：《魏书》卷16《京兆王传附义传》，中华书局，1974，第403～405页。
② （北魏）杨衒之撰，周祖谟校释《洛阳伽蓝记校释》卷4《城西》，中华书局，2010，第148页。
③ （北魏）杨衒之撰，周祖谟校释《洛阳伽蓝记校释》卷3《城南》，中华书局，2010，第122～123页。

从这段文字不难看出，杨衒之笔下"羽葆鼓吹、虎贲班剑百人"的描绘，顿使元雍宅显赫威仪、豪华绮丽、奢华无度的生活场景扑面而来，亦使元雍追求豪华排场的癖好一览无余。这所雕梁画栋、色彩艳丽的豪宅，是元雍在正光年间为丞相时，在洛水北岸营建的。至于该宅邸具体规模不得而知，想必不会太小。尽管杨衒之"僮仆六千，妓女五百"的说法难免浮夸之辞，但从其所容纳的人数，仍能窥知元雍的住房面积非常广大，甚至与皇宫并无二致；不仅住居豪宅，元雍还嗜好美味，奉养极其丰富，吃一顿饭每每花费数万钱；除了居住、饮食的豪奢，元雍的日常生活亦以丝竹歌舞相伴，各种乐器应有尽有，不仅有中原传统乐器诸如铙、筑和笙，更有西域乐器箛和箜篌等。此外，元雍宅邸还供养着大量僮仆家妓，不难想象，"僮仆六千，妓女五百"之规模，无疑会带来一项庞大的家庭开销。毋庸讳言，元雍宅无论从建筑规模，还是平素生活起居，没有巨额财富作为支撑是难以想象的。值得一提的是，其宅邸遍植奇珍异木、香草朱兰，"侔于禁苑"，可与帝王苑囿相媲美，其豪奢亦可见一斑。

广平王元怀是宣武帝元恪的同母弟弟，《魏书·广平王怀传》对其生平事迹记载尤为简约：

> 广平王怀。有魏诸王。召入华林园，禁其出入，令四门博士董徵，授以经传。世宗崩，乃得归。[1]

从文中可知，宣武帝亲政时期，为了巩固王权而抑制诸王，并将其同母弟元怀软禁于华林别馆，令四门博士董徵授元怀以经传，以加强思想禁锢。至延昌四年（515）宣武帝驾崩时，元怀才得以还家，获得人身自由。鉴于元怀本传记载寥寥，现可从《魏书》其他篇章的零星记载、《洛阳伽蓝记》及其墓志文本等资料中寻求元怀富贵奢华生活的留痕。

元怀十岁时已坐享殷阜的食邑。1925年河南洛阳出土的《元怀墓志》给我们提供了有迹可循的资料。其墓志铭说：

---

[1]　（北齐）魏收：《魏书》卷22《广平王怀传》，中华书局，1974，第592页。

魏故侍中太保领司徒公广平王姓元，讳怀，字宣义，河南洛阳乘轩里人。显祖献文皇帝之孙，高祖孝文皇帝之第四子，世宗宣武皇帝之母弟，皇上之叔父也。……享年不永，春秋卅，熙平二年三月廿六日丁亥，薨。①

据志文所载，元怀卒于熙平二年（517），享年三十岁，由此可逆推其生年当为太和十二年（488）。有了生卒年作为参照，我们可以在一定程度上复原元怀的年谱。《魏书·孝文帝纪》记载：太和二十一年（497）七月，"怀为广平王"②，可推测元怀10岁时被封王。对此，刘军先生敏锐地指出，"北魏自太和十六年（492）改革爵制，推行'五等开建'以来，亲王开国食邑，例封二千户。广平郡隶属相州，当时专设内史管理，以示王国所在郡与普通郡之区别。广平乃河北经济的重心，富庶殷实，能在此立国显见父皇对他的垂爱"③。由此可以看出，元怀作为亲王，年仅10岁就已享有并坐拥经济富庶殷实的广平郡食邑，足证他后来富甲京城，能与日食数万钱的高阳王元雍相提并论④的根源所在。

元怀历任显职，贪纵不法。正史文献有多处提及元怀的奢靡生活印迹，如《魏书·杨播传附杨昱传》记载："起家广平王（元）怀左常侍，怀好武事，数出游猎，（杨）昱每规谏。正始中，以京兆、广平二王国臣，多有纵恣，公行属请，于是诏御史中尉崔亮穷治之。"⑤《魏书·京兆王愉传》亦载："又崇信佛道，用度常至不接。与弟广平王（元）怀颇相夸尚，竞慕奢丽，贪纵不法。"⑥此外，元怀曾任司州牧、骠骑大将军、仪同三司等重任，负责京畿地区行政管理，吴廷燮《元魏方镇年表》将此任命系于永平二年（509）至延昌四年（515）迁转⑦。由之，在经历了被父亲钟

① 赵超：《汉魏南北朝墓志汇编》，天津古籍出版社，1992，第92页。
② （北齐）魏收：《魏书》卷7下《高祖纪》，中华书局，1974，第182页。
③ 刘军：《〈魏书·广平王元怀传〉补疑》，《古代文明》2013年第4期，第66页。
④ （北魏）杨衒之撰，周祖谟校释《洛阳伽蓝记校释》卷3《城南》："当世富贵，高阳、广平。"中华书局，2010，第126页。
⑤ （北齐）魏收：《魏书》卷58《杨播传附杨昱传》，中华书局，1974，第1291页。
⑥ （北齐）魏收：《魏书》卷22《京兆王愉传》，中华书局，1974，第590页。
⑦ 吴廷燮：《元魏方镇年表》，《二十五史补编》卷4，中华书局，1995，第4534页。

爱，到受皇兄压抑，再到历任显职的转折，延昌元年（515），宣武帝驾崩，元怀走上了宦海生涯的顶峰，其社会等级威望陡升。这些人生经历为元怀的侈靡豪奢埋下了伏笔。

元怀在京城广建豪宅多处。需要说明的是，虽然皇室聚居地主要在城西，但也有不少皇室居民还在内城、城东、城南等地方营建宅邸，元怀就是其中典型。他日常生活奢靡，在洛阳城中的宅邸仅见记载就有多处，而且极尽奢华之能事。一是城东孝敬里宅邸。《洛阳伽蓝记·平等寺》说："平等寺，广平武穆王怀舍宅所立也。在青阳门外二里御道北，所谓孝敬里也。堂宇宏美，林木萧森，平台复道，独显当世。"[①] 二是城西宅邸。《洛阳伽蓝记·大觉寺》记载："大觉寺，广平王怀舍宅而立也，在融觉寺西一里许。北瞻邙岭，南眺洛汭，东望宫阙，西顾旗亭，禅阜显敞，实为胜地。是以温子升碑云'面山背水，左朝右市'是也。怀所居之堂，上置七佛，林池飞阁，比之景明。至于春风动树，则蓝开紫叶；秋霜降草，则菊吐黄花。"[②] 三是乘轩里宅邸。《元怀墓志》所载本籍"河南洛阳乘轩里人"，元怀当在乘轩里有府第。

元怀在城南也应有宅邸。《洛阳伽蓝记》说："（城南）当世富贵，高阳、广平。"虽然史籍不见元怀在城南有王府的记载，鉴于杨衒之为当时人追忆当时事，所论人事又是京城名人要事，当不会记载有误，从信度较高，故城南应有元怀的宅邸可能性极大。此外，从京城中元怀其他府邸的豪奢程度，不难想象城南宅邸亦尽显富丽堂皇，精美绝伦。

三　各阶层女性群像

如众所知，历史书写主要是社会上层人物的历史，而且是男性社会的历史，缺乏反映社会底层及女性的材料。而杨衒之在《洛阳伽蓝记》中生

---

① （北魏）杨衒之撰，周祖谟校释《洛阳伽蓝记校释》卷2《城东》，中华书局，2010，第79~80页。

② （北魏）杨衒之撰，周祖谟校释《洛阳伽蓝记校释》卷4《城西》，中华书局，2010，第157页。

动描绘了北魏女性群像，上至太后公主，下至奴婢乐伎社会各阶层，从中可以窥知北魏女性的生活状态及其丰富的情感世界，感受她们的聪慧胆识、才情品性和仪规德范，为我们提供了弥足珍贵的史料。依据文献和墓志文本资料可知，洛水北岸有诸如陈留公主、王肃前妻谢氏、王诵前妻宁陵公主、王诵继室元贵妃、王肃大女儿王普贤、王肃二女儿元湛妻、王绍之女及元雍宅邸奴婢乐伎等女性形象，其中尤以陈留公主、王肃前妻谢氏、元雍宅邸的乐伎徐月华、修容及艳姿等最为典型，她们在杨氏笔下无不个性昭然、气韵生动。

陈留公主。陈留公主是孝文帝元宏的妹妹，正史无传，但见于零星记载。《魏书·王肃传》记载：

> 高祖崩，遗诏以（王）肃为尚书令，与咸阳王禧等同为宰辅……诏肃尚陈留长公主，本刘昶子妇彭城公主也……裴叔业以寿春内附，拜肃使持节、都督江西诸军事、车骑将军，与骠骑大将军、彭城王勰率步骑十万以赴之……肃频在边，悉心抚接，远近归怀，附者若市……景明二年（501）薨于寿春。①

《洛阳伽蓝记》对此有所补充："肃在江南之日，聘谢氏女为妻。及至京师，复尚公主。"② 《魏书》又载："绍，肃前妻谢生也。肃临薨，谢始携二女及绍至寿春。"③ 据罗新先生考证："王肃尚陈留公主，是在宣武帝景明元年（500），这一年王肃三十七岁，陈留公主三十三岁左右。"④

透过这些材料可知，王肃和陈留公主都是再婚，又根据史料时序可以发现，这次婚姻持续时间是短暂的，其间王肃昔日在江南的妻子谢氏曾携带子女北上寻夫，一度想和王肃复合，并作五言诗赠予之："本为箔上蚕，今作机上丝。得路逐胜去，颇忆缠绵时。"谢氏以"丝"谐"思"，语气

---

① （北齐）魏收：《魏书》卷63《王肃传》，中华书局，1974，第1410～1411页。
② （北魏）杨衒之撰，周祖谟校释《洛阳伽蓝记校释》卷3《城南》，中华书局，2010，第109页。
③ （北齐）魏收：《魏书》卷63《王肃传附子绍传》，中华书局，1974，第1412页。
④ 罗新：《陈留公主》，《读书》2005年第2期，第130页。

婉约，以期丈夫回心转意，却遭到陈留公主的坚决反对，公主言辞委婉地拒绝道："针是贯线物，目中恒任丝。得帛缝新去，何能纳故时。"① 这段故事既富于论辩性，又不失文采，之后不久王肃便抱病而死。罗新先生认为，陈留公主由于没有子女，所以她在王肃死后主动淡出了王肃家庭，重新回到宫廷寡居生活②。

综观公主的婚姻史，学界多有论述③。第一次婚姻全凭他人，自己没有发言权；再嫁王肃，短暂婚史中还要与王肃前妻谢氏"斗智斗勇"，尽显其才情品性；欲嫁张彝，却遭受外戚高肇陷害；其间又两拒外戚求婚，果敢地捍卫自己的利益。可以想象，这样的人生经历使陈留公主有着无可言说的感伤。然而，一个不容忽视的史实是，陈留公主悲情的人生际遇与她拓跋鲜卑皇室血统息息相关，这亦是一个耐人寻味的话题。

也就是说，"鲜卑族原是一个氏族社会，过着游牧生活。进入中原后，鲜卑氏族组织逐渐转变为地域组织，游牧经济生活逐渐转变为农业经济生活。然而这种改变很不彻底，氏族制遗风仍旧大量残存，加之不曾或很少受到礼教的约束，因而在北朝时代鲜卑妇女有着较高的地位"。④ 谢宝富先生进而言之："实际上，当时女子丧偶或离异后，很容易找到如意归宿的怕只是富贵人家的女子，或是年轻貌美的女子，其他女子似乎并不是这样。"⑤ 在这样的表述里，有着鲜卑族血统的陈留公主既富且贵，历经数次婚史就不足为怪了。她的坎坷命运，可以说是北魏公主的经历写照与宿命代表，不仅真实映射着其背后广阔复杂的社会历史背景，也表明拓跋魏虽已踏上封建化道路，仍与其部落遗俗余绪有着千丝万缕的联系。

王肃前妻谢氏。谢氏北奔寻夫时，王肃已尚陈留公主，面临如此尴尬

---

① 参见（北魏）杨衒之撰，周祖谟校释《洛阳伽蓝记校释》卷3《城南》，中华书局，2010，第109页。

② 参见罗新《陈留公主》，《读书》2005年第2期，第132～134页。

③ 庄华峰：《魏晋南北朝时期的妇女再嫁》，《安徽师大学报》（哲学社会科学版）1991年第3期，第344页；罗新：《陈留公主》，《读书》2005年第2期，第132～134页。

④ 庄华峰：《鲜卑妇女较高社会地位及其缘由》，《中国社会科学院研究生院学报》2007年11月，第75页。

⑤ 谢宝富：《北朝的再嫁、后娶与姜妾》，《中国社会科学院研究生学报》2002年第4期，第53页。

境地，王肃"甚有愧谢之色"，鉴于谢氏是以出家为尼的方式来到洛阳，王肃便在其居住地延贤里修建正觉寺以安置前妻谢氏。① 不难想见，王肃死后，随着陈留公主的离去，王肃前妻及其子女应当是生活在延贤里是毫无疑义的。那么，他们又有着怎样的人生际遇？关乎此，逯耀东先生依据文献和墓志文本有着较为详细的论证，认为王肃的两个女儿入魏后，一嫔于世宗，一为广阳王渊妃②。《魏书·王肃传》亦载："绍，字三归。历官太子洗马、员外常侍、中书侍郎……世宗纳其女为夫人，肃宗又纳绍女为嫔。"③ 透过这些材料可以看出，王肃的二女一子婚宦甚为理想，或与拓跋魏宗室联姻，或历任显职，都有着"光明灿烂"的前途。更值得注意的是，王绍的女儿在肃宗朝也被选入宫中纳为嫔女。

由是观之，琅琊王氏作为南来降魏人员，能受朝廷如此恩宠不免令人惊讶，更何况此时王肃已死，陈留公主当与王肃家庭亦相当疏离，然而详加寻绎，个中缘由还是有迹可循的。王肃之子王绍《墓志》略及谢氏的家世渊源："陈郡谢氏，父庄，右光禄大夫，宪侯。"④ 又如《僧芝墓志》详细言明，谢氏曾是比丘尼统僧芝的弟子："孝文冯皇后、宣武高太后逮诸夫嫔廿许人，及故车骑将军、尚书令、司空公王肃之夫人谢氏，乃是齐右光禄大夫、吏部尚书庄之女，越自金陵，归荫天阙。以法师道冠宇宙，德兼造物，故捐舍华俗，服膺法门，皆为法师弟子。"⑤ 由上述两则志文等史料可知，王肃前妻谢氏是南朝显宦谢庄之女，出身高门，迢迢千里北上寻夫，并试图以文采斐然的诗词挽留前夫。可见，谢氏不仅勇敢无畏，又颇具才情，拥有较高的文化修为。然而更值得称道的，是其有着深谙官场物情的非凡见识。她借助最高中央僧官比丘尼统僧芝与北魏社会上层的政治关系，"以拜在僧芝座下为弟子的方式，求得某些政治上的庇护，应当是

---

① （北魏）杨衒之撰，周祖谟校释《洛阳伽蓝记校释》卷3《城南》，中华书局，2010，第109页。
② 逯耀东：《从平城到洛阳：拓跋魏文化转变的历程》，中华书局，2006，第228页。
③ （北齐）魏收：《魏书》卷63《王肃传》，中华书局，1974，第1412页。
④ 赵超：《汉魏南北朝墓志汇编》，天津古籍出版社，1992，第82～83页。
⑤ 赵君平、赵文成编《河洛墓刻拾零》，北京图书馆出版社，2007，第20页。

一个最顺理成章的选择。"① 显而易见，谢氏利用与僧芝的师徒关系，使得"比丘尼统"僧芝成为王肃家庭的庇护者。

徐月华、修容及艳姿等乐伎。一般而言，传统史书特别凸显对于帝王将相等社会上层精英的记录，而忽略了为数众多的普通民众的行为、观念和情感，其中奴仆歌伎等社会地位较为低下，故而史籍多不记载。然而难能可贵的是，在《洛阳伽蓝记》中，作者并没有仅仅关注社会精英的事迹，也用一定的笔墨书写了普罗大众的社会生活点滴，其所蕴含着的社会众生相的世俗化倾向，为我们提供了弥足珍贵的史料，可以些许了解北魏上层社会宅邸里奴婢生活的一般情状：

> 正光中，雍为丞相，给羽葆鼓吹、虎贲班剑百人，贵极人臣，富兼山海。……僮仆六千，妓女五百，隋珠照日，罗衣从风，自汉晋以来，诸王豪侈，未之有也。出则鸣驺御道，文物成行，铙吹响发，笳声哀转。入则歌姬舞女，击筑吹笙，丝管迭奏，连宵尽日……及雍薨后，诸妓悉令入道，或有嫁者。美人徐月华，善弹箜篌，能为《明妃出塞》之歌，闻者莫不动容。永安中，与卫将军原士康为侧室，宅近青阳门。徐鼓箜篌而歌，哀声入云，行路听者，俄而成市。徐常语士康曰："王有二美姬，一名修容，一名艳姿，并蛾眉皓齿，洁貌倾城。修容亦能为《绿水歌》，艳姿善为《火凤舞》，并爱倾后室，宠冠诸姬。"士康闻此，遂常令徐鼓《绿水》《火凤》之曲焉。②

由上可见，元雍被众多奴仆婢女簇拥的生活景象被阐释得淋漓尽致，有几位甚至留下了名字。诸如徐月华、修容及艳姿等，她们在杨衒之笔下变得具象，或擅弹箜篌，或能歌，或能舞，人物塑造形象立体真实，且都有作品风行，往往惊才绝艳，名冠京师，受到洛阳城居民的青睐和喜爱。杨氏不仅以寥寥数笔勾画出这些艺伎的典型形象，还通过徐月华追忆往昔的口述，使得修容、艳姿二婢形象跃然纸上，在细节上再现了这些歌姬舞

---

① 王珊：《北魏僧芝墓志考释》，载《北大史学》，2008，第100页。

② （北魏）杨衒之撰，周祖谟校释《洛阳伽蓝记校释》卷3《城南》，中华书局，2010，第122～124页。

女因善歌舞而极受主人宠幸，使之更为具体丰满、生动鲜活。然而这些社会地位低下的女性，往往不能掌控自己的命运，她们在主人死后，可选择的余地极其有限，基本上是被迫出家入道，皈依佛门，故而除美人徐月华再嫁外，修容和艳姿极有可能出家为尼了。

四　元恭、冯亮等寺院寓居者

北魏洛阳洛水北岸寺院遍布，其中不乏为数众多的僧侣道士等生活修行于内，也有一些避难寓居者，他们小心翼翼地在寺院中寻求自我保护，无疑是当时居民常见的一种远祸方式。

节闵帝元恭。《魏书·前废帝广陵王纪》记载：

> 前废帝，讳恭，字修业，广陵惠王羽之子也……正始中，袭爵。延昌中，拜通直散骑常侍。神龟中，进兼散骑常侍。正光二年，正常侍，领给事黄门侍郎。帝以元义擅权，遂称疾不起。久之，因托喑病。五年，就除金紫光禄大夫，加散骑常侍。建义元年，除仪同三司。王既绝言，垂将一纪，居于龙华寺，无所交通。[1]

《洛阳伽蓝记·平等寺》又载：

> 恭是庄帝从父兄也。正光中为黄门侍郎，见元义秉权，政归近习，遂佯哑不语，不预世事……恭常住龙华寺，至是，世隆等废长广而立焉。

《洛阳伽蓝记·龙华寺》又言：

> 龙华寺，广陵王所立也。[2]

综上史料可见，节闵帝元恭为了躲避政治风险，长期居住在作为家寺的龙华寺。时值元义专权，元恭不愿与其同流，便托称哑病，不参政事，

---

① （北齐）魏收：《魏书》卷11《前废帝广陵王纪》，中华书局，1974，第273页。
② （北魏）杨衒之撰，周祖谟校释《洛阳伽蓝记校释》，中华书局，2010，第81~82、112页。

一直住在城南龙华寺长达近十年之久，直至永安末年（530）被尔朱世隆拥立为帝，方才离开这座家寺。

值得注意的是，龙华寺作为元羽所立的寺院，元恭能在此长期顺理成章地居住生活，并能安然地躲避政治风险，不免使人深思。笔者以为，这一事例主要隐含两个信息，一是寺院可作为避祸的场所；二是北魏时期立寺者的家族，或许有长期供养自己家庙的传统。也就是说，家族寺院是一个家族繁荣的象征和荣耀，亦是巩固血缘关系、处理家族内部事务的场所，故而受到家族的重视，并得到世代供养。例如太傅清河文献王元怿所建造的景乐寺，"及文献王薨，寺禁稍宽，百姓出入，无复限碍。后汝南王悦复修之。悦是文献之弟"。① 由此可知，文献王元怿薨后，其同母弟元悦遂成为景乐寺新的寺主，以接替供养家庙，延续香火。又如"平等寺，广平武穆王怀舍宅所立也"。"永熙元年（532），平阳王入篡大业，始造五层塔一所。平阳王，武穆王少子也"。② 可见，广平王元怀去世后，他的儿子在平等寺修建了一座五层佛塔。故而，元恭于520～530年一直居住在城南龙华寺"相安无事"，想必与当时社会上流行的接替家庙香火的习俗有关。美国学者芮沃寿对此有着精辟阐释："在许多情况下，豪富修建和捐赠的寺院不仅是他们个人的隐居处，而且还是他们永久举行家族仪式的圣祠。"③

隐士冯亮。通常情况下，隐士都具备相当高的文化素养，有着飘然栖身于尘世之外的隐逸气息，他们除了讲论佛学、探讨玄理之外，大都远离都市，终日优游于山间泉畔，热爱自然山水，不关世事，世宗时的隐士冯亮便是一个典型例子。

《魏书·冯亮传》有详细记载：

> 少博览诸书，又笃好佛理……性清净，至洛，隐居嵩高……世宗

---

① （北魏）杨衒之撰，周祖谟校释《洛阳伽蓝记校释》卷1《城内》，中华书局，2010，第42页。

② （北魏）杨衒之撰，周祖谟校释《洛阳伽蓝记校释》卷2《城东》，中华书局，2010，第79、81页。

③ 〔美〕芮沃寿著，常蕾译《中国历史中的佛教》，北京大学出版社，2009，第39页。

尝召以为羽林监，领中书舍人，将令侍讲《十地》诸经，固辞不拜。又欲使衣帻入见，亮苦求以幅巾就朝，遂不强逼。还山数年，与僧徒礼诵为业，蔬食饮水，有终焉之志。会逆人王敞事发，连山中沙门，而亮被执赴尚书事，十余日，诏特免雪。亮不敢还山，遂寓居景明寺。敕给衣食及其从者数人。后思其旧居，复还山室。亮既雅爱山水，又兼巧思，结架岩林，甚得栖游之适，颇以此闻。世宗给其工力，令与沙门统僧暹、河南尹甄琛等，周视嵩高形胜之处，遂造闲居佛寺。林泉既奇，营制又美，曲尽山居之妙。亮时出京师，延昌二年冬，因遇笃疾，世宗敕以马舆送令还山，居嵩高道场寺，数日而卒。①

由上可见，笃信佛教的隐士冯亮为躲避政治风险，曾在城南景明寺②避世隐居，进而不难想象他在那里隐居禅修，并与一些著名僧人交谈的场景，这也在某种程度上暗含当时佛寺有城市馆舍的功用。在这段文字中，魏收对冯亮的隐士身份进行了绘声绘色的描述，诸如朝廷恳请他出山，固辞不就，而将全部情感寄情于山水间，世宗亦十分礼敬他，不仅不再强求于他，还不惜人力、物力，在山川形胜之地为之修建佛寺等。所以《魏书》本传将冯亮列入"隐逸"者一类，是当时典型的隐逸人物。

五 儒生荀子文城东受教

《洛阳伽蓝记》穿插了儒生荀子文的逸闻趣事，载："（中甘）里内有颍川荀子文，年十三，幼而聪辨，神情卓异，虽黄琬、文举无以加之。正光初，广宗潘崇和讲《服氏春秋》于城东昭义里，子文摄齐北面。"③ 这则材料表面上讲述了一个家住城南、年仅十三岁名叫荀子文的儒生在城东受教的场景，但其背后蕴藏着深刻的时代和社会背景。也就是说，儒生荀子文城东受教的史实，实则反映了其时私学的兴盛局势，也表明了当时官办

---

① （北齐）魏收：《魏书》卷90《冯亮传》，中华书局，1974，第1931页。
② （北魏）杨衒之撰，周祖谟校释《洛阳伽蓝记校释》卷3《城南》，中华书局，2010，第97页。
③ （北魏）杨衒之撰，周祖谟校释《洛阳伽蓝记校释》卷3《城南》，中华书局，2010，第125页。

太学营建迟滞的社会现象。

我们知道，城南是传统礼制文化区，汉晋以来，国家最高等级的教育机构辟雍和太学都规建于此。然而耐人寻味的是，北魏时期洛阳城南的居民，却要到城东接受私家讲学的这种教育方式。这一现象至少表明，北魏时期的辟雍及太学等国家教育基地，无论规模还是功能已趋没落①，在这种官学暮象的背景下，私学在发展教育、培养人才方面发挥了不容忽视的历史作用。不可忽视的是，城东作为汉族官僚士大夫的聚居地②，其儒学氛围应是较为浓厚的，由此看来，作为儒生的荀子文前往城东受教也是情理之中的事。进而推想，城东受教于私学，应是当时普遍的社会现象，之所以出现这种状况，固然和太学营建迟滞有关，但更为深层的原因是，北魏官学的学术地位已然大大降低。

第二节　居民的居住环境

洛阳地处中原，山河纵横，古人认为"此天下之中，四方入贡道里均"③，自古就是理想的建都之地。太和十七年（493）九月，孝文帝考察魏晋洛阳故城洛水北岸礼制建筑遗存，并抒发思古之幽情，《魏书》有明确记载："庚午，幸洛阳，周巡故宫基址。帝顾谓侍臣曰：'晋德不修，早倾宗祀，荒毁至此，用伤朕怀。'遂咏《黍离》之诗，为之流涕。壬申，观洛桥，幸太学，观石经。"④ 同年十月，孝文帝在魏晋旧址上始营洛阳城，"而洛阳，正是表现中国文化传统比较优越的地方，孝文帝迁都洛阳的最初动机，即因为洛阳所表现的文化传统激发而成"。⑤ 不难看出，洛水北岸作为中原传统礼制文化区所在，在建都伊始即已受到拓跋魏王朝的极度关注。

---

① 详见本章第二节之"崇礼场所"。
② 诸如北方儒学强宗弘农杨氏、修撰国史的崔光、大鸿胪卿李韶、太傅李延寔、"北方书圣"郑道昭、中书令游肇、秘书丞李彪、尚书仆射崔休、文学家常景、裴敬、侍中崔猷等，均居住在城东。
③ （汉）司马迁：《史记》卷4《周本纪》，中华书局，1959，第133页。
④ （北齐）魏收：《魏书》卷7下《高祖纪》，中华书局，1974，第173页。
⑤ 逯耀东：《从平城到洛阳：拓跋魏文化转变的历程》，中华书局，2006，第130页。

随后，朝廷又在洛水上修筑浮桥，《魏书》如是说："宫殿初构，经始务广，兵民运材，日有万计，伊洛流渐，苦于厉涉，（成）淹遂启求，敕都水造浮航，高祖容纳之。"[1]便利的交通，使得城南逐渐成为北魏洛阳城拓展的场所。诸如迁洛初期，这里不仅设置劝学里和延贤里等居民区，还仿照代北平城，重建了佛教寺院报德寺和道教寺院崇虚寺；随着城南营建工程的持续，这里陆续增修了利民里、中甘里和洛滨里等里坊区及景明寺、秦太上公寺等佛教寺院数座，还有明堂和太学等礼制建筑也落成完工。这些建筑物，尤其是佛教寺院中高耸的佛塔和巍峨的殿堂，在很大程度上改变了城市轮廓的单一面貌，构成了北魏洛阳城所独有的城市景观。

要之，从历史发展的时序来看，道路、礼制建筑遗址及"堰洛通漕"水利工程是北魏洛阳城南的基本骨架，这些都是魏晋时期已有的。其中道路只是名称略改，其布局和走向并无改变，相对比较固定；礼制建筑则是在汉晋旧基上进行修缮，以充分显示北魏政权对中原传统礼制的融入和传承理念；至于"堰洛通漕"水利工程，朝廷亦仅是在原有基础上增固营缮。也就是说，北魏洛阳大规模的利用改造工程，是以此基本骨架为基础，诸多里坊、寺院等建筑物仅是镶嵌于其中。进而言之，所有这些建筑物，均营置在一块堪称"形胜之地，爽垲独美"的微高地上。也正是自此意义上，北魏朝廷对作为皇家用地的洛水北岸，进行了充分利用。

一　古亳坂之微高地

一般来说，居住环境首先反映的是自然环境，其作为一个空间，是不可忽视的重要因素，它为人类活动提供了资源、场所等条件，承载着古人对地表空间的充分关注。正因为如此，居民生活于其中，不仅仅是将其当作一种自然资源，更是被看作各种社会表达的媒介。如众所知的《管子》记载："凡立国都，非于大山之下，必于广川之上。"可见早在先秦时期，古人就已懂得把地势较高的地方，选作最佳居住环境。1954年，考古人员发现洛水北岸有一东西狭长的自然隆阜地带，即为文献所称的"亳坂"。

---

① （北齐）魏收：《魏书》卷79《成淹传》，中华书局，1974，第1754～1755页。

这块微高地，早在东汉王朝营建都城时，已被发现并利用。诸如东汉洛阳城南宫及灵台、明堂、辟雍、太学等礼制建筑和教育机构，都位于所谓的"亳坂"之上，且这些建筑群经曹魏、西晋乃至北魏历代因袭之，甚至是今天，在当地居民使用的地名中，仍能充分体现古"亳坂"所具有的明显凸起特性。由此可见，古"亳坂"之微高地，由于其高地地形的优势，从古到今备受人们的关注和利用，尤其是汉魏时期这里曾长期被视为中原传统礼制文化区的所在地，正如有学者所言，"空间是一个物理概念，它要通过人类的关注和社会实践活动而被赋予意义，从而转化为地点这个社会文化概念"。[①] 亦由此不难推知，古人对古"亳板"这一居民日常活动载体的关注和利用的程度是较高的。

二　街道及里坊

街道是城市中最明显的公共化空间，不仅担负着城市交通职能，亦是城市居民日常生活的载体。北魏洛阳外郭城的街道，史书少有论及。据《洛阳伽蓝记》和考古发掘等资料可知，北魏洛阳内城南墙主要城门，均有"御道"通向洛水北岸。这些"御道"由西向东依次为：津阳门外大道、宣阳门外大道、平昌门外大道和开阳门外大道，其中宣阳门外大道作为全城的中轴线，延伸至伊水之阳的圜丘外，其余三条大道均南北直行至洛水北岸。基于它们在内城的宽度分别为：36～40米、40～42米、14～29、12～15米，[②] 故而推测与此相对应的城南"御道"宽度应不会相去太远，其中宣阳门外大道至洛水北岸长度约为4里[③]，其他街道的长度因洛水水道曲折不定，目前无从知晓，有待考古学人进一步勘测。尽管诸街道具体形制语焉不详，但可以肯定地说，由内城延伸出来的南北"御道"作为主干大街，与各里坊巷道相结合，共同构成洛水北岸的街道网。简言

---

①　张海：《景观考古学——理论、方法与实践》，《南方文物》2010年第4期，第9页。

②　参见中国科学院考古研究所洛阳工作队《汉魏洛阳城初步勘查》，《考古》1973年第4期，第511～512页。

③　（北魏）杨衒之撰，周祖谟校释《洛阳伽蓝记校释》卷3《城南》："宣阳门外四里，至洛水上，作浮桥，所谓永桥也。"中华书局，2010，第112页。

之，城南建筑物诸如"堰洛通漕"水利工程、礼制建筑群、里坊和寺院等，都是在这些街道的基础上被规划布局，南北纵向的街道格局也便利了城市居民的日常生活。

基于洛水北岸主要为皇家公共用地，故而相对其他城区而言，这一区域实际的居民里坊设置较少，却也独具特色。北魏迁都洛阳后，遂锐意汉化改革，诸如孝文帝迁洛初期，即在洛水北岸设置劝学里。据《洛阳伽蓝记》记载，拓跋魏锐意汉化改革的举措，比较重视中原礼制文化建设，除了因循汉晋旧址而建，北魏洛阳城的管理模式也基本上因袭汉晋的传统乡里制，首先从恢复礼制教育入手，这可从孝文帝考察太学遗址后，又设置"劝学里"等居民区找到明证：

> 开阳门御道东有汉国子学堂，堂前有三种字。石经二十五碑，表里刻之，写《春秋》《尚书》二部，作篆、科斗、隶三种字，汉右中郎将蔡邕笔之遗迹也。犹有十八碑，余皆残毁。复有石碑四十八枚，亦表里隶书，写《周易》《尚书》《公羊》《礼记》四部。又《赞学碑》一所，并在堂前。魏文帝作《典论》六碑，至太和十七年（493）犹有四碑。高祖题为劝学里。①

我们知道，东汉和曹魏曾分别在太学门前刊立了宣扬儒家经典的石经，鉴于这里儒学氛围浓厚，是文化传承的现实存在和具体象征，孝文帝遂在太学遗迹附近设立劝学里也就不难理解了。也就是说，"为了表彰汉晋以来太学在发展封建文化过程中所起的重要作用，孝文帝特将太学所在地命名为劝学里，以引导刚刚入主中原的鲜卑统治阶级学习汉族先进的传统文化"。②

除了劝学里，《洛阳伽蓝记》还有延贤里的记载：

> 劝学里东有延贤里……肃字恭懿，琅琊人也，伪齐雍州刺史奂之

---

① （北魏）杨衒之撰，周祖谟校释《洛阳伽蓝记校释》卷3《城南》，中华书局，2010，第106~107页。
② 张乃翥：《元魏畿下的洛水两岸绎述》，《中州学刊》1985年第6期，第101页。

子也。赡学多通，才辞美茂，为齐秘书丞，太和十八年背逆归顺。时高祖新营洛邑，多所造制，肃博识旧事，大有裨益，高祖甚重之，常呼王生。延贤之名，因肃立之。[①]

从史实记载来看，王肃作为江东文物典制之渊薮琅琊王氏的后裔，孝文帝把他安置在太学遗址附近居住，并把其居住的地方命名为延贤里，颇有深意。由之，孝文帝设置劝学里和延贤里等居民区，是推行其华夏传统礼制汉化政策的一部分。

从文献记载和墓志文本来看，洛水北岸还有诸如利民里、中甘里及洛滨里等里坊居民区。宣武帝即位初期，洛阳城出现了“筑京师三百二十三坊”的筑坊高潮，里坊遂成为“洛阳县的基层行政单位”[②]。《洛阳伽蓝记》有着明确记载，“（景明寺）在宣阳门外一里御道东”，“大统寺，在景明寺西，即所谓利民里。寺南有三公令史高显略宅”,[③] “高阳王寺，高阳王雍之宅也。在津阳门外三里御道西……高阳宅北有中甘里。里内有颍川荀子文，年十三，幼而聪辨，神情卓异，虽黄琬、文举无以加之”。[④] 显而易见，上文中提及的劝学里、延贤里、利民里和中甘里等里坊，其渊源及地理坐落较为明确。至于洛滨里，史书不见记载，其名称来源于 1932 年洛阳出土的鄯乾墓志[⑤]，志文言及鄯乾为“司州河南洛阳洛滨里人”。遗憾的是，基于文字记载的不足，“洛滨里”的具体位置不得而知。

据笔者判断，“洛滨里”在灵台遗址南面的可能性较大。“洛滨里”，从其字面意思来看，有城南“洛水”岸边之意，但其在洛水南岸还是北岸，无从判断。幸而《魏书·释老志》有关于“洛滨”的记载：“先是，

---

① （北魏）杨衒之撰，周祖谟校释《洛阳伽蓝记校释》卷 3《城南》，中华书局，2010，第 108～109 页。

② 张金龙：《北魏洛阳里坊制度探微》，《历史研究》1999 年第 6 期，第 61 页。

③ （北魏）杨衒之撰，周祖谟校释《洛阳伽蓝记校释》卷 3《城南》，中华书局，2010，第 97、102 页。

④ （北魏）杨衒之撰，周祖谟校释《洛阳伽蓝记校释》卷 3《城南》，中华书局，2010，第 122～125 页。

⑤ 朱亮：《洛阳出土北魏墓志选编》，科学出版社，2001，第 26 页。

于恒农荆山造珉玉丈六像一。（永平）三年（510）冬，迎置于洛滨之报德寺，世宗躬观致敬。"① 依据《洛阳伽蓝记》所载，皇家寺院报德寺的地理坐落是在洛水北岸②，故而这里所言的"洛滨"，显而易见是在洛水北岸。若由此推断出郚乾所居的"洛滨里"是为洛水北岸，很显然，这仍不足以说明问题，我们似乎还可以从郚乾本人的社会身份地位来寻找些许解释。从志文可知，郚乾在北魏朝廷一直担任显职，有一定的政治地位，再加上其"代迁户"的社会身份，属于迁洛初期附洛的一批居民，因而孝文帝时期已然对其居所有所安置，又基于洛水南岸在宣武帝朝才开发，可以断言，郚乾应是居住在洛水北岸。

由此，"洛滨里"的大致范围在洛水北岸的可能性极大，但其在洛水北岸的具体方位却又不得而知了。翟建波先生认为"'代迁户'这一特殊社会集团在洛阳城内外一定地区居住，如城南门外灵台南就是他们聚居区之一。"③ 不难看出，翟氏的观点似乎提供了可资参考的资料，但令人遗憾的是，此观点仅是描述，无法让人信服。但翟氏的看法并不是无迹可循，例如《洛阳伽蓝记》记述了洛阳人虎贲洛子渊的奇闻轶事甚有启发性：

> 孝昌初，妖贼四侵，州郡失据……时有虎贲洛子渊者，自云洛阳人。昔孝昌年戍在彭城，其同营人樊元宝得假还京师，子渊附书一封，令达其家。云："宅在灵台南，近洛河，卿但至彼，家人自出相看。"元宝如其言，至灵台南，了无人家可问。徙倚欲去，忽见一老翁来，问从何而来，彷徨于此。元宝具向道之。老翁云："是吾儿也。"④

基于《魏书》所载："以代迁之士皆为羽林、虎贲。"宿白先生亦指出："北魏大规模迁洛，在组织上还有相当一部分保留着旧日的部落性质

---

① （北齐）魏收：《魏书》卷114《释老志》，中华书局，1974，第3041页。
② （北魏）杨衒之撰，周祖谟校释《洛阳伽蓝记校释》卷3《城南》，中华书局，2010，第106页。
③ 翟建波：《魏晋南北朝时期洛阳的兴衰》，《甘肃社会科学》1985年第2期，第87页。
④ （北魏）杨衒之撰，周祖谟校释《洛阳伽蓝记校释》卷3《城南》，中华书局，2010，第104～105页。

的军事编制。这部分既属羽林虎贲卫宿亲军，又都携家带口。"① 由此可以推想，上述故事中的洛子渊应是"代迁户"身份毫无疑问。这个故事可在某种程度上佐证翟氏"城南门外灵台南就是他们聚居区之一"的说法并非妄说，如若翟氏的观点可靠，那么"洛滨里"当在洛水北岸灵台南无疑。

尽管关于洛水北岸里坊区的记载较少，从中亦不难发现，这里的居民和居住环境呈现"对称性"，即居民身份与其居住环境基本上是吻合的。例如佛教寺院对应僧侣；道教寺院对应道士；太学对应太学生；劝学里和延贤里，坐落在太学附近，则对应江东琅琊王氏，以彰显"斯文在兹"的礼制意义；利民里，位于宣阳门外大道一侧，距离宫城、皇城等国家行政区较近，优越的地理位置当是皇亲国戚、达官贵人的首选之地，是为高级官吏住宅区，故而景明寺、秦太上公寺等皇家寺院及三公令史高显略宅邸均位于此；洛滨里，在传统崇礼场所——灵台的南面，是羽林、虎贲等军人的聚居区，足见朝廷对礼制文化区的重视；中甘里，在津阳门外三里御道西，地理位置略为偏僻，是为以儒生荀子文为代表的一般居民区。

值得注意的是，元雍宅邸和报德寺坐落在地理位置相对偏僻的城南一隅，是为特例。我们知道，元雍宅邸所处的中甘里为一般居民区，这与其皇室身份不符，鉴于元雍在这里营建豪宅的时间节点，正是城南开发较为成熟的时期，由此可推测，其择居于此似乎与这一带有着大片空地不无关系。诚如张乃翥先生所指出，由于统治者在洛水沿岸划地以居，广筑苑囿，这里再现昔日的妖娆之姿，故而多被当代权贵阶层辟为珍舍琼居②；又如，皇家寺院报德寺偏居于城南东南隅，这应与该寺院宣扬的儒家孝道主旨有密切关联，也就是说，报德寺的营建，与辟雍、太学、劝学里、延贤里等诸多建筑群有着异曲同工之妙。

关于洛水北岸诸里坊的具体形制、规模及治安管理等细节问题，史书

---

① 宿白：《北魏洛阳城和北邙陵墓——鲜卑遗迹辑录之三》，《文物》1978 年第 7 期，第 42～52 页。
② 张乃翥：《元魏畿下的洛水两岸绎述》，《中州学刊》1985 年第 6 期，第 102 页。

记载不详，现依据间接资料暂作粗线条描述。金大珍先生从洛阳城地处黄土地貌的角度，认为里坊区应是由黄土夯筑围墙包筑[①]；关于里坊的规模，《魏书·甄琛传》又言，“京邑诸坊，大者千户，五百户”，可见，都城里坊规模不一，鉴于洛水北岸多分布着寺院、礼制等建筑，推测这里的里坊居民区规模不会太大；至于里坊的管理模式，《洛阳伽蓝记》如是记载：“京师东西二十里，南北十五里，户十万九千余。庙社宫室府曹以外，方三百步为一里，里开四门，门置里正二人，吏四人，门士八人。”[②] 这是北魏洛阳城里坊制度中里的基本管理人员组成模式，以规整的方三百步为一里，形成一个个独立的居民区。由此不难看出，里正担负着坊里居民的日常管理之责，里坊管制制度较为严密。

总而言之，北魏洛阳城的诸多里坊，是黄色围墙包筑的一个个独立封闭的居民区，这种里坊制划分，与其说源于中原城乡旧制，毋宁说更直接地来源于旧都平城，据当时曾到过平城的南人记载，“其郭城绕宫城南，悉筑为坊，坊开巷”“每闭坊搜检，以备奸巧”。[③] 这里体现了里坊设置的基本功能，是便于控制坊内的居民。诚如宿白先生所认为的，洛阳郭城为数众多规整里坊出现的原因之一就是管理居民[④]。刘连香先生对此亦有阐释：“其治安、防盗功能大于户籍、赋税和徭役作用。”[⑤]

由于里坊居民混杂，里坊居住环境的治安曾一度混乱。诸如劝学里有南朝降附的琅琊王氏家族、汉族官僚杜祖悦家庭，延贤里除了南朝降附的琅琊王氏家庭，还有皇室元质，洛滨里有鄯乾、羽林虎贲，中甘里有儒生荀子文、宗室高阳王雍，利民里有三公令史高显略等。此外，诸坊还有寺院甚至教育机构太学等设置，人员堪杂，难怪河南尹甄琛上表：“今迁都以来，天下转广，四远赴会，事过代都，五方杂沓，难可备简，寇盗公

---

① 〔韩〕金大珍：《北魏洛阳城市风貌研究》，中国社会科学出版社，2016，第 69 页。
② （北魏）杨衒之撰，周祖谟校释《洛阳伽蓝记校释》卷 5《城北》，中华书局，2010，第 212 页。
③ （南朝梁）萧子显：《南齐书》卷 57《魏虏传》，中华书局，1972，第 985 页，
④ 宿白：《北魏洛阳城和北邙陵墓——鲜卑遗迹辑录之三》，《文物》1978 年 7 月，第 44 页。
⑤ 刘连香：《民族史视野下的北魏墓志研究》，文物出版社，2017，第 394 页。

行，劫害不绝。此由诸坊混杂，厘比不精，主司暗弱，不堪检察故也。"① 不过，经过甄琛的有效整治，"于是京邑清静，至今踵焉"。②

三　"堰洛通漕"水利工程

古亳板上除了分布着诸多里坊，在津阳门外大道和宣阳门外大道之间修建有"堰洛通漕"的引洛渠。我们知道，洛阳盆地的水资源虽然较为充足，但空间分布不均匀，谷、瀍水距离北魏洛阳城较远，伊、洛水又在城南最低处，而城市主体部分则在洛水北岸的高地上，这都给水资源利用带来了不便。为了满足生产、生活和生态用水需求，兴利除害，朝廷需要修建水利工程对天然水资源进行再分配。"从文献记载看，汉魏时期对城周围自然河流的开发利用，正是以引谷溉洛、堰洛通漕这两大工程为重点，围绕解决城市用水和漕运这两大中心问题展开的。"③ 鉴于前代沟渠工程建造科学，质量高超，运行有效，北魏朝廷遂复修了千金堨、堰洛通漕等水利工程，以发挥城市供水和漕运的功能（见表 3-1）。

表 3-1　汉魏洛阳故城水利工程修建一览

朝代	修建时间	水利工程	具体内容
东汉	建武五年（29）	—	穿渠引谷水注洛阳城下，东写巩川。及渠成而水不流
	建武二十四年（48）	堰洛通漕	穿阳渠，引洛水为漕，百姓得其利
	阳嘉四年（135）	城东漕渠、马宪桥	东通河济，南引江淮，方贡委输，所有而至
曹魏	太和五年（231）	千金堨（五龙渠）	积石为堨而开沟渠五所，谓之五龙渠
西晋	泰始七年（271）	代龙渠（九龙渠）	大水迸瀑，出常流上三丈，荡坏二堨，……更于西开泄，名曰代龙渠
	—	长（涨）分桥	谷水浚急，注于城下，多坏民家，立石桥以限之

① （北齐）魏收：《魏书》卷68《甄琛传》，中华书局，1974，第1514页。
② （北齐）魏收：《魏书》卷68《甄琛传》，中华书局，1974，第1515页。
③ 段鹏琦：《汉魏洛阳故城》，文物出版社，2009，第159页。

续表

朝代	修建时间	水利工程	具体内容
西晋	—	九曲渎（城东漕渠）	都水使者陈狼凿运渠，从洛口入，注九曲，至东阳门
	元康二年（292）	皋门桥	改治水巷、水门、除竖枋，更为函枋，立作覆枋屋，前后辟级续石障，使南北入岸，筑潄啮处，破石以为杀矣
北魏	太和年间	千金堨	水积年，渠堨颓毁，石砌殆尽，遗基见存，……修复故堨
	太和二十年（496）	堰洛通漕	丁亥，将通洛水入谷，帝亲临观
	太和年间	城内水系	经构宫极，修理街渠，务穷（幽）隐，发石视之，曾无毁坏。又石工细密，非今之所拟，亦奇为精致也，遂因用之

资料来源：《后汉书》《水经注》《洛阳伽蓝记》《魏书》。

（一）各段工程概况（见图 3-1）

首先是城西河段的修缮。北魏洛阳城市用水，主要依靠谷水和瀍水。虽然二水距城较远，但其海拔多在 150 米以上，可以开渠引水自流入城。东汉时期，谷、瀍二水就被东引入城了，北魏都洛后，修复疏通了千金堨这一渠系工程（包括引水和泄水两大工程）。

千金堨是"引谷溉洛"工程中调节水流丰枯的水库，始建于魏明帝时期，西晋增修相关配套工程，到北魏都洛时，"水积年，渠堨颓毁，石砌殆尽，遗基见存，朝廷太和中修复故堨"。[①] 千金堨修复疏通后，仍对城市用水起重要作用，郦道元描述的恰如其分："计其水利，日益千金，因以为名。"[②] 北魏杨播墓志中也有千金堨重修的记载："高祖始建都之始，君参密谋焉，……又修成千金堨，引谷、洛水以灌京师。"[③] 另外，《洛阳伽蓝记》则记载了"昔都水使者陈协所造，令备夫一千，岁恒修之"[④] 的岁

① （北魏）郦道元著，陈桥驿校证《水经注校证》卷 16《谷水》，中华书局，2013，第 375 页。
② （北魏）杨衒之撰，周祖谟校释《洛阳伽蓝记校释》卷 4《城西》，中华书局，2010，第 163 页。
③ 赵超：《汉魏南北朝墓志汇编》，天津古籍出版社，1992，第 86 页。
④ （北魏）杨衒之撰，周祖谟校释《洛阳伽蓝记校释》卷 4《城西》，中华书局，2010，第 163 页。

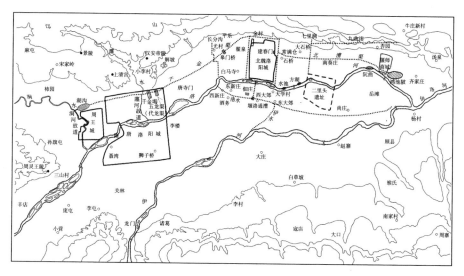

图 3 - 1 北魏洛阳城水利工程分布示意

修管理制度，说明了朝廷的高度重视。关于千金堨的具体位置，文献没有明确记载，考古勘查已确定在今洛阳一中附近①。这里地势开阔高远，也与段鹏琦推测的在今瀍河下游东侧、塔湾村以西约 0.5 公里处基本符合。②

千金堨的引水渠首是在东周王城西北处"湖沟"。这里是山区进入平原的谷口，谷（涧）水河道稳定，河床纵比降大，易获得落差，引水方便，可满足整个城市自流引水需要。《水经注》记载的千金堨石人上的刻文："若沟渠久疏，深引水者当于河南城北、石磧西，更开渠北出，使首狐丘。故沟东下，因故易就，磧坚便时。"③ 说的就是该"湖沟"："谷水之右有石磧，磧南出为死谷，北出为湖沟"④，北魏时期，应是按照刻文重新利用"湖沟"引水，然后顺着王城北墙平行东去⑤，沿渠拦截瀍水，以

① 洛阳文物考古研究院：《洛阳汉唐漕运水系考古调查》，《洛阳考古》2016 年第 4 期，第 11 页。
② 段鹏琦：《汉魏洛阳与自然河流的开发和利用》，载《庆祝苏秉琦考古五十五年论文集》，文物出版社，1989，第 511 页。
③ （北魏）郦道元著，陈桥驿校证《水经注校证》卷 16《谷水》，中华书局，2013，第 375 页。
④ （北魏）郦道元著，陈桥驿校证《水经注校证》卷 16《谷水》，中华书局，2013，第 374 页。
⑤ 孔祥勇、骆子昕：《北魏洛阳的城市水利》，《中原文物》1988 年第 4 期，第 81 页。

抬高水位，迫使谷、瀍水交会后东流，修建千金堨。

从千金堨以东到北魏洛阳内城西北的这段渠道，称为千金渠，"水历堨东注，谓之千金渠"①。该渠线合理地利用了地形条件，显示了较高的规划水平和测量水平，考古勘查也已证实②。为了保障水道畅通，千金渠沿线修建有泄洪工程。文献明确记载北魏洛阳城的泄洪工程是长分沟，"出阊阖门城外七里，有长分桥。中朝时以谷水浚急，注于城下，多坏民家，立石桥以限之。长（涨）则分流入洛，故名曰长分桥。……朝士送迎，多在此处"。③ 长分桥下有长分沟，长分沟作为泄洪工程，考古已勘察证明，至今仍发挥作用。④ 泄洪工程除长分沟外，文献记载还有谷、瀍水故道。至于前代沿渠修建的五龙渠、代龙渠、皋门桥等泄洪工程，文献没有记载，考古也尚未发现遗迹，北魏是否修复类似工程，就不得而知了。总之，"有了这些措施，无论哪里出现异常水量，都可以就近泄入洛河，从而减轻对人工渠道的压力，有利于将水患消灭在渠水入城之前"。⑤ 可见，这一系列配套泄洪工程的持续修建维护，发挥着调节水量以免其泛滥或枯竭的重要作用，保证了千金堨的安全和洛阳城居民免受洪水之灾。

其次是内城水系的疏浚。千金渠从内城西北枝分入城，基本上是魏晋水利工程的疏浚重修，《水经注》《洛阳伽蓝记》记载较为详细，学界也多有阐述⑥，且已为考古发掘所证实⑦。该渠系从西来入北魏洛阳内城，有三

---

① （北魏）郦道元著，陈桥驿校证《水经注校证》卷16《谷水》，中华书局，2013，第375页。
② 洛阳文物考古研究院：《洛阳汉唐漕运水系考古调查》，《洛阳考古》2016年第4期，第10~11页。
③ （北魏）杨衒之撰，周祖谟校释《洛阳伽蓝记校释》卷4《城西》，中华书局，2010，第162页。
④ 中国社会科学院考古研究所洛阳汉魏城工作队：《北魏洛阳外郭城和水道的勘查》，《考古》1993年第7期，第608页。
⑤ 段鹏琦：《汉魏洛阳与自然河流的开发和利用》，载《庆祝苏秉琦考古五十五年论文集》，文物出版社，1989，第509页。
⑥ 郑连第：《古代城市水利》，水利电力出版社，1985，第32页；孔祥勇、骆子昕：《北魏洛阳的城市水利》，《中原文物》1988年第4期，第82页；段鹏琦：《汉魏洛阳与自然河流的开发和利用》，载《庆祝苏秉琦考古五十五年论文集》，文物出版社，1989，第509页；周勋：《曹魏至北魏时期洛阳用水研究》，陕西师范大学硕士学位论文，2016，第39~42页。
⑦ 中国社会科学院考古研究所洛阳汉魏城工作队：《北魏洛阳外郭城和水道的勘查》，《考古》1993年第7期，第607~608页。

重功效：一是作为环绕内城的护城河；二是从内城西北枝分三支入城，流遍全城，既满足内城用水需要，又是内城区的排水干渠；三是作为漕运水道。环内城水系，文献中有多种称呼：阳渠、谷水、洛阳沟等。① 为了行文方便，这里以阳渠为谷水环绕内城流段的称谓② （见图 3 - 2）。

阳渠环绕内城流向。北魏郦道元《水经注》对谷水绕内城的阳渠水系有详细记载："谷水于内城西北枝分，一东流迳金墉城北……迳洛阳小城北……又东历大夏门下……又东迳广莫门北又东出屈，南迳建春门石桥下"；"谷水自城西北枝分，其一水南注，自阊阖门而南……迳西阳门……又南迳西明门……谷水又南，东屈迳津阳门南，又东迳宣阳门南……又东迳平昌门南……又东迳开阳门南……谷水于城东南隅枝分北注，迳青阳门东……又北迳东阳门……又北，入洛阳沟"。③ 关于谷水在北魏洛阳内城西北分流入城的地点，考古发掘认为在今翟泉村东北的寨墙里④。谷水从这里向东、南枝分两条绕城四面：一是从金墉城北，历大夏门、广莫门，东向折南，至建春门石桥下出城；二是从金墉城南，迳阊阖门、西阳门、西明门，南下东折，至津阳门、宣阳门、平昌门、开阳门，在城东北隅枝分，其一北注，经青阳门、东阳门，最后注入洛阳沟，即阳渠。两个支流在建春门外与阳渠会合，注入城外漕渠，最后流入洛水。

阳渠不仅绕内城周流，还从内城之北、西向枝分三条渠道入城。一是由北穿城入华林园，注天渊池、翟泉，最后出城东阳渠；二是自城西阊阖门入城，在宫城外分两支：一支由宫墙涵洞入城，注入灵芝九龙池，另一

① （北魏）杨衒之撰，周祖谟校释《洛阳伽蓝记校释》卷 2《城东》："谷水周围绕城，至建春门外，东入阳渠石桥。"中华书局，2010，第 55 页。（北魏）郦道元著，陈桥驿校证《水经注校证》卷 16《谷水》："谷水又东屈南，迳建春门石桥下……又自乐里道屈而东出阳渠"，"谷水又城东南隅枝分北注，迳青阳门东……又北迳东阳门东……又北迳故太仓西……又北入洛阳沟"，中华书局，2013，第 379、386 页。
② 中国社会科学院考古研究所洛阳汉魏城工作队：《北魏洛阳外廓城和水道的勘查》，《考古》1993 年第 7 期，第 607 页；王学荣：《偃师商城与二里头遗址的几个问题》，《考古》1996 年第 5 期，第 52 页。
③ （北魏）郦道元著，陈桥驿校证《水经注校证》卷 16《谷水》，中华书局，2013，第 376 ~ 379 页。
④ 中国科学院考古研究所洛阳工作队：《汉魏洛阳城初步勘查》，《考古》1973 年第 4 期，第 201 页。

支沿宫墙外南下折东，至阊阖门，又分两支，分别流入城南、东阳渠；三是从城西西明门入城，穿铜驼街，东入青阳门，注入阳渠。入城三条渠道，支分流转，水网密布，遍及全城。《洛阳伽蓝记》有关城北华林园的描述，"凡此诸海，皆有石窦流于地下，西通谷水，东连阳渠，亦与翟泉相连。若旱魃为害，谷水注之不竭；离毕傍润，阳谷泄之不盈"①，从侧面说明了引谷水入城，水脉畅通，泄洪迅速，不盈不竭，方便了内城居民的生产和生活用水，水资源利用效率较高。《水经注·谷水》则对内城水系记载较为详细，此不繁述。简言之，千金渠从内城西北枝分入城，基本上是魏晋水利工程的疏浚重修。

再次是城东水系的复建。由《水经注》可知，谷水环绕北魏洛阳内城四周后，枝分两支出城：一是从建春门外阳渠出城；二是自阳渠东南隅东向出城。为了行文方便，这里分别表述为：北漕渠和南漕渠。

《水经注》对城东水系描述的比较零散，复原较为困难，借助考古资料，可得出基本概貌。其中"鸿池陂"地望的确定是关键因素。《水经注·谷水》中关于"鸿池陂"记载：

> 谷水又东，左迤为池。又东，右出为方湖，东西百九十步，南北七十步，故水衡署之所在也……谷水又东注鸿池陂，《百官志》曰："鸿池，池名也，在洛阳东二十里，丞一人，二百石。池东西千步，南北千一百步，四周有塘池，中又有东西横塘，水溜径通，故李尤《鸿池碑名》曰：鸿泽之陂，圣王所规，开源东注，出自城池也。"其水又东，左合七里涧……涧有石梁，即旅人桥也……凡是数桥，皆累石为之，亦高壮矣。制作甚佳，虽以时往损功，而不废行旅。《朱超石与兄书》曰：桥去洛阳宫六七里，悉用大石，下圆以通水，可受大舫过也。②

---

① （北魏）杨衒之撰，周祖谟校释《洛阳伽蓝记》卷1《城内》，中华书局，2010，第53~54页。

② （北魏）郦道元著，陈桥驿校证《水经注校证》卷15《谷水》，中华书局，2013，第386页。

　　这段文字描述了"鸿池陂"在洛阳东二十里，又言其东是"七里涧"，桥去洛阳宫七里，显然出现了逻辑混乱。周祖谟先生校释《洛阳伽蓝记》所手绘《北魏洛阳伽蓝图》，其中"鸿池陂"方位即在七里涧之西，应是按《水经注》行文顺序来描绘的，显然忽略了二者之间的里数距离，因而出现了逻辑错误。幸而鸿池陂的具体位置已被考古发掘证明："鸿池陂位于偃师市城区中南部，偃师商城遗址东南侧。东至高庄村西 300 米左右，西至塔庄村东 301 国道东侧。"① 其地理位置和规模大小等，与上述引文所言基本吻合。漕运水系中的蓄水湖泊鸿池陂，其位置的确定为我们叙述城东漕渠水系的走向提供了可靠的根据。《水经注·谷水》记载"鸿池陂""在洛阳东二十里"，"其水又东，左合七里涧，涧有石梁，即旅人桥也"。② 不难看出，鸿池陂在洛阳东二十里，从言其东是"七里涧"，而桥去洛阳宫七里，如若按照具体里数来推算，"鸿池陂"应在"七里涧"之东才正确。

　　基于鸿池陂位置的确定，结合《水经注》记载，可梳理出城东水系概况。其一，北漕渠的流向。出建春门东，有太仓、七里涧、旅人桥，东出郭城，有南北向自然壕沟遗迹，多流于漕渠道，称"九曲渎"③，此段总体较直，宽 60 ~ 80 米，最宽处 100 米，然后入鸿池陂，沿邙山走势汇入洛河。④ 其二，南漕渠的流向。《水经注》记载由城东南隅东出之谷水："又东，左迤为池。又东，出为方湖，……又东南转屈而东注，谓之阮曲，……

---

① 陈华州等：《汉魏洛阳城东阳渠、鸿池陂考古勘察简报》，《华夏考古》2011 年第 1 期，第 20 ~ 25 页。

② （北魏）郦道元著，陈桥驿校证《水经注校证》卷 16《谷水》，中华书局，2013，第 386 页。

③ 关于"九曲渎"目前说法不一。一是洛阳文物考古研究院《洛阳汉唐漕运水系考古调查》（《洛阳考古》2016 年第 4 期，第 12 页）认为九曲渎就是南漕渠上的阮曲；二是陈华州等《汉魏洛阳城东阳渠、鸿池陂考古勘察简报》（《华夏考古》2011 年第 1 期，第 20 ~ 25 页）、王学荣《偃师商城与二里头遗址的几个问题》（《考古》1996 年第 5 期，第 51 ~ 53 页）等认为九曲渎在北漕渠鸿池陂以西呈不均匀分布，根据相关文献分析，笔者认同这一说法。

④ 参见陈华州等《汉魏洛阳城东阳渠、鸿池陂考古勘察简报》，《华夏考古》2011 年第 1 期，第 23 ~ 25 页；王学荣《偃师商城与二里头遗址的几个问题》，《考古》1996 年第 5 期，第 51 ~ 53 页；（北魏）郦道元著，陈桥驿校证《水经注校证》卷 16《谷水》："谷水又东屈，南迳建春门石桥下……又自乐里道屈而东出阳渠……又东迳马市石桥"，中华书局，2013，第 379 页；（北魏）杨衒之撰，周祖谟校释《洛阳伽蓝记》卷 2《城东》："在建春门外石桥南，谷水周围绕城至建春门外，东入阳渠石桥"，中华书局，2010，第 55 页。

又东注鸿池陂"①，清晰地告诉我们这一段的流向。

北漕渠和南漕渠汇注鸿池陂后，流入洛水。漕渠水系走向的大致确定，即可进一步分析其漕运情况。漕运需要一定的航深，足量、稳定的水源，城东漕渠汇有谷、瀍、洛水，水量较为充足，加上方湖、阮曲、鸿池陂等湖泊的调节，这些都是对漕运水源的重要保证。北魏漕运渠道，充分利用天然河流湖泊，减少人工开挖工程，在短期内建成，迅速发挥效益。《水经注》记载了建春门外石桥下铭文："阳嘉四年（135）乙酉壬申，诏书以城下漕渠，东通河、济，南引江、淮，方贡委输，所由而至，使中谒者魏郡清渊马宪监作石桥梁柱，敦敕工匠尽要妙之巧，攒立重石，累高周距，桥工路博，流通万里云云。"②《洛阳伽蓝记》又说："（阳渠石）桥有四石柱，在道南，铭云：'汉阳嘉四年将作大匠马宪造。'逮我孝昌三年（527）大雨颓桥，南柱始埋没，道北二柱，至今犹存。"③ 这段文字说明，作为重要的交通建筑物，建春门外马宪石桥，历经近400年历史，北魏时仍旧沿用，直至大雨淹废桥柱才停止使用，间接表明了城东漕运继东汉以来，效益良好。东来漕运由黄入洛，经鸿池陂，分为北漕渠和南漕渠，北漕渠直接到达建春门外附近，南漕渠经阳渠东南隅后，经青阳门、东阳门，最终入建春门外阳渠，至此南北漕渠汇合。《洛阳伽蓝记》记载城东明悬尼寺东有西晋时的常满仓，"高祖令为租场，天下贡赋所聚蓄也"。④《水经注》引《洛阳地记》曰："大城东有太仓，仓下运船常有千计。"⑤可见，当时建春门外附近水运便捷，是货物集散的仓储中心，也应是北魏洛阳城漕运的终点。

概而言之，起源于东汉建武二十四年（48）的"堰洛通漕"工程，历

---

① （北魏）郦道元著，陈桥驿校证《水经注校证》卷16《谷水》，中华书局，2013，第386页；洛阳文物考古研究院：《洛阳汉唐漕运水系考古调查》，《洛阳考古》2016年第4期，第16~17页。

② （北魏）郦道元著，陈桥驿校证《水经注校证》卷16《谷水》，中华书局，2013，第379页。

③ （北魏）杨衒之撰，周祖谟校释《洛阳伽蓝记》卷2《城东》，中华书局，2010，第55页。

④ （北魏）杨衒之撰，周祖谟校释《洛阳伽蓝记》卷2《城东》，中华书局，2010，第56页。

⑤ （北魏）郦道元著，陈桥驿校证《水经注校证》卷16《谷水》，中华书局，2013，第386页。

经曹魏、西晋、北魏约 500 年的历史，屡废屡修，至少在东魏孝静帝天平元年（534）迁都邺城时，仍然具备供水和漕运功能（见图 3-2）。

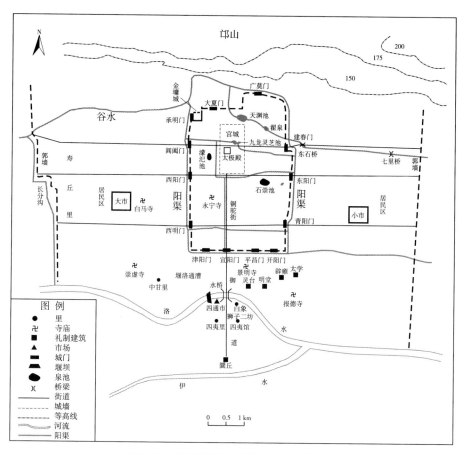

图 3-2　北魏洛阳城各城区水系分布示意

（二）引洛渠位置的确定及洛水水患减少

"堰洛通漕"的引洛渠位于城南津阳门大道东侧。堰洛通漕，就是修建堤堰，迫使部分洛水流入城南阳渠，增大渠水流量，以便漕运[①]。关于

---

① 参见段鹏琦《汉魏洛阳与自然河流的开发和利用》，载《庆祝苏秉琦考古五十五年论文集》，文物出版社，1989，第 511 页；周勋《曹魏至北魏时期洛阳用水研究》，陕西师范大学硕士学位论文，2016，第 17~20 页。

该工程的资料记载，就笔者目力所及，《水经注》《魏书》《洛阳伽蓝记》及《杨播墓志》仅是只言片语的描述性概括，但关于该工程的具体地点、工程形制及效益等细节问题，却史无明文。幸运的是，近年来的考古勘察资料提供了弥足珍贵的实物资料。2014 年，考古人员在今天洛河南堤南侧的佃庄和河头一线东侧，找到了堰洛通漕遗址，堤堰东西长 530 米左右，南北宽 420 米，堰西为引洛渠，堤北为排洪渠，洛河水量大时可以往东泄洪。这一工程建成后，洛河故道（洛水）因缺水断流，洛河与阳渠也合二为一了。① 考古勘察告诉我们，"堰洛通漕以后，引洛渠位于津阳门大街东侧，直对汉魏城南墙，洛水的主流输入城南漕运阳渠中，如有洪灾，洪水必然直达津阳门附近，直接危及津阳门，而通过洛河故道（即洛水）的水量相对较小，因此文献上不见永桥水灾记载"②，同时还认为，该工程导致洛水因缺水干涸而逐渐北移改道，与城南阳渠合二为一了。也就是说，"堰洛通漕"水利工程使洛水流量逐渐减少，加上河流本身自然淤积等原因，洛水逐渐缺水干涸并最终北移改道，城南的阳渠逐渐成为今天洛河的主流，也就是我们今天看到的洛河经行流向。至于洛水何时完全干涸改道，文献也不见记载，考古勘查认为最迟应是在隋唐洛阳城修建大运河时，利用了北魏洛阳城城南引洛入谷的漕运通道③。

综上，"堰洛通漕"基本工程在东汉时已具备，城西水系起引水、泄洪作用，城周阳渠有防御、防洪、灌溉功能，城东水系主要为漕渠服务，引水、泄洪、漕运有机配合，构成和谐整体，三大工程设计布局，充分展示了古人的治水智慧，并与其他附属工程相配合，使整个枢纽工程运行灵活、方便、安全，综合效益突出。北魏洛阳城水系虽沿袭前代，但由于北魏洛阳城修筑了三重城垣，与汉魏晋相比，无疑增强了御洪能力。

---

① 《洛阳沟系洛阳乃至全国最早为都城服务大型水利工程》，中国经济网，2015 年 4 月 29 日。
② 洛阳文物考古研究院：《洛阳汉唐漕运水系考古调查》，《洛阳考古》2016 年第 4 期，第 13～14 页。
③ 洛阳文物考古研究院：《洛阳汉唐漕运水系考古调查》，《洛阳考古》2016 年第 4 期，第 17 页。

四 崇礼场所

在城市主干道两侧，除了里坊居民区和"堰洛通漕"水利工程建筑物外，就是自东汉以来著名的礼制文化区了。前面已经说过，历代王朝在此经营都城时，均在前朝"三雍"礼制建筑及太学旧址上，修葺殿堂房舍，因循营缮之。其范围西起平昌门外大道西侧，东至开阳门外大道东侧部分区域，属于历朝相袭的崇礼场所，许多重大政治活动均在此进行。

（一）营建始末

孝文帝时期凸显传统礼制意义。北魏起于朔漠荒土，作为野蛮闭塞的草原民族入主中原，为了摆脱落后文化状态，孝文帝锐意汉化改革，力主打造中原正统的代表，故在中原礼制文化建设方面更是不遗余力。关乎此，康乐先生敏锐指出："（孝文帝）改革的内容虽然反复多端，总归起来是以礼制的重整为其核心……借由礼教文治的提倡来争取汉人士族的认同。"[1] 故而太和十七年（493）建都伊始，孝文帝遂考察了城南礼制建筑遗迹："（九月）庚午，（孝文帝）幸洛阳，周巡故宫基址。帝顾谓侍臣曰：'晋德不修，早倾宗祀，荒毁至此，用伤朕怀。'遂咏《黍离》之诗，为之流涕。壬申，观洛桥，幸太学，观石经。"[2] 由此不难看出，孝文帝对城南礼制文化遗迹极度重视，也反映了魏晋石经残石等遗留，此时几乎破坏殆尽，朝廷要想恢复传统礼制文化区，需要重修"三雍"及太学建筑。要之，孝文帝都洛后比较重视礼制文化建设，首先从恢复学校教育入手，重新建立以儒家思想为统治思想的封建王朝，并以此进一步确立这个政权的正统性和合法性。正如王佳月所说，"洛阳南郭在孝文帝时突出了礼制意义"[3]。

---

① 康乐：《从西郊到南郊——国家祭典与北魏政治》，稻乡出版社，1995，第 30~31 页。
② （北齐）魏收：《魏书》卷 7 下《高祖纪》，中华书局，1974，第 173 页。
③ 王佳月：《谈孝宣之际北魏洛阳城的规建》，载《石窟寺研究》，文物出版社，2011，第254 页。

宣武帝时期，朝廷多次讨论并诏令营建学馆和明堂，然终未落成。颇通经义的北魏学者刘芳，曾上表建议营建教育机构事宜，《魏书》如是言：

> 及世宗即位……芳表曰："夫为国家者，罔不崇儒尊道，学校为先……今既徙县嵩瀍，皇居伊洛，宫阙府寺，金复故趾，至于国学，岂可舛替？校量旧事，应在宫门之左。至如太学，基所炳在，仍旧营构……"从之。①

从上述文字可以看出，刘芳的奏疏得到了朝廷重视，宣武帝曾屡次下诏营建学馆等教育机构，《魏书·世宗纪》有明确记载：

> 正始元年（504）十有一月戊午，诏曰："……自皇基徙构，光宅中区，军国务殷，未遑经建……可敕有司依汉魏旧章，营缮国学。"……正始四年（507）六月己丑朔，诏曰："……今天平地宁，方隅无事，可敕有司准访前式，置国子，立太学，树小学于四门"……延昌元年（512）夏四月丁卯，诏曰："迁京嵩县，年将二纪，虎闱阙唱演之音，四门绝讲诵之业，博士端然，虚禄岁祀，贵游之胄，叹同子衿……可严敕有司，国子学孟冬使成，太学、四门明年暮春令就。"②

尽管宣武帝前后三次下诏修建学馆，却始终没能完工。

值得注意的是，在此之后的近十年间，朝廷有不少官员参与了营建明堂的大讨论。《魏书·礼志》如是记载："世宗永平、延昌中，欲建明堂。而议者或云五室，或云九室，频属年饥，遂寝。"③ 诸如裴延俊④、袁翻⑤、袁跃⑥、封轨⑦等朝臣纷纷上书言事，尤其在"五室"还是"九室"的规

---

① （北齐）魏收：《魏书》卷55《刘芳传》，中华书局，1974，第1221～1222页。
② （北齐）魏收：《魏书》卷8《世宗纪》，中华书局，1974，第198、204、212页。
③ （北齐）魏收：《魏书》卷108《礼志二》，中华书局，1974，第2767页。
④ （北齐）魏收：《魏书》卷69《裴延俊传》，中华书局，1974，第1529页。
⑤ （北齐）魏收：《魏书》卷69《袁翻传》，中华书局，1974，第1536～1538页。
⑥ （北齐）魏收：《魏书》卷85《袁跃传》，中华书局，1974，第1870页。
⑦ （北齐）魏收：《魏书》卷32《封轨传》，中华书局，1974，第765～766页。

制上，争议颇多，逸士李谧甚至还著有《明堂制度论》①。由此不难看出，北魏统治阶层对明堂的修建也是相当重视的，然而，明堂自宣武八年始建②，终宣武帝时期，亦未能建成③。

孝明帝时期部分礼制建筑完工。首先，一度修复石经。太学遗址前有大量汉魏石经残石，孝文帝迁都洛阳之前，笃信佛教的冯熙、常伯夫先后任洛州刺史时，曾利用大型、规整的汉魏石经作建筑材料营建佛寺，使得石经损毁严重④，诚如官员郑道昭所言"城南太学，汉魏《石经》，丘墟残毁，藜藿芜秽"⑤。神龟元年夏，崔光上表：

> "今求遣国子博士一人，堪任干事者，专主周视，驱禁田牧，制其践秽，料阅碑牒所失次第，量厥补缀。"诏曰："此乃学者之根源，不朽之永格，垂范将来，宪章之本，便可一依公表。"光乃令国子博士李郁与助教韩神固、刘燮等勘校石经，其残缺者，计料石功，并字多少，欲补治之。于后，灵太后废，遂寝。⑥

由此可知，神龟元年（518）夏季，崔光奏求修复太学石经，并取得了初步进展，但随着正光元年（520）七月胡太后被幽禁而结束。

其次，太学建成。史籍关于北魏太学建成使用的记载寥寥，仅《洛阳伽蓝记》简单提及："开阳门御道东有汉国子学堂。"⑦鉴于北魏皇家学府是为国子学和太学分置的布局，可从国子学的修建情况，粗略推定出太学的建成时间。有关北魏洛阳城国子学建成使用的最早记载，见于《魏书·肃宗纪》：正光二年（521）二月癸亥，"车驾幸国子学、讲《孝经》"。⑧

---

① （北齐）魏收：《魏书》卷 90《李谧传》，中华书局，1974，第 1932～1934 页。
② （清）徐松辑、高敏点校《河南志》，中华书局，2012，第 90 页。
③ （北齐）魏收：《魏书》卷 8《世宗纪》："延昌三年（514）十有二月庚寅，诏立明堂。"中华书局，1974，第 215 页。
④ （北齐）魏收：《魏书》卷 83《冯熙传》，中华书局，1974，第 1819 页。
⑤ （北齐）魏收：《魏书》卷 56《郑羲传附道昭传》，中华书局，1974，第 1240 页。
⑥ （北齐）魏收：《魏书》卷 67《崔光传》，中华书局，1974，第 1495 页。
⑦ （北魏）杨衒之撰，周祖谟校释《洛阳伽蓝记校释》卷 3《城南》，中华书局，2010，第 106 页。
⑧ （北齐）魏收：《魏书》卷 9《肃宗纪》，中华书局，1974，第 231～232 页。

由此可推断太学与国子学同时或稍后建成，也就是说，太学大约建成完工于正光二年（521）。

再次，明堂建成使用。孝明帝时期朝臣李崇①、贾思伯②、源子恭③、邢臧④、邢邵⑤和封伟伯⑥等，或上疏或朝议明堂修建事宜，然而朝廷对明堂的规模格式仍久议不决。直至元乂专权时，明堂方建成完工，《河南志》有"（明堂）宣武八年（507）诏建，孝明正光（520~525）中始成"⑦的确切记载。《魏书·肃宗纪》又载正光五年（524）九月"乙亥，帝幸明堂，钱宝夤等"。⑧ 虽然透过这条史料看不出明堂确切建成的时间，但至少说明，正光五年（524）九月，明堂已经存在并使用的事实。

由上可知，终北魏洛阳时代，统治阶层在一定程度上营缮了太学石经残石，并复修了太学和明堂建筑，至于辟雍，仅见朝廷有重建辟雍之议，而无建成之实⑨，更不用说灵台，史书甚至不见关于其修缮的任何文字。

（二）营建迟滞的缘由

我们知道，北魏洛阳城南礼制建筑群始建于东汉初年，终东汉洛阳时代，这里曾是庄严神圣的大型国事活动中心，又有着三万多太学生游学于此的辉煌过往，魏晋时期因袭修缮沿用之，到了北魏时期"三雍"礼制建筑及皇家学府太学逐渐式微。何以出现这种局面，这难道不与拓跋魏锐意汉化改革、力主打造中原正统形象的初衷相行而悖？现从相关史籍记载分析个中缘由，以期得出更趋客观的解释。

---

① （北齐）魏收：《魏书》卷66《李崇传》，中华书局，1974，第1470~1471页。
② （北齐）魏收：《魏书》卷72《贾思伯传》，中华书局，1974，第1613~1615页。
③ （北齐）魏收：《魏书》卷41《源贺传附孙子恭传》，中华书局，1974，第933~934页。
④ （北齐）魏收：《魏书》卷85《邢臧传》，中华书局，1974，第1871~1872页。
⑤ （唐）李延寿：《北史》卷43《邢峦传附邢臧传》，中华书局，1974，第1580页。
⑥ （北齐）魏收：《魏书》卷32《封伟伯传》，中华书局，1974，第766页。
⑦ （清）徐松撰，高敏点校《河南志》，中华书局，2012，第56页。
⑧ （北齐）魏收：《魏书》卷9《肃宗纪》，中华书局，1974，第237页。
⑨ （北齐）魏收：《魏书》卷41《源贺传附子恭传》："正光元年……转为起部郎。明堂、辟雍并未建就。"中华书局，1974，第933页。

孝文帝时期主要忙于对南战事，未遑顾及礼制建筑经营。孝文帝于太和十七年（493）九月开始营建洛阳，并于太和二十三年（499）四月崩于南伐途中，这期间他主要忙于对南战事，正如《魏书》所言："自皇基徙构，光宅中区，军国务殷，未遑经建。"① 也就是说，在短促的六年时间里，孝文帝尽管比较关注礼制文化建设，但迫于军事需要及都城初建等原因，这一时期的礼制建设尚属草创阶段。逯耀东先生也言明孝文帝迁都心情之急切及营建都城时间之紧迫："孝文帝匆促间选定洛阳为他的新都，又迫不及待地从平城南迁，所以洛阳的建构工程，到他死后还没有完成。"②

宣武帝时期，出于战争、饥荒、朝议意见不一及宣武帝本人笃信佛教等原因，礼制建筑营建无甚成效。宣武帝朝关于礼制建筑建设的相关事宜，史籍多有记载，其中涉及礼制建筑营建迟缓的原因，《魏书·郑羲传附子道昭传》记载："军国多事，未遑营立。自尔迄今，垂将一纪，学官凋落，四术寝废。遂使硕儒耆德，卷经而不谈；俗学后生，遗本而逐末。"③《魏书·礼志》又言："世宗永平、延昌中，欲建明堂。而议者或云五室，或云九室，频属年饥，遂寝。"④ 这一时期积极拥护修建明堂的朝臣，诸如李宣茂、裴延俊、袁翻、袁跃、封轨及逸士李宣茂⑤等纷纷上书言事，但在他们明堂是"五室"还是"九室"的规制上，争议颇多，莫衷一是。不可忽视的是，朝廷甚至出现反对修建明堂的政声，如政治家郭祚从军事角度出发上书宣武帝："'……征兵发众，所在殷广，边郊多垒，烽驿未息，不可于师旅之际，兴版筑之功……。'（世宗）从之。"⑥ 可见，朝廷是比较重视礼制建筑的经营事宜，但迫于军事、自然灾害及朝议不决等原因进展不人。

此外，宣武帝元恪专心释典，不事坟籍，朝臣裴延俊因此上疏：

① （北齐）魏收：《魏书》卷 8《世宗纪》，中华书局，1974，第 198 页。
② 逯耀东：《从平城到洛阳：拓跋魏文化转变的历程》，中华书局，第 160 页。
③ （北齐）魏收：《魏书》卷 56《郑羲传附道昭传》，中华书局，1974，第 1241 页。
④ （北齐）魏收：《魏书》卷 108《礼志二》，中华书局，1974，第 2767 页。
⑤ （北齐）魏收：《魏书》卷 49《李灵传附孙宣茂传》，中华书局，1974，第 1102 页。
⑥ （北齐）魏收：《魏书》卷 64《郭祚传》，中华书局，1974，第 1425 页。

"……《五经》治世之模，六籍轨俗之本……俯愿经书互览，孔释兼存，则内外俱周，真俗斯畅。"① 然而，终宣武帝朝，"世宗笃好佛理，每年常于禁中，亲讲经论，广集名僧，标明义旨。沙门条录，为《内起居》焉。上既崇之，下弥企尚。至延昌中，天下州郡僧尼寺，积有一万三千七百二十七所，徒侣逾众"。② 凡此种种，都在一定程度上延缓了礼制建筑的经营。

孝明帝时期，胡太后佞佛、朝廷仍久议不决及工程主持者不固定、不专业，亦影响了礼制建筑营建进度。孝明帝即位后，其母胡太后专权，然而胡氏是位佛教信徒，对于修寺院建佛像等"功德"极为慷慨，"锐于缮兴，在京师则起永宁、太上公等佛寺，功费不少，外州各造五级佛图。又数为一切斋会，施物动至万计"。③《资治通鉴》天监十八年（519）条也提及胡太后崇佛耗资巨大："太后好佛，营建诸寺，无复穷已，令诸州各建五级浮图，民力疲弊。诸王、贵人、宦官、羽林各建寺于洛阳，相高以壮丽。太后数设斋会，施僧物动以万计，赏赐左右无节，所费不赀，而未尝施惠及民。府库渐虚，乃减削百官禄力。"④

统治者的佞佛侈靡引起一大批士族官僚的关注。《资治通鉴》记载，天监十五年（516）十一月，扬州刺史李崇上表，以为：

> "高祖迁都垂三十年，明堂未修，太学荒废，城阙府寺颇亦颓坏，非所以追隆堂构，仪刑万国者也。今国子虽有学官之名，而无教授之实，何异兔丝、燕麦、南箕、北斗！事不两兴，须有进退；宜罢尚方雕靡之作，颇省永宁土木之功，并兼瑶光材瓦之力，兼分石窟雕琢之劳，及诸事役非急者，于三时农隙修此数条，使国容严显，礼化兴行，不亦休哉！"太后优令答之，而不用其言。⑤

---

① （北齐）魏收：《魏书》卷 69《裴延俊传》，中华书局，1974，第 1529 页。
② （北齐）魏收：《魏书》卷 114《释老志》，中华书局，1974，第 3042 页。
③ （北齐）魏收：《魏书》卷 19《任城王澄传》，中华书局，1974，第 480 页。
④ （宋）司马光编著，（元）胡三省音注《资治通鉴》卷 149，天监十八年条，中华书局，1976，第 4646～4647 页。
⑤ （宋）司马光编著，（元）胡三省音注《资治通鉴》卷 148，天监十五年条，中华书局，1976，第 4628～4629 页。

从表奏中不难看出，佛寺修建已严重影响了明堂和学馆的经营。很显然，在这种举国佞佛的社会大背景下，教育事业无疑受到了极大影响，使学校教育处于崩溃和停滞的边缘。《资治通鉴》又言，天鉴十七年（518）四月："普惠又以魏主好游骋苑囿，不亲视朝，过崇佛法，郊庙之事多委有司，上疏切谏。"① 可见，李崇、张普惠等有识之士纷纷上书纳谏，认为佛教是误国之源，在一定程度上推动了此类工程的进度。

此外，这一时期李崇、贾思伯、源子恭、邢臧、邢邵和封伟伯等朝臣，对明堂的规模格式，仍久议不决。不可忽视的是，工程营建负责人也极不稳定，胡太后专政时，诏令武周安为营建明堂都将，武安周兄墓志有如是记载："神龟元年（518），除城门校尉，营构明堂都将。"② 正光二年（521），元义执政期间，领军将军元义亲为明堂大将，以心腹崔励为长史③，欲征用多才多艺的王椿为营建明堂的将作大匠，却遭到王椿的婉拒④，遂又任命心腹卢同，"授平东将军，正黄门，营明堂副将"⑤。概言之，在这些非工程建筑设计专业人员的共同努力下，明堂最终建成并投入使用。

从上述记载可见，北魏在宣武朝和肃宗朝，儒生们曾就明堂的形制多次，持续了相当长时间。关乎此，梁满仓先生认为，平城地区的明堂建制，具有不成熟的特点，所以迁都洛阳后，朝廷没有急于建造明堂，而是发动儒家学者对明堂制度进行讨论，以期在学者的充分讨论的基础上建立符合规范的明堂。⑥ 因此上述或五室之制，或九室之议，久而不决的讨论持续了二十多年，在梁氏看来是很自然的事情。

之所以出现这种众说纷纭的局面，逯耀东先生的解说亦颇有启发意

---

① （宋）司马光编著，（元）胡三省音注《资治通鉴》卷148，天监十七年条，中华书局，1976，第4636页。

② 赵超：《汉魏南北朝墓志汇编》，天津古籍出版社，1992，第247页。

③ （北齐）魏收：《魏书》卷67《崔光传附励传》，中华书局，1974，第1500页。

④ （北齐）魏收：《魏书》卷93《王椿传》："雅有巧思，凡所营制，可为后法。由是正光中，元义将营明堂、辟雍，欲（王）椿为征将作大匠，椿闻而以疾固辞。"中华书局，1974，第1992页。

⑤ （北齐）魏收：《魏书》卷76《卢同传》，中华书局，1974，第1684页。

⑥ 参见梁满仓《魏晋南北朝五礼制度考论》，社会科学文献出版社，2009，第203~204页。

义："许多重要的工程，如明堂、辟雍等，到孝明帝元诩正光元年（520）还没有完成。参与洛阳新都建筑计划的人除李冲、穆亮、董爵外，还有蒋少游和王遇等，这一批人同时又是孝文帝改建平城时，各项重要工程建筑的主持人。在他们完成平城的改建工程后，又立即参与洛阳新都的规建工作……洛阳的规建到景明二年（501）才告一个段落，但李冲却卒于太和二十二年（498）八月，也就是孝文帝迁都洛阳工程告一段落的前三年。李冲死后，余下的工程当然由蒋少游、王遇、董爵继续进行。案《蒋少游传》载，少游卒于景明二年（501），董爵、王遇的卒年不可考。但既与蒋少游并列，他们三人的卒年应相去不远……明堂的始基在永平三年（510）开始，虽然用的是李冲的设计图样，不过这时李冲的墓木已拱，蒋少游、王遇、董爵又相继而亡。"[1] 很显然，负责营建新都明堂、辟雍的工程主持人相继离世，致使这些礼制建筑建设人才缺乏，故而出现诸多朝臣争议不休的局面就不足为怪了。

太学是中国古代都城中的皇家学府，也是当时礼制建筑重要的一部分。北魏时期恢复了汉晋时期的太学，又在城内新建了国子学，其间多次朝议，历经近三十年方才完工，纵然营建迟滞有诸如上述多种解释，但这与北魏洛阳时代私学兴盛也不无关系，"时天下承平，学业大盛。故燕齐赵魏之间，横经著录，不可胜数"[2]，陈寅恪先生对当时私学有着精辟概括："中古私学乃学术之中心。"[3] 刘军先生敏锐地指出："宗室教育更多地选择弃官从私，其较官学拥有底蕴深厚、学风扎实、教学灵活等优势，因此北魏后期私学逐渐取代官学成为训导宗室的重镇。"[4] 也就是说，在官学不兴的情况下，私学在发展教育、培养人才方面发挥了十分重要的历史作用。

从这个意义上来讲，北魏后期私学所占比重增大，尤其备受宗室特权

---

① 逯耀东：《从平城到洛阳：拓跋魏文化转变的历程》，中华书局，第 160~180 页。
② （北齐）魏收：《魏书》卷 84《儒林列传》，中华书局，1974，第 1842 页。
③ 陈寅恪：《隋唐制度渊源略论稿》，生活·读书·新知三联书店，2001，第 20 页。
④ 刘军：《论北魏宗室阶层的文化参与及角色嬗变》，《东北师大学报》（哲学社会科学版）2012 年第 6 期，第 89 页。

阶层的青睐。基于他们有求知所需的富贵和闲暇，势必影响到当时官学教育的发展，这是不言而喻的，诚如王永平先生所言："孝文帝迁都洛阳之后，北魏后期统治者之兴学重教，营造出了浓郁的汉化环境和氛围，这是不容忽视的，但具体就鲜卑王公子弟的汉文化修养的提升而言，其途径恐怕主要不在于学校，而在于其宗族内的教育。"① 值得注意的是，《洛阳伽蓝记》所载儒生荀子文城东受教，当为私学兴盛的显例。

实际上，北魏官学教育式微的局势更有着深刻的历史根源。众所周知，东汉太学的太学生最多时达三万多人，是为太学鼎盛期，到了魏晋时期，太学的官学学术地位已大大降低，"首都洛阳之太学，失其为全国文化学术中心之地位，虽西晋混区一宇，洛阳太学稍复旧观，然为时未久，影响不深。故东汉以后学术文化，其重心不在政治中心之首都，而分散于各地之名都大邑。是以大族盛门乃为学术文化之所寄托。中原经五胡之乱，而学术文化尚能保持不坠者，固由地方大族之力，而汉族之学术文化变为地方化及家门化矣。故论学术，只有家学可言，而学术文化与大族盛门常不可分离也。"② 可见，从历史的脉络来看，官学教育式微是其与当时的选官制度不相适应而引发的。

也就是说，东汉末年以来社会动荡不安，官学受到极大冲击，加上世家大族门阀政治形成，以及九品中正制的选官制度，传统的官学教育机制已不再适应社会发展需要，而私学教育模式正是在这种形势背景下日益成为时代发展的主流。正是在此意义上，北魏初、中期，尽管未行九品中正制③，然而到了孝文帝时期，班定族姓，确立九品中正制④，这一改制无疑促使社会文化教育呈现多元化发展趋势。由上观之，太学由东汉三万余太学生的鼎盛，经西晋初年各地文人儒术力有余人齐聚京师的盛况，至北魏时期营建迟滞、规模紧缩的景象，亦为时代的必然反映。

---

① 王永平：《北魏后期迁洛鲜卑皇族集团之雅化——以其学术文化积累的提升为中心》，《河北学刊》2012 年第 6 期，第 57 页。
② 陈寅恪：《崔浩与寇谦之》，载《金明馆丛稿初编》，上海古籍出版社，1980，第 147～148 页。
③ 参见罗欣《北魏选官制度的变迁》，南昌大学硕士学位论文，2007，第 44 页。
④ 参见（北齐）魏收《魏书》卷 113《官氏志》，中华书局，1974，第 3014～3015 页。

另外，据《洛阳伽蓝记》所载：

> 开阳门御道东有汉国子学堂……高祖题为劝学里……里内有大
> 觉、三宝、宁远三寺。周回有园，珍果出焉，有大谷梨，承光之柰。
> 承光寺亦多果木，柰味甚美，冠于京师。劝学里东有延贤里，里内有
> 正觉寺，尚书令王肃所立也。[①]

透过这条史料不难看出，北魏时期太学内不仅设置有劝学里和延贤里等居民区，还有寺院多座，周围又有果园。可见这一时期，汉魏太学遗址的规模严重紧缩，这不仅在某种意义上反映了这一时期官学不兴的局势，也说明了朝廷对官学亦重视不够。诚如张乃翥先生所言："终太和之季（太学）这一文化故迹亦未能恢复到它汉、魏时代的郁郁旧观。此后宣武、孝明二世对周、孔教化未遑建树，太学及石经再未得到北魏当局的递创。"[②]

我们知道，辟雍最早是西周时期为天子设置的大学，历史上皇帝们大都亲莅辟雍，为文武百官和太学师生宣教化倡儒学。简言之，辟雍和太学是相配套的国家级教育基地，以宣扬儒学为治国、立国之本为主旨。在这个意义上，我们似乎可以肯定地说，北魏洛阳时代太学营建迟滞、辟雍甚至未能落成（该工程断断续续，属未完工的形象工程），足证魏廷对儒学作为统治方针的不重视，但这又与拓跋魏锐意汉化改革的初衷背道而驰，故而直接得出这一结论略显草率。回顾历史，"如果说曹魏时期重建太学，提倡儒学尚有标榜正统、合法的因素，则司马室晋朝的尊儒重教，就是发自内心地勾画着一幅全面恢复两汉儒学治国的政治蓝图"。[③] 那么，作为落后草原民族入主中原，由于自身发展水平所限，拓跋魏似乎和阉宦出身的非儒家寒族曹魏集团相类，仅仅是"标榜"而不是与尊经重儒世家豪族司马氏晋朝那样"发自内心"以恢复两汉儒学治国为必然政治理想，这或许能为上述结论提供另一种解释。从这个意义上来看，礼制建筑营建过程漫

---

① （北魏）杨衒之撰，周祖谟校释《洛阳伽蓝记校释》卷3《城南》，中华书局，2010，第106~108页。

② 张乃翥：《元魏畿下的洛水两岸绎述》，《中州学刊》1985年第6期，第101页。

③ 李力、杨泓：《魏晋南北朝文化史》，新世界出版社，2018，第16页。

长似乎是正常现象。

终北魏洛阳时代，史书未见朝廷重修灵台的记载。众所皆知，东汉灵台是我国目前发现最早的一座天文观测台，它始建于东汉光武帝建武中元元年（56），曹魏、西晋继续沿用，西晋末年遭战火毁坏，十六国时期及以后作为礼制建筑已经被完全废弃了，北魏时期在上面修造砖佛塔而将基址改作他用①，这是当前学界已达成的共识②。但灵台在北魏时期为什么废弃而改作他用，个中缘由学界却未能论及。

我们知道，"东汉灵台的建立，一开始就强烈地反映出唯物主义和唯心主义思想的激烈斗争"。③ 鉴于历代统治者大都极力宣扬"天人感应""皇权神授"等唯心主义思想，而灵台作为科普唯物主义的工具，历法宣传及天文预兆，无疑成为统治者宣扬封建迷信的一大障碍，关系到王朝的合法性问题。基于此，笔者以为对于佞佛的北魏统治者来说，佛教本质上与科学对立，因而灵台似乎没有修复的必要了。

值得注意的是，魏廷曾于永平四年（511）和熙平二年（517）两次下诏禁止天文学④，而且对于违禁者甚至处于死刑，这一饶有兴味的历史现象，是否与统治者倡佛、佞佛程度更甚有关，限于史料不得而知。《洛阳伽蓝记·序》又载："招提栉比，宝塔骈罗，争写天上之姿，竞摹山中之影，金刹与灵台比高，讲殿共阿房等壮。"⑤ 上文作为描写洛阳佛寺建筑宏丽壮观的场景，其中的"金刹与灵台比高"，颇耐人寻味。刹者，本指宝

---

① （北魏）杨衒之撰，周祖谟校释《洛阳伽蓝记校释》卷3《城南》："（秦太上公）寺东有灵台一所，基址虽颓，犹高五丈余，即是汉光武所立者。"中华书局，2010，第104页。

② 中国科学院考古研究所洛阳工作队：《汉魏洛阳城初步勘查》，《考古》1973年第4期，第199页；陈久恒：《试论汉晋时期的洛阳灵台及其相关问题》，载《洛阳考古四十年——1992年洛阳考古学术研讨会论文集》，科学出版社，1996，第276页；赵振华、孙红飞：《汉魏洛阳城——汉魏时代丝绸之路的起点》，三秦出版社，2015，第93~96页。

③ 陈久恒：《试论汉晋时期的洛阳灵台及其相关问题》，载《洛阳考古四十年——1992年洛阳考古学术研讨会论文集》，科学出版社，1996，第273页。

④ （北齐）魏收：《魏书》卷8《世宗纪》：永平四年（511）五月丙辰，"诏禁天文之学"，中华书局，1974，第210~211页。（北齐）魏收：《魏书》卷9《肃宗纪》：熙平二年（517）五月庚辰，"重申天文之禁，犯者以大辟论"，中华书局，1974，第225~226页。

⑤ （北魏）杨衒之撰，周祖谟校释《洛阳伽蓝记校释》之《洛阳伽蓝记序》，中华书局，2010，第23~24页。

塔顶部的装饰物，又称相轮或幡柱，此处应指佛塔较为合理。佛塔与灵台比高低，从某种程度上可以理解为二者均巍峨高耸，但通过《洛阳伽蓝记》所载的几座塔的高度与灵台残基的高度进行对比①，发现这种理解是行不通的，反而更加映射出北魏洛阳城佛寺的繁盛场景，这是否是杨衒之的讽喻，又不得而知了。

《洛阳伽蓝记·秦太上公寺》又说："汝南王复造砖浮图于灵台之上。"② 这里的汝南王指的是宣武帝元恪的弟弟元悦，正史记载他"好读佛经，览书史。为性不伦，俶傥难测"③。令人难以想象的是，作为朝廷统治上层，竟能明目张胆地在传统礼制建筑物上修建佛塔，致使灵台遗址公然受到佛塔侵占，这一怪诞行为，无不尽显礼制建筑的衰落及凋零，亦足见当时社会佞佛程度之甚。进而言之，这一诡异现象，更是对传统礼制建筑在北魏洛阳时代式微的一个莫大讽刺。凡此种种，在很大程度上说明，北魏朝廷未能重建灵台，与其崇佛佞佛不无关系。

要之，北魏洛阳城南传统礼制建筑物不仅营建迟滞，也仅是复修了太学和明堂，未有辟雍和灵台建成的记载，对此有学者已做过周密研究④，此处不再重复。正可谓："高祖稽古，率由旧则，斟酌前王，择其令典，朝章国范，焕乎复振……世宗优游在上，致意玄门，儒业文风，顾有未洽，坠礼沦声，因之而往。肃宗以降，魏道衰赢，太和之风，仍世凋落，以至于海内倾圮，纲纪泯然。"⑤ 显而易见，北魏洛阳城南礼制建筑营建迟

---

① （北魏）杨衒之撰，周祖谟校释《洛阳伽蓝记校释》卷1《城内》："（永宁寺）中有九层浮图一所，架木为之，举高九十丈。"卷3《城南》："（秦太上公寺）各有五层浮图一所，高五十丈……寺东有灵台一所，基址虽颓，犹高五丈余，即是汉光武所立者。"卷3《城南》："（景明寺）七层浮图一所，去地百仞。"中华书局，2010，第3、104、98页。从这些史料中可以看出，九层佛塔高九十丈，五层佛塔高五十丈，以此类推，景明寺七层佛塔应为七十丈，那么只有五丈余高的灵台，也就是半层塔的高度，显而易见的悬殊，又如何与周边高耸的佛塔相比，这似乎是作者的一种隐喻，以烘托北魏洛阳城的佛寺建筑兴盛而礼制建筑的式微。

② （北魏）杨衒之撰，周祖谟校释《洛阳伽蓝记校释》卷3《城南》，中华书局，2010，第104页。

③ （北齐）魏收：《魏书》卷22《汝南王悦传》，中华书局，1974，第593页。

④ 赵振华、孙红飞：《汉魏洛阳城：汉魏时代丝绸之路起点》，三秦出版社，2015，第92～120页。

⑤ （北齐）魏收：《魏书》卷108《礼志一》，中华书局，1974，第2733页。

滞局面的出现，是多重复合社会因素造成的，我们不能忽略其中的任何一种。又鉴于在事物的发展过程中，有主要矛盾和次要矛盾之别，那么历史根源是其中最重要的因素，而社会政治军事格局、灾荒疾疫、营建工程主持人更迭、朝臣意见不一及统治者崇佛佞佛等原因，仅止于发挥推波助澜的有限作用而已。

（三）礼制建筑的形制及功用等

《洛阳伽蓝记》对明堂形制有着简单描述："上圆下方，八窗四闼。"①1962 年考古人在北魏洛阳城遗址南郊的古洛河北岸勘探发现了该遗址，是为一座具有方形院落和中心圆形台基的大型建筑遗址②，这一发现与文献记载相吻合。考古报告还显示："明堂基址是一座由圆形重廊围绕着中间方形殿堂的多层台阁式建筑。其圆形台基的外围有两圈围廊；重廊内侧较高的方形殿台外围还应设有 12 间殿堂，每面 3 间……方形殿台中部还有 5 间或 9 间宫室，即所谓的'五室'或'九室'，其中间的宫室称为'太室'，也即'通天屋'，其下部方形，顶部应是圆盖，即所谓的'圆盖方载''上圆下方'。其总体建筑形制，显然是按照汉长安城明堂的基本尺度和形式来设计建造，其形制和规模虽然经过众儒们的讨论而加以引申并有一些变化，但还是大致遵循了'室以祭天，堂以布政'的明堂制度。"③

显而易见，考古发掘在一定程度上弥补了文献记载的不足，进一步丰富了我们对明堂原型的想象。明堂作为古代帝王祭天享祖、以保国泰民安的场所，可以想见，富丽堂皇、装饰考究的明堂外形，无疑增添了其威严神圣，蔚为京师大观。如此规模宏大富丽的建筑，遍览《魏书》，仅有正光五年（524）九月，肃宗"幸明堂，饯宝夤等"④ 的寥寥数言，这是关于

① （北魏）杨衒之撰，周祖谟校释《洛阳伽蓝记校释》卷 3《城南》，中华书局，2010，第104 页。
② 中国科学院考古研究所洛阳工作队：《汉魏洛阳城初步勘查》，《考古》1973 年第 4 期，第 198～208 页。
③ 中国社会科学院考古研究所：《汉魏洛阳故城南郊礼制建筑遗址 1962～1992 年考古发掘报告》，文物出版社，2010，第 80～108、353～357 页。
④ （北齐）魏收：《魏书》卷 9《肃宗纪》，中华书局，1974，第 237 页。

魏廷使用的明堂的最早记载，也是唯一使用的记载，可见其社会功用不显。

太学是中国古代都城中的皇家学府。关于北魏洛阳太学的形制，史书不文，仅能依据考古资料略窥一二。考古勘查报告说："在晚期太学南侧约 100 米，即今太学村西南约 70 米处，经过勘察和发掘，还发现了一处略早于晚期太学遗址的大型院落与殿堂遗址，它也可能是另外一种性质的建筑遗址，目前尚无法确定它的名称，暂称之为太学南侧遗址。"① 又据《洛阳伽蓝记》所载："开阳门御道东有汉国子学堂……高祖题为劝学里……里内有大觉、三宝、宁远三寺。周回有园，珍果出焉，有大谷梨，承光之柰。承光寺亦多果木，柰味甚美，冠于京师。劝学里东有延贤里，里内有正觉寺，尚书令王肃所立也。"②

透过上述史料，笔者以为，考古人所谓的无法确定的太学南侧遗址为劝学里的大觉、三宝、宁远及承光寺的可能性极大。赵振华先生认为其建筑样式："四周有围墙和门址，院落内有生员房舍、澡堂和布局规整的道路。围墙是由夯土筑造而成，门址则在每面院墙的中心位置，一条东西向道路和一条南北向道路分别贯穿四面院门，并在院落的中心处交汇成十字街。学校以内则由规律地安排布置生员房舍。"③ 考古勘察还告诉我们："北魏太学遗址范围包括在东汉太学在内，故而北魏太学遗址以西约 300米处暂称太学西侧遗址，遗址南侧约 100 米即今太学村西南约 70 米处暂称为太学南侧遗址。"④ 从上述资料可以看出，北魏太学规模较之于前代已然大大萎缩，其周围（即东汉太学遗址上）遍布佛教寺院及果木园林，而其所发挥的社会功效甚微，前已论及，此不赘述。

要之，北魏洛阳时代"三雍"礼制建筑不仅营建迟滞，且其所发挥的社会功效，亦不尽如人意。

---

① 中国社会科学院考古研究所：《汉魏洛阳故城南郊礼制建筑遗址 1962～1992 年考古发掘报告》，文物出版社，2010，第 362～366 页。

② （北魏）杨衒之撰，周祖谟校释《洛阳伽蓝记校释》卷 3《城南》，中华书局，2010，第 106～108 页。

③ 赵振华、孙红飞：《汉魏洛阳城：汉魏时代丝绸之路起点》，三秦出版社，2015，第 131 页。

④ 中国社会科学院考古研究所：《汉魏洛阳故城南郊礼制建筑遗址 1962～1992 年考古发掘报告》，文物出版社，2010，第 80～108、353～357 页。

五　佛教场所

虽然说北魏政权以儒学为修身、齐家、治国的理论工具，同时也注意到宗教能弥补意识形态差别的功效，亦是统治者高度重视的政治资源。有着北方草原浓厚气息的拓跋魏，为了巩固统治，以佛教为治国工具，在旧都平城时，就已经建筑寺塔，铸造佛像，耗费不赀，颇具规模①。都城南迁洛阳后，朝廷仍继承这一传统，正如严耕望先生所说："孝文迁洛，代都僧徒与都俱迁，使洛阳继平城为佛教一大中心。"② 由是观之，北魏洛阳时代，统治者为了缓和阶级矛盾而利用佛教作为其统治手段，庶民百姓则希冀通过对佛祖的虔诚信仰以获取精神慰藉，故而举国自上而下崇尚佛教，并出现广建寺院的高潮。其中北魏洛阳城的佛寺数量最多时达 1367 所③，成为洛阳城的一道浓彩重墨的景观。根据杨衒之不完全记载，北魏洛阳城南洛水北岸有 13 座佛教寺院④，这些寺院主要布列于礼制文化区的东西两侧。

（一）社会各阶层广建寺院

1. 皇家建立的佛寺

这类寺院大多占据城市比较显著的位置，在营建规模和装饰上，均达到当时最高的建筑水准，并受到皇家特殊的礼遇，以凸显其建造者的显赫特权和帝王气度。诸如报德寺、景明寺及秦太上公寺都是典型代表。

报德寺。据《魏书·皇后列传》所载，孝文帝在平城时，曾诏令为文明冯太后修建报德寺："'朕以虚寡，幼纂宝历，仰恃慈明，缉宁海内，欲

---

① 参见（北齐）魏收《魏书》卷114《释老志》，中华书局，1974，第3030~3040页。
② 严耕望：《魏晋南北朝佛教地理稿》，上海古籍出版社，2007，第139页。
③ （北魏）杨衒之撰，周祖谟校释《洛阳伽蓝记校释》卷5《城北》，中华书局，2010，第212页。
④ （北魏）杨衒之撰，周祖谟校释《洛阳伽蓝记校释》之《洛阳伽蓝记序》："然寺数最多，不可遍写；今之所录，止大伽蓝，其中小者，取其祥异，世谛俗事，因而出之"，中华书局，2010，第25~26页。

报之德，正觉是凭，诸鸷鸟伤生之类，宜放之山林。其以此地为太皇太后经始灵塔。'于是罢鹰师曹，以其地为报德佛寺。"① 《魏书·释老志》又说："（太和）四年（480）春，诏以鹰师为报德寺。"② 由此可见，北魏旧都平城已建有报德寺，迁都洛阳后，"善谈老庄，尤精释义"③ 的孝文帝，为祖母冯太后追福，在城南开阳门外三里重建了报德寺④。关于该寺院的建造时间，《佛祖统纪校注》记载："（太和）二十一年（497），诏为（冯）太后建报德寺，为罗什法师于所居旧堂建三级浮图。"⑤ 关于报德寺，王永平先生的看法颇具启发性，他认为，"从孝文帝在洛阳新建佛寺多与平城旧寺同名的情况看，除了考虑历史传承、照顾移民特别是鲜卑上层情绪外，很可能有些平城寺院比较完整地随迁洛阳。"⑥ 这是一个富有想象力的合理推断，由此可以推知，朝廷为了妥善安置诸如罗什这些随迁僧侣，报德寺很可能是孝文帝经营洛阳时的城市规划项目之一。就此，李力先生也明确指出："孝文帝是虔诚的佛教徒，早在迁洛之前就提早规划设计了洛阳城中的佛寺位置，并预先兴建。"⑦

景明寺。该寺是宣武帝于景明年间所建造的皇家寺院，因此得名。《洛阳伽蓝记》对其有较为详细的描述："景明寺，宣武皇帝所立也。景明年中立，因以为名。在宣阳门外一里御道东。"⑧ 显而易见，关于该寺院的建造者、营造时间及地理位置，史书记载非常明确。

秦太上公寺。《洛阳伽蓝记》记载："（秦太上公寺）在景明寺南一

① （北齐）魏收：《魏书》卷13《皇后列传附文成文明皇后冯氏传》，中华书局，1974，第328页。
② （北齐）魏收：《魏书》卷114《释老志》，中华书局，1974，第3039页。
③ （北齐）魏收：《魏书》卷7下《高祖纪》，中华书局，1974，第187页。
④ （北魏）杨衒之撰，周祖谟校释《洛阳伽蓝记校释》卷3《城南》，中华书局，2010，第106页。
⑤ （宋）志磐撰，释道法校注《佛祖统纪校注》卷39《法运通塞志十七之五》，上海古籍出版社，2012，第879页。
⑥ 王永平：《北魏孝文帝崇佛之表现及其对佛教义学之倡导》，《学习与探索》2010年第1期，第209页。
⑦ 李力、杨泓：《魏晋南北朝文化史》，新世界出版社，2018，第226页。
⑧ （北魏）杨衒之撰，周祖谟校释《洛阳伽蓝记校释》卷3《城南》，中华书局，2010，第97页。

里。西寺，太后所立；东寺，皇姨所建。并为父追福，因以名之。时人号为‘双女寺’。”① 很显然，这座寺院是胡太后及其妹妹为父亲祈福所修建的。史料记载，胡太后的父亲胡国珍薨于神龟元年（518）四月十二日②，故而可推知，该寺院建造时间大约是神龟元年（518）四月之后不久。《魏书·刘腾传》亦有关于该寺院营建的记载：“灵太后临朝，特蒙进宠，多所干托，内外碎密，栖栖不倦。洛北永桥，太上公、太上君及城东三寺，皆主修营。”③

2. 贵族官员所立寺院

因贵族官员往往具有充足的财力和物力支持，这类寺院建筑形制大都气势不凡，结构精丽，侈靡之风更甚，有的甚至与皇家寺院相匹敌。诸如龙华寺和追圣寺，分别为拓跋魏宗室元羽和元详所建，正始寺则是尚书令王肃出资修建，等等。

龙华寺和追圣寺。北魏诸王多有虔信佛法者，据《洛阳伽蓝记》记载，龙华寺是广陵王元羽所建造，追圣寺是北海王元详所建造，二寺都在报德寺的东面，其僧房数量及举行佛教法会的数次，均可与皇家寺院秦太上公寺相当④。遗憾的是，史书关于二寺的记载寥寥，但其茂盛的园林在洛阳城百姓中影响较大，《洛阳伽蓝记》如是记载：“京师寺皆种杂果，而此三寺（指龙华寺、追圣寺和报德寺）园林茂盛，莫之与争。”⑤ 综合上述史料不难推知这三座寺院存在的时间应相去不远。

龙华寺和追圣寺的修建时间在太和二十二年（498）左右。关于这两座寺院的建造年代，史书没有明确记载，只能依据相关史实进行推测。据《魏书》可知，元羽和元详作为孝文帝的弟弟、宣武帝的皇叔，都是朝廷

---

① （北魏）杨衒之撰，周祖谟校释《洛阳伽蓝记校释》卷3《城南》，中华书局，2010，第103~104页。
② （北齐）魏收：《魏书》卷83《胡国珍传》，中华书局，1974，第1834页。
③ （北齐）魏收：《魏书》卷94《刘腾传》，中华书局，1974，第2027页。
④ （北魏）杨衒之撰，周祖谟校释《洛阳伽蓝记校释》卷3《城南》，中华书局，2010，第112页。
⑤ （北魏）杨衒之撰，周祖谟校释《洛阳伽蓝记校释》卷3《城南》，中华书局，2010，第112页。

宗室重臣，故而他们所经营的佛教寺院等级应该是较高的。基于二寺建造者的政治身份相近、寺址相邻、园林茂盛，可推测其规模及格局亦多有相似之处，由此判断这两座寺院建造时间极有可能相差不远，甚或有同时营建的可能性。据顾彦芳考证，孝文帝迁都洛阳后，就开始在城南洛水之滨敕建报德寺，又在龙门山开凿古阳洞窟，目的都是为祖母冯太后追福。当时追随孝文帝在古阳洞造像的，就有为营构新都而留守的宗室官员元详，他历时 3 年 9 个月，于太和二十二年（498）在此建成弥勒像龛，并留下《北海王元详为母子平安造弥勒像记》，是为元详随孝文帝南伐迁都至洛阳的历史记录。由此不难看出，在诸多宗室及近臣中，北海王元详不仅在古阳洞造像，还在洛阳城内造寺①，且造寺年代应与古阳洞造像年代相仿佛，加上这两座寺院紧邻报德寺，且都以园林名冠京师，一定程度上可视为宗室诸王不仅是孝文帝迁都洛阳的积极拥护者，更是孝文帝在城内崇佛建寺的追随者，故而元羽和元详在太和年间经营佛寺的可能性较大。此外，元羽和元详分别薨于景明二年（501）五月和正始元年（504）六月②，亦可作为推测建寺年代的佐证。

正觉寺。《洛阳伽蓝记》对于该寺的建造者、建造缘由及地理位置记载明确：

> 开阳门御道东有汉国子学堂……高祖题为劝学里……劝学里东有延贤里，里内有正觉寺，尚书令王肃所立也……肃在江南之日，聘谢氏女为妻，及至京师，复尚公主……肃甚有愧谢之色，遂造正觉寺以憩之。③

前已述及，王肃是南齐归附北魏的重臣，在景明元年（500）尚陈留公主后，由于在京师洛阳受到朝臣排挤，遂出除淮南对梁战事，直至景明

---

① 参见顾彦芳《龙门所见〈洛阳伽蓝记〉中人物造像述论》，《敦煌学辑刊》2001 年第 2 期，第 70～72 页。

② 赵超：《汉魏南北朝墓志汇编》，天津古籍出版社，1992，第 40、54 页。

③ （北魏）杨衒之撰，周祖谟校释《洛阳伽蓝记校释》卷 3《城南》，中华书局，2010，第 106～109 页。

二年（501）七月薨于淮南寿春。王肃临薨前，其前妻谢氏曾携儿女赴寿春，想与他复合，但由于陈留公主坚决反对，王肃不能容留谢氏。鉴于谢氏是以出家为尼的方式到达洛阳，王肃便在其洛阳居住地延贤里修建尼寺正觉寺，以安置前妻谢氏。因此，这座寺院的建造时间推定为景明二年（501）七月之前不久较为妥帖。

3. 舍宅为寺

为了表示对佛祖的虔诚，北魏洛阳时代出现由民宅改建为寺院的社会现象。舍宅为寺者往往多是朝官，抑或社会身份地位较高者，他们为建功德求福田，"弃象马如脱屣""舍资财若遗迹"①。这些虔诚的信徒争相耗资和布施，以求因果轮回，来世有好的结果，因而"舍宅为寺"风气十分盛行。

招福寺。《洛阳伽蓝记》对该寺记载较为简单：

> 大统寺，在景明寺西，即所谓利民里。寺南有三公令史高显略宅。每于夜见赤光行于堂前，如此者非一。向光明所掘地丈余，得黄金百斤……显略遂造招福寺……当时元乂秉政，闻其得金，就洛索之。②

这个故事听起来非常荒诞，但除去其奇闻轶事的成分，不难发现，这座寺院当是朝臣高显略在元乂秉政期间（520～525）舍宅所立。由于史书缺乏当事人的背景史料，尚不能深入探讨之。

高阳王寺。《洛阳伽蓝记》记载：

> 高阳王寺，高阳王雍之宅也。在津阳门外三里御道西。雍为尔朱荣所害也，舍宅以为寺。③

从上述引文可知，宗室元雍在武泰元年（528）的"河阴之变"中遇

---

① （北魏）杨衒之撰，周祖谟校释《洛阳伽蓝记校释·序》，中华书局，2010，第23～24页。
② （北魏）杨衒之撰，周祖谟校释《洛阳伽蓝记校释》卷3《城南》，中华书局，2010，第102～103页。
③ （北魏）杨衒之撰，周祖谟校释《洛阳伽蓝记校释》卷3《城南》，中华书局，2010，第122页。

害后，其家人遂舍弃洛水北岸这座豪宅作为寺院，为雍祈求精神福报。

4. 来历不明的寺院

由于史料所限，城南还分布着一些来源不明的寺院，诸如大觉寺、三宝寺、宁远寺、承光寺及大统寺。《洛阳伽蓝记》说："大统寺，在景明寺西，即所谓利民里。"[①] "（劝学）里内有大觉、三宝、宁远三寺。周回有园，珍果出焉，有大谷梨，承光之奈。承光寺亦多果木，奈味甚美，冠于京师。"[②] 这是目前所见关于上述几座佛寺的所有资料，资料记载的不足使得这几座佛寺的建造时间及其建造者等信息暂时无法推定，但也并不是无迹可循，稍加寻绎，可略窥些蛛丝马迹。

从字面上看，"大统"有一统天下，成就帝业之意，其大统寺之名，盖得于此，亦也可指僧官名。无论如何，以"大统"二字来命名寺院，气势非凡且吉祥如意，再加上该寺地理位置优越，应是京城里的一座名寺的可能性较大。至于大觉寺等佛寺的基本信息，可以从生活实践中获得些许线索。通常情况下，嫁接过的果树在第三年开始开花结果，而未嫁接过的果树则需要五到六年才能开花结果，基于这样的基本常识，从大觉寺、三宝寺、宁远寺及承光寺果木园林繁盛，及其在京城诸寺中较有名气来看，可以推测这些寺院存在的时间应该不会太短。鉴于杨衒之在《洛阳伽蓝记》中论及的佛寺均为"止大伽蓝。其中小者，取其祥异"来看，上述几座寺院极有可能都是京城中的大寺院。

（二）寺院的建筑空间

佛教寺院，这个被高墙与世俗社会隔开的深院[③]，是僧众居住生活、

---

① （北魏）杨衒之撰，周祖谟校释《洛阳伽蓝记校释》卷3《城南》，中华书局，2010，第102页。

② （北魏）杨衒之撰，周祖谟校释《洛阳伽蓝记校释》卷3《城南》，中华书局，2010，第108页。

③ 韩养民：《中国古代寺院生活》："寺院的周围则用高厚的围墙，把寺院与外界严密地隔离开来，体现为封闭式的环闭结构。这是中国传统建筑的典型结构方式。它在功用上主要是为了将寺院独立于世俗社会之外，以保持宗教生活的特殊性和独立性。"陕西人民出版社，2002，第12页。笔者以为安置在都城之中的寺院，高墙深院显得更为必要了。

修持及摆放佛像的场所，一般都有诸如浮图、佛殿、僧房、讲堂及园林等基本的建筑空间设施。洛水北岸的佛教寺院，基本上都濒临洛水，加上这里地势高朗干爽，堪称形胜之地，故而这些寺院无论规模布局，还是园林空间等，都颇具特色。

1. 规模及布局

皇家寺院景明寺，"东西南北方五百步……山悬堂观，一千余间。复殿重房，交疏对霤，青台紫阁，浮道相通"。[①] 作为城南最大的寺院，景明寺坐落于中央御道一侧，"东西南北方五百步"，所占空间相当可观，规模宏大，有殿宇千余间，规模宏大，景色秀丽，无不凸显着皇家寺院的非凡气势；秦太上公二寺，"在景明寺南一里。西寺，太后所立；东寺，皇姨所建。并为父追福，因以名之。时人号为'双女寺'……素采画工，比于景明"。[②] 该寺院是胡太后和其妹妹出资修建，由两个院落组成，其建筑雕饰可与景明寺相媲美，故而不难想象其规模的庞大及布局的奢华；拓跋魏宗室所建的龙华寺和追圣寺，"法事僧房，比秦太上公"。[③] 很显然，作为孝文帝的弟弟、宣武帝的皇叔，广陵王元羽和北海王元详可谓皇室宗亲，其所营建的佛寺规模布局，必然体现皇家气势是很自然的事情，进而这两座寺院做法事的殿堂和僧房，可比秦太上公寺，也就不足为奇了。丞相元雍舍宅为寺所立高阳王寺，"居止第宅，匹于帝宫。白壁丹楹，窈窕连亘，飞檐反宇，缭绕周通"。[④] 前已述及，高阳王元雍的豪奢在北魏洛阳城是有目共睹的，高阳王寺红柱白墙，雕梁画栋、廊庑连绵、"匹于帝宫"的奢华建筑形制，是以巨额财富为支撑的，这与元雍凭借其权势，大肆聚敛财富不无关系。

① （北魏）杨衒之撰，周祖谟校释《洛阳伽蓝记校释》卷 3《城南》，中华书局，2010，第97~98页。
② （北魏）杨衒之撰，周祖谟校释《洛阳伽蓝记校释》卷 3《城南》，中华书局，2010，第102页。
③ （北魏）杨衒之撰，周祖谟校释《洛阳伽蓝记校释》卷 3《城南》，中华书局，2010，第112页。
④ （北魏）杨衒之撰，周祖谟校释《洛阳伽蓝记校释》卷 3《城南》，中华书局，2010，第122页。

至于这些佛寺的建筑风貌，基于史料所限，今天已不能详知，但有一点可以肯定，"在崇尚佛教的北魏时期，盛行以莲花图案为主题内容的瓦当"①，也就是说，基于莲花是佛教的特有题材，上述寺院建筑覆以莲花文图案的瓦当是极有可能的。

很显然，上述佛教寺院的建造者，都是实力雄厚的皇室人员，他们所营造的寺院，即壮观又讲究，正如谢和耐先生所说，"在公元 6 世纪前半叶的洛阳，那些以其豪华建筑及其园林而广负盛名的寺院，成了上流社会成员们消遣散步的地方"②，无疑会引人注目，被杨衒之收录到《洛阳伽蓝记》亦是顺理成章的事情。由此也反映出一般庶民百姓所立佛寺，由于受到财力所限，建筑规模往往较小，或仅供几尊佛像，或设几间简易僧房也是常有的现象。不可否认的事实是，那些崇高壮丽的佛教寺院，诸如佛殿、僧房数量众多，且装饰奢华考究，无疑有助于信徒对佛门产生敬意和吸引力，这亦是一般小兰若所不具备的影响力。

2. 佛寺园林

佛教寺院作为佛教诸神在世俗界的宫苑，其园林形象地表达了佛教的西方"极乐世界"，是寺院建筑空间不可或缺的组成部分。进而言之，寺庙园林作为佛教描绘西方净土的特殊手段，它高雅圣洁、灵秀静谧，并兼顾宗教本身所需要的幽暗氛围，是僧侣生活修行的理想道场。尤其是建于繁华闹市的寺院，无不遍植花草树木，运用高大葱郁树木营造静谧安详的佛教寺院氛围，在植物栽植上多以群植为主，多有花草植物、水生植物等组合，花木盛美，清雅淡远，力求营造旷奥幽深的静谧氛围，可居可游，十分考究。诚如有学者所言，这一时期的寺院园林绿化在洛阳园林发展史上独树一帜③。我们知道，历史上洛水有"清洛""温洛"的美誉，水源经年不断，不仅对于农业灌溉和航运极为有利，更便利于人们的日常生产生活用水，北魏洛阳城的寺院园林兴盛，亦受惠于洛水及其支流的滋养，

---

① 钱国祥：《汉魏洛阳城出土瓦当的分期与研究》，《考古》1996 年第 10 期，第 76 页。
② 〔法〕谢和耐著，耿昇译《中国 5～10 世纪的寺院经济》，上海古籍出版社，2004，第227 页。
③ 详见王铎《北魏洛阳的佛寺园林》，《华中建筑》2005 年 12 月，第 138～140 页。

而位于城南的洛水无疑成为这里寺院园林的天然优势，因而洛水北岸园林在京城中独具特色是很自然的。

洛水北岸寺院园林结构宏伟、气象豪华的图影在《洛阳伽蓝记》中多有描画。景明寺"青林垂影，绿水为文，形胜之地，爽垲独美。……虽外有四时，而内无寒暑。房檐之外，皆是山池。松竹兰芷，垂列阶墀，含风团露，流香吐馥。……寺有三池，莲蒲菱藕，水物生焉。或黄甲紫鳞，出没于繁藻，或青凫白雁，沉浮于绿水"。秦太上公二寺"并门邻洛水，林木扶疏，布叶垂阴"。"（劝学）里内有大觉、三宝、宁远三寺。周回有园，珍果出焉，有大谷梨、承光之柰。承光寺亦多果木，柰味甚美，冠于京师。""龙华寺，广陵王所立也。追圣寺，北海王所立也。并在报德寺东。法事僧房，比秦太上公。京师寺皆种杂果，而此三寺园林茂盛，莫之与争。"高阳王寺"竹林鱼池，侔于禁苑，芳草如积，珍木连阴"。[①] 很显然，这些寺院园林山水俱佳，环境雅致，妙造自然。

其中景明寺园林是城南最灵动而富有变化的寺院园林。在《洛阳伽蓝记》中，作者采用生动活泼的形式，寥寥数语，就把将该寺院世外桃源般的幽绝气氛描画出来了：由于地处微高地，高朗而干爽，加上南临洛水，北有阳渠，景明寺在花木装点下，到处都是山林池沼，松竹兰芷，挂满阶沿，含风聚露，香气流动，尽显幽静典雅静谧的参禅环境。从生长习性来看，松属旱生植物，过多的土壤水分对其生长不利，竹是草本植物，既要水分充分，又要排水良好，兰则喜阴湿且空气流通的环境，古称"蕙"，常与伞状类白芷（亦为草本植物，有香气）合名为"蕙芷"，故而景明寺所处高朗干爽、水源允足的自然坏境，使得这些植物花卉"垂列阶墀"就很自然了；从美化环境的功能来看，松是常绿树种，树姿雄伟苍劲，具有观赏价值，竹常用于点缀庭院的假山水榭，兰和芷则是常见的观赏花卉，富含香气，它们都属四季常绿植物，"虽外有四时，而内无寒暑""寒风团露，流香吐馥"的景象就不难理解了。

---

① （北魏）杨衒之撰，周祖谟校释《洛阳伽蓝记校释》卷3《城南》，中华书局，2010，第97～99、103～104、108、112、123 页。

值得注意的是，优越的水环境也给水生动植物提供了良好的生态环境，例如寺院的三个水池中，品类丰富的水生动物大量集聚，其间错落着生机盎然的水生植物。然而更为称妙的是，好些平常的事物，或菱荷或茭蒲，或鱼虾或龟鳖，在杨衒之笔下妙趣横生。不难想象，游鱼、乌龟、野鸭等，姿态灵活，出没于水草绿水间……溪涧流水，清澈见底，藤蔓攀附，山花烂漫，长藤垂荫，一派水乡生态意境的野趣水景图。

诚然，无论是高大乔木，还是低矮灌丛，或是花簇，景明寺的园林绿化完全取随意式的成组、成丛、成片式，错杂群植，展示四季季相的植物风韵，尽显自然之态，不仅给人以视觉上的审美，还有嗅觉上的芳香。总之，独特的自然环境，巧妙的园林绿化，造就了景明寺在洛阳诸多佛教寺院中"最为称首"的地位。

元雍宅舍为寺院后，其独特的园林景观亦构成城南佛寺园林的一部分。《洛阳伽蓝记》浓墨重彩地描摹了位于洛水北岸的元雍豪宅及其奢侈淫靡的生活，并言及其居所的绿化情状："竹林鱼池，侔于禁苑，芳草如积，珍木连阴。"① 很显然，元雍凭借其宗室权贵的身份，从各地收集异域珍花异木，并移植到自己的庭院里。我们知道，竹是浅根性草本植物，最适宜生长在湿润度高的环境中，既要水分充沛，又要排水良好，四时常绿，是庭院中点缀假山水榭的植物。《洛阳伽蓝记》记载，"（元雍宅）在津阳门外三里御道西"，基于"宣阳门外四里至洛水"的史实，可推知位于宣阳门左侧的津阳门外三里处的元雍宅，应是地处紧邻洛水北岸的微高地上。又据《魏书》所载，"（胡）太后与肃宗南游洛水，（元）雍邀请，车驾遂行雍第"②，亦可佐证元雍宅位居洛水之滨。也就是说，元雍宅所处自然环境，适宜遍植竹林。进而言之，竹子虽喜水湿环境，但不耐水淹，微高地形又有一定排涝功能。正是在此意义上，元雍宅第形成竹林奇花异草相伴而生的景观，也就合情合理了。

除了山水园林，洛水北岸诸多果树园林亦名冠京师。前已述及，洛水

① （北魏）杨衒之撰，周祖谟校释《洛阳伽蓝记校释》卷3《城南》，中华书局，2010，第123页。
② （北齐）魏收：《魏书》卷16《京兆王传附义传》，中华书局，1974，第406页。

北岸开阳门外大道以东，主要有报德寺、龙华寺、追圣寺、正觉寺、大觉寺、三宝寺、宁远寺和承光寺等 8 座寺院，除了正觉寺未见记载外，其余寺院皆以丰饶的果园和芳香的水果而著名，尤其是出产梨和柰为大宗，是为这一区域寺院园林的主要特色。众所周知，中国是梨的主要起源地，其作为温带水果，主要产区以北方黄河流域为主，且见诸汉文典籍的记载为时甚早。《诗经·召南·甘棠》中就有关于梨的栽培种植记载[1]；柰则是中国的土产苹果，也是典型的温带水果[2]。一般来说，在众多果树种类中，梨树和柰树属于喜水树种，且需水量较大。前文已证实，北魏时期伊、洛二水交汇于城南开阳门外御道东，也就是说，这一带的果木园林正好地处伊、洛水交汇处不远的古"亳坂"上，加上伊、洛水交汇处河床宽 800 米左右，其北面又有内城南垣人工阳渠穿过，足见当时这里的水资源是相当丰沛的。

显而易见，以梨树和柰树为主要树种的果木园林景观，当与这里优越的水环境息息相关，而这一片微高地形，在某种程度上又避免了梨柰树种处于过分潮湿的环境。简言之，不干不湿，及时适量的供水，保证了这里的果实丰产优质，自然优于京城其他地方。不容忽视的是，从《洛阳伽蓝记》的记载来看，这里除分布着上述 8 座寺院，不见其他建筑物记载，当是大片空地的存在，这一推测不仅在某种程度上反映了这里园林规模较为庞大，也说明了这一带果木园林的广泛分布，更表明了梨树和柰树的生物特性具有与自然环境相吻合的合理性。进而不难想见，这一地带的果木傍洛水，林木滋生繁茂，是为城南著名的风景园林区。

值得一提的是，《洛阳伽蓝记》还告诉我们，"京师寺皆种杂果"[3]，也就是说，北魏洛阳时代京城寺院普遍种植果木。遍览《洛阳伽蓝记》可知，梨树和柰树是北魏洛阳城的优势树种外，还有经济林木诸如石榴、葡萄、桃、李、枳、枣、桃等果树，在当地都有较广泛的分布，想必洛水北岸寺院内的果园也不乏这类果木。通常情况下，这些果树从春季开始陆续

① （清）阮元校刻《十三经注疏》，中华书局，1980，第 287 页。
② 罗桂环：《苹果源流考》，《北京林业大学学报》2014 年第 2 期，第 15~25 页。
③ （北魏）杨衒之撰，周祖谟校释《洛阳伽蓝记校释》卷 3《城南》，中华书局，2010，第 112 页。

开花，秋季生长成熟，故而不难想见北魏洛阳作为都城，不乏自产的瓜果菜蔬，既可观赏花叶，又可采摘果实怡情，更具食用的功效，这就使人更接近了自然，京师"春华秋实"的盛景亦可见一斑了。正是基于这一认识，有学者指出，各种蔬果在内的多种植物应该有很强的经济功能，北魏很可能是以政府意志将林木果蔬的种植规定为国民义务的第一个政权，并认为北魏洛阳政府十分重视谷物以外的种植业，应该是平城传统的延续①。这一看法颇具启发性，从现有史料来看，北魏洛阳城确实种植有面积广大的果木园林，由此推想，洛水北岸的果园是否具有经济园林的属性，史书未做记载，这一详情暂不明确，有待日后进一步研究。

3. 佛塔

笃奉佛教、颇通佛理的胡太后专政时期，曾大兴土木，广建寺塔，致使北魏佛寺建筑在肃宗朝达到极盛。《洛阳伽蓝记》所载洛水北岸共有的四座佛教木塔，如景明寺塔、秦太上公寺（双塔）三塔都是在胡太后主持下修建的。此外《佛祖统纪校注》记载，"（太和）二十一年（497），诏为（冯）太后建报德寺，为罗什法师于所居旧堂建三级浮图"。②可见，报德寺的三级浮图应为北魏洛阳城较早营建的佛塔。

《洛阳伽蓝记》提及正光年间（520～525）胡太后在景明寺内建造七层佛塔的史实③。除了七层塔身的记载，关乎景明寺塔的其他信息就不得而知了，现只能依据相关史料进行大致推测。依据文献记载，胡太后在正光元年（520）七月被幽禁，至正光六年（525）四月方才复政，故该佛塔建成时间当在正光元年（520）七月以前；有学者又根据文献及墓志文本资料，认为景明寺塔是胡太后专政时期由建筑师郭安兴建造永宁寺塔之后所建，二塔均为巍峨高耸的木塔④，基于永宁寺塔是高层楼阁式木塔，可

---

① 参见〔韩〕金大珍《北魏洛阳城市风貌研究》，中国社会科学出版社，2016，第78～79页。
② （宋）志磐撰，释道法校注《佛祖统纪校注》卷39《法运通塞志十七之五》，上海古籍出版社，2012，第879页。
③ （北魏）杨衒之撰，周祖谟校释《洛阳伽蓝记校释》卷3《城南》，中华书局，2010，第98页。
④ 赵振华、孙红飞：《汉魏洛阳城——汉魏时代丝绸之路的起点》，三秦出版社，2015，第175～176页。

推测景明寺塔与其相仿佛，亦为高层木构建筑形制的可能性极大；学界当前关于永宁寺塔的高度莫衷一是①，故而景明寺塔的具体高度也暂无法推知，但它仅次于九级伟构的永宁寺塔，是为北魏洛阳城的第二高塔毋庸置疑。由于七层塔身的营造，景明寺的地位较之前似乎更为尊贵。鉴于永宁寺塔"去京城百里，已遥见之"，景明寺塔的体量和高度亦不难想象，它无疑是城南的最高建筑。

秦太上公寺是胡太后和其妹妹为父追福所建，该寺院有两座五层高塔，《洛阳伽蓝记·秦太上公寺》如是说："各有五层浮图一所，高五十丈。"② 前已论及，该寺院营建时间当时在神龟元年（518）四月后不久，那么这两座寺院的佛塔建成时间也应与之相去不远，且与永宁寺塔修建时间较为接近，其形制极有可能也应为高层楼阁式木塔。

除了上述木塔，宗室元悦还在灵台上建造砖佛塔。《洛阳伽蓝记·秦太上公寺》明确记载："至我正光中造明堂于辟雍之西南，上圆下方，八窗四闼。汝南王复造砖浮图于灵台之上。"③ 由此推测，这座砖佛塔应是建造于正光年间。

综上可见，城南这几座佛塔营建时间大都在神龟元年（518）以后，其时北魏洛阳城南拓展已有二十余年。佛塔以超乎想象的辉煌和体量耸立着，从宗教学意义上说，此举无疑助推了佛教的兴盛，而这种佛事活动亦是寺院政治经济实力的表征。很显然，佛塔的营造层级在某种程度上成为寺院等级的标志，也是修建者特权身份的一种象征。不难想象，这些高层佛塔不仅是寺院的中心，更以其超出寻常的体量，改变了此前城市轮廓的单调面貌，使城南景观趋于立体化。

---

① 钟晓青：《北魏洛阳永宁寺塔复原探讨》，《文物》1998 年第 5 期，第 51～64 页；张驭寰：《对北魏洛阳永宁寺塔的复原研究》，载《建筑史论文集》（第 13 辑），清华大学出版社，2000，第 102～110 页；陈明达：《中国古代木结构建筑技术（战国—北宋）》，文物出版社，1990，第 34～35 页。

② （北魏）杨衒之撰，周祖谟校释《洛阳伽蓝记校释》卷 3《城南》，中华书局，2010，第 103 页。

③ （北魏）杨衒之撰，周祖谟校释《洛阳伽蓝记校释》卷 3《城南》，中华书局，2010，第 104 页。

要之，佛教寺院的建筑空间诸如佛殿、僧房、讲堂、园林及佛塔等，诚如梁思成先生所认为的，在中国古代的城市里，除了那些宫殿府第衙署之外，也出现了巍峨的殿堂，甚至于比宫殿还高得多的佛塔。这些佛教建筑丰富了城市人民的生活，因为广大人民可以进去礼佛、焚香，可以在广阔的庭院里休息交际，可以到佛塔上面瞭望。可以说，尽管这些佛寺是宗教建筑，它们却起了后代公共建筑的作用。①

（三）寺院的社会空间

佛教寺院建筑空间既有庄严肃穆的佛殿、讲堂，亦有雅谧的园林，这里不仅是僧侣生活修行的理想道场，亦是普罗大众喜爱的社会公共活动空间。

1. 崇佛布道

寺院佛塔殿堂的崇高壮丽和山水园林的灵秀幽秘，无不吸引着社会各阶层信徒香客纷至，或访道参禅，或赏景观花，或品茗饮宴，俨然成为大众化游赏场所。诚如谢和耐先生所说："在中国，寺院成了公共场所。除了在那里庆祝集聚了出家人和世俗人的许多斋局之外，很多人还乐意经常出入寺院闲逛。某些道场还拥有田园，自然界所有的形貌都会在那里出现：森林、池塘、岩石和小溪。"② 平日里，这些寺院大都可供城市居民进院游观，众多信徒及游人倾慕而来，或焚香拜佛，或谛听诵经，或聆听高僧讲法等，礼敬佛教遂为居民生活的一部分，且在居民日常中有着重要意义。

2. 行像活动

在寺院单调寂寥的修行生活中，每年几次固定的宗教节日，吸引居民前来瞻拜礼敬，无疑给灰暗冷寂的寺院涂上一抹热烈明亮的色彩，充斥着世俗社会的新鲜气息。不言而喻，在诸多大型宗教庆典中，最引人入胜的莫过于佛诞生日的"行像"活动了。对此，谢和耐先生精辟指出："以一

---

① 梁思成：《中国的佛教建筑》，《清华大学学报》1961 年 12 月，第 54 页。
② 〔法〕谢和耐著，耿昇译《中国 5－10 世纪的寺院经济》，上海古籍出版社，2004，第227 页。

系列的节日庆祝活动、欢庆和各种仪轨为标志的，同时也是以集体忏悔活动以及常常是集中了成群结队信徒和出家人毁伤身体的场面为标志的，在城市的'行像'和街头乡间的夜间燃灯，最为恰如其分地表现了佛教信仰。"① 所谓"行像"，就是用宝车载着佛像巡行城市街衢的一种宗教仪式，常常于佛诞生日（农历四月八日）举行的一种规模宏大的佛事活动。《洛阳伽蓝记》对北魏洛阳城行像场面多有生动记载②，持续的场景不断渲染着神异的宗教氛围，足证当时行像仪式的盛大。

北魏洛阳城行像习俗源于平城时代。《魏书·释老志》有明确记载："世祖初即位（424），亦遵太祖、太宗之业……于四月八日，舆诸佛像，行于广衢，帝亲御门楼，临观散花，以致礼敬。"③ 孝文帝迁洛后，曾于太和二十一年（497），诏迎洛京诸寺佛像于阊阖宫中，受皇帝散花礼敬，岁以为常例。④ 由此，北魏洛阳城以每年四月八日的大型佛像巡游活动为固定习俗，这个定期仪式似乎提醒居民：佛教是所有华夏人共同的信仰。

盛大的行像活动以景明寺为中心展开的。"时世好崇福，四月七日京师诸像皆来此寺。尚书祠部曹录像凡有一千余躯。至八日，以次入宣阳门，向阊阖宫前受皇帝散花。"⑤ 由此可见，盛大的行像活动，使得景明寺居于洛阳城诸佛寺的中心地位。四月八日的前一日，洛阳城内各大寺院的佛像一千余躯，都会到景明寺驻留一晚，诸如昭仪尼寺"有一佛二菩萨，塑工精绝，京师所无也。四月七日常出诣景明，景明三像恒出迎之。伎乐

---

① 〔法〕谢和耐著，耿昇译《中国5－10世纪的寺院经济》，上海古籍出版社，2004，第226页。
② （北魏）杨衒之撰，周祖谟校释《洛阳伽蓝记校释》，中华书局，2010，第36～37、44、59、64、99页。这些行像活动多以寺院为中心，却也不局限于寺院本身，在举办活动时往往延伸到寺院以外的大街小巷。更值得一提的是，佛教徒为了吸纳善男信女，在庄严的佛事活动中，加入许多歌舞百戏杂技等内容，而这些游戏活动正好满足了民众对休闲娱乐生活的需求，其间莫不是士女云集，万头攒动，鼓乐喧天，热闹非凡。
③ （北齐）魏收：《魏书》卷114《释老志》，中华书局，1974，第3032页。
④ （宋）志磐撰，释道法校注《佛祖统纪校注》卷39《法运通塞志十七之五》，上海古籍出版社，2012，第879页。
⑤ （北魏）杨衒之撰，周祖谟校释《洛阳伽蓝记校释》卷3《城南》，中华书局，2010，第99页。

之盛，与刘腾相比"。① 到了四月八日正日这天，众多佛像从这里出发，经由宣阳门至闾阖门，接受皇帝的散花，仅是筹备过程已是紧紧地牵动人心。可以肯定地说，这一大型佛教信仰活动之所以以景明寺为中心展开，应与其所处城市中央御道东侧的地缘优势不无关系。不难想见，该寺院特殊的地理坐落，便于善男信女往来，以及其本身和周围有比较宽敞的空地，以满足人群的聚集与流动，加上皇家寺院身份，使其与北魏洛阳城的政治社会生活发生微妙的互动，是很自然的事情。因此可以断言，景明寺在当时是较为知名的宗教信仰空间，对善男信女的吸引力必然很大，香火自然旺盛。

全民宗教狂热的"行像"阵容。前已述及，在佛诞生日当天，行像活动由城南景明寺出发，一千余躯佛像依次经宣阳门，进入城内闾阖宫前接受皇帝散花，"于时金花映日，宝盖浮云，幡幢若林，香烟似雾，梵乐法音，聒动天地。百戏腾骧，所在骈比。名僧德众，负锡为群，信徒法侣，持花成薮。车骑填咽，繁衍相倾。时有西域胡沙门见此，唱言佛国"。② 极其准确地成为全民性的素描，显而易见，这种大型活动把中国社会中包括皇帝在内的所有阶层都联合起来，情景宏大热烈。佛教团结了整个社会，士庶倾城，在"梵乐法音""香烟似雾"中异常地混杂在一起，创造了一种集体感情洋溢的氛围，全民沸腾，群情激昂，"一城之人皆若狂"，于是乎宗教虔诚便达到了顶峰。可以想象，梵乐法音的优美神韵，西域舞狮的粗犷风采，信女善男的倾城出动，在以歌舞音乐相伴的皇帝散花中，达到了佛事活动的高潮，不仅填补了居民寻闲拥乐的欲求，更为生活的凡庸和沉闷增添了色彩和生动。杨衒之面面俱到、引人入胜的细腻描写，不免使人有强烈的临场感，尤其将佛像作为尊崇的神像来礼拜，并以皇帝为首举国佞佛的场景，亦足以反映出北魏洛阳城佛教文化的发达，国家倡佛制度已内化到居民的日常生活中，亦可见整个社会倡佛风气很盛。由此可见，杨衒之所言"弃象马如

---

① （北魏）杨衒之撰，周祖谟校释《洛阳伽蓝记校释》卷1《城内》，中华书局，2010，第44页。
② （北魏）杨衒之撰，周祖谟校释《洛阳伽蓝记校释》卷3《城南》，中华书局，2010，第99页。

脱屣""舍资财若遗迹"①，应当不是过分夸张的形容词。佛教节日庆典的政治性在当时的社会产生了巨大的凝聚力量，从而巩固了统治者的权力，确立了其统治的合法性，其传递的社会化信息有着深刻的政治意涵。

由之，以洛水北岸景明寺为中心展开的行像活动，把皇室、市井及社会风俗等密切联系起来，通过行像这面镜子，不难窥出当时诸多耐人寻味的信息。此外，景明寺所具有特殊地缘因素及其皇家寺院的身份，交通便利，居民流量大，使其成为城南第一大寺院，而看起来具有传统性质且远离城市繁华中心的报德寺，却只能成为景明寺的附属了。

3. 碾硙水利作坊

洛阳盆地温润适宜的气候，丰富的水源，无不利于农业发展。随着北魏洛阳粮食产量的增加，以及居民的增多，必然会促进粮食加工业的进步。水力粮食加工机械碾硙出现在洛阳城，无疑是一道独特的风景，展示着生活在这片土地上的人们的高超智慧。

景明寺借助水力进行粮食加工，这应该是当时洛阳城内最早用碾硙加工粮食的寺院②，凸显浓厚的生活气息。《洛阳伽蓝记·景明寺》如是记载："碾硙舂簸，皆用水功，伽蓝之妙，最得称首"③，寥寥数言，一座富裕而又规模宏大的寺院跃然眼前。众所周知，水碓作为水力粮食加工机械，魏晋时期已经普及，而效率更高的大型复合机械水碾的出现，却是在北魏时期。它的发明者是北魏尚书仆射崔亮④，有研究论证这一事件发生于515～521年间⑤。谢和耐先生指出，因为其设备安装和维修相当昂贵，故而碾硙的拥有者通常经济实力雄厚，所以碾硙在出现早期，多为富裕世

① （北魏）杨衒之撰，周祖谟校释《洛阳伽蓝记校释·序》，中华书局，2010，第23页。
② 〔法〕谢和耐著，耿昇译《中国5－10世纪的寺院经济》，上海古籍出版社，2004，第144页。
③ （北魏）杨衒之撰，周祖谟校释《洛阳伽蓝记校释》卷3《城南》，中华书局，2010，第98页。
④ （北齐）魏收：《魏书》卷66《崔亮传》，中华书局，1974，第1481页。
⑤ 方万鹏：《资源、技术与社会经济——中国北方水磨的环境史研究》，南开大学博士学位论文，2016，第38页。

俗户和大寺院所拥有，同时需要借助水力，多依赖城池周边河渠的水流落差①。基于拥有碾硙的种种限制，不免使其拥有者窄化，而城南景明寺无疑是碾硙拥有者的首选：皇家寺院的身份，自然常年累积有巨额财富，加上南有洛水、北有阳渠、西有"堰洛通漕"灌溉渠的便利水资源。由此可见，碾硙在景明寺出现并非偶然，正如谢和耐先生所说："碾硙设备包括以水为动力的机器，它形成了一种非常宝贵的资本，但我们仅仅能在富裕世俗户和大寺院的土地上，方可见到它们。"②

可以想见，作为皇家大寺院，景明寺僧侣规模无疑是庞大的，拥有这种既省时又省力的先进机械加工他们日常所需面粉等生活物资，为寺院僧侣提供生活便利自然值得称赞。但这种先进的机械工艺是否超出自己生活需要而用于经济生产，向京师居民提供面粉，从而创获经济利润，也就是谢和耐先生所关注的"这些作坊设施成了巨额收入的来源"③，由于资料不足，这些详情就不得而知了。

要之，洛水北岸佛教场所展现了佛教无所不在的都市景观，"数不清的寺院和宝塔那镀金的尖顶，寺院的钟鸣，柔和的诵经声，来往行走的庄严僧列，都是佛教对帝国生活产生交错影响的明显迹象"④。可以想象，佛教作为社会的凝和剂，把社会各阶层维系在一起了。

六　道教场所

北魏洛阳时代，除外来宗教佛教兴盛，作为中国本土宗教的道教也与洛阳有着不解之缘。北魏朝廷释老并用，崇佛礼道，把二者作为统治阶级的两大政治工具。也就是说，佛教在魏廷一直受到尊崇，道教亦有着不可忽视的影响，它"虽不如佛教理论体系缜密严谨，但却具有华夏本土正统宗教的地

① 〔法〕谢和耐著，耿昇译《中国5-10世纪的寺院经济》，上海古籍出版社，2004，第142~145页。
② 〔法〕谢和耐著，耿昇译《中国5-10世纪的寺院经济》，上海古籍出版社，2004，第142页。
③ 〔法〕谢和耐著，耿昇译《中国5-10世纪的寺院经济》，上海古籍出版社，2004，第142~145页。
④ 〔美〕芮沃寿著，常蕾译《中国历史中的佛教》，北京大学出版社，2009，第53页。

位，因此也有相当的领地和扩展余地"。① 然而，作为宗教信仰的非主流，道教并没有佛教那么大的群众基础，这使得他们对外缺乏竞争力，在地缘上，很容易呈现孤立性和边缘性。洛水北岸崇虚寺的设置就是一个很好的明证。

《洛阳伽蓝记》中如是记载："在城西……高祖迁京之始，以地给民，憩者多见妖怪，是以人皆去之，遂立寺焉。"② 又据《魏书·高祖纪》载：太和十五年八月戊戌，"移道坛于桑乾之阴，改曰崇虚寺。"③ 从上述两则史实可以看出，孝文帝于太和十五年（491）在旧都平城已建有崇虚寺，迁洛之初把城南西部的土地赐给百姓居住使用，老百姓却报告经常看见妖怪，为镇伏妖怪，安定百姓，朝廷御史出资修建寺庙，因此仿照旧都平城寺名的崇虚寺由此落成。从上述文字还可以发现，城南西部应是原住居民稀少，故而存有大片空地，所以迁都时可以分给"代迁户"居住，由此是否可以想象，人烟稀少，似乎成了居民创造鬼神出没的最佳场所，或许可以说，原住居民稀少是否与也此处多"妖怪"有关？值得注意的是，这一说法似乎与道教驱妖捉鬼的迷信活动相吻合，进而言之，杨衒之这一记载是否为传说附会④？

《魏书·释老志》又载，太和十五年秋诏曰："'自有汉以后，置立坛祠，先朝以其至顺可归，用立寺宇。昔京城之内，居舍尚希，今者里宅栉比，人神猥凑，非所以祇崇至法，清敬神道。可移于都南桑乾之阴，岳山之阳，永置其所。给户五十，以供斋祀之用，仍名为崇虚寺。可召诸州隐士，员满九十人。'迁洛移邺，踵如故事，其道坛在南郊。"⑤ 这段文字说明，崇虚寺作为道坛的历史由来已久，并且是作为"常制"被安置在都城

---

① 《中华文明史》编委会编《中华文明史》第 4 卷第 11 章第 2 节，河北教育出版社，1992，第 386 页。
② （北魏）杨衒之撰，周祖谟校释《洛阳伽蓝记校释》卷 3《城南》，中华书局，2010，第 126 页。
③ （北齐）魏收：《魏书》卷 7 下《高祖纪》，中华书局，1974，第 168 页。
④ 不可忽视的是，或许是受六朝南方流行的地记、异物志之类著述的影响，《洛阳伽蓝记》中掺杂了不少志怪、异闻之说，并不能算是严肃的历史地理著作。也就是说，杨衒之并不以记录历史为己任，其《洛阳伽蓝记》多有奇闻逸事的风格，虽然这些故事在很大程度上反映了社会现实，即这些故事发生的背景可能是真实的，但它们的真实性却是值得怀疑的。
⑤ （北齐）魏收：《魏书》卷 114《释老志》，中华书局，1974，第 3055 页。

的南郊，这与杨衒之所言"憩者多见妖怪，是以人皆去之"的建寺缘由出
入较大。王永平先生指出，孝文帝在洛阳新建佛寺多与平城旧寺同名，应
是考虑到历史传承①，由王氏的见解可以得出，崇虚寺作为北魏必建寺院，
应是孝文帝营建洛都时的规划设计的建筑之一，至于用于镇伏妖怪的说
法，为民间的附会传说可能性较大。毕竟，作为中国土生土长的宗教，道
教和地域风土人情有着更多的联系。

既然是民间附会之说，那么该区域有大片空地更为合理的解释，笔者
以为，应与这块土地与城西紧邻有关，或许被用作皇家预留用地有待以后
开发。我们知道，津阳门外大道西侧的崇虚寺，一直往西就是北魏洛阳城
著名的元氏宗室聚居地"寿丘里"，也就是城西皇室贵族的高级住宅区，
而崇虚寺西北向即是城西西明门外大道。事实上，崇虚寺和城西除了西明
门外大道相隔，二者之间不见有河流等自然障碍物，实际上这一带是连为
一体的，二者界限并不是非常分明，甚至可以作为一个整体看待②。当然，
透过这些材料，这一大片空白区域除了作为皇室预留地，我们也可以想
象，这里地理位置较为偏僻，相对封闭，一些特殊人群，如道教人士，专
辟区域，实行集中管理，其作为静谧隔绝的道家世界，或许能提供另一种
解释。城南和城西接壤地区，并不存在一个明确的、不可逾越的界限。

由上可见，崇虚寺无疑是道教的道坛，为何杨衒之收录到《洛阳伽蓝
记》中，视其为"佛教寺院"，杨衒之在此处似乎有所误识。杨康乐的看
法颇具启发性："南北朝时期道教的道坛、道观普遍称为'治''馆'
'观'等，独有北魏的天师道坛崇虚寺冠名为'寺'。'寺'本为古代官署
名称，如鸿胪寺、太常寺之类，后因东汉于洛阳设'白马寺'为翻经之
所，后世佛教继以庙宇称'寺'，延续至今。从'崇虚寺'的名称来看，
似乎不单纯是天师道的道坛而已，猜测其可能具有道教官署的性质。"③ 也

---

① 王永平：《北魏孝文帝崇佛之表现及其对佛教义学之倡导》，《学习与探索》2010 年第 1
期，第 209 页。
② 不可否认的是，为了研究方便，笔者主要是迎合杨衒之《洛阳伽蓝记》叙事分区方法，
按照杨氏佛教寺院分区对城南范围进行了人为界定。
③ 刘康乐：《北朝国家道教管理制度略考》，《周口师范学院学报》2012 年第 6 期，第 16 页。

就是说，本应以"治""馆""观"命名的道教寺院①，"崇虚寺"仍依从佛教寺院命名方式，加上它本身道教寺院属性不鲜明，故而杨衒之误把崇虚寺收录到佛教寺院书籍中。进而可以推测，杨衒之对这座寺院了解不多，抑或崇虚寺的道教性质在当时社会影响力不大所致，或许具有更多的道教官署性质等，但不管怎样，崇虚寺是为道教寺院无疑。

我们知道，春秋时期老子在洛阳创立了道家学说，东汉时期神仙家利用老子的《道德经》创立了道教，是为土生土长的本土宗教。到了北魏时期，洛阳仍是北方道教中心，嵩山道士寇谦之自称太上老君，把儒家经世致用之学融入道教，使道教更好地为政治服务，得到太武帝拓跋焘和权臣崔浩的赏识，寇谦之被封为"国师"。太平真君三年（442），拓跋焘亲至道坛受符录，"自后诸帝，每即位皆如之"②。众所周知，洛阳东南的嵩山是寇谦之修行起家之处，洛阳一带道教影响力应该很大。但由于继寇谦之之后"诸道士罕能精至，又无才术可高"③，人才匮乏使得这一时期的道教没有大的发展，故而佛教在北魏洛阳时代占了上风，但作为京城洛阳宗教的一个组成部分，道教得到帝王和贵族支持列入官方宗教，其作用和影响不容低估。

孝文帝都洛后，在中央设崇玄署，置仙人博士④，专掌道教教育，孝文帝本人也"善谈《庄》《老》"⑤，并在政治生活中加以吸收运用。另外，1998 年 12 月，孟津县平乐村西北出土《赵暄墓志》，赵暄本人正史无传，墓志文本为我们提供了可资参考的资料。志主为河南洛阳人，聪颖出众，隐居山林，精通数艺，道力无边，是继寇谦之后为皇室重用的著名道士。作为一名当时著名的道教理论家，他在正始年间受到宣武帝礼遇，开始干预朝政，历宣武、孝明和孝庄三朝长达 20 年，与魏廷保持了密切的关系，

①　例如宋明帝泰始年间，明帝数次下诏，坚请陆修静出山，并为他在都城建康近郊的天印山（即方山）建崇虚馆，供他组织编撰道教经典［参见都筑晶子《六朝后期道馆的形成——山中修道》，载《魏晋南北朝隋唐史资料》（第 25 辑），武汉大学出版社，2010，第 234~235 页］。

②　（北齐）魏收：《魏书》卷 114《释老志》，中华书局，1974，第 3053 页。

③　（北齐）魏收：《魏书》卷 114《释老志》，中华书局，1974，第 3055 页。

④　刘康乐：《北朝国家道教管理制度略考》，《周口师范学院学报》2012 年第 6 期，第 17 页。

⑤　（北齐）魏收：《魏书》卷 7 下《高祖纪》，中华书局，1974，第 187 页。

任朝廷四品官，在宫廷决策政事中颇具影响力，深受最高统治者倚重和信任。尽管志文有浮夸之嫌，但它提供了北魏洛阳时代道教被统治阶层所崇信和利用的有力证据。正如赵振华先生所言："新出土的赵暄墓志，以石刻文献的形式为我们提供了前所未有的都洛后期朝廷尊崇道教、倚重道士的可贵信息。"① 由此不难看出，道教在北魏洛阳时代仍然博得统治者的支持和信任，是统治阶级的政治统治思想工具之一。

刘康乐先生对崇虚寺有着细致的描述，"崇虚寺在北魏具有十分重要的地位，它不仅是北魏新天师道的中心，也是北魏皇帝祭祀的钦定场所。崇虚寺由国家主持建立，其坛主是由官府任命的，当为官府所署置的基层道官。崇虚寺的道士负责皇家祭祀等事务，由政府拨付资财供养，并给户以维持斋醮祭祀等日常活动，设坛主主其事。对崇虚寺的道士，政府有严格的考核，对于道术精通的道士均以礼接待、由国家供养，道术不精或才术低微的免不了被罢免还俗"。②

小　结

由东汉到北魏，洛水北岸的居民来源与构成有着显著变化。东汉时期，这里仅有少量平民和为数可观的太学生居住；魏晋时期，这里不仅居住着一般平民和数量众多的太学生，还有少数官僚权贵，且驻扎有军队；北魏时期，这里的居民除了一般平民，少量太学生、官员及军人，还有一定规模的宗教人士，又有皇室宗亲，甚至还有南朝降附人员等。

尽管这里的居民来源和构成呈现复杂多元状态，其中不乏与居住环境相对应的典型案例。诸如江南显贵琅琊王氏的后裔王肃，附魏后备受朝廷礼遇，其居住地被命名为"延贤里"，本人亦被视为拓跋魏汉化改革的重要旗手；如所皆知，随着拓跋魏南迁洛阳后，汉族地主阶层诸多不良习俗，尤其是其腐朽化生活习惯，逐渐被鲜卑族所接受，北魏宗室权贵上层

① 赵振华：《赵暄墓志与都洛北魏朝廷的道教》，《河南科技大学学报》（社会科学版）2004年第3期，第31～33页。
② 刘康乐：《北朝国家道教管理制度略考》，《周口师范学院学报》2012年第6期，第16页。

弥漫着奢靡之风，生活极度腐化堕落，洛水北岸一度出现了皇室元雍、元怀追求"当世富贵"的情状；杨衒之在《洛阳伽蓝记》里记载了诸多女性群像，上至太后公主，下至奴婢乐伎社会各阶层，其中尤以陈留公主、王肃前妻谢氏、元雍宅邸的乐伎徐月华、修容及艳姿等最为典型，她们在杨氏笔下无不个性昭然、气韵生动；基于洛水北岸寺院遍布的史实，其中不乏为数众多的僧侣道士等生活修行于内，也有一些避难寓居者如节闵帝元恭和隐士冯亮，在寺院中寻求自我保护，无疑是当时居民常见的一种远祸方式；《洛阳伽蓝记》还穿插了儒生荀子文在城东受教的场景，反映了其时私学的兴盛局势，也表明了当时官办太学营建迟滞的社会现象。

与之相对应，从东汉至北魏，洛水北岸居住环境演变也是十分突出的。东汉魏晋时期，这里主要分布着"三雍"礼制建筑群、"堰洛通漕"水利工程及繁荣的南市；北魏时期，这里除分布着传统礼制建筑群及"堰洛通漕"水利工程，沿洛水北岸从西到东，里坊居民区和寺院鳞次栉比，尤其值得注意的是，传统的南市布局亦由洛水北岸移至洛水南岸。

据《洛阳伽蓝记》和考古发掘等资料可知，北魏洛阳内城南墙主要城门，均有大道通向城南，除宣阳门外大道作为全城的中轴线，延伸至伊水之阳的圜丘外，其余三条大道均南北直行至洛水北岸。城南建筑物都是在这些街道的基础上，被规划设计成里坊、寺院、礼制建筑群及"堰洛通漕"水利工程等系统布局，不同社会阶层住宅，诸如劝学里、延贤里、利民里、中甘里及洛滨里等里坊居民区分布其间，里面生活着不同身份地位的居民。然而不容忽视的是，洛水北岸这些建筑物均安置在古人所谓"亳坂"的微高地上。值得注意的是，位于城南津阳门大道东侧的"堰洛通漕"引洛渠，迫使部分洛水流入城南阳渠，增大渠水流量，以便漕运，但在客观上减少了洛水流量，有助于防止城南水患，使城南新城区拓展成为可能。

我们知道，洛水北岸是传统的礼制文化区，汉晋以来，国家最高等级的教育机构辟雍和太学都位于这里。然而耐人寻味的是，北魏时期洛阳城南居民，却要到城东接受私家讲学的教育方式。这一现象至少表明，北魏时期的辟雍及太学等国家教育基地，无论规模还是功能都已趋没落。终北魏洛阳时代，统治阶层在一定程度上营缮了太学石经残石，并复修了太学和明堂建筑，至于辟雍，仅见朝廷有重建辟雍之议，而无建成之实，更不用说灵台，史书甚至不见关于其修缮的任何文字。这些礼制建筑营建迟滞局面的出现，与当时的社会政治军事格局、灾荒疾疫、营建工程主持人更迭、朝臣意见不一、统治者崇佛佞佛等无不关联，甚至是深刻的历史根源所致，且其所发挥的社会功效亦不尽如人意。

北魏洛阳城作为当时北方佛教中心，举国佞佛，并出现广建寺院的高潮，据杨衒之的不完全记载，当时洛水北岸有 13 座佛教寺院，这些佛教寺院作为僧众居住生活、修持及摆放佛像的场所，一般都有诸如浮图、佛殿、僧房、讲堂及园林等基本的建筑空间设施，这里不仅是僧侣生活修行的理想道场，亦是普罗大众喜爱的社会公共活动空间，焚香拜佛，礼敬佛教是为居民日常生活的一部分，尤其值得注意的是，以景明寺为中心展开、以皇帝为首举国佞佛的行像活动，把皇室、市井及社会风俗等密切联系起来，足以反映出北魏洛阳城佛教文化的发达。此外，景明寺特殊的地理位置及其皇家寺院的身份，决定了它较同等级寺院报德寺来说功能更为复杂，例如景明寺借助水力进行粮食加工，这应该是当时洛阳城最早用碾硙加工粮食的寺院。此外，北魏洛阳城除外来宗教佛教兴盛，作为中国本土宗教道教也与洛阳有着不解之缘，城南崇虚寺的设置就是一个很好的明证。

综而观之，随着北魏洛阳城洛水北岸的居民来源与构成日益多元复杂化，其居住环境较汉晋时期亦有很大变化，即由传统的"崇礼场所"，演变为以"崇佛场所"为主的格局。然而不容回避的是，洛水北岸仍作为传统礼制文化区得以存续。

第四章　城南居民的居住环境（二）：
洛水南岸

　　在东汉至魏晋的洛阳，洛水南岸一直是蛮荒边缘之地。北魏迁都洛阳后至宣武帝初期，由于四方归附人员骤增，元恪遂于景明二年（501）九月下诏营建外郭城，将城区扩展至洛水南岸。接着的二三十年里，洛水南岸居民不仅包括大量南朝降附人员，还汇集了肤色、服饰、语言、宗教信仰及风俗习惯等各异的异族异国人员，这些人分别来自周边 115 个国家（包括南朝），繁华的洛阳城充满了异域情调。

　　为了安置这些四夷归附人员，朝廷除了在洛水南岸设置四夷馆和四夷里，各项营造工程也逐步展开，诸如陆续增辟市场、迁移礼制建筑、修缮桥梁，营建寺院以及规建白象、狮子二坊等，以满足这里居民的物质和精神生活所需。由于城市新功能①的植入及各项配套服务设施的完善，洛水南岸居住环境显著改善，不仅提升了城南的活力，尤为重要的是吸引了更多四夷人员归附魏廷②。

　　要之，洛水南岸居民和居住环境相互作用和影响，呈现动态演变过程。也就是说，由居民增加而设置新的功能区，又由居民为了追求美好生活的愿景而不断适应、改造其所处居住环境。很显然，适宜的居住环境进而吸引更多四夷人员向化输诚，使洛水南岸由空旷荒野变成宜居的文明聚落。可以肯定地说，北魏都洛期间洛水南岸得到了有效开发，城市功能分

---

① 黎虎：《北魏的"四夷馆"》："这里是北魏王朝与周边各族和外国政治、经济、文化交往的中心。"《文史知识》1986 年第 1 期，第 71 页。

② 根据《魏书》帝王本纪的记载，景明三年（502）至神龟元年（518）是四夷朝贡的峰值时期，详见本书第 109 页表 2–1《北魏洛阳时代四夷诸国朝贡表》。

区较之汉魏更为明确，规划布局更趋完备，亦由此开创了跨洛水营建新城区的成功实例，为隋唐洛阳城所效仿。

第一节　洛水南岸的居民

北魏宣武帝即位初期，把城南伊、洛水之间的蛮荒区域开发为城市的新功能区，即四方归降人士的聚居区①。换言之，朝廷把洛水南岸规划为周边政权与域外文明归附者的集聚区，这些四夷之民也就成为城南居民的重要组成部分。一时间，体貌有别、风俗不同的外来之风使得洛水南岸汇聚成五光十色、奇资异彩的景观，生活气息变得更为生动。这意味着，在居住环境同一的地区，不同文化背景的居民展现不同的风俗习惯、生活方式和情感样式，并利用、改造其所居环境，创造出不同的文化景观。下文即用代表性人物的典型事件，来铺陈洛水南岸居民的情状。

一　"近伊洛二水，任其习御"的吴人

南来归化者，北方称呼为"吴儿""吴人"，他们常年生活在水域相对辽阔苍茫的江南泽国水乡②，鱼类等水产品是其日常生活中所喜爱的一种食物。由于有着喜欢食鱼的习俗③，又善弄潮，通常情况下他们多以打鱼为资业，往往把捕获的水产品拿到市场来出售。

---

① 参见王佳月《谈孝宣之际北魏洛阳城的规建》，载《石窟寺研究》，文物出版社，2011，第250～256页。（北魏）杨衒之撰，周祖谟校释《洛阳伽蓝记校释》卷3《城南》："永桥以南，圜丘以北，伊洛之间，夹御道。东有四夷馆，一曰金陵，二曰燕然，三曰扶桑，四曰崦嵫。道西有四夷里，一曰归正，二曰归德，三曰慕化，四曰慕义。吴人投国者，处金陵馆。三年已后，赐宅归正里……北夷来附者处燕然馆，三年已后，赐宅归德里……东夷来附者，处扶桑馆，赐宅慕化里。西夷来附者，处崦嵫馆，赐宅慕义里。自葱岭已西，至于大秦，百国千城，莫不款附。商胡贩客，日奔塞下。所谓尽天地之区也。乐中国土风因而宅者，不可胜数。是以附化之民，万有余家。"中华书局，2010，第114～117页。

② 例如（北魏）杨衒之撰，周祖谟校释《洛阳伽蓝记校释》卷3《城南》："南朝萧衍子西丰侯萧正德附魏时曾自称'下官生于水乡'。"中华书局，2010，第112页。

③ 例如（北魏）杨衒之撰，周祖谟校释《洛阳伽蓝记校释》卷3《城南》："南朝降附人士王肃初入北魏，'不食羊肉酪浆等物，常饭鲫鱼羹，渴饮茗汁'。"中华书局，2010，第109页。

这些人来到北方后，魏廷把他们安置在伊、洛水之间的金陵馆，三年以后愿意定居者，赐宅归正里①。身为在北方的南人，与其他附魏人员最具体而明显的不同是，他们对鱼类等水产品有一种特殊情结，因此对渔业抱有强烈兴趣的吴人利用伊、洛水流域优良的水环境及丰饶的水资源，重操他们在江南擅水的"旧业"，甚至自发设置了专业的水产品市场等一系列活动就不难理解了。《洛阳伽蓝记》如是记载：

> （归正里）民间号为"吴人坊"，南来投化者多居其内。近伊洛二水，任其习御。里三千余家，自立巷市。所卖口味，多是水族，时人谓为鱼鳖市也。②

由此不难看出，来自南方水乡的吴人，在驾驭水势方面有着得天独厚的优势和经验，他们凭借伊、洛水优越的水环境，把其识水性、能撑船搏浪的天然技能发挥得淋漓尽致。不容忽视的是，前面提到南朝吴人降魏者约占四夷归附人员的三分之一，数量庞大，因而对水产品的需求量甚为可观。为了便于满足口腹之需，他们在其居住地归正里，自发设置了专门的水产市场——鱼鳖市。

除了带有很大自发色彩的鱼鳖市，官方所立的四通市，亦售卖鱼类等水族产品。众所周知，喜食鱼鳖类水产品是南人的主流饮食习惯，然而这种饮食习惯对于北方民族来说，充其量只是一种点缀③，但是随着南人食鱼习俗渐至风行洛阳城，鱼类亦成为京城士庶各阶层喜食之物。北魏时人杨衒之对此曾

---

① （北魏）杨衒之撰，周祖谟校释《洛阳伽蓝记校释》卷3《城南》，中华书局，2010，第115页。
② （北魏）杨衒之撰，周祖谟校释《洛阳伽蓝记校释》卷2《城东》，中华书局，2010，第89页。
③ 需要说明的是，这些南味或南方饮食资料，在北方饮食中只是一种点缀，并不足以转变北方的传统饮食习惯。在当时的中原地区，和当时的政治文化形态一样，至少有两种主要饮食习惯并存：一是拓跋氏统治者的饮食习惯（逯耀东：《从平城到洛阳：拓跋魏文化转变的历程》："酪浆畜肉是草原民族主要饮食，即使后来热爱中国文化的孝文帝，仍然不愿放弃这种传统的饮食习惯。"中华书局，2006，第7页）；二是中原地区原有的饮食习惯（张鹤泉、王萌：《略论北朝佛教僧人与世俗信徒的素食风气》："从汉民族的饮食情况来看，是以粮食和蔬菜为主的。这正是由中原地区传统的农耕生产状况决定的。"《吉林大学社会科学学报》2011年第5期，第46页）。

描画道：

> 别立市于洛水南，号曰四通市。民间谓为永桥市。伊洛之鱼，多于此卖，士庶须脍，皆诣取之。鱼味甚美。京师语曰："洛鲤伊鲂，贵于牛羊。"①

很显然，洛阳城居民不论贵族还是平民要吃鱼肉，都到洛水南岸的四通市来购买，显示了帝都气氛笼罩下居民的奢华生活面貌。由此亦不难发现，这一时期食鱼在洛阳城应该是比较流行的，特别是"洛鲤伊鲂，贵于牛羊"的谚语，进一步证实吴人食鱼的习俗已然家喻户晓，丰富了洛阳城居民的饮食文化生活，使其饮食结构更趋多彩多姿。

然而耐人寻味的是，归正里生活着三千余家居民，如若仅凭捕捞天然鱼类资源，显然难以满足数量如此庞大人群的日常所需，加上洛阳城内各阶层居民的需求，以及"堰洛通漕"水利工程致使洛水水域面积逐渐缩小的史实②，凡此种种不免使人推想，人工渔业养殖的可能性较大。也就是说，单靠捕捞难以满足京师居民日益增长的市场需求，故而除了天然捕捞外，伊、洛水区域很可能诱发规模化的水产养殖业，否则不可能有杨衒之所勾画的"鱼鳖市"和"四通市"繁盛的鱼市场景。

综览贾思勰《齐民要术》之《养鱼篇》③，北魏洛阳时代极有可能已经积累了相当丰富的各项养殖技术，包括养殖鱼类和水生植物的相关技术④。

---

① （北魏）杨衒之撰，周祖谟校释《洛阳伽蓝记校释》卷3《城南》，中华书局，2010，第117页。
② 详见第三章第二节之"'堰洛通漕'水利工程"。
③ （北魏）贾思勰著，石声汉校释《齐民要术今释》卷6《养鱼》，中华书局，2009，第428~431页。
④ 《洛阳伽蓝记》中屡见北魏洛阳城养殖鱼类和水生植物的相关记载，诸如："千秋门内道北有西游园，园中有凌云台……台下有碧海曲池。台东有宣慈观，去地十丈。观东有灵芝钓台，累木为之，出于海中，去地二十丈。风生户牖，云起梁栋。丹楹刻桷，图写列仙。刻石为鲸鱼，背负钓台；既如从地踊出，又似空中飞下。""（瑶光寺）绮疏连亘，户牖相通，珍木香草，不可胜言。牛筋狗骨之木，鸡头鸭脚之草，亦悉备焉。""奈林西有都堂，有流觞池。堂东有扶桑海。凡此诸海，皆有石窦流于地下，西通谷水，东连阳渠，亦与翟泉相连。若旱魃为害，谷水注之不竭；离毕滂润，阳谷泄之不盈。至于鳞甲异品，羽毛殊类，濯波浮浪，如似自然也。""（景明）寺有三池，葭蒲菱藕，水物生焉。或黄甲紫鳞，出没于蘩藻，或青凫白雁，沉浮于绿水。""（高阳王寺）竹林鱼池，侔于禁苑，芳草如积，珍木连阴。""（宝光寺）园中有一海，号咸池。葭菼被岸，菱荷覆水，青松翠竹，罗生其旁。""出西阳门外四里御道南，有洛阳大市……（转下页注）

显而易见，这些技术都是在"近江河""临陂湖"环境中形成的，其中不少明显出自江南及东南沿海地区的农业实践。由此不难想见，附魏南人中的一般阶层来到洛阳后，为了生计，很有可能在伊、洛水水域修有水库、水塘等设施进行水产养殖，他们是无师自通的养鱼技术员更是自不待言。正可谓消费需求的驱动，必然导致技术的进步，故而人工养殖为北魏洛阳城居民提供丰富而稳定的水产资源可能性较大。

进而言之，以农业经济为主的北方汉地居民没有打鱼、吃鱼的偏好，附魏一般吴人阶层的捕鱼饲鱼能力又大大强于北人，渔业应是这些南来新移民的主要生计手段，打鱼收获是其主要经济来源。从自然环境上而言，这里水陆交通两便，不论打鱼还是销售都是适宜的，渔户们将每天的渔获物拿到市场贩卖，吸引了城里居民涌来购买，可以想见丰富的渔产使他们收获了极大实惠。由此看来，附魏一般吴人阶层生活在这样一个水域相对广阔的环境里，以渔业为生计，是再自然不过的事情了，加上吴人入魏者甚多，且多为高官显贵，眷属又众多，故而出现渔业市场繁盛的场景就不足为奇了。饶有趣味的是，考古资料显示，今天汉魏洛阳故城东南角蜿蜒东行一条凹地槽，很可能是古河渠的遗迹，该地望又恰恰是以"鱼骨"而命名的村庄所在[①]。"鱼骨村"这一地名，就包含了丰富的历史信息，似乎在某种程度上可视为吴人在北魏洛京捕鱼饲鱼活动的佐证。但在资料不足证的情况下，这一假说有待进一步印证。

可以说，伊洛水域中丰富的渔产资源价值是被吴人开发的。要之，渔业作为附魏一般吴人阶层的资生方式，是近水居民利用水域的显例，亦是居民为追求美好生活而利用并改造其所处居住环境的成功实例。这种方式，既可以评价为不同凡响的创新，也可以理解为自然地理环境对吴人文

(接上页注④)市西北有土山鱼池。""四月初八日，京师士女多至河间寺，观其廊庑绮丽，无不叹息，以为蓬莱仙室亦不是过。入其后园，见沟渎蹇产，石磴礁峣，朱荷出池，绿萍浮水，飞梁跨阁，高树出云。咸皆唧唧，虽梁王兔苑，想之不如也。"详见（北魏）杨衒之撰，周祖谟校释《洛阳伽蓝记校释》，中华书局，2010，第38、39、53～54、98、123、137、140～141、152 页。

① 参见中国社会科学院考古研究所二里头工作队《河南洛阳盆地 2001～2003 年考古调查简报》，《考古》2005 年第 5 期，第 21 页。

化的模塑。

二 秋来春去的北夷"雁臣"

气候是自然环境最主要的因素之一，对人们的生产和生活有着直接影响。众所皆知，我国北方塞上为朔漠之地，气候严酷，六月飘雪，干旱多风沙，北魏尚书令王肃曾赋诗描绘此景象："悲平城，驱马入云中。阴山常晦雪，荒松无罢风。"① 据《魏书》所载，北魏时期北夷族群主要有蠕蠕、匈奴宇文莫槐、徒何段就六眷及高车等②，他们长期居于塞外高寒地带，不仅有着鲜明的"人食畜，饮其汁，衣其皮"的草原游牧文化特色，还有因季节不同游移于大漠南北进行狩猎畜牧活动的固定习俗。

除了影响人们的生产生活，气候有时甚至左右朝廷政策的制定。我们知道，北夷诸族有"冬则徙度漠南，夏则还居漠北"③ 的季节性迁徙的固有惯习，作为北夷的拓跋鲜卑南迁洛阳时，鉴于北方勋旧长期居于塞外高寒地带而不能适应洛阳湿热气候④，也希冀一个可行有效的办法在某种程度上缓和与代北保守势力的矛盾，孝文帝曾做了一些妥协举措，即允许代北勋旧"冬则居南，夏便居北"。关乎孝文帝这一举措，《魏书》有明确记载："初，高祖迁洛，而在位旧贵皆难于移徙，时欲和合众情，遂许冬则居南，夏便居北。"⑤ 从中不难看出，孝文帝在抉择让步中，气候因素显然起了很大作用。尽管宣武帝即位后，这一妥协举措即告终止⑥，却为朝廷日后制定实施外交政策所效仿。

继孝文帝朝"冬则居南，夏便居北"的策略，魏廷推出"雁臣"的举

① （北齐）魏收：《魏书》卷82《祖莹传》，中华书局，1974，第1799页。
② （北齐）魏收：《魏书》卷103《蠕蠕等传》，中华书局，1974，第2289~2313页。
③ （北齐）魏收：《魏书》卷103《蠕蠕传》，中华书局，1974，第2289页。
④ （北齐）魏收：《魏书》卷40《陆俟传附孙叡传》："（陆）叡表曰……南土昏雾，暑气郁蒸，师人经夏，必多疾病。而鼎迁草创，庶事甫尔，台省无论政之馆，府寺靡听治之所，百僚居止，事等行路，沉雨炎阴，自成疠疫。"中华书局，1974，第912页。
⑤ （北齐）魏收：《魏书》卷15《昭成子孙晖传》，中华书局，1974，第378页。
⑥ （北齐）魏收：《魏书》卷15《昭成子孙晖传》："（元）晖曰（世宗）：'先皇移都，为百姓恋土，故发冬夏二居之诏，权宁物意耳。乃是当时之言，实非先皇深意。且北来迁人，安居岁久，公私计立，无复还情。陛下终高祖定鼎之业，勿信邪臣不然之说。'世宗从之。"中华书局，1974，第378~379页。

措，成为朝廷处理族际关系的政治智慧。生活在令人有诸多不适的高寒自
然环境下的北夷人，为了追寻更好的居住环境，除了有随季节逐水草而迁
徙不居的习惯，或南下犯塞寇边，或求和通聘。有鉴于此，为招徕安抚更
多北夷人员向化输诚，朝廷在政治、经济及生活习俗等方面采取诸多开放优
容的外交政策。其中尤其引人注意的是，朝廷借鉴孝文帝朝允许代北勋旧冬
来春去、岁岁如是的季节性徙迁措施，推行"雁臣"的举措。更确切地说，
基于北夷诸族不适南方暑热环境，且在尊重这些游牧民生活习惯的前提下，
为了寻求一种能更好控制这些北夷诸族的管理手段，对他们也实施了类似决
策。《洛阳伽蓝记》如是记载："北夷酋长遣子入侍者，常秋来春去，避中国
之热，时人谓之雁臣。"① 简而言之，这些北夷首领及侍子像候鸟一样春去秋
来，当时的中原人极为形象地称呼他们为"雁臣"，这也遂成为其时洛水南
岸北夷归附者所专享的别样场景。

　　由塞外到中原，从高寒到湿热，北夷附洛者被呼为"雁臣"。从平
城到洛阳，从塞外游牧转向中原农耕，在气候、风景、作物、饮食、建
筑等诸多方面，中原都与北方草原形成鲜明对比，有着翻天覆地的变化，
这种变化首先表现在对南北气候迥异所带来的不适。对于习惯了高寒地
带生活的北夷人来说，北方夏季无疑是一个天然的避暑胜地，洛阳则是
另一个世界。由此不难想见，长期生活在北方的少数民族，如若离开自己
生活居住的地方南下，无疑是一场"噩梦"，这种溽热酷暑对居住在洛阳
城里的拓跋鲜卑政权来说，亦是不堪忍受的②。为了吸纳更多北夷朝贡归
降者，感同身受的魏廷允许北夷贵族夏天在北边避暑生活，到了秋冬季节
再返回朝廷拜谒，因此北魏洛阳时代洛水南岸的"雁臣"场景就不足为
怪了。

　　通过"雁臣"这一举措，北魏实现了对北夷柔然归附的目的，缓解了双
方的紧张局势，对柔然的控制由被动转为主动。柔然，又作蠕蠕（北魏王朝

---

① （北魏）杨衒之撰，周祖谟校释《洛阳伽蓝记校释》卷 3《城南》，中华书局，2010，第
116 页。
② 例如（北齐）魏收：《魏书》卷 22《废太子恂传》："（元）恂不好书学，体貌肥大，深
忌河洛暑热，意每追乐北方。"中华书局，1974，第 588 页。

对柔然人的蔑称)①，是继匈奴、鲜卑后北方蒙古高原又一强大的游牧民族，5 世纪初在漠北兴起，其地域辽阔，人口众多，胜兵数万，加之当时西域众多部族归顺于它，是北方一支重要的政治力量，不免成为北魏边境的劲敌，两国经常兵戎相向。尽管屡有犯塞，但亦不断有或朝贡或降附北魏的事件发生。因而"雁臣"措施对于安抚柔然，重建北魏和其政治隶属有着重要意义。

正史亦多有北夷"雁臣"的实录。诸如《魏书·尔朱荣传》记载："及迁洛后，（尔朱新兴）特听冬朝京师，夏归部落"②；《魏书·蠕蠕传》又言：正光元年（520）"九月，（蠕蠕主）阿那瑰将至，肃宗遣兼侍中陆希道为使主，兼散骑常侍孟威为使副，迎劳近畿"；正光二年（521）"正月，阿那瑰等五十四人请辞，肃宗临西堂，引见阿那瑰及其伯叔兄弟五人……诏侍中崔光、黄门元纂郭外劳遣"。③ 从上述时间逻辑次序来看，蠕蠕主④阿那瑰等人于当年九月附魏，又于次年正月北返，他们显而易见是"秋来春去"的"雁臣"；《北史》亦载，敕勒部族首领斛律金投降北魏，"魏除为第二邻人酋长，秋朝京师，春还部落，号曰雁臣"⑤。从上述史实不难看出，这些北夷首领附洛后，常年往返于塞北与京师洛阳之间，他们多是九月由塞北来到京师，待到次年正月又返回北方。

总之，大多数来自高寒地区的北夷人，并不会优先选择南方热带地区来居住。有鉴于此，北魏朝廷采取"雁臣"这一迁缓策略，吸引了诸多北夷首领及其侍子前来朝贡降附，可谓附洛北夷居民在北方高凉和中原暑热两种居住环境之间巧妙适应的实证。

三 "乐中国土风因而宅者"的西夷人

据《魏书》等记载，北魏都洛时期，西域诸国如吐谷浑、宕昌、高

---

① （北齐）魏收：《魏书》卷 103《蠕蠕传》："自号柔然……世祖（拓跋焘）以其无知，状类于虫，故改其号为蠕蠕。"中华书局，1974，第 2289 页。
② （北齐）魏收：《魏书》卷 74《尔朱荣传附父新兴传》："散骑常侍、平北将军、修容第一领民酋长。"中华书局，1974，第 1644 页。
③ （北齐）魏收：《魏书》卷 103《蠕蠕传》，中华书局，1974，第 2298、2300 页。
④ （北齐）魏收：《魏书》卷 103《蠕蠕传》："蠕蠕主世居北漠，不宜炎夏。"中华书局，1974，第 2303 页。
⑤ （唐）李延寿：《北史》卷 54《斛律金传》，中华书局，1974，第 1965 页。

昌、邓至、于阗、悉居半、车师、龟兹、乌孙、悦般、悉万斤、洛那、波斯、忸密、薄知、嚚宾、副货、南天竺、叠伏罗、嚈哒、朱居、渴槃陀、赊弥、疏勒、乌苌、乾陀罗、破洛侯、康国等商人使节，多携殊方异物，以朝贡为主要形式，与朝廷交往频繁[1]，"多达 250 次以上"[2]。恰如有学者所言："宣武帝即位后，中西交通出现了新的高潮，盛况空前，而景明三年（502）有于阗、疏勒、嚚宾等 23 个西域国家遣使北魏，标志着这一高潮的到来，这个高潮一直持续至北魏末年。"[3] 正可谓"自葱岭以西，至于大秦，百国千城，莫不款服。商胡贩客，日奔塞下。所谓尽天地之区也。乐中国土风因而宅者，不可胜数"，这句话形象地表达了四夷人员云集京城之盛，也从侧面表明四夷馆是充满希望的乐土。

学界对此亦有关注。吕思勉指出："诸外国中，西域与中国通商特盛。西域人在中国经商者亦颇多，实为极可注意之事。此盖由其文明程度特高使然。西胡与中国关系之密，正不待唐、元之世矣。"[4] 段鹏琦进一步说明："随着丝绸之路畅通，西域来洛人口日众，并成为当时洛阳城的一个显著特点。……东西贸易随之迅速活跃起来，奔忙于内地和西域的各族商人，其人数之多，当远在使节之上。"[5] 也就是说，这些来洛的西域使节，大多以朝贡之名，行经商之实。由此可以肯定地说，胡商贩客大多打着"进贡"的旗号，是为当时西域来洛人员的主流。故而《洛阳伽蓝记》不仅记载了四夷馆"门巷修整，阊阖填列。青槐荫陌，绿柳垂庭"之优美的居住环境，又言及朝廷在这里特设了"天下难得之货，咸悉在焉"的国际贸易市场——四通市，以满足西夷人经济贸易交流的需求。由此可见，西域诸国与北魏洛阳交往，主要是官方使节以朝贡之名，行经商之实。进而言之，

① 参见（北齐）魏收《魏书》卷 7 下《高祖纪下》、卷 8《世宗纪》、卷 9《肃宗纪》、卷 10《孝庄纪》、卷 11《前废帝广陵王等纪》、卷 32《高湖传附徽传》、卷 101《氐等传》、卷 102《西域传》，中华书局，1974，第 161～292、754、2227～2281 页；周绍良《唐代墓志汇编》（上），上海古籍出版社，1978，第 96 页。

② 赵振华、孙鸿飞：《汉魏洛阳城：汉魏时代丝绸之路起点》，三秦出版社，2015，第 249 页。

③ 石云涛：《北魏中西交通的开展》，《社会科学辑刊》2007 年第 1 期，第 150 页。

④ 吕思勉：《两晋南北朝史》，上海古籍出版社，1983，第 1099 页。

⑤ 段鹏琦：《从北魏通西域说到北魏洛阳城——公元五、六世纪丝绸之路浅议》，载《洛阳：丝绸之路的起点》，中州古籍出版社，1992，第 344 页。

西域商人附洛谋生，主要有两个目的：一是经济利益，二是仰慕中原文化。

值得一提的是，以胡商贩客为主流的附洛西夷人，多有信奉佛教者。西域诸国由于地处佛教东传要道周围，多有崇佛倾向，据《魏书》记载，尚佛的附洛西夷人来自南天竺、高昌、于阗、龟兹、疏勒、朱居国、渴槃陀国、乌苌、康国①、乾陀罗②等国。这些人来洛后，为便于日常礼佛之需，自发在其居住地慕义里修建了菩提寺，《洛阳伽蓝记》有确切记载："菩提寺，西域胡人所立也。在慕义里。"③ 可以想象，西夷人所立佛寺的面貌，更多体现着强烈的西域建筑风格，其宗教教义和修行方式都和一般寺院截然不同，往往充满了神秘异域色彩。这意味着，西夷自发为营造具有本土风格的寺院，使原乡焦虑得到抚慰，从而获得家园感。

尽管上述史籍称历次胡人东来为"遣使朝贡"之云云，不啻有政治夸饰的"中华传统"包含于其间，但西人驼马逶迤、风霜跋涉而来的物质、精神传播，无疑极大地推动了内地生活资源的拓展④。可以说，无论是朝廷设置的四通市，还是西夷人自发营建的菩提寺，都是四夷馆居住环境不断改善、吸引力增强的有力举措。然而值得注意的是，据《洛阳伽蓝记》所载，附洛西域人作为一个庞大的夷人聚居群，被安置在崦嵫馆和慕义里，很显然这些人在洛水南岸是聚族而居，这便于他们保持本民族的特性。但洛阳作为当时的京城，这种特性难以维持长久，他们不管是入仕为官，还是经商兴贩，或是布经传道，都不可避免地受到汉文化的影响，因此，这些人在保持本民族文化特性的同时，渐慕华风，自觉不自觉地开始了"汉化"历程（详见第五章第二节）。

---

① 参见（北齐）魏收《魏书》卷8《世宗纪》、卷101《吐谷浑传》、卷101《高昌传》、卷102《西域传》，中华书局，1974，第196、2240、2243、2262、2266、2268、2279、2280页；姚崇新《吐谷浑佛教论考》，《敦煌研究》2001年第1期，第55页；张泽洪《吐谷浑多元宗教的文化透视》，《青海社会科学》2013年第1期，第171页。

② （北魏）杨衒之撰，周祖谟校释《洛阳伽蓝记校释》卷5《城北》，中华书局，2010，第195页。

③ （北魏）杨衒之撰，周祖谟校释《洛阳伽蓝记校释》卷3《城南》，中华书局，2010，第119页。

④ 张乃翥：《北魏晚期洛阳地区的胡人部落》，《石河子大学学报》（哲学社会科学版）2018年第5期，第75页。

四　南阳公主和寿阳公主居住归正里

一般而言，公主作为皇室成员，在皇权的庇护下，过着衣食无忧的奢侈生活，但没有婚姻自主权，"她们的婚姻是国家政治的一部分，要以国家的利益为前提"。[①] 关于北魏公主婚姻问题，施光明先生认为，随着孝文帝迁都洛阳后封建化的深入，在婚姻上也追求门第，汉族高门子弟成为北魏公主最佳婚姻选择对象，从而出现了与汉族士族通婚现象并不断增加，这在孝文帝和宣武帝时达到高峰，并成为北魏后期公主婚配的主体。其中与南朝归降宗室子弟的联姻，是对"宾附之国"的礼遇，同时也带有安抚性质。[②] 由此看来，正史所载的南朝降附人员之所以能有较多尚公主的机会，主要是由于他们大多出身或为王室（如萧齐萧氏）；或为贵族（如王肃），算得上门当户对。值得一提的是，这些南朝降附人员附魏后往往居住在洛水南岸的归正里，他们与北魏公主婚配后，这些公主理所当然也成为归正里的居民。

南阳公主。南阳公主是北魏孝文帝元宏的女儿，前文已论及，其于正始四年（507）八月后不久下嫁南朝宗室降魏者萧宝夤，因此南阳公主是居住在归正里的居民毫无疑问。虽为政治婚姻，史书记载萧宝夤和南阳公主婚姻比较和睦，并为皇室元怿所称赞，《魏书》如是记载：

> 寻尚南阳长公主，赐帛一千匹，并给礼具。公主有妇德，事宝夤尽肃雍之礼，虽好合积年，而敬事不替。宝夤每入室，公主必立以待之，相遇如宾，自非太妃疾笃，未曾归休。宝夤器性温顺，自处以礼，奉敬公主，内外谐穆，清河王怿亲而重之。[③]

然而萧宝夤尚公主后不久，却以耻居城南为由，让公主祈请世宗的恩准，徙居至城内永安里居住，自当别论。换言之，他们曾是洛水南岸归正

---

①　苗霖霖：《北魏公主婚姻考》，《唐都学刊》2012年第2期，第67页。
②　参见施光明《〈魏书〉所见北魏公主婚姻关系研究》，《民族研究》1985年第5期，第112页。
③　（北齐）魏收：《魏书》卷59《萧宝夤传》，中华书局，1974，第1315页。

里的居民是毋庸置疑的。虽然投奔北魏，萧宝夤却一直不忘兴复齐国，于孝昌三年（527）起兵反叛，"战败，携公主及其少子与部下百余骑……旬奔丑奴"，"宝夤之将死……（南阳）公主携男女就宝夤诀别，恸哭极哀"。① 由此亦不难看出，萧宝夤和南阳公主感情甚笃，尤其是在面临家国选择时，公主背弃国家与丈夫站在一处，足见二人情感深厚。

寿阳公主。寿阳公主是北魏孝庄帝元子攸的姐姐，于永安年间（528～530）下嫁南齐东昏侯萧宝卷的遗腹子萧综（降魏后更名为萧赞）。由于萧综降魏后居住在金陵馆，故而寿阳公主是金陵馆和归正里的居民无疑。《洛阳伽蓝记》对其有着简单描述："永安年中，尚庄帝姊寿阳公主字莒犁。公主容色美丽，综甚敬之。与公主语，常自称'下官'。授齐州刺史，加开府。"② 从文中亦不难看出，寿阳公主与萧综相处较好，相敬如宾。

通常情况下，皇室婚姻往往带有浓厚的政治色彩，这是学界的不争之论。尽管皇室婚姻有着很强的政治性，但并不是说皇室婚姻生活没有幸福可言，诸如南阳公主和寿阳公主，由于她们自身行为得当，与丈夫相处较好，婚姻生活比较如意。然而令人遗憾的是，一些学人的研究结论过于武断，认为"北魏中后期宗室婚姻关系均以皇室自身利益为出发点，造成夫妻感情的不稳定"。③ 这种"皇室婚姻等于夫妻感情不稳定"的简单论说，显然不能反映历史的真实。

值得一提的是，"在我国古代王朝中，婚姻对女性的命运有着至关重要的影响，即便作为皇室成员的公主，其命运也与婚姻息息相关，婚姻成为公主命运的重要转折点。特别是当丈夫与北魏敌对时，她们的悲剧性命运便已注定"。④ 据史书所载，南阳公主和寿阳公主的命运就充满了悲剧性色彩，诸如南阳公主被儿子所杀⑤，寿阳公主则被尔朱世隆

① （北齐）魏收：《魏书》卷59《萧宝夤传》，中华书局，1974，第1324页。
② （北魏）杨衒之撰，周祖谟校释《洛阳伽蓝记校释》卷2《城东》，中华书局，2010，第58页。
③ 郑娉：《由洛阳伽蓝记看北魏宗室的婚姻》，《濮阳职业技术学院学报》2015年第5期，第32页。
④ 苗霖霖：《北魏公主婚姻考》，《唐都学刊》2012年第2期，第71页。
⑤ （北齐）魏收：《魏书》卷59《萧宝夤传》：南阳公主有三子，其中少子萧凯的妻子为长孙稚的女儿，"轻薄无礼，（南阳）公主数加罪责。凯窃衔恨，妻复惑说之。天平中，（萧）凯遣奴害（南阳）公主"，中华书局，1974，第1324页。

所害①。

作为政治婚姻，南阳公主和寿阳公主下嫁于前来避难的南朝宗室大臣子弟，居住在洛水南岸的归正里是很自然的事情。然而公主作为皇室成员，洛水南岸的居住环境，"多少包含着政治上的、民族关系上的歧视"②，显然与其高贵身份不对称，因此《洛阳伽蓝记》记载萧宝夤以居城南为耻而徙居城内的事件就不难理解了，这也在某种程度上反映了居住在洛水南岸为时人所不齿，是当时的流行看法。

五　洛阳城的西夷鏊面风俗

北魏洛阳洛水南岸设有四夷馆和四夷里，专门安置周边异族异国的使者、商人及归诚人员，最多时达到一万多户，异族混居，风俗错杂，可谓"四方风俗，万国千城"③。其中尤为引人注目的是，夷人鏊面风俗出现在北魏洛阳城，《魏书》如是记载：正光元年（520）七月，领军将军元乂和阉官刘腾发动政变将元怿杀害，"夷人在京及归，闻怿之丧，为之鏊面者数百人"。④

所谓鏊面，即用刀划面，血泪俱流，原是漠北游牧民族的悼亡仪式，既可以表示悼亡的悲痛，也可以表现送别的悲伤和讼冤的悲愤。⑤潘玲先生对鏊面习俗的渊源和流传有着较为翔实的考证，她认为，鏊面习俗在东汉至隋唐时期，流行于以突厥为主体的西域诸民族中，并于唐代前期，随着突厥与中原政权的频繁交往和大量降唐的突厥人内迁，被汉族等更多的民族所了解。⑥也就是说，在早于突厥的鲜卑以及与略晚突厥的契丹，这两个源于东北地区的民族中，都没有鏊面习俗。这说明，该习俗是突厥以

---

① （北魏）杨衒之撰、周祖谟校释《洛阳伽蓝记校释》卷2《城东》："时尔朱世隆专权，遣取公主至洛阳，世隆逼之，公主骂曰：'胡狗，敢辱天王女乎！'世隆怒，遂缢杀之"，中华书局，1974，第58页。
② 黎虎：《北魏的"四夷馆"》，《文史知识》1986年第1期，第74页。
③ （北魏）杨衒之撰，周祖谟校释《洛阳伽蓝记校释》卷3《城南》，中华书局，2010，第115～117、126页。
④ （北齐）魏收：《魏书》卷22《清河王怿传》，中华书局，1974，第592页。
⑤ 参见蔡鸿生《唐代九姓胡与突厥文化》，中华书局，1998，第24～25页。
⑥ 参见潘玲《鏊面习俗的渊源和流传》，《西域研究》2006年第10期，第100页。

及受其较多影响的回纥和西域诸胡所具有的，而不是在北方民族中普遍存在的。① 这表明，拓跋鲜卑没有髡面习俗，北魏洛阳城出现的夷人髡面习俗，应为附魏四夷入居中原而传入的，但"夷人"的具体所指史书语焉不详。

北魏洛阳时代西域于阗国有髡面习俗。《洛阳伽蓝记》记载：北魏神龟二年（519），敦煌人宋云经行于阗，见到"（于阗国）居丧者，剪发髡面，以为哀戚。发长四寸，即就平常"。② 这是笔者目力所及北魏时期周边少数民族髡面习俗的唯一记录。我们知道，于阗是古代西域佛教王国，地处今新疆和田市，北魏时期曾先后被吐谷浑、柔然攻袭，不断向中原王朝进贡以求保护③。因此不难想见，应有为数不少的于阗国人居住在洛水南岸的崦嵫馆和慕义里。由此是否可以认为，"夷人"即为西域于阗国人？鉴于孤证不立，这种假说显然不足信。

学界对于髡面习俗多有论述。李炳海先生较为宽泛地指出，髡面是我国古代北方许多少数民族的风俗④；蔡鸿生先生则认为，丧礼中的"髡面截耳"，长期流行于北胡和西胡各族之间，成为古代亚洲内陆殡葬文化的一大特色⑤；又据潘玲先生翔实分析，髡面习俗流行于以突厥为主体的西域诸民族中，基于突厥是我国古代北方游牧民族之一，"约在公元6世纪兴起于今天新疆东北部，其后势力扩展至大漠南北及中亚一带。从公元552年至742年活跃在我国和中亚将近二百年"。⑥ 由此可以断言，从历史发展时序来看，髡面习俗流行于北魏以后的西域地区，也就是说，北魏时期西域于阗国的髡面习俗并非该民族所固有，亦没有得到广泛流行，但这并不妨碍我们得出"髡面习俗属于西域民俗"的结论。故而上述"夷人"应为"西夷"的可能性较大。

耐人寻味的是，这些西夷人为何用髡面的方式表达对元怿的哀悼？作

---

① 潘玲：《髡面习俗的渊源和流传》，《西域研究》2006年第10期，第102页。
② （北魏）杨衒之撰，周祖谟校释《洛阳伽蓝记校释》卷5《城北》，中华书局，2010，第173~174页。
③ （北齐）魏收：《魏书》卷102《西域传》，中华书局，1974，第2262~2263页。
④ 李炳海：《髡面风俗文献拾零》，《文物》1990年第3期，第281页。
⑤ 蔡鸿生：《唐代九姓胡与突厥文化》，中华书局，1998，第24页。
⑥ 林干：《突厥的习俗和宗教》，《民族与宗教》1981年第6期，第43页。

为孝文帝元宏之子，元怿其人其事正史有传："幼而敏惠，美姿貌，高祖爱之……博涉经史，兼综群言，有文才，善谈理，宽仁容裕，喜怒不形于色……才长从政，明于断决，割判众务，甚有声名。"① 从中不难看出，元怿既有风度神韵，德行充备，又有文学才能，既宽厚仁爱有气度，又雅爱宾客，长于从政，明于决断，故其被害事件在朝野上下引起极大震动就不足为奇了。尤其是西夷用髡面的方式表达极度悲恸的心情，为元怿哀悼申冤，可视为元怿平素颇有威望的一个明证。

由之，北魏洛阳城出现的髡面习俗，是伴随着西夷附洛而传入的，亦是城南西夷居民的异族之风对洛阳城居住环境浸染的实例。

六 西域高昌国的"昆人"

高昌，位于今新疆吐鲁番地区。由于地当东西交通往来的要冲，自西汉宣帝始，朝廷遂在此且耕且守，随着汉人的不断迁入，"国有八城，皆有华人"②，这里逐渐形成了以汉族为主、少数民族为辅的居民结构。由于其居民以汉族人居多，故其风俗政令文化大多因循汉晋，华夏汉族传统文化在这里占据着主导地位。北魏洛阳时代，麴氏高昌是仅次于吐谷浑对朝廷贡赋最多的西域部族。按照当时的城市规划设计方案，他们附洛后应居住在洛水南岸的崦嵫馆和慕义里。

前已述及，北魏洛阳时代居住在崦嵫馆及慕义里的西域人员规模庞大，其中胡商贩客是主流，他们大多为东西丝路贸易上的活跃分子。事实上，西域附洛人员并非只有商人，还有相当一部分人以手工劳动为生业，关乎此，考古发掘为我们提供了弥足珍贵的实证资料。

1963 年秋，考古人员对北魏洛阳城遗址南部进行踏勘，发掘了位于今龙虎滩村西北的一号房址，认为这一豪华建筑属于官署府庙类建筑遗址，具体位置在宫城南部铜驼街御道东侧。值得注意的是，该遗址出土有带文字的瓦 911 块，上面刻有工匠的工种姓名及制瓦日期，

---

① （北齐）魏收：《魏书》卷 22《清河王怿传》，中华书局，1974，第 591 页。
② （北齐）魏收：《魏书》卷 101《高昌传》，中华书局，1974，第 2243 页。

其中一块筒瓦刻着"六月十六日麴清里昆"。对此，考古人员认为，一号房址出土的瓦文中，在姓名前后刻昆人或昆者近三十人，这些瓦工在封建经济剥削奴役之下，从事手工劳动，他们身份卑微，北魏洛阳城的建设，就是包括这些制瓦工人在内的劳动人民用血汗创造出来的。[1] 我们知道，制瓦是一项工序复杂的专门技术，因此分工较为明确，"昆"即是制瓦过程中的一道重要工序，系指削瓦以后打磨瓦面，而"麴"是高昌国姓[2]，由此可知，瓦工麴清里人应是定居于洛阳的高昌人。尽管这些附洛的高昌瓦工数量无法推测，但基于考古发掘的不完全性，昆人麴清里并非个例，他们极有可能是以群体形式，居住在北魏洛阳城南崦嵫馆及慕义里，这有待学术界的进一步清理与探讨。

由是观之，北魏洛阳城曾生活着西域高昌国的"昆人"，他们作为洛水南岸的居民，由于身份卑微，社会地位低下，在某种程度上与当时社会所标榜"耻居城南"[3] 的居住环境是相吻合的。

第二节　居民的居住环境

随着经济发展，城市流动人口和外来人口的增多，居民结构复杂化与职业分工多元化，会对都城居民管理提出新要求。北魏孝文帝迁都洛阳后，周边诸多民族涌入京师，民族融合和商贸文化交流呈现出空前开放态势，人口骤增，为了安置大量内迁人口以及稳定社会秩序，宣武帝于景明二年（501）九月，按照司州牧广阳王嘉建议下诏修建外郭城。至此，在

---

[1] 参见中国科学院考古研究所洛阳工作队《汉魏洛阳城一号房址和出土的瓦文》，《考古》1973 年第 4 期，第 209～217 页。

[2] 公元 5 世纪中叶至 7 世纪中叶，在吐鲁番盆地中，曾先后出现四个汉族独立王国，它们分别是阚氏高昌、张氏高昌、马氏高昌及麴氏高昌，其中麴氏（501～640）享国最久。

[3] （北魏）杨衒之撰，周祖谟校释《洛阳伽蓝记校释》卷 3《城南》："景明初，伪齐建安王萧宝夤来降，封会稽公，为筑宅于归正里，后进爵为齐王，尚南阳长公主。宝夤耻与夷人同列，令公主启世宗，求入城内，世宗从之，赐宅于永安里"，"（城南）高阳宅北有中甘里。里内颍川荀子文，年十三，幼而聪辨……正光（520）初，广宗潘崇和讲《服氏春秋》于城东昭义里……时赵郡李才问子文曰：'荀生住在何处？'子文对曰：'仆住在中甘里。'才曰：'何为住城南？'城南有四夷馆，才以此讥之"。中华书局，2010，第 115、125 页。

内城四周安置大量居民的诸多里坊也就应运而生了。

尤其值得关注的是，其时作为安置四方归附人员的各项建筑物在洛水南岸拔地而起，将城区拓展至洛水以南。接着，在这片土地上，除了四夷馆和四夷里主体建筑外，朝廷陆续增辟商贸市场四通市和鱼鳖市、佛教寺院菩提寺和归正寺、崇礼场所圜丘，并修缮永桥以及规建白象、狮子二坊等，这些建筑配置基本上满足了本区域居民的日常生活所需。可以说，宣武帝时期，洛水南岸都市景观有了划时代的发展；胡太后专政时期，这里的建筑物则明显增多且愈发完善。诚如黎虎先生所言，这里是北魏王朝与周边各族和外国政治、经济、文化交往的中心和象征[1]。很显然，随着城市新功能的植入，洛水南岸的城市功能更加明确、城市居住环境的配套设施趋于完备，极大地促进了城市社会经济的繁荣发展。

一　伊洛夹河滩

"人文环境系统毕竟是以自然环境系统为基础，一刻也不可能脱离自然环境系统。"[2] 正因为如此，对洛水南岸自然环境的认知尤显必要。前已述及，古伊、洛水从秦岭向东流，至北魏洛阳城南相汇。据考古勘测，伊、洛水夹河滩地带，形成洛阳盆地的最低部分[3]。夹河滩，顾名思义，两河相夹之意。也就是说，北魏迁都洛阳后，随着城市居民数量剧增，遂在洛水南岸的伊、洛水交汇地带，拓建新城。这里海拔高程在 120 米以下，虽为全城最低处，但由于城市建设中洪水防御设施较为完善，遇到水灾能够抵御，据有学者统计，东汉至北魏都洛期间，以北魏水灾最少，仅有的一次谷水泛滥，还是北魏末年水利工程失修所致[4]，故而北魏时期这里成为居民聚居区就不难理解了。

此外，四夷馆主体建筑在一片高地上，亦是居民防洪措施的一个重要

---

① 黎虎：《北魏的"四夷馆"》，《文史知识》1986 年第 1 期，第 71 页。
② 张远广等：《人地系统与人地关系浅析》，《国外人文地理》1988 年第 2 期，第 19 页。
③ 详见中国社会科学院考古研究所二里头工作队《河南洛阳盆地 2001—2003 年考古调查简报》，《考古》2005 年第 5 期，第 19 页。
④ 吴庆洲：《汉魏洛阳城市防洪的历史经验及措施》，《中国名城》2012 年第 1 期，第 69～72 页。

体现。伊洛夹河滩地势低平，显然不宜作为最佳居住环境，然而智慧的古人，择其相对高地上建造房屋，用以防止水患。例如，北魏洛阳城洛水南岸的四夷馆主体建筑，及其各项配套设施，就是安置在伊、洛水之间中央御道两侧的一片高地上①。

诚然，伊洛夹河滩，是伊、洛水迢迢千里携泥带沙，层层铺展在两河之间的平原地貌，这些泥沙，富含有机质，土松壤沃，形成滩涂湿地，可谓水草丰美的"鱼米之乡"。因此自古以来，凡是两河汇流之处，总会涌现一些独特的城市景观，这里不仅拥有宜居的良好水环境，更为重要的是，河流和陆地相连，交通畅达。据《洛阳伽蓝记》记载："天下难得之货，咸悉在焉。别立市于洛水南，号曰四通市，民间谓永桥市。伊洛之鱼，多于此卖，士庶须脍，皆诣取之。鱼味甚美。京师语曰：'洛鲤伊鲂，贵于牛羊。'"②显而易见，在自然环境与交通优势同时兼备的情况下，伊洛夹河滩周围的商业与生活配套设施自然会迅速形成和发展，继而吸引更多的人口定居于此，洛水南岸逐渐由空旷荒野演变为宜居的文明聚落。

二 中央御道与永桥

伊洛夹河滩不仅水域资源丰富且交通畅达，更有纵贯南北的中央御道穿行其中。它从宫城南面雄伟的阊阖门始，沿着宽阔的"御道"——铜驼街向南，出内城南面的宣阳门，再由四里外的洛水经永桥，直通伊水之阳的圜丘止，总长度约为10里，其中永桥至圜丘之间的"御道"长度约为5里（包括洛水水道的宽度，即永桥的长度）③。此外，据考古勘测，铜驼街

① 详见第二章第二节之"南朝归顺人士"。
② （北魏）杨衒之撰，周祖谟校释《洛阳伽蓝记校释》卷3《城南》，中华书局，2010，第117页。
③ 参见中国科学院考古研究所洛阳工作队《汉魏洛阳城初步勘查》："由宫城直通宣阳门的主干大道残长1650米。"《考古》1973年第4期，第512页。陈连洛《从大同北魏永固陵制看古代的长度单位——里》："1古里相当于现今576米。"《山西大同大学学报》（社会科学版）2009年第3期，第24页。又据《后汉书》记载，圜丘，作为郊祀祭天的场所，始建于东汉建武二年（26），"初置郊兆（即圜丘）于洛阳城南七里"，（南朝宋）范晔：《后汉书》志第7《祭祀上》，中华书局，1965，第3159页。综合上述资料不难推知，以1古里相当于现今576米为换算单位，城内铜驼街1650米约为3里，加上宣阳门至圜丘间的7里，南北中央御道共计长度应为10里。然而让人困惑的是，（转下页注）

在内城的宽度为 40～42 米①，故而与此相连接的城南"御道"宽度应不会相去太远。由此不难猜想，由内城延伸出来的南北"御道"，与各里坊十字街及巷道相结合②，纵横交错共同构成了洛水南岸的街道景观。简言之，洛水南岸建筑物诸如里坊、市场、寺院、圜丘等都是在这些街道的基础上设置的，纵横贯通的街道亦便利了这里居民的日常生活，其中最为引人注目的是"中央御道"。

北魏洛阳城的中央御道，是在多次改建、拓建的基础上，最后展现的结果。我们知道，魏晋洛阳城所设计的城市中央御道，仅从宫城南面的阊阖门到宣阳门，绝大部分在内城，是皇居所在，中央机构布列其两侧，对城市社会空间布局极具影响力，使城市平面出现对称结构。在这种情况下，可以说中央御道主要是衬托皇权和等级的差异，体现统治者威严的政

（接上页注③）杨衒之明言："宣阳门外四里，至洛水上，作浮桥，所谓永桥也。"（北魏）杨衒之撰，周祖谟校释《洛阳伽蓝记校释》卷3《城南》，中华书局，2010，第 112 页。孟凡人亦指出："永桥与圜丘间的距离大约为五里。"孟凡人：《北魏洛阳外郭城形制初探》，《中国国家博物馆馆刊》1982 年第 4 期，第 42 页。如若依上述两个数据统计，很显然，城南宣阳门至圜丘的距离应是 9 里，这与《后汉书》所记载的 7 里出入较大。不言而喻，与《洛阳伽蓝记》和孟凡人的记载相比较，《后汉书》的可信度较大，换言之，城南到伊水之阳的直线距离应为 7 里，是较为妥帖的。笔者以为，上述诸看法是不矛盾的，也就是说，如何计算洛水水道的宽度，成为解决该问题的关键所在。试想，如果将洛水河道水体的宽度以 500～800 米为标准进行换算，洛水水道宽度的最大值相当于古代的 1.5 里左右，若以此为标准进行计算，杨衒之和孟凡人在统计时很可能把洛水水道的宽度计算在内了，如果这种推想正确，杨氏的 4 里和孟氏的 5 里相加所得的 9 里，很可能重复叠加了 1.5 里。此外，《后汉书》提及的"初置郊兆（即圜丘）于洛阳城南七里"所指"伊水之阳"的具体位置模糊，以及孟凡人所言"永桥与圜丘间的距离大约为五里"的统计数据是否包括圜丘所占据的空间，这种模糊性和不确定性难免产生统计误差。遗憾的是，圜丘具体规模形制、史书仅笼统提及形制规模很大，考古亦不见勘探。现仅能从考古勘测今偃师市李村乡南宋沟北二三百米处的禹宿谷堆（是曹魏在城南委宿山所建的圜丘）的形制规模进行推测，其"略呈方锥形，底部最大直径约 500 米，高 50 米"（赵振华、孙红飞：《汉魏洛阳城——汉魏时代丝绸之路的起点》，三秦出版社，2015，第 121 页），由此可推想伊水之阳的圜丘直径约为 500 米的可能性较大，即约 1 里。如果这种推测合理，如果把这些统计方法和误差考虑在内，《后汉书》所言的 7 里与杨衒之、孟凡人等的说法基本上是一致的。

① 参见中国科学院考古研究所洛阳工作队《汉魏洛阳城初步勘查》，《考古》1973 年第 4 期，第 511～512 页。阊阖门是当时朝廷举行重大国事庆典和外交活动的重要场所，当万国朝贡使者、四夷宾客等重要庆典，皇帝均登临听政。

② 详见周胤《北魏武、明时期洛阳寺院布局与里坊规划》，《社会科学战线》2018 年第 10 期，第 149 页。

治功能。北魏洛阳城承继了这一传统，随着外郭城的增筑，原来主要贯穿于内城的中央御道，在宣阳门外向南延伸很长一段，直达伊水之阳的圜丘①。显而易见，宫殿——圜丘的礼仪轴线成为都城空间营造的中轴线。而由魏晋到北魏的比对，这条御道由阊阖门经永桥到圜丘，南北贯通，彰显着北魏王朝的盛世与气度。

值得注意的是，笔直的、功能一目了然的中央御道，强化了一种以华夏正统为核心的空间秩序，且这个秩序具有线性特征。也就是说，它不仅是中原文化的象征，更是文化和制度表现在空间上的一个形态，其愈长愈显示都城的博大和至高无上。正如有学者所言："它利用建筑群布局和体型变化形成一个具有强烈节奏感的完整的空间序列，以此来突出封建皇权的至高无上的象征。"② 正是在此意义上，这条中央御道在城内外连接过程中起着关键作用，视为国家政权和行政体系从中心向边缘的延伸。更为重要的是，它使洛水南岸四夷居民与内城保持密切而又畅通的联系，以便于朝廷对四夷降附人员的管控。

众所皆知，除了交通和管控的功能，中央御道是供皇帝出行使用的，然而其洛水南岸部分的情景与皇城范围内的部分迥然有别。据《洛阳伽蓝记》记载，洛水南岸中央御道两侧，不仅对称布列着四夷馆和四夷里，还有永桥南面的国际商贸市场四通市。由此不难看出，四夷人员应是四通市的主要活动角色，所以，洛水南岸中央御道的意义，不只是皇权的象征，更是四夷居民区活动的集结场地，尤其是永桥南至四通市这一段，已然成为热闹的商业区，挤满了商贩，这种世俗生活场景，完全不同于内城中央御道两侧所弥漫着的肃穆庄严气氛。可以说，洛水南岸中央御道除了具有南北贯通的功能外，似乎没有多少权力象征的意义了。

然而不可否认的是，洛水南岸中央御道也有肃穆庄严的时候。比如朝廷仪仗到伊水之阳的圜丘祭天，御道作为礼仪性通道必然展示仪式性场

---

① 参见（北魏）杨衒之撰，周祖谟校释《洛阳伽蓝记校释》卷3《城南》："永桥以南，圜丘以北，伊、洛之间，夹御道。"中华书局，2010，第114～115页。

② 周维权：《中国古典园林史》，清华大学出版社，1990，第51页。

景，皇帝当然要走这里，官方极有可能要采用临时办法加以屏隔，但这种活动充其量只是特定情况下的点缀。具体而言，尽管圜丘是中原传统社会祭天的坛，南郊祭天又是汉族王朝祭典中最重要的一环，然而遍览《魏书》关于圜丘的记载甚为寥寥①，北魏洛阳时代仅有一次礼祭圜丘的记录。如此重大的事件，史书漏记或略记的可能性较小，故而笔者以为，合理的解释应该是，极少有皇帝去过圜丘的可能性很大。进而推测，这条中央御道在洛水南岸宣示皇权威仪的功用微乎其微。

中央御道除了作为礼仪性通道，外国使团进京朝见皇帝，也会经行这里。《魏书·蠕蠕传》就明确记载客居城南的北夷柔然首领入宫拜见皇帝的隆重场面：正光元年（520）九月，蠕蠕主阿那瑰南投北魏，孝明帝派遣使臣陆希道、孟威"迎劳近畿"，又派侍中崔光、黄门郎元纂在近郊，"并申宴劳，引至门阙下"。同年十月，孝明帝亲临显阳殿接见阿那瑰，"引从五品以上清官、皇宗、藩国使客等列于殿庭，王公以下及阿那瑰等人，就庭中北面"②。不难想见，阿那瑰接受魏廷接见就是由中央御道入宫的。在这种情境下，中央御道不仅充分显示其规划的交通便利性考虑，更重要的是其表达了盛大的仪式场景。诚如蔡宗宪先生所言："作为中轴线的铜驼街（御道），除了两侧分布重要的官署、社、庙，还向南延伸至洛水南岸的圜丘，显示该街乃入朝、举行典礼的重要干道。北魏将四夷馆设于城南的御道旁，应该是考量到使节入朝或参观典礼的便利性。"③ 正是在此意义上，皇帝不到，外使不来的时候，城南中央御道全然是四夷日常活动场所是不言而喻的，世俗化倾向更为显明。

永桥，作为中央御道上的建筑物，《洛阳伽蓝记》详细描述了其地理

① 参见（北齐）魏收《魏书》卷7下《高祖纪》：太和十九年（495）十一月，"行幸委粟山。议定圜丘。甲申，有事于圜丘"；卷8《世宗纪》：景明二年（501）十一月，"改筑圜丘于伊水之阳"；卷9《肃宗纪》：正光三年（522）十一月，"乙巳，车驾有事于圜丘"，中华书局，1974，第178、194、233页。

② （北齐）魏收：《魏书》卷103《蠕蠕传》，中华书局，1974，第2298页；参见黎虎《北魏的"四夷馆"》："这里所指的'近郊'，可能就是南郊四馆之一的'燕然馆'"，《文史知识》1986年第1期，第73页。

③ 蔡宗宪：《南北朝的客馆及其地理位置》，《中国历史地理论丛》2009年第1期，第84页。

位置："宣阳门外四里，至洛水上，作浮桥，所谓永桥也……永桥以南，圜丘以北，伊洛之间，夹御道，东有四夷馆。"① 显而易见，不同肤色、不同语言的使官、客商、学者、僧侣、工匠远道而来，从永桥跨过洛水，方能抵达四夷馆。也就是说，北魏所有的外事接待活动都要经过此桥，其重要性由此可见一斑。

遗憾的是，除《洛阳伽蓝记》外，遍览史籍未见关乎"永桥"的直接资料，仅有三则洛水上建桥的史实：一是《魏书·成淹传》记载，孝文帝都洛伊始，"宫殿初构，经始务广，兵民运材，日有万计，伊洛流渐，苦于厉涉，（成）淹遂启求，敕都水造浮航。高祖赏纳之"②。二是同书《刘腾传》言，胡太后在延昌四年（515）九月摄政后，"特蒙进宠，多所干托，内外碎密，栖栖不倦。洛北永桥，太上公、太上君及城东三寺，（刘腾）皆主修营"。③ 三是《水经注·谷水》记述："皇都迁洛，移置于此，对阊阖门南，直洛水浮桁。"④

透过上述史料不难推想，北魏迁洛之始，建造宫殿所需大量木材要从城南运到城北，由于兵民苦于涉渡，成淹遂请求在伊、洛二水上造"浮航"，孝文帝接纳了他的意见，并由此奠定了城南拓展的基础；宣武帝时期，洛水南岸大规模拓建，"浮航"在城南交通上扮演着极其重要的角色，但形制仍较为粗陋；到了孝明帝朝，随着城南渐趋繁盛，"浮航"沟通洛水南北的重要性日益凸显，为了方便洛水两岸人群来往、物品运输，胡太后诏令宦官刘腾主持修缮"洛北永桥"，并将"浮航"易名为"永桥"。如若上述假设成立，"浮航"和"永桥"应是同一座桥在不同时段的称谓。换言之，"永桥"应是在"浮航"基础上修缮加固而成，两个称呼有着前后承继的逻辑联系。

笔者认为，"浮航"和"永桥"的地理位置是同一的。众所周知，魏

---

① （北魏）杨衒之撰，周祖谟校释《洛阳伽蓝记校释》卷3《城南》，中华书局，2010，第112~115页。
② （北齐）魏收：《魏书》卷79《成淹传》，中华书局，1974，第1754~1755页。
③ （北齐）魏收：《魏书》卷94《刘腾传》，中华书局，1974，第2027页。
④ （北魏）郦道元著，陈桥驿校证《水经注校证》卷16《谷水》，中华书局，2013，第383页。

晋洛阳城设计的中央御道，绝大部分在宫城南面的阊阖门到宣阳门之间，对城市空间布局极具影响力，北魏洛阳城承继了这一传统。鉴于景明二年（501）九月始设四夷馆①，十一月，"改筑圜丘于伊水之阳"②的时间节点，可以想见，原来主要贯穿于内城的中央御道，当是在此期间向南延伸很长一段，直达伊水之阳的圜丘。也就是说，孝文帝在建造过河设施时，为了交通便利最大化，洛水之"浮航"与中央御道联结的可能性极大；基于中央御道与洛水的唯一性，景明年间营筑洛水南岸的四夷馆、中央御道及圜丘时，应是沿用前朝"浮航"设施，按照这一逻辑，孝明帝朝修缮"洛北永桥"的史实也就顺理成章了。

由"浮桥"而"永桥"，不仅名称由俗到雅，且桥本身也进行了增饰。《洛阳伽蓝记》明确记载："洛水南北两岸有华表，举高二十丈，华表上作凤凰似欲冲天势。"③这表明朝廷对城南居住环境不断美化，并赋予其文化意义。不难想象，永桥南北两岸树立着造型精美、栩栩如生的华表，在杨衒之的笔下是为城南的美丽景观，其中尤为引人注意的是华表上的凤凰形象。我们知道，华表是中国古代的一种传统建筑形式，为表示方位的交通标识，而凤凰自古则是中国文化的重要元素，寓意吉祥和谐，尤其在汉唐时代，"凤凰来翔被视为重要的祥瑞，是天下太平的征兆，也是对君主统治成就的肯定"④。拓跋鲜卑作为"夷狄"君主更是重视中华文物、遵循"奉天承运"的政治理念自不待言。

不难想象，巍峨高耸的华表和静中寓动轻盈欲飞的凤凰装饰组合，极易营造出飞动升空的视觉效果，而这种造型风格又完全显示着中国古文化的民族特征，无疑增添了永桥的威严庄重气象和光彩，更是北魏政权勃兴的象征。正是在此意义上，这一高人醒目的建筑物，自然成为城南的标识性建筑，散发着中原传统文化的精神气韵，可谓儒学思想的象征符号，是

---

① 王静：《北魏四夷馆论考》，《民族研究》1999年第4期，第76页。
② （北齐）魏收：《魏书》卷8《世宗纪》，1974，第194页。
③ （北魏）杨衒之撰，周祖谟校释《洛阳伽蓝记校释》卷3《城南》，中华书局，2010，第114页。
④ 孙英刚：《瑞翔抑或羽孽：汉唐间的"五色大鸟"与政治宣传》，《史林》2012年第4期，第42页。

统治者刻意规划的行为表现，亦是统治者借助其规模气氛，加强其统治地位、宣扬其威严而设计的，并以此作为华夏王化及王朝权威之象征意味，将华夏传统文化的精义通过空间展布的方式表现出来，符合当时的政治需要，更与其主流政治哲学相契合，为当时统治阶层服务，可谓城南一大政治景观。可以说，四夷居民作为该政治景观的观众，无疑接受了一次身临其境的宣导和教育。进而遥想，当时的大文学家常景曾漫步洛水之滨，凭栏永桥，远眺洛水，在远山烟水的苍茫景色中，饱含深情地盛赞城南具有"水陆兼会，周郑交衢。爰勒洛汭，敢告中区"① 的中原正统的王者气度，并作《洛汭颂》流传于世。不言而喻，这种装饰考究的设计，与洛水南岸四夷馆和四夷里的居住环境是相对应的。

华表无疑具有视觉上的政治效果。实践证明，为了强调政治的合法正统性，凭借礼仪和象征等间接、感性的力量，远较直接、理性的压制性控制要容易得多，因此，政治理念需要外化成视觉信息展现在政治中心。在北魏洛阳时代，四夷馆和四夷里是一个无人不知、无人不晓的地方，从永桥跨过洛水，在中央御道的右侧，坐落着四夷馆，也就是北魏的"外交部"和"国宾馆"，北魏所有的外事接待活动都要经过永桥，那时的永桥可谓外交之桥、礼仪之桥，不同肤色、不同语言的史官、客商、学者、僧侣、工匠远道而来，跨过永桥、中央御道，踏进四夷馆，在四夷馆办理完必要的手续后，卸去一身疲劳，穿过中央御道，走进熙熙攘攘的四通市进行买卖，最后满载商品返回故乡。华表这一高大的人工建筑，无疑是国家政治理念的表达载体，在视觉层面上宣告着某种政治理念的建立，其作用在于强化既定的文化和社会结构中的空间认知和社会认同，朝廷似乎希冀借此逐渐淡化四夷风俗习惯，使原来四夷民族的文化特征逐渐消失，使他们开始接受新的观念和思想，和这一区域的汉民族融合。

要之，孝文帝时期为这座桥梁的草创阶段，其时浮桥较为简陋，使用范围也应仅是交通漕运等；到了宣武帝初期，朝廷在洛水南岸增拓四夷居住

---

① （北魏）杨衒之撰，周祖谟校释《洛阳伽蓝记校释》卷 3《城南》，中华书局，2010，第 114 页。

区，这座桥梁当是洛水南岸唯一对外出口，在城南交通上扮演着极其重要的角色；孝明帝时期，城南经过二十余年发展逐渐趋于繁盛，"浮桥"沟通洛水南北的重要性亦日益凸显，为了适应城市经济发展需要，胡太后遂诏令宦官刘腾主持修缮该桥梁，经改造后的桥梁易名为"永桥"，更显壮丽景观。

三 里坊

经由中央御道，过永桥，就来到用来安置四方归附人员的里坊区，朝廷定名为四夷馆。一般来说，数量庞杂的流动人口和外来人口，极易成为城市居民管理的盲点，故而随着四夷附洛人员的日益增多，要管理和控制一个人口众多，文化与经济水平各异的族群，一个完善的制度就必不可少了。据《魏书》记载，南北朝时期，不少周边各族和域外国家均推行"双边外交"① 政策，它们与南朝和北朝都有联络，这意味着，要想在外交中取胜，优惠政策是必需的。也就是说，在南北对峙下，北魏朝廷需要有一套宽松适宜的外交制度，来提升自己的地位、自身的凝聚力和竞争力，而要达成这样一个目标，必须有一个具备强中心效应的居住制度，这既是北方中原的需求，也是北魏朝廷的需求。试想，北朝洛阳与南朝建康竞争，如果首位城市太差，必然直接影响南北对峙格局，因此朝廷采取积极有效的措施尤显重要。正是在这种背景下，北魏朝廷在城南规建了四夷馆和四夷里等诸多里坊，以安置和管理日益骤增的四方附洛之民。

（一）四夷馆和四夷里的设立

史书记载，北魏宣武帝即位后，开始在外郭城大规模营建里坊居民区，其中尤为引人注目的是，朝廷在洛水南岸营建了四夷馆和四夷里等里坊居民区，以解决数量庞杂的四夷人员的居住和管理问题。《洛阳伽蓝记》对此有着详细描画：

> 永桥以南，圜丘以北，伊洛之间，夹御道，东有四夷馆，一曰金

---

① 参见（北齐）魏收《魏书》卷100《高句丽传》、卷101《氐等传》，1974，第2213～2216、2227～2250 页。诸如吐谷浑、宕昌羌、邓至、于阗、高句丽等。

陵，二曰燕然，三曰扶桑，四曰崦嵫。道西有四夷里，一曰归正，二
曰归德，三曰慕化，四曰慕义。吴人投国者，处金陵馆，三年已后，
赐宅归正里……北夷来附者，处燕然馆，三年已后，赐宅归德里……
东夷来附者，处扶桑馆，赐宅慕化里。西夷来附者，处崦嵫馆，赐宅
慕义里。自葱岭以西，至于大秦，百国千城，莫不款附。商胡贩客，
日奔塞下。所谓尽天地之区也。乐中国土风因而宅者，不可胜数。是
以附化之民，万有余家。门巷修整，阊阖填列。青槐荫柏，绿柳
垂庭。①

从引文中不难看出，四夷馆和四夷里②是大规模的、有着一定规划的、
相当规整的坊里制，前者用于临时性居所，后者用于定居性居所，二者是
相互联系、补充的结构模式，里坊布局不仅排列整齐，而且环境甚为优雅。
进而言之，洛水南岸与其他城区相比，在居民来源与构成方面有着明显差
异，故而这里的居民管理模式和制度设计独具特色。可以这样说，四夷馆和
四夷里的构筑本身，就是拓跋魏政权预先规划的一种政治行动，以凸显其作
为一统天下权力中心的独特地位，并借此宣示王朝的合法性或正统性。

---

① （北魏）杨衒之撰，周祖谟校释《洛阳伽蓝记校释》卷3《城南》，中华书局，2010，第
114～117页。
② 关于四夷馆和四夷里的研究，这是学者们很感兴趣的问题。前人已取得相当的成果。黎
虎先生指出，四夷馆和四夷里作为相互联系的整体，是北魏王朝与周边各族和外国政治、
经济、文化交往的中心和象征，它的设立促进了民族关系和中外经济文化交流，但也存
在着一些消极作用，多少包含着政治和民族关系上的歧视（黎虎：《北魏的"四夷馆"》，
《文史知识》1986年第1期，第71～74页）；刘淑芬先生从城市规划与发展的角度，分析
六朝建康与洛阳的客馆风貌（刘淑芬：《六朝的城市与社会》，台湾学生书局，1992年）；
王静先生从四夷馆和四夷里设置的具体时间、主要居住人员、设置的意义及其对后世客
馆制度的影响方面展开论述（王静：《北魏四夷馆论考》，《民族研究》1999年第4期，
第75～82页）；蔡宗宪先生认为客馆为传统中国外交上是重要机构，南北朝时在数量和
规则上有明显的发展，其方位受到城市格局变化的影响，南北朝以后多位于城南，且通
常位于南北中轴线的通衢上（蔡宗宪：《南北朝的客馆及其地理位置》，《中国历史地理
论丛》2009年第1期，第73～86页）；戈红叶对相关传世文献与墓志资料进行整理分析，
对北魏首都客馆的设置情况、管理机构及官员的遴选标准与首都客馆的职能等方面进行
探讨（戈红叶：《北魏首都客馆研究》，吉林大学硕士学位论文，2015年）。总体来说，
学界对四夷馆里的建制、管理与性质、设置的时间地点，居住人员等有着较多关注，故
此不赘述。笔者除了对上述问题略名补充外，主要从四夷降服者的不同的社会背景及生
活习俗，来展现洛水南岸里坊居民的"四方风俗，万国千城"的异域风貌。

前已述及，尽管洛水北岸里坊区记载较少，但其居民和居住环境基本呈现"对称性"，即居民身份与其居住环境基本上是吻合的，洛水南岸亦不例外。据文献明确记载，四夷馆居民分别来自南、北、东、西四方，故而馆名分别是金陵、燕然、扶桑和崦嵫，胡三省如是说："四馆皆因四方之地为名：金陵在江南，燕然在漠北，扶桑在东，日所出，崦嵫在西，日所入。"① 也就是说，四夷来自周边不同的民族、不同的国家及不同的部族，落居城南自然形成不同的聚居型里坊。很显然，四夷馆依归附人员来源的方位而设立，各馆居民身份与其居住环境相对应，主要是外来流动居民的落脚地，其中尤以崦嵫馆和金陵馆的居民最多。

与四夷馆相对应，四夷里的设置不仅使外来人员获得固定的立足地，更为重要的是，"四夷"在"王土"留居的合法性得到了制度性保障。杨衒之在《洛阳伽蓝记》中明确记载，这些来自不同方位的四夷人员，一般先居住在四夷馆，如若愿意定居者，则赐宅四夷里，正是在这种制度的保障下，大量"夷人"得以留居中土，其中慕义里和归正里是四夷定居最多的地方②。如前所述，北魏统一北方后，国力强盛，文化发达，吸引了众多域外人士出于遣使结好、商业贸易，求学问知，传播宗教等原因远涉而来，因此北魏洛阳城内活跃着不少异乡来客：有的身为高官，有的是商贾平民，有的则为奴仆，其中不乏定居者，他们逐渐融入当地社会生活。不难想象，许多游牧民族似乎很快体验到城市定居生活的益处，并最终选择了这种生活方式，成为四夷里的稳定性居民。

朝廷对四夷采取封闭式坊里制的举措，是最为显明的管控方式。然而遗憾的是，关于洛水南岸诸里坊的具体形制，因史料缺载不详，据孟凡人估算，四夷馆和四夷里所占面积约二十个里坊③。又依据《洛阳伽蓝记》的描述，四夷馆和四夷里的规模也应是较为庞大的，其中仅归正里就有三

① （宋）司马光编著，（元）胡三省音注《资治通鉴》卷149，普通元年条，中华书局，1976，第4661页。
② 详见本书第二章第二节。
③ 参见孟凡人《北魏洛阳外郭城形制初探》，《中国国家博物馆馆刊》1982年第4期，第44页。

千余家①，恰如黎虎先生言："如以每里三千家计，四里有一万二千家，《洛阳伽蓝记》说'附化之民，万有余家'，看来并非夸大之辞。"② 此外，由于人口增加，对生活必需品的需求加大，故而自设鱼鳖市，亦可窥知归正里的面积很大。至于洛水南岸诸里坊的管理情况，史书亦语焉不详，仅能依据间接资料进行推测。《洛阳伽蓝记》记载："京师东西二十里，南北十五里，户十万九千余。庙社宫室府曹以外，方三百步为一里，里开四门，门置里正二人，吏四人，门士八人。"③ 由此不难看出，以规整的方三百步为一里，形成一个个独立的居民区，这是北魏洛阳城里坊制度中，"里"的基本管理人员组织模式，这种管理模式在一定程度上说明，城市的里坊管制甚为严密。也就是说，"四夷馆和四夷里的设置，既是北魏吸纳宾客制度化的表现，又反映出其对各方归降者的集中管理和控制"。④

除设置坊里制集中管控四夷外，单看四夷馆和四夷里的取名就很有意思。通常情况下，命名方式往往牵涉政治、社会、文化等重要领域，曲折地反映了当时人的主张和认同，正因为如此，对命名方式的研究，为探究这一时期统治者的政治和文化方面的动向，提供了一个有趣的视角。四夷馆和四夷里的取名，很显然是统治者为体现其"天命"或"正统"而刻意策划出来的，是汉化政策的产物。北魏洛阳时代，在洛水南岸设置专门场所以供归魏的南朝人士、边夷侍子、朝贡使节以及胡商居住，并用"金陵""燕然""扶桑""崦嵫""归正""归德""慕化""慕义"等词为其居所定名，以凸显北魏的华夏正统地位。关乎此，蔡宗宪先生指出，以四方之地为客馆命名，隐含的却是洛阳位居天下之中的政治意涵，宣示招抚方国、怀柔远人的态度；四夷里则为北魏塑造代表正统，施行德政，有仁义教化而值得

---

① （北魏）杨衒之撰，周祖谟校释《洛阳伽蓝记校释》卷 2《城东》："景明年初（张景仁）从萧宝夤归化，拜羽林监，赐宅城南归正里。民间号为'吴人坊'，南来投化者多居其内。近伊洛二水，任其习御。里三千余家。"中华书局，2010，第 89 页。

② 黎虎：《北魏的"四夷馆"》，《文史知识》1986 年第 1 期，第 73 页。

③ （北魏）杨衒之撰，周祖谟校释《洛阳伽蓝记校释》卷 5《城北》，中华书局，2010，第 212 页。

④ 丁磊：《论北魏对异国归降王室的安抚措施》，吉林大学硕士学位论文，2015，第 94 页。

倾慕等正面的形象①。也就是说，这些名字无不展示其华夏传统的意味，然而除了极为浓厚的政治意蕴外，还有更深一层的文化含义。这意味着，朝廷通过诸种手段和途径推行"王化"，将正统意识形态灌输、渗透到洛水南岸，或"变夷为华"，或"化蛮为夏"，最终完成对这里的"文化改造"，形成文化认同，表达对四夷的征服和控制，进而展现万国来朝的盛况，其政治意图昭然若揭。或许在魏廷看来，这些夷人是自己的子民，而非远在边疆之外的"夷狄"之人，要"爱护"他们，应以安抚化育为主。

很显然，四夷馆和四夷里的命名，作为一种符号和象征意义，带有鲜明的立场性和指向性，体现着政治理想，意味着稳定与秩序，象征着国家体制的完备。这种现象，显然是想通过教化途径来加强对四夷诸国的影响，从而兵不血刃地臣服四夷诸族诸国。毕竟远国来朝，是中原王朝文治武功的理想境界。

值得注意的是，四夷馆和四夷里的设置，并非北魏洛阳特有的现象，早在北魏平城时代就有过先例，只不过在洛阳时代被制度化了②。魏廷营建四夷馆和四夷里等里坊的事实使得拓跋魏一统天下、万国来朝、威福四方的政治诉求不言自明。那么，为什么宣武帝会如此迫切推行这一举措，并使之成为固定的制度？石云涛先生认为，宣武帝即位后，中西交通出现了新的高潮，盛况空前，而景明三年（502）有于阗、疏勒、罽宾等 23 个西域国家遣使北魏，标志着这一高潮的到来，这个高潮一直持续至北魏末年。③ 这表明，四夷馆和四夷里似乎成为一个巨大的社会磁力场，把大量四夷吸引过来。通常情况下，城市对周边地区和域外国家形成的向心力和吸纳能力，一靠经济，二靠政策，缺一不可，从而使跨越血缘、族际、地域的文明共同体得以形成。四夷馆和四夷里的出现，无疑是时代的召唤和需求，这些四夷降服人员在很大程度上是影响洛水南岸拓展的重要原因。

可以说，四夷馆和四夷里拔地而起的场景，很显然是居民与居住环境

---

① 参见蔡宗宪《南北朝的客馆及其地理位置》，《中国历史地理论丛》2009 年第 1 期，第79 页。

② 参见戈红叶《北魏首都客馆研究》，吉林大学硕士学位论文，2015，第 71~72 页。

③ 石云涛：《北魏中西交通的开展》，《社会科学辑刊》2007 年第 1 期，第 150 页。

相互作用和影响的结果，这亦是北魏洛阳时代的政治特色之一。这意味着，洛水南岸居民和居住环境呈现动态演变过程。进而言之，北魏景明二年（501）九月，朝廷营建外郭城，其时城南四夷馆和四夷里的初建，正好与"承升平之业，四疆清晏，远迩来同，于是蕃贡继路，商贾交入，诸所献贸，倍多于常"①时代背景相吻合，而这种时间上的紧密衔接绝非偶然。它说明大规模的移民对于四夷馆和四夷里的建立起了直接的助推作用，反过来，朝廷改善洛水南岸居住环境的举措，无疑吸引了四夷从四面八方汇集而来，致使更多人来此定居。

"青槐绿柳"的居住环境即为朝廷改善居住环境举措的显例。为了吸引更多的四夷宾服，并在此创建家园，朝廷对四夷馆的居住环境不断地精微塑造，进而创造了较为适宜的生活空间，诚如《洛阳伽蓝记》记载："（四夷馆）门巷修整，闾阖填列。青槐荫陌，绿柳垂庭。"②由此可见，四夷馆不仅建筑美观，房前屋后环境绿化亦可称道，尤以槐、柳为主，这一现象与槐柳适宜种植在河流沿岸沙地习性密切相关。一般来说，槐树为深根性喜光树种，适宜湿润、肥沃、深厚、排水良好的沙质土壤，而在干旱瘠薄、低洼积水圃地生长不良；而作为庭院常用的特色树种，其枝叶茂密，绿荫如盖，非常适作庭荫树；作为绿化观赏树种之一，多栽植于河岸沙堤，有护堤固沙作用；其花儿则是优良的蜜源植物。和槐树类似，柳树也是美化庭院的理想观赏树种，亦是乘凉工具之一，它耐寒、耐涝、喜暖温，属中生性偏湿树种，是河边水道最佳的理想绿化植物。前已述及，四夷馆一带的自然环境，是水流冲击河岸携带泥沙所形成一片高地，属湿润肥沃的沙质土壤，地势微高又易于排水，非常适合槐、柳树种的生长，它们无疑属四夷馆一带的优势树种。由此亦不难想见，四夷馆林木葱郁，柳丝垂岸，香草护阶，环境雅致，妙造自然，是朝廷巧妙利用自然环境所创造的又一绿化景观。

概言之，四夷馆和四夷里设置，是最具积极意义的城市规划举措。它促使四夷归附人员管理的制度化和秩序化，因此可以说，四夷馆里的安置

---

① （北齐）魏收：《魏书》卷65《邢峦传》，中华书局，1974，第1438页。
② （北魏）杨衒之撰，周祖谟校释《洛阳伽蓝记校释》卷3《城南》，中华书局，2010，第117页。

在对四夷管控过程中发挥着关键作用。然而这一制度还远不完善，在后来的发展过程中甚至"不免使一些人产生投机心理"①。

（二）"四方风俗，万国千城"的异域风貌

随着北魏国力的提升和吸纳人口能力的增强，加上宽松的户籍制度及招抚、赏赐、联姻等民族政策，附洛居民流量大增②。他们从四面八方聚集在洛水南岸：有穿越西域沙漠戈壁与河西走廊的胡商贩客，有南朝投诚或被俘的将领、才俊之士，有北夷酋长及贵族子弟，又有东夷朝臣使节，还有从更为遥远的波斯、大秦赶来的异域人士。这些人员不仅带动了城市规模的拓展及商业的发展，而且提升了城市的整体魅力，使这座沉寂了180多年的都城，重新焕发光芒，令人向往，并出现过去未曾有过的盛况。正如杨衒之所言："自葱岭已西，至于大秦，百国千城，莫不款附。商胡贩客，日奔塞下。所谓尽天地之区已。乐中国土风因而宅者，不可胜数。是以附化之民，万有余家。"③

不可否认的是，四夷馆和四夷里的设置还远不完善（比如出现伪身份者），但其在北魏洛阳的政治、经济、文化发展过程中一直起着重要作用。其中尤为引人注目的是，洛水南岸呈现"四方风俗，万国千城"④的异域

---

① 安介生：《略论北魏时期的"上客"、"第一客"与招怀政策》，《中国边疆史地研究》2007年第1期，第25页。

② 北魏洛阳时代四夷附洛最持久、活跃的时期是在宣武帝时期和孝明帝初期，详见表2-1"北魏洛阳时代四夷诸国朝贡表"。这种盛况在之前是没有的，故而这一现象极为重要。它所反映的正是诸多优抚政策之后所呈现的效果，这亦表明四夷馆和四夷里的设置不仅发挥了极好的效果，且对当时整个局势的发展起着重要作用。

③ （北魏）杨衒之撰，周祖谟校释《洛阳伽蓝记校释》卷3《城南》，中华书局，2010，第117页。

④ 详见第二章第三节之"民族构成"。根据正史本纪所载，北魏洛阳时代尽管有周边115个国家（包括南朝）来朝贡，但其中绝大部分均不见记载于《魏书》卷100《高句丽等传》、卷101《氐等传》、卷102《西域传》及卷103《蠕蠕等传》中。鉴于史料所限，115这个数字的准确性当前尚缺乏较为合理的验证方法。戈红叶认为："不排除有商胡贩客因经济利益驱使托言贡使，以族名、地名等为国名，皆朝贡之名，行经商之实。"（戈红叶：《北魏首都客馆研究》，吉林大学硕士学位论文，2015，第43页）这一看法可作为一种解释。笔者认为，也许还存在不少异称和异译的族名，致使该统计数字的基础性错误。虽然这一数字有待进一步考证，但不可否认的是，当时周边称臣朝魏的部族和国家数量仍是相当可观的，其带来的殊风异俗必然影响北魏洛阳城的居住环境。

风貌。我们知道，北魏都洛四十年，与周边各族各国交流极盛，周边各民族和外国商人、使节、僧人等纷至沓来。其中西域各族群由于背景复杂，国家众多，可谓殊俗异观，奇异多姿；北夷人士有着鲜明的北方塞外草原民族特质；东夷诸部族既有中原文化的特质外，同时也保存了许多草原文化的色彩，体现了其文化的多元性；南朝降附者虽为汉人，却又有着典型的南方饮食习俗。很显然，四方附化之民在人群来源、构成、观念上均与中原农业文明人群有很大不同，他们附洛后带来全新的文化形式，展现了多姿多彩的生活面相。

1. 西方诸族及国家

在西域众多族群中，位于祁连山脉和黄河上游谷地的鲜卑吐谷浑，是与京师朝贡最为频繁的部族①，《洛阳伽蓝记》描述其"风俗政治，多为夷法"②的少数民族特性。《魏书》又载"（吐谷浑）虽有城郭而不居，恒处穹庐"，这表明，它既有汉式城郭制度的基本特点，又颇具游牧民族风格，体现着显明的多元文化特性。诸如吐谷浑人服饰"略同于华夏""衣织成裙，披锦大袍"，而其"辫发于后，首戴金花冠"又颇具鲜卑遗风；使用汉文，但赋税刑罚婚丧又有鲜卑民族特色；经济上，"好涉猎"，以畜牧业为主，亦从事农业生产，有"大麦、粟、豆"等农作物，但由于其"北界气候多寒。唯得芜菁、大麦，故其俗贫多富少"，农业仅处于副业地位；其朝贡物品多为牦牛蜀马珍宝等方物。③

高昌，是仅次于吐谷浑对朝廷贡赋最多的西域部族。它坐落于今新疆吐鲁番地区，地当东西交通往来的要冲，是中原汉族在西域建立的佛教国家。自西汉宣帝始，朝廷遂在此且耕且守，随着汉人的不断迁入，"国有八城，皆有华

---

① 详见第二章第二节之"四方附化归顺者"。《洛阳伽蓝记·闻义里》记载："初发京师，西行四十日，至赤岭……发赤岭，西行二十三日，渡流沙，至吐谷浑国。"［（北魏）杨衒之撰，周祖谟校释《洛阳伽蓝记校释》卷 5《城北》，中华书局，2010，第 169～170 页］从中基本可以推测，在西域诸族中，吐谷浑是距离京师洛阳最为邻近的西域族群，这或许可作为其频频纳贡的解释之一。

② （北魏）杨衒之撰，周祖谟校释《洛阳伽蓝记校释》卷 5《城北》，中华书局，2010，第 170 页。

③ （北齐）魏收：《魏书》卷 101《吐谷浑传》，中华书局，1974，第 2240 页。

人"，这里逐渐形成了以汉族为主、少数民族为辅的居民结构，故其风俗政令文化大多因循汉晋；其社会经济结构以农耕为主，又兼畜牧业；宗教信仰上"俗事天神，兼信佛法"。① 总之，华夏汉族传统文化在这里占据着主导地位。

曾一度称霸中亚的西域大国嚈哒，"在 6 世纪前期，占领了丝路东西段的交通枢纽，并控制了西域诸国，加之粟特胡商成为其丝绸贸易的代理人，这就使其迅速强大起来"②，居于中亚强国的地位，曾与周边国家部族纷争不断，亦不断遣使朝贡北魏。"绘于萨马尔罕康国故城阿夫拉西雅甫宫廷遗址 1 号室西墙壁画中的嚈哒使团人物便都具有典型的印欧人种特征。"③ 关于其民风民俗，在《洛阳伽蓝记》《魏书》《北史》等史籍中多有记载。该国草原气息浓郁，有用刑严急的法律制度、一妻多夫的婚姻制度及实行土葬的丧葬制度；男子以剪发为主，而女子有戴角帽的服饰习俗；最盛时周边"四十余国皆来朝贡"，故而其王都富丽堂皇，国王和王妃的生活用度充斥着大量丝绸、黄金等奢侈品，其强盛奢华可见一斑。但其无城镇，无文字，体现出文化上的落后性。④

至于嚈哒人是否崇佛，以下两则史料记述似乎有出入：《魏书》言"多寺塔"，故可视嚈哒人是信仰佛教的，而《洛阳伽蓝记》则明确说明"不信佛法"，又说其王妃以"六牙白象四狮子为床""伞头……状似宝盖"等。众所周知，六牙白象与狮子经常出现于佛事装饰中，而宝盖为佛教用语，即用七宝装饰的伞盖，用来悬于佛、菩萨及讲师的高座之上。既然不信佛法，那么诸多寺塔、六牙白象狮子床及宝盖等佛事要素又做何解释呢？鉴于上述史实均为当朝人记当朝事，且《洛阳伽蓝记》所载更是宋云亲历而录，当应不是虚言。如果史书所记无误，这些看似自相矛盾的记

---

① （北齐）魏收：《魏书》卷 101《高昌传》，中华书局，1974，第 2243 页。

② 张爽：《5-6 世纪欧亚大陆的政治联系与丝绸贸易——以嚈哒帝国为中心》，《社会科学战线》2013 年第 4 期，第 131 页。

③ 李树辉：《嚈哒史迹钩沉》，《西北民族大学学报》（哲学社会科学版）2008 年第 4 期，第 22 页。

④ （北魏）杨衒之撰，周祖谟校释《洛阳伽蓝记校释》卷 5《城北》，中华书局，2010，第 181~183 页；（北齐）魏收：《魏书》卷 102《西域传》，中华书局，1974，第 2278~2279 页。

录不免让人困惑不已。

幸而余太山先生对此有一番深入分析，并明确指出嚈哒人并不信佛："嚈哒人最初的宗教信仰不得而知，（他们）在进入中亚后，接受了祆教；后来随着景教势力的东渐，也有部分嚈哒人成了景教徒；进入次大陆的嚈哒人则在不同程度上改宗婆罗门教诸教派。嚈哒人并不信佛，但一般说来并不打击佛教，原来认为嚈哒兴起乃中亚佛教一劫之说并不可信。"① 在此认识的基础上，可以进一步确信，《洛阳伽蓝记》所载"不信佛法"是真实可信的。换言之，嚈哒国的国教不是佛教，但也并不排斥个人信佛。至于"多寺塔""六牙白象及狮子""宝盖"等记载，可视为嚈哒人所控制的中亚地区有着高度的宗教信仰自由使然。关乎此，李树辉先生认为："嚈哒国在北魏神龟二年（519）时还'不信佛法，多事外神'，而其属国几乎都笃信佛教。'外神'当是指摩尼教而言……受其影响，部分嚈哒人至晚在534年以前已改宗佛教，故而《魏书·西域传》等文献称其王城'多寺塔，皆饰以金'。"② 由此可见，任何一个民族的宗教信仰，都不是永恒不变的，随着文化交往的增多，文化生活习俗也会相互影响。

宕昌羌，地理坐落于今甘肃省陇南市，"俗皆土著，居有屋宇，其屋织牦牛尾及𦊆羊毛覆之""牧养牦牛、牛、豕以供其食""皆衣裘褐"，有着定居羌人的土屋，食畜肉衣其皮，体现出鲜明的羌族游牧民族特质。可见，宕昌羌虽然定居农耕化，但游牧仍是其谋生的重要手段。该国历史上国力较为弱小，虽然建立了政权，但其社会生活模式仍以落后的部落组织为基础，"国无法令，无徭赋。唯战伐之时，仍相屯聚，不然则各事生业，不相往来"，极具封闭性；故而不断遭受来自周边吐谷浑等强大政权的威胁。面对强敌，处境艰难，为了在夹缝中求生存，宕昌频频向周围大国称臣纳贡以寻求保护，难怪当其朝魏时，高祖元宏曾讥言："夷狄之有君，不如诸夏之亡也。"③ 在此认识的基础上，也许可以进一步说明，宕昌国在

① 余太山：《嚈哒史研究》，齐鲁书社，1986，第7页。
② 李树辉：《嚈哒史迹钩沉》，《西北民族大学学报》（哲学社会科学版）2008年第4期，第24页。
③ （北齐）魏收：《魏书》卷101《宕昌传》，中华书局，1974，第2241~2242页。

西域诸部族中遣使朝贡次数较多的原因了。

邓至，是位于宕昌南部的白水羌小政权。它和宕昌在习俗等方面有诸多相似之处。因地域较为小狭，历史上两部族均需通过朝贡纳赋来依附大国求生存①。鉴于《魏书》和《梁书》均有关于邓至国遣使朝贡的记载，可以发现，邓至国由于夹处北魏和南梁两个政权之间，故而对南北朝均称臣纳贡，以求保境安民，获得一时苟安。从这个意义上来讲，似乎可为该国纳贡次数相对繁多提供了一种较为合理的解释。至于邓至遣使纳贡北魏的物品，史书没有明确记载，幸而《梁书》记载了邓至国曾向南朝梁遣使献马及黄耆的史实②，由此可以推测其向北魏朝贡的物品当与此相类。

于阗，古代西域佛教王国，地处今新疆和田市。北魏时期，曾先后被吐谷浑、柔然攻袭，不断向中原王朝进贡以求保护。其社会经济结构以农业、种植业为主，"土宜五谷并桑麻""气温，宜稻、麦、蒲萄""瓜瓠菜蔬与中国等"，是西域诸国中最早获得中原养蚕技术的国家；其流行火葬、外加剪发髡面的丧俗；其国男女皆有"袴衫束带，乘马驰走"，妇人"皆辫发"的游牧习俗；举国尚佛，"寺塔僧尼甚重，王尤信尚，每设斋日，必亲自洒扫馈食焉"；于阗人颇具华夏貌。自高昌以西，诸国人等皆"高鼻深目"胡人像，而于阗人"貌不甚胡，颇类华夏"；与邓至国相似，于阗人同时向南北朝称臣纳贡，以求自保。③ 关于其朝贡物品内容，《魏书》不见记载，《梁书》说："魏文帝时，王山习献名马。天监九年（510），遣使献方物。十三年（514），又献婆罗婆步部。十八年（519），又献琉璃罂。大同七年（541），又献外国刻玉佛。"④ 由此可推断，于阗遣使朝魏时所持贡品当如名马、琉璃罂及玉佛等无疑。

南天竺国，《魏书·西域传》记载："有伏丑城，周匝十里，城中出摩

① （北齐）魏收：《魏书》卷 101《邓至传》，中华书局，1974，第 2245 页。
② （唐）姚思廉：《梁书》卷 54《诸夷传》，中华书局，1973，第 815 页。。
③ （北魏）杨衒之撰，周祖谟校释《洛阳伽蓝记校释》卷 5《城北》，中华书局，2010，第173～175 页；（北齐）魏收：《魏书》卷 102《西域传》，中华书局，1974，第 2262～2263 页；（唐）姚思廉：《梁书》卷 54《诸夷传》，中华书局，1973，第 812 页。
④ （唐）姚思廉：《梁书》卷 54《诸夷传》，中华书局，1973，第 814 页。

尼珠、珊瑚。城东三百里有拔赖城，城中出黄金、白真檀、石蜜、蒲萄。土宜五谷。世宗时，其国王婆罗化遣使献骏马、金、银，自此每使朝贡。"①《魏书·世宗纪》又载：景明四年（503）四月"庚寅，南天竺国献辟支佛牙"②。

"波斯国，……出金、银、锗石、珊瑚、琥珀、车渠、马脑，多大真珠、颇梨、瑠璃、水精、瑟瑟、金刚、火齐、镔铁、铜、锡、朱砂、水银、绫、锦、叠、氍、毹毹、氍毹、赤獐皮，及薰陆、郁金、苏合、青木等香，胡椒、毕拨、石蜜、千年枣、香附子、诃梨勒、无食子、盐绿、雌黄等物。气候暑热，家自藏冰。地多沙碛，引水溉灌。其五谷及鸟兽等与中夏略同，唯无稻及黍、稷。……其俗：丈夫剪发，戴白皮帽，贯头衫，……妇女服大衫，披大帔，其发前为髻，后披之，饰以金银花，仍贯五色珠。"③

疏勒，西域佛教古国，地理坐落于新疆喀什噶尔。东汉时班超曾于此亦耕亦守，并开始信仰佛教，"其王戴金师子冠。土多稻、粟、麻、麦、铜、铁、锡、雌黄、锦、绵，每岁常供送于突厥"。④北魏都洛时期多次遣使朝贡。

康国，迁徙无常，不恒故地，丈夫剪发，锦袍；有胡律，人皆深目、高鼻、多髯；善商贾，诸夷交易多凑其国；有大小鼓、琵琶、五弦箜篌；婚姻丧制与突厥同；奉佛为胡书；气候温，宜五谷，勤修园蔬，树木滋茂；出马、驼、驴、牛、黄金、香料等；多葡萄酒⑤。

龟兹国，其王头系彩带，垂之于后，坐金狮子床；其刑法杀人者死；出细毯，饶铜、铁、铅、雌黄、胡粉、安息香、良马、孔雀等⑥。

乌孙，在龟兹西北，无城郭，随畜牧逐水草；悦般，在乌孙西北，其风俗言语与高车同，而其人清洁于胡。俗剪发齐眉，以醍醐涂之，昱昱然光泽，日三澡漱，然后饮食；悉万斤国，山出师子；副货国，宜五谷、葡

① （北齐）魏收：《魏书》卷102《西域传》，中华书局，1974，第2278页。
② （北齐）魏收：《魏书》卷102《西域传》，中华书局，1974，第196页。
③ （北齐）魏收：《魏书》卷102《西域传》，中华书局，1974，第2270~2271页。
④ （北齐）魏收：《魏书》卷102《西域传》，中华书局，1974，第2268页。
⑤ （北齐）魏收：《魏书》卷102《西域传》，中华书局，1974，第2281页。
⑥ （北齐）魏收：《魏书》卷102《西域传》，中华书局，1974，第2266~2267页。

萄、唯有马、驼、骡；赊迷，不信佛法，专事诸神；乌苌国，土多林果，引水灌溉，丰稻麦；事佛，多诸寺塔，事极华丽。①

罽宾国，有苜蓿、杂草、奇木、檀、槐、梓、竹等，种五谷，粪园田，地下湿，生稻，冬食生菜；其人工巧，雕文、刻镂、织罽，有金银铜锡以为器物。市用钱。②

北魏统一北方后，从平城到洛阳，一直控制着西域，其间西域诸国频繁遣使朝贡。由上文可知，北魏时人杨衒之和魏收所说的西域，应是人们所谓的广义西域，即指玉门关、阳关以西至中亚、西亚、印度半岛和欧洲东部在内的国家和地区。这些少数民族国家因自然环境、历史背景、社会制度、生活习俗、宗教信仰等不同，可谓殊俗异观，奇异多姿。由于西域地区人种和民族成分复杂，各地区宗教、文化面貌又各具特色，故而这些附洛西域人员难免呈现多元文化面貌。

2. 北方诸族及国家

根据《魏书》所载，北夷族群主要有蠕蠕、匈奴宇文莫槐、徒何段就六眷及高车等。他们不仅有着鲜明的"人食畜，饮其汁，衣其皮"的草原游牧文化特色，还根据季节不同游移于漠南和漠北之间，进行狩猎畜牧活动，这与他们长期居于塞外高寒地带不无关系。在这种高寒自然环境下，为了追寻更好的生存环境，北夷人遂有随季节逐水草而迁徙的习惯，其间他们多有犯塞，也有求和通聘，其中柔然和高车在北魏都洛期间曾遣使朝贡。

柔然，又作蠕蠕（北魏王朝对柔然人的蔑称）③，是继匈奴、鲜卑后北方蒙古高原又一强大的游牧民族。5世纪初在漠北兴起，成为北魏边境的劲敌，尽管屡有犯塞，但亦不断有柔然部民或朝贡或降附北魏的事件发生。特别是在北魏都洛后的6世纪初，柔然国力开始式微，内部纷争迭起，

① （北齐）魏收：《魏书》卷102《西域传》，中华书局，1974，第2267、2268、2270、2278、2280页。

② （北齐）魏收：《魏书》卷102《西域传》，中华书局，1974，第2277页。

③ 参见（北齐）魏收《魏书》卷103《蠕蠕传》："自号柔然……世祖（拓跋焘）以其无知，状类于虫，故改其号为蠕蠕"，中华书局，1974，第2289页。

北来南附者明显增多①，终北魏洛阳时代，朝贡次数达 17 次之多②。关于他们遣使朝贡具体物品，史书没有明确记载，鉴于旧都平城时期曾向北魏"岁贡马畜、貂豽皮"，"太和元年（477）四月，遣莫何去汾比拔等来献良马、貂裘"③ 的记载，基本上可以推测，这些使者和侍子来洛时，所携带贡品种类与平城时期相差无几。

高车，氏族的一支，"唯车轮高大，辐数至多"因以为名。北方族群称其为"敕勒"，而中原人士称其为"高车""丁零"。其语言略同与匈奴，性格粗猛，颇具侵略性，屡有犯境。高车人从生产方式、饮食服饰、语言、婚俗乃至信仰等，无不具有浓郁的草原文化特质。④ 他们在北魏时期多次内附，特别是北魏迁都洛阳后，先后朝贡 6 次⑤。关于其朝贡的物品内容，正史有较为详细的记载，"（太和）十四年，阿伏至罗遣商胡越者至京师，以二箭奉贡……阿伏至罗与穷其遣使者薄颉随于提来朝，贡其方物"，"（世宗时）奉表献金方一、银方一、金杖二、马七匹、驼十头"⑥。由此可见，这些贡品都是典型的殊方异物，体现着北方草原民族的文化特质（鉴于太和年间与北魏都洛时段有着时间上的延续性，亦可作为参证）。

3. 东方诸族及国家

东夷部族主要有高句丽、百济、勿吉、失韦、豆莫娄、地豆于、库莫奚、契丹、乌洛侯等。它们世居中国东北地区，虽然屡犯不臣，但也与北魏多有交往。正如史书所说："夷狄之于中国，羁縻而已。高丽岁修贡职，东藩之冠，荣哀之礼，致自天朝，亦为优矣。其他碌碌，咸知款贡，岂牛马内向，东风入律者也。"⑦ 由此可知，高丽是东夷诸部族中最强盛者。

① （北齐）魏收：《魏书》卷 103《蠕蠕传》，中华书局，1974，第 2289～2303 页。
② 根据（北齐）魏收《魏书》卷 7 下《高祖纪下》、卷 8《世宗纪》、卷 9《肃宗纪》、卷 10《孝庄纪》、卷 11《前废帝广陵王等纪》，中华书局，1974 年统计。
③ （北齐）魏收：《魏书》卷 103《蠕蠕传》，中华书局，1974，第 2289、2296 页。
④ （北齐）魏收：《魏书》卷 103《高车传》，中华书局，1974，第 2307～2313 页。
⑤ 根据（北齐）魏收《魏书》卷 7 下《高祖纪下》、卷 8《世宗纪》、卷 9《肃宗纪》、卷 10《孝庄纪》、卷 11《前废帝广陵王等纪》，中华书局，1974 年统计。
⑥ （北齐）魏收：《魏书》卷 103《高车传》（中华书局，1974）第 2310～2311 页。
⑦ （北齐）魏收：《魏书》卷 100《高句丽等传》，中华书局，1974，第 2213～2224 页。

《魏书》对这些族群的风俗有详略不等的描述。[1]

其一，东夷诸部族基本上是半农半牧的社会经济结构。农业的发展加上这里多大山深谷，草木茂盛，有着天然良好的牧区，这些都为国家的兴盛奠定了物质基础。虽然各部族以农业、渔猎为生，但二者发展却存在不平衡，进而呈现出国家实力的悬殊。诸如高句丽国，农作物产量相对不多，故而人民有节食的习惯；鉴于勿吉国有"多猪无羊，嚼米酿酒"的说法，其农业应是较为发达，粮食产量相对充足，坚实的农业基础使得"其人劲悍，于东夷最强"，"常轻豆莫娄等国，诸国亦患之"；地豆于国由于"无五谷，惟食肉酪"，且在北魏都洛期间仅见1次朝贡的记载，该国势力相对较为弱小；至于库莫奚国，从"马牛羊豕十余万"中"豕"的畜养，可窥知该国应有一定的农业基础。

其二，服饰材料各国有别。高句丽民族多在"大山深谷，随山谷已为居"的山区生活，"土地贫瘠"，生活艰苦朴素，但每逢公会，着装锦绣艳丽，佩戴金银首饰，甚为讲究。[2] 而勿吉国"妇人则布裙，男子猪犬皮裘"，衣着比较俭素；地豆于国应是男女均以"皮为衣服"；契丹国则"以青毡为上服"。可见，东夷各部族着装衣料在一定程度上反映着该国的社会经济状况，特别是草原文化特质更为明显。

其三，朝贡物品各异。高句丽作为东夷诸部族势力最强者，"岁致黄金二百斤，白银四百斤"；勿吉国是东夷中颇具侵略性，"善射猎"，所贡物品多为楛矢；而库莫奚"岁致名马文皮"；契丹则"岁贡名马""遣使贡方物"。此外，高句丽"其俗淫，好歌舞""常以十月祭天"；勿吉国有独特的婚丧习俗；库莫奚"善涉猎，好为寇钞"，侵略性较强；而契丹"善射猎，好为寇钞"等等，这些都与其草原民族特质不无关系。凡此种种，既反映了汉族的农耕特色，而又颇具地方民族风格，体现了东夷诸族文化的多元性。

---

① （北齐）魏收：《魏书》卷100《高句丽等传》，中华书局，1974，第2213～2217页；参见（北齐）魏收《魏书》卷7下《高祖纪下》、卷8《世宗纪》、卷9《肃宗纪》、卷10《孝庄纪》、卷11《前废帝广陵王等纪》、卷32《高湖附徽传》，中华书局，1974，第161～292、754页。

② 李殿福：《高句丽民族的社会生活与习俗》，《社会科学战线》2001年第2期，第176～185页。

4. 南人

前已述及，南来投化者占四夷降附人员的比例约达三分之一。他们投靠北魏政权时，"常饭鲫鱼羹，渴饮茗汁"，将喜欢吃鱼的习惯带到了北方，却不习惯羊肉乳酪。故而在靠近伊、洛二水的归正里，他们自发形成了专售水产品的市场，以满足其对水族之货的习俗所需。为了更好适应城市居民生活需要，朝廷亦在临近永桥处设置了"四通市"。由于该市场靠近伊、洛二水，水陆交通便利，又距离四夷馆不远，因此来洛阳经商的各国商人无不云集于此，可谓"天下难得之货，咸悉在焉"。可见，四通市是当时异族异国商贸交流场所。除了其国际性质外，四通市的渔业经济也较为发达，从伊、洛水里捕来的鱼，基本上在这里出售，城里人吃鱼也多到这里购买。随着这一习俗的南北日益交融，食鱼人数越来越多，当时朝野内外有"洛鲤伊鲂，贵于牛羊"的俗谚，虽然价格高昂，但鱼味鲜美，仍深受士庶喜爱。由南方归附民众聚居地形成的两大水产品专卖市场来看，南方饮食习惯渐至风行京城洛阳，丰富了洛阳居民的饮食生活。此外，南人后裔柳谐"善鼓琴，以新声手势，京师士子翕然从学"[1]，他带来的南方文化风貌在洛阳城风行可见一斑。

（三）白象坊和狮子坊

珍禽异兽，是最容易引起封建皇帝及宫廷新奇感的东西。值得一提的是，四夷馆北面还有白象坊和狮子坊，专门用来安置西域国家进贡的瑞兽。一般而言，大象在佛教中是一种精神力量的象征，而白象，则更象征着至高的力量和智慧，其色白，非常稀少，是用来供养的宠物，自古被视为珍宝。至于狮子，据黎虎先生考证，它在古代分布很广，遍及非、亚、欧地区，亚洲虽然也盛产狮子，但是包括中国在内的亚洲东部地区却不产狮子，主要产于西亚和南亚地区[2]，例如古波斯国以崇白象和狮子为时尚[3]。

① （北齐）魏收：《魏书》卷71《裴叔业传附柳谐传》，中华书局，1974，第1577页。
② 黎虎：《狮舞流沙万里来》，《西域研究》2001年第3期，第81页。
③ （北齐）魏收：《魏书》卷102《西域传》："波斯国，出白象、师子。"中华书局，1974，第2271页。

由于它们由异域来到中国，往往被视为异兽、奇兽，又因为其凶猛，因此只能放在笼子里喂养。据《洛阳伽蓝记》所述，"（长秋寺）作六牙白象负释迦在虚空中……此象常出，辟邪、狮子导引其前"，可见白象和狮子在佛教信仰中地位尊崇①，进而论之，四夷馆北面的白象坊和狮子坊，专门用来安置西域国家进贡的白象和狮子等瑞兽，是有意而为之举。张金龙先生认为白象、狮子二坊的命名是俚俗称谓，而不是正规名称②，笔者以为这种命名表达并非单纯的俚俗之称，而是中国传统社会朝贡制度的反映。也就是说，中国古代的朝贡制度是以中国为中心而以他国为藩属的不平等秩序，例如一些珍禽异兽常常被当作构建外交关系的贡品和礼品，是统治者用来构建政治权力的重要物质或资本，表达对四夷的征服和控制，进而展现万国来朝的盛况，其政治意图昭然若揭。

《洛阳伽蓝记》细腻描述了白象坊和狮子坊的由来：

> 白象者，永平二年（509）乾陀罗国③（古印度十六国之一）胡王所献。背设五彩屏风、七宝坐床，容数人，真是异物。常养象于乘黄曹，象常坏屋毁墙，走出于外。逢树即拔，遇墙亦倒。百姓惊怖，奔走交驰。太后遂徙象于此坊。狮子者，波斯国胡王所献也。为逆贼万俟丑奴所获，留于寇中。永安末，丑奴破灭，始达京师。庄帝谓侍中李彧曰："朕闻虎见狮子必伏，可觅试之。"于是诏近山郡县捕虎以送。巩县、山阳并送二虎一豹。帝在华林园观之。于是虎豹见狮子，悉皆瞑目，不敢仰视。④

可见，白象、狮子本在宫中，足见其珍贵，而后由于其行为失控，肆意破坏房屋，才移至城南，"入乡随俗"。从这两个坊的得名，不仅可窥见

---

① 例如（北魏）杨衒之撰，周祖谟校释《洛阳伽蓝记校释》卷1《城内》，中华书局，2010，第36页。

② 张金龙：《北魏洛阳里坊制度探微》，《历史研究》1999年第6期，第59页。

③ 参见（北齐）魏收《魏书》卷102《西域传》："（乾陀罗国）好征战……有斗象七百头，十人乘一象，皆执兵仗，象鼻缚刀以战"，中华书局，1974，第2280页。

④ （北魏）杨衒之撰，周祖谟校释《洛阳伽蓝记校释》卷3《城南》，中华书局，2010，第117~119页。

当时中外文化交流的频繁，且隐含着浓郁的西域风情，进而从这两个坊的建造时间不难推知，白象（509）、狮子（529）二坊所在地应为政府预留地。

四　市场

为适应居民生活需要，城南设置了"四通市"和"鱼鳖市"。

（一）四通市

如前所述，洛水南岸四夷馆和四夷里的设立，便利了四方附洛人员在这里交流融汇。为了适应城市发展需要和满足异族异国居民生活所需，朝廷遂在四夷里的附近特设国际化市场——四通市（因地处永桥旁，民间又称之为"永桥市"）。由于濒临伊、洛二水，水陆交通便利，又靠近四夷馆，故而来洛阳经商的各国商人无不云集于此，可谓"天下难得之货，咸悉在焉"。

很显然，四通市地处水陆交通要道，优越的地理坐落，使这里成为社会经济相对活跃的场所。作为官府设置的市场，"四通市汇聚四方奇货，具有国际性的色彩"[①]，各国商人云集，形成了多姿多彩的都市景观。然而令人遗憾的是，史籍不仅未见如此繁盛的商贸场景，更没有言及市场上所出售的令我们眼花缭乱的殊方异物。基于传统文献中专门记载四通市商品贸易货物内容资料的匮乏，我们不妨从当时居民消费的奢侈品、四夷朝贡的物品以及他们的土特产来进行粗略推想。

由于西域向中原输出的贡物，大部分是奢侈品而非生活必需品，所以文人笔下的西域商品有奢华性特征，所以西域物产往往又是富丽豪奢的象征，加上北魏上层社会的奢靡风气，刺激了对奢侈品的消费需求，这使西域的商品贸易有了适宜的土壤。《洛阳伽蓝记》记载了当时洛阳首富元琛所拥有的诸多奢侈品：

> 河间王（元）琛最为豪首。常与高阳（王元雍）争衡……（元）

① 刘淑芬：《六朝的城市与社会》，台湾学生书局，1992，第 184～185 页。

琛常会宗室，陈诸宝器。金瓶银瓮百余口，瓯榼盘盒称是。自余酒器，有水晶钵、玛瑙琉璃碗、赤玉卮数十枚。作工奇妙，中土所无，皆从西域而来。①

一般来说，官员和皇室贵族的奢侈消费品主要来自两个渠道，一是皇帝的赏赐，二是市场交易所得。由此可以推知，河间王元琛向元魏宗室炫耀的这些器物，如果不是皇帝所赐的西域贡品，那么作为四通市贸易经营物品的可能性就很大，即所谓的"天下难得之货，咸悉在焉"的殊方异物、奇珍异宝之类。可以肯定地说，四通市作为中外商品集散地，在很大程度上满足着朝廷和贵族追求时尚的奢侈生活。"西域香料、胭脂、金银珠宝物品和首饰的消费，在北魏更是蔚然成风"②，深得北魏统治集团上层显贵们的喜爱，成为当时中原上流社会追求和流行的奢侈品。基于都城的特殊性，这里云居了庞大的显贵及富商群，他们对于奢侈品，尤其是珠宝的需求量应相当可观。可以想象，在靠近四夷里居住区的四通市，多售卖一些贵族使用的上等奢侈品，店铺林立，商贾云集，舶来品和本土商品琳琅满目，无疑是一座国际性的贸易市场，极大地满足了贵族上层社会追求时尚的需求。

各地向朝廷进献的土贡，也是了解四通市流通商品基本情况的重要资料。通常情况下，异族异国名贵特产是以贡品的形式流入中原，而《魏书》对于四夷向魏廷纳贡的物品及其土特产等有着翔实的记录，因此通过研究这些资料，从中不难窥出四通市商品的大致情况。诸如吐谷浑朝贡物品多为牦牛、蜀马、珍宝等方物；宕昌表贡朱沙、雌黄、白石胆等；高昌朝贡赤盐、白盐；③ 丁阗遣使朝魏时所持贡品当如名马、琉璃罂及玉佛等；洛那国，遣使献汗血马；叠伏罗国，常遣使献白象等方物；南天竺国，遣

---

① （北魏）杨衒之撰，周祖谟校释《洛阳伽蓝记校释》卷4《城西》，中华书局，2010，第148～150页。
② 孔毅：《北魏洛阳与西域的经济文化交流》，载《洛阳——丝绸之路的起点》，中州古籍出版社，1992，第389页。
③ （北齐）魏收：《魏书》卷101《吐谷浑等传》，中华书局，1974，第2240、2241、2243页。

使献骏马、金、银、辟支佛牙等；[1] 柔然来献良马、貂裘；高车，朝贡的物品有箭、金、银、马、驼；[2] 高句丽朝贡黄金、白银；契丹则"岁贡名马"；[3] 勿吉国所贡物品多为楛矢；[4] 邓至国遣使献马及黄耆[5]，等等。

除了四方贡品，四通市似乎还应有西域诸国胡商所带来的土特产贸易。《魏书》详细描述了西域诸国的土产，诸如吐谷浑"出牦牛、马，多鹦鹉，饶铜、铁、朱沙"；高昌"多五果，又饶漆，……出赤盐，其味甚美。复有白盐，其形如玉，高昌人取以为枕，贡之中国。多蒲萄酒"；[6] 于阗"山多美玉，有好马、驼、骡"；龟兹"又出细毯，饶铜、铁、铅……雌黄、胡粉、安息香、良马等"；疏勒，土多稻、粟、麻、麦、铜、铁、锡、雌黄、锦、绵等；悉万斤国，"山出师子"；罽宾国，有苜蓿、杂草、奇木、檀、槐、梓、竹等；波斯国，土出金、银、珊瑚、琥珀、车渠、马脑、琉璃、水晶、金刚、铜、锡、朱沙、胡椒、香料、雌黄等物。[7] 不难想见，鉴于在欧亚内陆进行长途贩运难度太大，西域商人往往以经营体积小、便于携带，且价格昂贵，利润丰厚的奢侈品为主，多为金银、香料、药物等，都不是日常生活中的必需品。故而西域使者来洛时，往往带有大量的地方特产及珍稀物品，在四通市进行贸易活动。这意味着，上述这些土特产出现在四通市的可能性极大。

综而观之，四通市的主流产品主要是殊方异物、奇珍异宝之类，诸如马匹、牦牛、水晶钵、玛瑙杯、琉璃碗、赤玉卮、西域香料、胭脂、金银珠宝物品和首饰等。可以推想，来自欧洲和西域的奢华异域珍宝稀物充斥着四通市街头，各国商人的叫卖声经年不息，一个商业时代开启了。漫步

---

① （北齐）魏收：《魏书》卷102《西域传》，中华书局，1974，第2262、2270、2278页。

② （北齐）魏收：《魏书》卷103《蠕蠕传》，中华书局，1974，第2289、2311页。

③ （北齐）魏收：《魏书》卷100《高句丽等传》，中华书局，1974，第2215、2223页。

④ （北齐）魏收：《魏书》卷8《世宗纪》、卷9《肃宗纪》，中华书局，1974，第191～248页。

⑤ （唐）姚思廉：《梁书》卷54《诸夷传》，中华书局，1973，第816页。

⑥ （北齐）魏收：《魏书》卷101《吐谷浑等传》，中华书局，1974，第2241、2243页。

⑦ （北齐）魏收：《魏书》卷102《西域传》，中华书局，1974，第2262、2266、2268、2270、2271、2277页。需要说明的是，此处所列西域诸国，仅为北魏洛阳时代向魏廷纳贡的国家。

四通市，可谓奇货可点，令人眼花缭乱，从奴婢、艺人到家畜、宠物，从皮毛植物、香料到金银珠宝、金属矿石，从颜料、器具、玉石到武器、书籍、乐器，几乎应有尽有，外来工艺、宗教、习俗更是不胜枚举，处处充斥着异域风情的新奇，"天下难得之货，咸悉在焉"形象地道出了这里商贸热络的情形。这一切都成为帝京权贵富商的消费物件与消费时尚，特别是元魏宗室贵族，其本身就有足够能力去追求奢侈消费，元琛家里摆放的各式殊方异物无不表明主人的身份和品位，故而他们期冀获取那些可向人夸耀的西方手工艺品就不难理解了。不言而喻，异域奢侈品消费，成为维护帝国内部社会等级身份的手段，其在北魏上层社会流行，无疑成为贵族彰显其地位等级和生活样式的重要象征。

不容忽视的是，四通市的商品除了来自各地的土贡外，本土自产也应是重要来源。《洛阳伽蓝记》记载洛阳城种植和栽培有大量的果树①，尤其以洛水北岸东部寺院群的果木种植园最为有名，这里的果类物品也是四通市之商品的可能性很大。一般而言，水果以新鲜者食用最佳，长途跋涉进贡的果蔬，在色香味等品质方面难免会有所降低。正是基于这一认识，洛阳城内广泛种植的果蔬，以"近水楼台"的地缘优势，极有可能成为四通市上销售的商品。恰如有学者所指出，各种蔬果在内的多种植物应该有很强的经济功能，北魏很可能是以政府意志，将林木果蔬的种植规定为国民义务的第一个政权，并认为北魏洛阳政府十分重视谷物以外的种植业，应该是平城传统的延续②。

此外，四通市还经营水产类商品。《洛阳伽蓝记》如是记载："伊洛之鱼，多于此卖，士庶须脍，皆诣取之。鱼味甚美。京师语曰：'洛鲤伊鲂，贵于牛羊。'"③ 由此可知，四通市不仅是当时异族异国商贸交流场所，渔业经济也较为发达，从伊、洛水里捕来的鱼，基本上在这里出售，城里人吃鱼也多

① （北魏）杨衒之撰，周祖谟校释《洛阳伽蓝记校释》卷1《城内》、卷3《城南》、卷4《城西》，中华书局，2010，第52、108、112、135页。
② 参见〔韩〕金大珍《北魏洛阳城市风貌研究》，中国社会科学出版社，2016，第78～79页。
③ （北魏）杨衒之撰，周祖谟校释《洛阳伽蓝记校释》卷3《城南》，中华书局，2010，第117页。

到这里购买。可以这样说，生计方式上的差异性和经济上的互补关系，使不同区域居民之间的互动交流，有了现实的需求和可能。这意味着，区域间居住环境的差异所产生的社会流动性，亦体现区域间居民与居住环境的动态关系。

（二）鱼鳖市

除了四通市，洛水南岸归正里的居民，还自发设置了专门的渔业市场——"鱼鳖市"。我们知道，许多南人投靠北魏政权时，将喜欢吃鱼的习惯带到了北方，他们"常饭鲫鱼羹，渴饮茗汁"，却不习惯羊肉乳酪，再加上南朝降服人员多为高官显宦，他们获得渔货的主要途径很可能是通过购买。为适应他们的生活需求，在靠近伊、洛二水的归正里，吴人自发形成了专售水产品的市场——"鱼鳖市"，以满足南人对水族之货的习俗所需。

《洛阳伽蓝记》有明确记载："（归正里）民间号为'吴人坊'，南来投化者多居其内。近伊洛二水，任其习御。里三千余家，自立巷市，所卖口味，多是水族，时人谓为鱼鳖市也。"[1] 这一方面显示民间模仿政府行为，建立民间自营的市场；另一方面也可把它看作政府不能考虑、解决民间的实际生活需求时，民间自发建立与政府相若的市场系统。对此，有学者敏锐指出，"当我们讨论历史上某种和人民生活有关的规划或政策时，在搜寻有关的法令规章或设计理念的资料之余，同时也应考虑到人民的需求及对此政策或规划的回应与反弹"。[2] 基于归正里居民规模庞大，可以想见当时的场景：来去居民摩肩接踵，熙熙攘攘，渔民的吆喝声和顾客讨价还价的喧闹声交织在一起，装在盆盆罐罐里出售的，有活蹦乱跳的鲤鱼、鲂鱼，有河虾及一些小杂鱼，还有有趣的乌龟、甲鱼，等等。这也意味着，鱼鳖市除了一些鱼贩子外，大多是自产自销的渔民。由于史料不足，我们今日已无法如实重绘当年市场的盛况。

杨衒之对于鱼鳖市的描写，让我们看到南朝水上江南的民风民情。和四通市不同的是，鱼鳖市是在没有官方背景的情况下，完全靠民间力量发

---

① （北魏）杨衒之撰，周祖谟校释《洛阳伽蓝记校释》卷2《城东》，中华书局，2010，第89页。
② 刘淑芬：《六朝的城市与社会》，台湾学生书局，1992，第459页。

展起来的市场，将之称为"民间市场"并不为过。不难想象，归正里三千余户的庞大消费群体，自然对水产品的需求量很大，可以说，鱼鳖市是消费者需求驱动下的必然产物。根据一般市场规律，供给量会随着需求量的增多而增加，故而进入市场的鱼多了，价格自然就下降了。也就是说，鱼鳖市拥有广阔的市场消费空间和消费意愿的优势，很可能具有价格优势，这里的鱼价应是属于平民化、低价位的市场定位，在很大程度上满足了南人对水族类产品的日常所需。这一创举不仅充分显示了民间的创造力和创新力，亦是附魏南人为追求适宜居住环境的成功实例。

与鱼鳖市相比，四通市的水产品价格似乎昂贵了许多。随着食鱼习俗的南北日益交融，北魏洛阳城喜欢食鱼人数越来越多，当时朝野内外有"洛鲤伊鲂，贵于牛羊"[1] 的俗谚。尽管价格高昂，但鱼味鲜美，仍深受士庶喜爱。正如有学者所言，"取自阙下的伊、洛水产亦因其购置方便备受京都各界的赞赏。当时洛阳朝野内外曾有'洛鲤伊鲂，贵于牛羊'的俗谚广为传颂，四通市商肆之间争购特产的盛况由此可见一斑了"。[2] 不言而喻，四通市的水产品，显然不是一种普罗大众的饮食品种，而民间自发设置专业水产市场——鱼鳖市，则主要服务于归正里的江南籍居民，故而在水产品销售竞争中所具有的价格优势是显而易见。换言之，水产品在四通市是奢侈品，而在鱼鳖市则是大宗日用品和生活必需品。

进而言之，四通市和鱼鳖市虽然都供应水族类商品，但二者在消费人群、消费空间、文化象征等方面有着显著不同。前者主要供应对象是其他城区居民，后者因价格低廉成为江南吴人的日常消费食品。从更深层次看，尽管四通市的商业意义和鱼鳖市相近，不过规模要大得多，奢侈品是这里的主流商品，而作为"奢侈品"的水产品，其极致的体现就是"贵于牛羊"，对于消费者来说，充其量也仅是日常饮食生活的点缀；而鱼鳖市的大宗水产商品的廉价优势，主要是为了满足江南人士的日常饮食所需，适应了这里居民的实际情况和实际需要。

---

① （北魏）杨衒之撰，周祖谟校释《洛阳伽蓝记校释》卷 3《城南》，中华书局，2010，第117 页。
② 张乃翥：《元魏畿下的洛水两岸绎述》，《中州学刊》1985 年第 6 期，第 101 页。

　　总而言之，洛水南岸的四通市和鱼鳖市，是居民日常交流信息的重要场所，这里人员形形色色，从官员到商人，乃至普通民众，不同国籍、不同肤色、不同信仰的人往来、互动、交流、交融非常频繁，是人烟凑集的去处。很显然，这是朝廷为了便于居民生活，有意识规划的结果，各色居民在这里，通过贸易地点和交易物品的文化交流中，加强了共同的理解。有鉴于此，有学者认为，洛水南岸居民的居住环境具有封闭性的观点，是站不住脚的①。

五　佛教场所

　　居住在四夷馆一带的异族异国人员，除了设置市场用来满足物质生活所需外，建造宗教场所以满足这里居民的精神所需亦是不可或缺的。然而遗憾的是，《洛阳伽蓝记》对洛水南岸的市场着墨较多，而对这里的寺院情状仅是简单提及："菩提寺，西域胡人所立也。在慕义里。"② "正光年中，萧衍子西丰侯萧正德来降，处金陵馆，为筑宅归正里。后正德舍宅为归正寺。"③ 足见洛水南岸寺院的影响力不及市场所呈现的社会效果。

　　西域胡人在中土修建寺院由来已久，早在东汉明帝时，"唯听西域人得立寺都邑，以奉其神"。西晋永嘉年间，西域高僧竺佛图澄 "欲于洛阳立寺"④。及至北魏，洛阳为北方佛教文化传播中心，"时佛法经像，盛于洛阳，异国沙门，咸来辐辏"，大批西域胡人来洛弘法译经，并修建佛寺，如菩提寺就是西域胡人所立。为何西域胡商附洛后对佛教如此致力？王青先生认为，佛教对西域商人具有重大意义，"佛教本来就是与商人阶层关系极其密切的宗教，从佛教初创之日起，商人就是佛教最重要的赞助者与信仰者，远在异乡客土的西域商人更需要佛教作为精神安慰，而全社会信

---

① 毕波：《中古中国的粟特胡人：以长安为中心》，中国人民大学出版社，2011，第201～202页。
② （北魏）杨衒之撰，周祖谟校释《洛阳伽蓝记校释》卷3《城南》，中华书局，2010，第119页。
③ （北魏）杨衒之撰，周祖谟校释《洛阳伽蓝记校释》卷3《城南》，中华书局，2010，第115～116页。
④ （梁）释慧皎：《高僧传》，中华书局，1992，第352、345页。

仰佛教，也有助于保护商人人身财产的安全"①。正因为如此，西域归附人员自发在其居住区慕义里修建菩提寺，以方便居住者日常礼佛之需，就是顺理成章的事情了。

至于这座寺院修建时间，由于史料所阙，大致推测应是在宣武帝于景明二年（501）九月下诏营建外郭城以后。由于相关史料寥寥，关于菩提寺的信息我们只能从城西的法云寺来推测一二。《洛阳伽蓝记·法云寺》对该寺的建筑、园林有如是描述：

> 法云寺，西域乌场国胡沙门昙摩罗所立也……佛殿僧房，皆为胡饰。丹素炫彩，金玉垂辉，摹写真容，似丈六之见鹿苑；神光壮丽，若金刚之在双林。伽蓝之内，花果蔚茂，芳草蔓合，嘉木被庭。京师沙门好胡法者，皆就摩罗受持之。……西域所贵舍利骨及佛牙经像皆在此寺。②

从引文中不难看出，西域胡人所立佛寺与中原所建的佛寺有着明显不同。由法云寺的风貌格局我们可以推想，菩提寺的建筑布局及风格当与法云寺相仿佛。比如菩提寺之佛殿僧房应都是胡国装饰，或以红色和白色两种色彩为建筑的基础底色，配以金光顶饰；或其所供佛像当为释迦牟尼在鹿野苑讲法的丈六佛陀；抑或这里的佛教修行方式皆遵循胡国佛法，与中原寺庙迥然不同；等等。

归正寺。《魏书·萧宝夤传》载：正光四年（523）"时萧衍弟子西丰侯正德来降，宝夤表曰：'伏见扬州表，萧正德自云避祸，远投宸掖，背父叛君，骇议众口，深心指趣，厥情难测。……。'正德既全京师，朝廷待之尤薄。岁余，还叛"。③ 从上述史料可见，由于萧宝夤与萧正德有家国之仇，故而萧正德奔魏时，萧宝夤事先诉病之，致使萧正德投诚北魏期间没有得到朝野的信任和接纳，不受朝廷礼遇，仅在洛阳居住一年多，最终

---

① 王青：《西域文化影响下的中古小说》，中国社会科学出版社，2006，第 255 页。
② （北魏）杨衒之撰，周祖谟校释《洛阳伽蓝记校释》卷 4《城西》，中华书局，2010，第 138～139 页。
③ （北齐）魏收：《魏书》卷 59《萧宝夤传》，中华书局，1974，第 1320～1322 页。

无奈重返江南。因此，该寺是他离魏返梁之前所为的可能性较大，换言之，该寺院是萧正德于正光四年（523）至正光五年（524）舍宅而建的。因史料记载缺详，关于归正寺的其他信息就不得而知了。基于萧正德附魏期间没有受到魏廷恩宠的史实，基本可以推测归正寺的规模布局不会太大。

以上是依据《洛阳伽蓝记》所载洛水南岸寺院的基本情况。很显然，这里寺院稀疏的情状与北魏洛阳城是"中国北方佛教中心"的说法失之千里，不免耐人寻味。基于洛水南岸宗教信仰的多样化，笔者认为，比之洛水北岸广建佛教寺院的社会现象，洛水南岸的宗教管理更具包容性，朝廷并不排斥其他宗教信仰者前来定居。这一现象说明，洛水南岸佛寺稀疏现象与当时这里的居民信仰多种宗教的实际情况是相适应的。

值得一提的是，洛水南岸亦未见官办寺院，这种现象应与尊重少数民族宗教信仰、风俗习惯和民族心理有关，是对容易引发少数民族和信教群众反感问题的慎重把握，避免其引起不愉快的感觉。可见，朝廷对洛水南岸宗教信仰持一种宽容的态度，既不排斥不同居民的宗教信仰，也不排斥源自其他文明体系的外来宗教流派，正因为如此，来自西域中亚的景教、祆教、摩尼教和来自印度、中亚的佛教，都在洛水南岸共存兼容。

六 圜丘

在世界范围内，祭祀一直是文明的核心价值理念之一，中国的祭天文化是源于中国古代先民的自然崇拜原始宗教意识的一种历史文化现象，但相伴随的是几千年来我们祖先坚持不懈地对宇宙的探索和天文观测。所谓"国之大事，在祀与戎"，祭天是华夏民族最隆重、最庄严和神圣的祭祀仪式，中国古代通过祭天活动，以达到"与天滋润，强国富民"之祈福，彰显着古人对世界的认知和智慧。

南郊圜丘祭天，是中原王朝的国家祭祀。前已提及，东汉定都洛阳初年，即在城南伊水之阳建造了形制规模较大的祭天圜丘；曹魏时期，却把东汉祭天的圜丘移到城南20里外的委粟山，西晋因袭之；北魏孝文帝时期，沿袭了魏晋时南郊祭天的圜丘，而宣武帝即位初期，又把圜丘从城南委粟山改移至伊水之阳。由此可见，从东汉开始的王朝统治中，每年冬至到都城南郊的圜丘祭天礼仪，成为展示王朝统治正统化的象征，到了北魏宣武帝时期，朝廷把洛水南岸纳入城市规划建设范围后，即把圜丘从城南委粟山徙至伊水之阳。很显然，"受命于天"在政治文化运作中变得越来越受重视，这一举措可视为洛水北岸传统礼制功能，在洛水南岸的延续，亦充分体现拓跋魏王朝以儒学为立国之本的旨要，亦进一步凸显了城南作为传统礼制文化区的功能。

很显然，圜丘是中原传统社会祭天的坛，南郊祭天又是汉族王朝祭典中最重要的一环，其重要性不言而喻。我们知道，十六国时期，中国北方地区经历了诸多少数民族政权的洗礼，汉人纷纷南迁，南北正闰之辩是当时敏感的政治问题。北魏建立后，通过创造新的都城空间来展现王朝正统化，无疑成为城市建设的重要考量。而圜丘作为昭示王朝正统性的国家礼仪祭祀场所，其空间布局于中央御道尾端，与宫城遥遥相望，印证了国家最高祭天礼仪活动功能区的存在。然而遗憾的是，关于北魏洛阳圜丘的形制规模，史书不文，考古亦未见勘察，现只能依据东汉和曹魏时期的圜丘形制进行粗略推测。有学者认为，东汉洛阳圜丘形制规模很大，中间祭天的圆坛为两层，有八道台阶，外有两重墙，四面各开门，曹魏洛阳城南圜丘底部最大径约 500 米，高 50 米。[1] 可以想见，北魏圜丘的形制规模当与之相差不远。

值得一提的是，矗立于伊水北岸的圜丘，位于中央御道的终点，即处于权力等级的末梢，是值得重视的文化现象。我们知道，北魏洛阳中央御道的起点是皇帝所居的宫殿，它与祭祀上天的圜丘无疑成为都城政治空间中最神圣的场所。然而饶有意味的是，作为城南的一处神圣场所，北魏洛阳时代却鲜有圜丘祭天记载。遍览帝纪，仅有 522 年十一月"乙巳，车驾有事于圜丘"[2] 的唯一记载，是朝廷没有进行这种大型祭天礼仪，还是史籍略而不载，已不可考。笔者以为，如此重大的事件史书漏记或略记的可

---

① 赵振华、孙红飞：《汉魏洛阳城——汉魏时代丝绸之路的起点》，三秦出版社，2015，第 120～121 页。

② （北齐）魏收：《魏书》卷 9《肃宗纪》，中华书局，1974，第 233 页。

能性较小。进而查阅《魏书》，也没有发现北魏洛阳时代朝廷祭天每隔一年或两年一次的规律，故而不难看出魏廷是鲜于城南祭天的。也就是说，北魏城南祭天活动具有偶然性，未形成制度化行为，不是定期有规律地进行。

对此，学界亦多有研究。牛敬飞先生的观点颇具启发性，他认为，"郊祀等礼制作为相对稳定的政治文化，它们既受政治影响，更有来自儒家经典的思想动力。……可以说，郊祀制度就是治礼者杂糅诸经的产物。正因如此，后世也多依据儒家经典改动郊祀"①。由此可知，国家祭天一般在不受社会动荡干扰、政治比较安定的情况下才能正常进行，而来自传统儒家经典的思想更是不容忽视的重要因素。② 魏斌先生更是明言："孝文帝重设的圜丘……实质上承袭游牧文化的圜丘。"③ 也就是说，拓跋魏游牧性的祭天活动，借助于圜丘的外衣在都城洛阳得以延续，而不是以中原传统经学为依托，由于发育尚不成熟，故而鲜有祭祀活动也就比较容易理解了。我们从梁满仓先生的观点亦可看出端倪，他指出，南朝的祭天制度较为成熟，有很强的规律性，而北朝的祭天礼仪有着自己特殊的发展道路，"由于西晋统一全国的时间很短暂，在其初期刚刚实行的五礼制度还没有来得及发育成熟，西晋就灭亡了。继之而来的十六国，战乱频仍，不能给五礼制度的发育成熟提供良好的社会条件。北魏是在结束十六国分裂的基础上建立的北方王朝。北魏拓跋族在入主中原统一北方前有自己的文化传统，就祭天礼仪而言，也具有和中原汉族传统仪式不同的特点……提高中原传统祭天礼仪的地位，取拓跋族西郊祭天之位而代之，绝不是一件轻而易举的事。它要经过一个漫长的过程，中间要做许多工作"④。这意味着，拓跋魏入主中原后，鲜有祭祀圜丘的传统的社会现象，是有着深刻历史根源的。

总之，一个时代展露的社会文化面貌，与这个时代人们的思维方式和

① 牛敬飞：《论魏晋南北朝北郊神位之演变》，《学术月刊》2017 年第 1 期，第 158～159 页。
② 梁满仓：《魏晋南北朝五礼制度考论》，社会科学文献出版社，2009，第 186～190 页。
③ 魏斌：《思想的圜丘》，《读书》2017 年第 6 期，第 23 页。
④ 梁满仓：《魏晋南北朝五礼制度考论》，社会科学文献出版社，2009，第 186～190 页。

行为处事紧密相连。北魏洛阳城南鲜有圜丘祭天活动的记载，与北魏朝廷佞佛、诏禁天文学及灵台不营等举措相印证。进而推测，这一现象更与以游牧民族起家的北方拓跋鲜卑部落没有全盘接受中原文化、与中原传统文化存在某种区隔紧密相关。

小　结

北魏宣武帝即位初期，随着城市居民数量剧增，在全城最低处的伊、洛水交汇地带，拓建新城，即把城南伊、洛水之间的蛮荒区域开发为四方归降人士的聚居区。通常情况下，地势低平的伊洛夹河滩，不适宜作为最佳居住环境，然而智慧的古人，择其相对高地上营建四夷馆，并利用这里良好的水资源及便利的水交通，发展商业市场和各种生活配套设施，吸引更多的人口定居于此，洛水南岸逐渐由空旷荒野演变为宜居的文明聚落，四夷之民逐渐成为城南居民的重要组成部分。一时间，体貌有别、风俗不同的外来之风，使洛水南岸汇聚成五光十色、奇资异彩的景观，生活气息变得更为生动。这意味着，在居住环境同一的地区，不同文化背景的居民采用不同的方式，利用并改造其所居环境，创造出不同的文化景观。

诸如"近伊洛二水，任其习御"的吴人，即为近水居民利用水域、为追求美好生活而利用改造其所处居住环境的成功实例；通过"雁臣"这一举措，北魏实现了使北夷柔然归附的目的，吸引了诸多北夷首领及其侍子前来朝贡降附，可谓附洛北夷居民在北方高凉和中原暑热两种居住环境之间巧妙适应的范例；"乐中国土风因而宅者"的西夷人，无论是自发营建鱼鳖市，还是菩提寺，都是对其居住环境不断改善、增强吸引力的有力举措；南阳公主和寿阳公主与南朝降魏的皇室权贵婚配后，曾是洛水南岸的居民是很自然的，然而她们作为皇室成员，这里的居住环境显然与其高贵身份不对称，故而出现徙居城内的史实就不难理解了；四夷聚集区可谓"四方风俗，万国千城"，其中尤为引人注目的是，夷人黥面风俗出现在北魏洛阳城，这显然是西夷居民的异族之风对洛阳城居住环境浸染的实例；北魏洛阳城曾生活着西域高昌国的"昆人"，他们作为洛水南岸的居民，由于身份卑微，社会地位低下，在某种程度上与当时所社会标榜"耻居城南"的居住环境是相吻合的。

北魏宣武帝即位初期，将城区拓展至洛水南岸，除了四夷馆和四夷里主体建筑外，陆续增辟商贸市场四通市和鱼鳖市、佛教寺院菩提寺和归正寺、崇礼场所圜丘，并修缮永桥以及规建白象、狮子二坊等，这些建筑配置基本上能满足本区域居民的日常生活所需。

北魏洛阳城最有名的街道是纵贯南北的中央御道。它从宫城南面的阊阖门始，沿铜驼街向南，出内城南面的宣阳门，再由四里外的洛水经永桥，直通伊水之阳的圜丘止，总长度约为10里，其中永桥至圜丘之间的"御道"长度约为5里，宽度应为40～42米。它与各里坊巷道相结合，共同组成洛水南岸的街道网。值得注意的是，除了交通和管控的功能，中央御道是供皇帝出行使用的，然而其洛水南岸部分的情景与皇城范围内的部分迥然有别，没有多少权力象征的意义。

永桥，作为中央御道上的建筑物，其修建时间大约在神龟元年（518）左右较为妥当，很可能是在"浮桥"基础上加以修整增饰而成的，即"永桥"与"浮桥"应是同一座桥梁在不同时段的称谓。永桥上的华表装饰彰显着中原传统文化的精神气韵，这种装饰考究的设计，与四夷馆的居住环境是相对称的。要之，孝文帝朝为这座桥梁的草创阶段，宣武帝时期，这座桥梁在城南交通上扮演着极其重要的角色，孝明帝时期，"浮桥"在沟通洛水南北的重要性亦日益凸显，朝廷遂修缮增饰之，并易名为"永桥"，更显壮丽景观。

北魏宣武帝即位后，朝廷在洛水南岸营建了四夷馆和四夷里等里坊居民区。除设置坊里制集中管控四夷外，四夷馆和四夷里的取名用"金陵""燕然""扶桑""崦嵫""归正""归德""慕化""慕义"等词为其居所定名，以凸显北魏的华夏正统地位，最终完成对这里的"文化改造"，形成文化认同，表达对四夷的征服和控制，进而展现万国来朝的盛况，这亦是居民与居住环境相互作用和影响的结果，为北魏洛阳时代的政治特色之一。

不可否认的是，四夷馆和四夷里的设置还远不完善，但其在北魏洛阳的政治、经济、文化发展过程中一直起着重要作用。其中尤为引人注目的是，洛水南岸呈现"四方风俗，万国千城"的国际性风貌，其中西域各族群由于背景复杂，国家众多，可谓殊俗异观，奇异多姿；北夷人士有着鲜明的北方塞外草原民族特质；东夷诸部族既有中原文化的特质，同时也保存了许多草原文化的色彩，体现了其文化的多元性；南朝降附者虽为汉人，却又有着典型的南方饮食习俗。很显然，四方附化之民在人群来源、构成、观念上均与中原农业文明人群有很大不同，他们附洛后带来全新的文化形式，展现了多姿多彩的生活面相。此外，洛水南岸还有颇含西域色彩的白象坊和狮子坊，由此可窥见当时中外文化交流的频繁。

洛阳自古有经商习俗，为适应居民生活需要，北魏洛水南岸设置了"四通市"和"鱼鳖市"两个市场，既考虑了商品流通之便，又关照了居民生活习惯，这对城市经济发展极为有利。其中四通市作为国际性市场，销售的主流产品主要是殊方异物、奇珍异宝之类，诸如马匹、牦牛、水晶钵、玛瑙杯、琉璃碗、赤玉卮、西域香料、胭脂、金银珠宝物品和首饰等还有本土自产的果蔬，又有水产类商品。除了四通市，吴人自发形成了专售水产品的市场——"鱼鳖市"，以满足南人对水族之货的习俗所需，这一创举不仅充分显示了民间的创造力和创新力，亦是附魏南人为追求适宜居住环境的成功实例。此外，鉴于市场是居民日常交流信息的重要场所，有学者认为，洛水南岸居民的居住环境具有封闭性的观点，是站不住脚的。

《洛阳伽蓝记》对洛水南岸的市场着墨较多，相比较而言，对这里的寺院仅是简单提及，足见洛水南岸寺院的影响力不及市场所呈现的效果。这里寺院稀疏的情状与北魏洛阳城是"中国北方佛教中心"的说法失之千里，不免耐人寻味，然而洛水南岸佛寺稀疏现象与当时居民宗教信仰多元化的实际情况是相适应的。

南郊圜丘祭天是中原王朝的国家祭祀，故而位于中央御道终点的圜丘，其重要性不言而喻。然而遗憾的是，北魏洛阳时代鲜有圜丘祭天记载，如此重大的事件史书漏记或略记的可能性较小，有学者指出，拓跋魏游牧性祭天活动，借助于圜丘的外衣在都城洛阳得以延续，而不是以中原传统经学为依托。这意味着，拓跋魏入主中原后，鲜有祭祀圜丘的传统的社会现象，是有着深刻历史根源的。

要之，城市居民的大规模增加，足以改变当时城市居民生活的性质和内容，居民和居住环境始终呈现动态演变关系。正如法国历史学家费尔南·布罗代尔所说："无论在短时段或长时段，无论在地区的局部范围内或就世界的整体规模而言，一切都同人口数字及其波动相联系。"[1] 据此可以有把握地说，北魏都洛期间洛水南岸得到了有效开发，城市功能分区较之汉魏更为明确，规划布局更趋完备，亦由此开创了跨洛水营建新城区的成功实例，为隋唐洛阳城所效仿[2]。北魏洛阳城的规划手法，在中国城市发展史中占有重要地位。

---

[1] 〔法〕费尔南·布罗代尔：《15 至 18 世纪的物质文明、经济和资本主义》（上册），生活·读书·新知三联书店，1992，第 29 页。

[2] 参见段鹏琦《洛阳古代都城城址迁移现象试析》，《考古与文物》1999 年第 4 期，第 40 ~ 48 页。

第五章　城南居住环境的总体特征与环境意象

北魏洛阳城在拓跋政权的统治下，在汉晋洛阳城的废墟上，迅速集聚近六十万人口，成为北方的政治、经济与文化中心和交通枢纽，获得了跃进式发展。尤其值得注意的是，城南经过二十余年发展，变成了宜居、繁盛的新城区。然而由于历史、政治以及经济等原因，城南并非铁板一块，而是由蜿蜒东流的洛水分割成地域性明显的南、北两部分，即洛水北岸和洛水南岸两个区域共同组成的复合体。具体而言，洛水北岸是成片的历史传统区，既有诸如"三雍"礼制文化建筑和"堰洛通漕"等历史性的特色空间环境，又有新营建的佛寺建筑群及居民里坊区，因而各区块之间略显参差；洛水南岸则是新拓展区，有着相对严格的规划，其主体建筑诸如里坊、市场、寺院及圜丘等，基本上满足了四夷宾服者的日常生活所需。

要之，城南非均质同一的实体，洛水两岸在城市发展阶段和功能上有着明显的差异性。其中北岸呈现历时性，属于皇家思想意识形态领域的规划思想，南岸则是新拓展区，属于四夷宾服者汇聚的场所。不同居住环境之间在自然环境、居住人口及其生产生活方式、文化形态等各方面存在巨大差异，比较而言，把全城最低处纳入城中，洛水南岸居住环境拥有更大的想象空间，这里成为朝廷重点拓展的原因，在很大程度上在于这一地区拥有相对广大的未开发土地。显而易见，这种现象是经济社会大发展的召唤，亦是城市发展过程中非常重要的一个思路转换，为隋唐洛阳城跨河营建新城区提供了实例。

尽管北魏洛阳城南不同的居住环境呈现出不同的功能，然而在"以儒治国"的主旨下，最终都是为统治者服务，由此可视其为一个整体"区域"，即洛水南北两岸是一个系统的统一体。

第一节　居住空间的分异与格局

如前所述，与汉晋洛阳城仅在洛水北岸略有经营有所不同的是，北魏洛阳城南居住环境是在洛水两岸充分展开的，其中洛水北岸是传统礼制文化区，洛水南岸则是四夷聚居区。然而不容忽视的是，城南居住环境充分展示了妙借自然、利用高地地形进行规划设计的巧思，且存在大片未开发的空地。

一　洛水北岸：传统礼制文化区

魏晋南北朝是中国历史上南北分裂的大动乱时期，按照历史的惯性，在当时人的心目中，似乎中原才是决定天下走势的核心区域，江南虽腹地广阔，不过是帝国的边鄙。因此，各朝统治者都力图通过城市规划建设，来彰显其政权的正统性和合法性，借此在南北政权之争中获得一种话语权，其中以游牧民族身份入主中原的北魏王朝尤甚。

正如前面所说，自东汉以来，洛水北岸就是著名的礼制文化区。基于此，历代王朝在此经营都城时，均在前朝"三雍"礼制建筑及太学旧址上，修葺殿堂房舍，因循营缮之，其范围西起平昌门外大道西侧，东至开阳门外大道东侧部分区域，为历朝相袭的崇礼场所，许多重大政治活动均在此进行。尤其值得一提的是，起于朔漠荒土的北魏迁都洛阳后，统治者锐意汉化改革，力主打造华夏正统的代表，故在中原礼制文化建设方面更是不遗余力。诚如康乐先生所言："（孝文帝）改革的内容虽然反复多端，总归起来是以礼制的重整为其核心……借由礼教文治的提倡来争取汉人士族的认同。"① 故而孝文帝迁都洛阳后，从都城规划设计、建筑渊源形制、礼仪祭祀、服饰语言、姓氏籍贯等方面锐意汉化更是自不待言。显而易见，整个国家机器和社会的制高点以儒学礼制至上，这是拓跋魏社会发展的主线。也正因为如此，"至北魏晚期，尽管鲜卑人的一些民族生活习性

---

① 康乐：《从西郊到南郊——国家祭典与北魏政治》，稻乡出版社，1995，第30～31页。

仍在延续，但上层人物的民族认同趋汉并主动融入汉人社会已成为主流"①。

我们可以从当时的侍读制度和释奠礼等活动，来窥知北魏王朝以儒学治国的主旨。据刘军先生考证，"北朝统治者为提高自身素养，效法东晋、南朝设立了侍读制度。侍读的职责是陪伴皇帝、太子及宗室王公读书学习，向其传授知识和汉族礼法，监督、规谏其日常行为"②。由此可见，侍读制度对于提高北魏皇室成员的文化修养和执政能力具有积极意义。为了推行教化，北魏洛阳内城还设有国子学堂，"内有孔丘像。颜渊问仁、子路问政在侧"③，统治者经常在此举行释奠礼活动。对此，刘军先生敏锐地指出，"释奠礼具有深刻的社会文化内涵，他所表达的是褒崇先师、敦宗儒学、宣扬文教的准则。时至今日，释奠礼也是弘扬中华文化的重要途径。北朝时期，草原民族相继入主中原，出于统治需要，他们抛弃部落遗俗，效仿汉族以儒术治国，举行释奠礼是其'变夷从夏'最为显著的表征……北魏孝明、孝武二帝曾亲临此地举行释奠。国学释奠因具有宣扬文教的象征意义，故备受重视"④。透过释奠礼活动不难看出，拓跋魏都洛期间，始终践行着传统的儒家观念。由此可以想见，儒学礼制赋予北魏王朝以正统的光环，儒家文质彬彬的德行是其仪规德范。

以儒学礼制至上的立国主旨，在城南居住环境改善中不乏若干实例。比如，劝学里、延贤里等里坊命名方式，"是孝文帝汉化政策的产物，正如从平城迁都洛阳以及洛阳城的规划营建是孝文帝汉化的重要环节一样。它是北魏王朝改变拓跋鲜卑尚武传统，提倡以文治国，把儒家思想作为统治方针的一个具体表现"，"里的命名多选择孝、仁、德、修、昭、睦等等，也反映了儒家文化的道德准则"⑤。又如，中国封建社会前期，儒家思

① 陈建军等：《北魏洛阳永宁寺塔基遗址新出土的彩绘泥塑造像》，《文物天地》2018年第10期，第67页。
② 刘军：《北朝侍读考述》，《北方论丛》2010年第3期，第76页。
③ （北魏）杨衒之撰，周祖谟校释《洛阳伽蓝记校释》卷1《城内》，中华书局，2010，第2页。
④ 刘军：《北朝释奠礼考论》，《史学月刊》2012年第1期，第35～37页。
⑤ 参见张金龙《北魏洛阳里坊制度探微》，《历史研究》1999年第6期，第56～60页。

想提倡"以孝治天下",正是在此意义上,洛水北岸报德寺是孝文帝为"冯太后追福"和秦太上公寺是胡太后等"为父追福"的设寺主旨表明,佛教接受了儒家的忠孝观念,用自己的仪规与儒家配合,起着辅助王化的作用。

值得注意的是,孝文帝以后,北魏皇帝死后的谥号多采用"孝"字,如"孝武帝""孝明帝",这似乎暗含着统治者深受中原传统礼制的影响,以儒家思想为主导,热衷于学习汉族的礼法,彪炳以孝治国,倡导尊老、养老的社会风气。又如,北魏在宣武朝和肃宗朝,儒生们曾多次就明堂的形制,各执己见,高下不一,僵持难设,然而值得一提的是,其所有讨论范围都在传统儒家理念范畴之内[1]。明堂建成后,统治阶层遂充分利用这一公共礼制场所,《魏书·肃宗纪》如是记载,正光五年(524)九月"乙亥,帝幸明堂,饯宝夤等"。[2] 透过这条史实不难看出,皇帝在明堂亲自迎送官员,不仅展现了对重要官员的恩宠和对皇帝权威的宣示,更为重要的是彰显了朝廷对作为崇礼场所明堂的政治认同。

综上可见,拓跋魏迁都洛阳后,不再自认戎虏,而是以传统正朔自居。由于国家层面的力倡,中原传统文化有了长足发展,洛阳城儒学繁盛的居住环境,令以中原正统自居的南朝人士陶醉不已,例如将领陈庆之从洛阳回来,别人问他为何"钦重北人,特异于常",他答道:"自晋宋以来,号洛阳为荒土,此中谓长江以北尽是夷狄。昨至洛阳,始知衣冠士族并在中原,礼仪富盛,人物殷阜,目所不识,口不能传。所谓帝京翼翼,四方之则。"[3] 不可否认,作为一个来自域外的旁观者,他的观察自有其特殊价值。对此,谭其骧先生明确指出,"北朝在北魏盛时重视学校与经学过于南朝"[4]。

由此,通过上述考察,比较清晰地勾勒出了儒教经学始终是北魏王朝

---

① 详见(北齐)魏收《魏书》卷8《世宗纪》、卷9《肃宗纪》,中华书局,1974,第191～249页。

② (北齐)魏收:《魏书》卷9《肃宗纪》,中华书局,1974,第237页。

③ (北魏)杨衒之撰,周祖谟校释《洛阳伽蓝记校释》卷2《城东》,中华书局,2010,第93页。

④ 谭其骧:《中国文化的时代差异和地区差异》,《复旦学报》(社会科学版)1996年第2期,第6页。

统治者的立国之本，这一主旨在洛水北岸居住环境中多有体现。诚如王仲荦先生所言："儒学对于巩固封建社会的纲常伦理秩序说来，是最适合不过的理论武器，它既没有玄学思想所附带的消极性，又不像佛教那样有影响国家租调和兵源（因寺院经济和僧人激增）的威胁，所以自然受到各朝封建统治者的欢迎。"[①]

然而终北魏洛阳时代，城南礼制建筑营建迟滞。具体来说，崇礼场所在北魏洛阳时代大部分时间里，由于其建筑物营建迟滞，颇显空荡而缺少生命气息，统治阶层虽然在一定程度上营缮了太学石经残石，复修了太学和明堂建筑，至于辟雍，仅见朝廷有重建辟雍之议，而无建成之实，更不用说灵台，史书甚至不见关于其修缮的任何记载。笔者认为，造成这种局面的原因相当复杂，其中历史根源是最重要的因素，而社会政治军事格局、灾荒疾疫、营建工程主持人更迭、朝臣意见不一及统治者崇佛佞佛等原因，仅止于发挥推波助澜的有限作用而已。

既然北魏王朝以儒学立国，何以出现传统礼制建筑营建迟滞的现象？按理说，礼制建筑不仅是城市传统文脉的象征，更是都城最核心的公共建筑，象征着王朝政治和文化信仰的权威。然而事实是，北魏洛阳城的景明寺塔占据着城南制高点，成为洛水北岸最重要的地标。这又做何解释？这不是与统治阶层所倡导的儒术治国相悖吗？

笔者认为，最接近历史真相的解释是，北魏王朝的主导思想是儒教，佛教不过是其推广儒家教化的工具而已。关乎此，任继愈先生的观点颇具启发性，他认为，"儒家学说虽然仍是封建国家正统的思想意识形态，但是随着两汉经学的衰落，它在思想文化上的'一统'地位已相对削弱，而东汉以来开始形成的道教与外来的佛教却在这一时期有了很大的发展，逐渐成长为封建官方上层建筑和意识形态的重要组成部分。这一新的变化，为隋唐时期儒释道三教鼎立局面的出现奠定了基本格局"。[②] 更进一步的解释是，"佛教在中国早期传播中，佛经汉译时，已掺入不少中国儒教思想，

---

① 王仲荦：《魏晋南北朝史》（下册），上海人民出版社，1980，第 875 页。
② 任继愈主编《中国道教史》，上海人民出版社，1990，第 3 页。

儒家的伦理观、价值观有的通过译文写进了汉译佛经，成了佛的教导"。①由此不难假想，来自异域的佛教在东传过程中，逐渐中国化并为统治者巧加利用，充其量只是统治工具而已，并未改变儒学独尊的实质。值得一提的是，魏收在代表朝廷修正史时，基本上也是把佛寺排除在外的。可见，至少在官方的标准中和儒家士大夫的眼里，佛教只是统治工具罢了。

简言之，"在魏晋南北朝时期，佛教、道教广泛流行，儒家失去独尊的地位，但统治者并未抛弃它，它仍然是封建思想的正统……统治者用佛、道作为儒教的补充，三者并用或交替使用。"② 可见，儒家传统虽已衰落，但仍具有一定的垄断性，尤其在治国理论层面上。毋庸置疑，北魏统治者以崇佛、佞佛著称，但对儒、道二教并未排斥和压制，而是主张和实施三教并用原则，其统治思想意识形态的农耕文明儒家文化内核始终是岿然不动的。虽然当时佛教思想异常活跃，但它只是统治者用以获取和维护政治权利的工具，儒家思想的统治地位，不曾动摇。

然而不可否认的是，北魏洛阳时代，佛教被提升到至高无上、足以使人迷狂的地位。在世俗的中国城市生活中，这是难见的高光一瞬，启人想象。从更深层次来看，"魏晋南北朝时期，统一的国家长期分裂，儒教的势力有所削弱，但封建宗法制并没有削弱，门阀士族势力强大，严孝悌之教，重宗谱之学。当时民族矛盾，战争频繁，给宗教的发展提供了土壤，佛道二教得以盛行"。③ 由此不难揣测，魏晋南北朝时期，儒教始终居于国家主导地位，佛教和道教仅是统治者的辅助工具。也就是说，三教并立，儒教入世，佛教和道教出世，尊儒崇佛重道，共同教化天下，都是以遵奉中国的忠、孝为原则。换言之，礼制文化区体现儒家思想，寺庙遍布尽显佛教信仰，而崇虚寺的存在表明北魏朝廷信奉道教，故北魏洛阳人的宗教信仰，呈现出儒、释、道三教并存局面。这些宗教文化彼此相容无碍，相互影响，由此不能不礼赞拓跋魏的博大胸襟和宽厚的包容精神，亦反映了北魏人开放的文化心态。或许可以说，儒、释、道并存，是王朝政治的有益盟友。

---

① 任继愈：《任继愈谈文化》，人民日报出版社，2010，第87页。
② 任继愈：《任继愈谈文化》，人民日报出版社，2010，第14页。
③ 任继愈：《任继愈谈文化》，人民日报出版社，2010，第37页。

进而言之，礼制建筑营建迟滞，寺院自然成为重要活动场所。据《洛阳伽蓝记》记载，洛水北岸佛寺主要分布在礼制文化区两侧，形成两大寺院群。孝文帝时，佛寺报德寺和道观崇虚寺分别居于城南东、西一隅，并未占据显要位置，从某种程度上可以看出，孝文帝对宗教有一定限制，到了宣武帝时，皇家寺院景明寺占据优势地理位置，而胡太后时的秦太上公寺位置益佳，不难看出佞佛势力的抬头。很显然，任何宗教兴衰都与政治环境变化有关，宗教从来都是与政治密不可分。

由是观之，我们应避免把这些礼制建筑物视为静态的实体，而将其看成随着时代变迁的文化的各个面相，这只代表特定时期内何种宗教信仰占主导地位的一种判断，而不是说一种宗教盛行，就排除了其他宗教的存在。北魏洛阳城寺院遍布是精神统治，而洛水北岸居住环境以整体性礼仪空间建构为主旨，使皇权从实力权威上升为礼法权威，二者有异曲同工之妙。也就是说，佛教昌盛并没有排斥传统礼制文化的意味，只是宗教效益更显著罢了。事实上，统治者兼信儒、释、道这一历史现象并不鲜见，可谓由来已久，最早可追溯到东汉时期①，其主要原因在于历代王朝往往"依赖外来宗教增加他们权力的可信度和威严"②，这对于入主中原的拓跋鲜卑尤其如此。

二　洛水南岸：四夷聚居区

与洛水北岸为传统礼制文化区所不同的是，洛水南岸是四夷聚居区。北魏迁都洛阳后，周边不同民族或国家入魏者众，这些来自不同地区的部族或宗族，被统称为胡人，他们逐渐改变着城市的居民结构。鉴于他们来源的复杂，朝廷富有远见地将洛水南岸拓展为四夷馆，即四方归附人员聚居的场所。一时间，体貌有别、风俗各异的外来之风，在四夷馆一带汇聚成五光十色、奇资异彩的文化景观。尽管四夷附洛人员居住洛阳后，呈现着"四方风俗，万国千城"的缤纷五彩的社会画面，然而不容忽视的是，四夷馆和四夷里的设置也存在一些"消极"因素。

---

① 李力、杨泓：《魏晋南北朝文化史》，新世界出版社，2018，第58～59页。
② 〔美〕芮沃寿著，常蕾译《中国历史中的佛教》，北京大学出版社，2009，第53页。

（一）"四夷馆封闭性"说

毕波先生认为："设立四夷馆里，出于便利外来人士日常生活的考虑，让来自同一地区、生活习惯和文化背景相同的人生活在一起，在陌生的语言、文化环境下可以拥有一个小的母语环境，这样可以减少他们在异乡的不适感和抗拒感。不过这种让外来人口聚居区远离城市核心区域，与其他普通居民区完全隔开的做法，也有它明显的弊端，就是会给居住其间的归附者造成一定的心理压力，觉得自己是被置于主流社会之外，不太利于他们更快认同并且融入主流社会中。"[①] 毕氏的观点总体来看有一定的道理，但他却忽略了一个事实，即四夷聚居区其实并不封闭，也并没有与其他居民区完全隔开。比如蔡宗宪先生就论证出四夷馆所在极具交通便利性，他认为，"南北朝以降，由于宫城北移至城北中轴线顶端，因此，客馆大致均位于城南。……多位于城市中轴线的通衢大道上，显示交通便利性为设置时的重要考量"。[②] 由此不难看出，蔡氏的看法与毕氏所谓"远离城市核心区域，与其他普通居民区完全隔开"的观点大相径庭。

从当时居民及其居住环境的诸多史实来看，四夷聚集区并不封闭。诸如南朝降附者之后裔柳谐"善鼓琴，以新声手势，京师士子翕然从学"[③]；南朝将领夏侯道迁，"于京城之西，水次之地，大起园池，殖列蔬果，延致秀彦，时往游适，妓妾十余，常自娱乐"[④]；西域人"在京及归，闻怪之丧，为之氂面者数百人"[⑤]；洛水南岸四通市的盛景，尤其是其"伊洛之鱼，多于此卖，士庶须脍，皆诣取之。鱼味甚美""洛鲤伊鲂，贵于牛羊"[⑥] 的说法，等等；又《续高僧传》记载："勒那漫提，天竺僧也，住

① 毕波：《中古中国的粟特胡人：以长安为中心》，中国人民大学出版社，2011，第201~202页。
② 蔡宗宪：《南北朝的客馆及其地理位置》，《中国历史地理论丛》2009年第1期，第86页。
③ （北齐）魏收：《魏书》卷71《裴叔业传附柳谐传》，中华书局，1974，第1577页。
④ （北齐）魏收：《魏书》卷71《夏侯道迁传》，中华书局，1974，第1580~1584页。
⑤ （北齐）魏收：《魏书》卷22《清河王怿传》，中华书局，1974，第592页。
⑥ （北魏）杨衒之撰，周祖谟校释《洛阳伽蓝记校释》卷3《城南》，中华书局，2010，第117页。

元魏洛京永宁寺，善五明，工道术……时洛南玄武馆有一蠕蠕客，曾与（勒那漫）提西域旧交，乘马衣皮，时来造寺，二人相得，言笑抵掌，弥日不懈。"[1] 不难假想，这里的洛南玄武馆，应是北夷人所客居的燕然馆可能性较大。鉴于蠕蠕客可以到内城永宁寺造访客人的史实，亦反映出四夷馆的居民并不封闭；再者，西域幻术戏法，诸如吞刀吐火、屠人截马，断舌剔肠、画地为川等，这些惊险刺激的表演场面被称为"胡戎之乐，奇幻之戏"，自汉代以来就开始传入中原地区。统治者之所以允许西域幻术戏法流行中土，其目的是盛张国威，壮异域臣服景观，亦体现朝廷对外来文化的阔达胸襟、高度自信与宽容，例如《洛阳伽蓝记》之"昭仪尼寺""长秋寺""宗圣寺""景乐寺"等佛寺多有西域幻术表演的生动描述；此外，前文提及的元睿、元邵等宗室墓出土的高鼻深目、络腮胡须的胡俑，比比皆是，造型各异，还有元雍宅的西域乐器、元融宅的西域珍宝等等，这些西域造型和物品在北魏洛阳城无不展现着异域风情。

因此，那种持"四夷馆封闭性"的论调是不符合历史事实的。恰如成一农先生所指出的："坊市制下限制人们自由的并不是坊制，而是夜禁制度，坊门的按时启闭只是实现夜禁的手段……换言之，坊墙对于限制居民自由的作用并没有以往学界估计那么高。"[2] 然而不容忽视的是，作为当时的国际化大都会，北魏洛阳城的胡风和汉化之风并存，但总的趋势和主流是"汉化"，这是不以人们的意志为转移的，我们在做研究过程中必须注意的。

从朝廷笼络优抚四夷的举措来看，四夷聚集区似乎也不封闭。移民是一个城市的活力所在，北魏洛阳城是中国历史上外来移民人口较为活跃的国际都市之一。由于朝廷焦于稳定周边，联络盟友，征服四夷，开疆拓土，对四夷采取笼络和礼遇策略，常常表现出足够的怀柔善意，故而大批夷人向往洛阳，蜂拥而至。此外，夷人远来，被朝廷视为外国来朝，这更是文治武功的理想境界。一般来说，朝廷会为新移民提供较为公平的生活

---

[1]　（唐）道宣撰，郭绍林点校《续高僧传》卷 26《魏洛京永宁寺天竺僧勒那漫提传》，中华书局，2014，第 977 页。

[2]　成一农：《"中世纪城市革命"的再思考》，《清华大学学报》（哲学社会科学版）2007 年第 2 期，第 80~81 页。

环境，打通他们及其子弟提升上进的通道，使夷人与京城汉人和谐相处。从这个角度来看，毕氏所持"四夷馆封闭性"观点也是站不住脚的。

（二）"耻居四夷馆"说

黎虎先生认为，四夷馆和四夷里或多或少包含着政治上的歧视，尤其是以"正朔所在"自居的南来降服人员，更是以居此为耻①。笔者认为这一看法是有道理的。

首先，从居民层面来看，尤以秉承"正朔所在"的南人为甚。例如，南朝齐宗室萧宝夤及其随从张景仁附魏后，居住在归正里，后以"耻与夷人同列""住此以为耻"为由，分别徙居内城永安里和城东孝义里。《洛阳伽蓝记》有明确记载："景明初，伪齐建安王萧宝夤来降，封会稽公，为筑宅于归正里，后进爵为齐王，尚南阳长公主。宝夤耻与夷人同列，令公主启世宗，求入城内，世宗从之，赐宅于永安里"；"（张）景仁，会稽山阴人也。景明年初从萧宝夤归化，拜羽林监，赐宅城南归正里，民间号为'吴人坊'，南来投化者多居其内……景仁住此以为耻，遂徙居孝义里焉"②。此外，裴谭墓志志文以"洛汭里"代替"归正里"表述方法，曲折地表达了四夷里的居民对其居住区里坊名称的不满，可见当时社会流行"耻居四夷馆"的说法。

其次，从社会层面来看，"耻居四夷馆"应是当时的流行看法。《洛阳伽蓝记》记载了居住在城南的平民荀子文因"城南有四夷馆"而遭到同学李才讥嘲的故事：

> （城南）高阳宅北有中甘里。里内颍川荀子文，年十三，幼而聪辨……正光（520～524）初，广宗潘崇和讲《服氏春秋》于城东昭义里……时赵郡李才问子文曰："荀生住在何处？"子文对曰："仆住在中甘里。"才曰："何为住城南？"城南有四夷馆，才以此讥之。③

---

① 黎虎：《北魏的"四夷馆"》，《文史知识》1986年第1期，第74页。
② （北魏）杨衒之撰，周祖谟校释《洛阳伽蓝记校释》卷3《城南》、卷2《城东》，中华书局，2010，第115、89页。
③ （北魏）杨衒之撰，周祖谟校释《洛阳伽蓝记校释》卷3《城南》，中华书局，2010，第125页。

由此不难推想，四夷馆社会地位较低，应是当时包括寻常百姓在内的普遍看法，大约并不为过。进而言之，赵郡李才的观点代表了时人对洛水南岸的普遍观感和想象：四夷馆是城市版图中的边鄙异质之地。

笔者认为，"耻居四夷馆"的社会现象，与四夷人自身生理特点及生活习惯也不无关系。尽管大多数四夷人进入洛阳后，既带来了中亚、西亚的饮食、医药、香料、织锦、玻璃、葡萄酒等物质文化，也带来了西域音乐、舞蹈、美术等艺术文化，丰富了北魏洛阳城居民的生活。然而不容忽视的是，这些夷人在体态相貌、服饰装扮、生活习俗、思维习惯等方面，都与本土汉人有着显著区别，占城市居民多数的汉人难免会产生对夷人的鄙视排拒的心态。

如众所知，胡人"体有臊气"，据陈寅恪先生考证，所谓"狐臭"，专指西域胡人之体气："由西胡种人而得名，迨西胡人种与华夏民族血统混淆既久之后，即在华人之中亦间有此臭者，倘仍以胡为名，自宜有疑为不合。因其复似野狐之气，遂改'胡'为'狐'矣。"① 自中原王朝通西域后，西域胡商、僧侣等迢迢而来，"狐臭"与"胡臭"相通成为对胡人歧视性的代称，"六朝隋唐时期盛传的狐怪故事，相当一部分与胡人之生理特征、文化习俗与技能特长有关"②。例如《洛阳伽蓝记》就记载了胡人（狐魅）神怪奇异的民间传说：

> （大）市北有慈孝、奉终二里，里内之人以卖棺椁为业，赁輀车为事。有挽歌孙岩，娶妻三年，妻不脱衣而卧。岩因怪之，伺其睡，阴解其衣，有毛长三尺，似野狐尾，岩惧而出之。妻临去，将刀截岩发而走，邻人逐之，变成一狐，追之不得。其后京邑被截发者，一百三十余人。初变为妇人，衣服靓装，行于道路，人见而悦近之，皆被截发。当时有妇人着彩衣者，人皆指为狐魅。熙平二年（517）四月有此，至秋乃止。③

---

① 陈寅恪：《寒柳堂集》，上海古籍出版社，1980，第 142 页。
② 王青：《西域文化影响下的中古小说》，中国社会科学出版社，2006，第 273 页。
③ （北魏）杨衒之撰，周祖谟校释《洛阳伽蓝记校释》卷 4《城西》，中华书局，2010，第 144～145 页。

北魏洛阳城居民孙岩，娶妻三年后方才发现其似野狐。姑且不论故事中的荒诞细节，仅就借"狐"（胡）隐喻影射，被描写成魅惑诱人的"狐狸精"和"狐妖"，这一负面形象似乎反映了当时社会对外来移民抱有偏见不愿接纳的背景。文人尚且如此，一般民众对胡人生理特征的歧视就可想而知了。进而言之，北魏洛阳胡人的居住环境有着不容乐观的被隔阂的一面。诚如有学者所言，"狐往往是对西域胡人歧视性称呼，早期志怪中的很多狐怪故事，往往是对西域胡人生活的歪曲性影射"。①

由之，不论是城市居民的感受，还是当时社会的主流认识，居住在四夷馆都是"耻"的。笔者以为这种现象可追溯到国家层面，那就是四夷馆以"金陵""燕然""扶桑""崦嵫""归正""归德""慕化""慕义""狮子""白象"等词定名，本身就包含着些许政治上的歧视。也就是说，朝廷借此推行"王化"，或"变夷为华"，或"化蛮为夏"，无不彰显中原王朝文治武功的理想境界。这意味着，四夷馆的诸名称，作为一种符号和象征意义，很显然是统治者为体现其"天命"或"正统"而有意策划出来的，从一开始就多少含有政治上的歧视，继而在社会上形成"耻居四夷馆"的一般性认识也就不足为奇了。也正是在此意义上，"耻居四夷馆"的社会现象，展示了国家意识形态、精英造势与民间舆情之三边互动的历史实相。

然而值得注意的是，四夷馆经过二十余年发展，以居此为耻的观念逐渐淡化。据《洛阳伽蓝记》记载，尽管儒生荀子文因居城南而遭到同学李才的鄙视，他亦进行了反唇相讥：

> "国阳胜地，卿何怪也？若言川涧，伊洛峥嵘。语其旧事，灵台石经。招提之美，报德、景明。当世富贵，高阳、广平。四方风俗，万国千城。若论人物，有我无卿！"（李）才无以对之。崇和曰："汝颍之士利如锥，燕赵之士钝如锤，信非虚言也。"举学皆笑焉。②

---

① 王青：《西域文化影响下的中古小说》，中国社会科学出版社，2006，第253页。
② （北魏）杨衒之撰，周祖谟校释《洛阳伽蓝记校释》卷3《城南》，中华书局，2010，第125~126页。

　　这段对话在某种程度上反映了时人对四夷馆的认识在发生变化，耻居四夷馆的社会现象在北魏洛阳后期已然趋于弱化。很显然，这一观念的转变固然涉及多方面因素，但四夷馆居住环境的改善无疑是众多导因之一。可以肯定地说，四夷馆的设置，使附洛四夷居住问题有了制度性保障，加上朝廷所营造的宽松民族政策，自然吸引异族异国人员源源不断地来此定居，他们为了追求富足生活的愿景，和朝廷官员共同努力，对居住环境不断地精微适应和塑造，创造了较为适宜的生活空间。

　　综上，北魏迁都洛阳后，由于四方归附人员骤增，其时将城区扩展至洛水南岸。为了安置这些四夷人士，朝廷设置四夷馆，以满足这里居民的日常所需，然而当时却流行以居此为耻的社会现象。接着的二三十年里，四夷馆汇集了数量更为庞大的异族异国人员，他们为了追求理想居所，巧妙利用其居住环境，创造了较为适宜的生活空间。也就是说，四夷馆居住条件在改善，吸引力也在增大，故而由"耻居"到"乐居"，也是很自然的事情了。此外，通常情况下，附洛四夷人员久居后，往往成为城市的常住居民，若干年后，其外来户的身份渐趋淡化是较容易理解的了。

　　概言之，四夷馆居住环境是一个不断丰富发展的过程，是朝廷官员和各色人等、各种不同心态、经历、际遇、沉浮的居民共同努力的结果。他们开辟了众多建筑场地，密集的永久性定居点、繁盛的商贸场所、从事宗教活动的专用建筑物、纪念性公共建筑等，再现了一个时代的情境。诸如"近伊、洛二水，任其习御"的吴人、"乐中国土风因而宅者"的西夷人、宦官刘腾主持修缮"永桥"以及秋来春去的北夷"雁臣"等，是不同居住人群通过对一定自然环境的改善利用，创造出的不同文化景观。

　　可以说，北魏统治时期，是洛阳城发展的重要历史阶段，而宣武帝执政初期规划发起的洛水南岸拓展工程，在洛阳城市发展史上书写了辉煌的一页。

三　择高而居与城南空地

　　"古代国家文明要体现可持续性，就必须考虑适宜的自然环境条件；古人如果在某些不适合人类生存居住的环境中长期活动，就需要耗费巨大的人力、物力来维持,这些非生产性的耗费,在古代是很难持久的。"① 正因为如此,我们的祖先很早就懂得选择比较优越的环境作为自己的栖身地。早在先秦时期,择高而居观念已经存在于古人对于环境的感知和创造之中。

北魏营建都城洛阳时,"和以前兴建平城相似,都是把地势较高的汉以来的旧城,至于中部偏北,然后在其低平的外围,主要在东、西、南三面兴建郭城"。② 这种巧借自然、利用自然条件的智慧在城南更是发挥得淋漓尽致。比如,洛水两岸择高而居的布局,就是因地制宜合理利用地形的成功实例。

洛水北岸之古"亳坂"微高地。这一带地形隆卓,地势较高,视野开阔,自东汉以来就为历朝统治者所青睐,是中原王朝传统礼制文化区所在。也就是说,古"亳坂"不只是一个与地貌相关的地方概念,它的微高地的地貌特征及其与之相对应的社会政治空间,都曾经历了长久的历史变迁。由此可见,古"亳坂"在早期文明起源并持续发展的环境适应方面,劳动成本最低,效率最高,具有可持续发展的环境优势。

洛水南岸之阶地。通常情况下,伊洛夹河滩为城市中的低洼地带,历史时期易发生水患,不太适合人类居住。然而古人在日常生活中积累了丰富的居住环境选择的经验,往往选择滩地内河流拐弯处的内侧作为居住的首要选址。根据现代物理科学的水力惯性原理,水流冲击河岸时往往携带大量泥沙,随着时间的推移,凸面的河岸会逐年溃退,而凹面的河岸却会逐年增长,从而使居住在凹面河岸的居民获得更多的土地。故而古代的村落、城邑等聚落大都有逐河而居的传统,并不约而同地处在河流转弯凹面的一边为多。

显而易见,河流凹面地势较高的阶地,无疑是伊洛夹河滩中一处理想的生活场所。这一高地对于四夷馆的兴建具有重要意义,它不仅使四夷馆周围水患减少,也从侧面反映了居民对居住环境的最佳适应与应对。正因

---

① 唐晓峰:《上古城市景观的衍变》,《光明日报》2018年11月25日。
② 参见宿白《北魏洛阳城和北邙陵墓——鲜卑遗迹辑录之三》,《文物》1978年第7期,第42~43页。

为如此，四夷馆坐落在一个面积较大的高地上，成为夷人的落居之地就是很自然的了。换言之，由于受高地地形条件的限制，四夷馆主体建筑大都设置在这一高地是，从而使建筑分布较为密集。也就是说，四夷聚居区为朝廷精心规划而非随意安排的、地处高地的一个密集的民族聚居地带。诚如唐晓峰教授所言："有缺陷的环境不一定是坏事，它会激发人类的勇气和智慧，战胜自然界的困难，创造出新的人文成就。"[①] 简言之，"人地关系的好与坏，其根源不在于地而在于人"。[②] 故而那种"就城市的本质来说，这种规划（指里坊制度）本身并无奇巧可言，设计上不需要独具匠心，无非是简单的几何学式划分，它不必考虑环境、资源的合理利用，只是选择了迅速、平均分配的原则"[③] 的看法似乎过于武断了。

一般来说，城市总体规划是依据当地的自然环境、资源条件、历史情况、现状特点等统筹兼顾，综合部署的结果。北魏洛阳城南居住环境的规划，是在总体规划的基础上，对局部地区的土地利用，在这一过程中，城市空地（或许可以说包括园圃、山林、川泉甚至农田，还有待更多资料的发现以证实）的留存是很自然的事情，它是给未来城市发展预控的备用空间，通常情况下，随着城市开发的不断深入，土地利用程度的日益提高，空地则会逐渐减少。

洛水北岸东、西遥相对应两块空地。据《洛阳伽蓝记》的描述，"崇虚寺，在城西……高祖迁京之始，以地给民，憩者多见妖怪，是以人皆去之，遂立寺焉"。[④] 鉴于城南西部除道教寺院崇虚寺所形成的居住环境，不见更多建筑物的记载，暂可推测这一地带存有大片空地。是书又言："（劝学）里内有大觉、三宝、宁远三寺。周回有园，珍果出焉，有大谷梨，承光之柰。承光寺亦多果木，柰味甚美，冠于京师。""龙华寺，广陵王所立也。追圣寺，北海王所立也。并在报德寺东。法事僧房，比秦太上公。京

① 唐晓峰：《文明是"忙出来的"》，《北京日报》2018年4月9日。
② 张远广等：《人地系统与人地关系浅析》，《国外人文地理》1988年第2期，第20页。
③ 齐东方：《魏晋隋唐城市里坊制度——考古学的印证》，载《唐研究》（第九卷），北京大学出版社，2003，第73页。
④ （北魏）杨衒之撰，周祖谟校释《洛阳伽蓝记校释》卷3《城南》，中华书局，2010，第126页。

师寺皆种杂果，而此三寺园林茂盛，莫之与争。"① 由此可以推知，这里除分布着 8 座寺院，不见其他建筑物记载，由于所在地偏僻，远离城市繁华中心，不便于居民聚集，存在大片空地的可能性较大。

洛水南岸空地。如众所知，北魏洛阳洛水南岸矗立着著名的四夷馆，然而不容忽视的是，除了这片高地被魏廷充分规划利用外，其周围仍是大片未能纳入政府规划的空白地带，对此，刘曙光先生精辟地指出："古伊水从今王疙垯村东作西南—东北向流，经今相公庄东，至今东大郊村东南与古洛水相交，在伊水古道的西边，曾有两条伊水支渠大致由南向北流入洛水。这样，沿洛南御道两侧的所谓'预留扩展地段'上反复出现了切割现象，从而使得当时不可能出现一个形制规整的南外郭城。"② 由此可见，古人在选择居住环境时，往往趋利避害，恰如其分地利用之。此外，因岁月久远，历史变迁，作为洛阳盆地最低部分的伊、洛水之间夹河滩地带，屡遭洪水侵袭，经考古调查，基本上属于遗址空白区③，目前我们只能依据文献推测其大概。

诚如孟凡人先生所说，"外郭城东西界的选择，则是将有利的自然条件与防御要求相结合的结果"。④ 正是在此意义上，城市大量空地的存在就不难理解了。进而言之，居住环境各项设施只有适应社会需要才能维持长久，而洛水两岸居住环境的形成，是城市社会经济发展引起居民生存方式不断变化的结果。

第二节　政治区域与经济区域的日常

如前所述，居住在四夷馆一带的异族异国人员，除了设置市场用来满足日常物质生活所需外，建造宗教场所以满足其精神所需亦是不可或缺

---

① （北魏）杨衒之撰，周祖谟校释《洛阳伽蓝记校释》卷 3《城南》，中华书局，2010，第 108、112 页。

② 刘曙光：《汉魏洛阳研究四札》，载《汉魏洛阳城遗址研究》，科学出版社，2007，第 264 页。

③ 中国社会科学院考古研究所二里头工作队：《河南洛阳盆地 2001～2003 年考古调查简报》，《考古》2005 年第 5 期，第 19～22 页。

④ 孟凡人：《北魏洛阳外郭城形制初探》，《中国国家博物馆馆刊》1982 年第 4 期，第 47 页。

的。然而令人疑惑的是，《洛阳伽蓝记》对洛水南岸的市场着墨较多，而对这里寺院的情状却言及甚少。很显然，洛水南岸寺院稀疏的情状，与洛水北岸广建佛教寺院的居住环境形成鲜明对比，更与北魏洛阳城是"中国北方佛教中心"的地位相去甚远，这一反差不免耐人寻味。笔者认为，洛水南北两岸分属政治和经济两大区域，无论是洛水北岸佛寺香火旺盛的居住环境，还是洛水南岸市场繁荣的居住环境，无不以"以夏变夷"的统治思想意识为政治底色。

一　洛水北岸：佛教寺院栉比

佛教是胡人统治者入主中原强有力的思想工具。我们知道，魏晋南北朝是我国历史上的大动荡时代，其间宫阙丘墟，民生凋敝，人民备受阶级压迫与民族压迫的双重磨难，佛教作为"致幻剂"用来安抚、麻醉在现实中遭遇一切痛苦的人们，恰逢其时；同时它又是统治者驯服人民的精神武器，更是统治者缓和阶级矛盾和民族矛盾进而巩固封建王朝政治权力的一种有效工具。正因为如此，历经北方战乱的鲜卑族统一北方后，特别需要利用儒学建立封建纲常秩序，标榜自己承续华夏传统，但同时又希望借助佛教信仰的调适功能，规范社会行为，巩固其统治政权。

众所周知，北魏洛阳城是按照儒家礼制营建的正统王都，然而随着社会的发展，"笃信弥繁，法教愈盛。王侯贵臣，弃象马如脱屣；庶士豪家，舍资财若遗迹。于是招提栉比，宝塔骈罗，争写天上之姿，竞摹山中之影，金刹与灵台比高，讲殿共阿房等壮"①，居民的居住环境逐渐演变成一座以佛寺为主的宗教之都。不可否认，文人笔下的都市描绘往往掺有复杂而多重的心情，但北魏洛阳城因佛教寺院遍布而生动鲜活却是毋庸置疑的。也就是说，尽管整个北魏洛阳城是以儒家礼仪规划营建，力求凸显拓跋魏政权的正统性和合法性，但其优越的地理位置和政治中心地位，加上

---

① （北魏）杨衒之撰，周祖谟校释《洛阳伽蓝记校释》之《洛阳伽蓝记序》，中华书局，2010，第22～23页。

统治者的力倡，城内佛寺遍布，无疑是当时中国北方的佛教中心。正如有学者所言，"鲜卑族建立的北魏王朝将首都迁到洛阳，不仅与汉文化成功融合，而且发展出灿烂的佛教文化"。①

北魏洛阳城佛寺遍布，与统治者佞佛无不相关。通常情况下，胡人君主入主中原，往往认为从中亚、西域东来的佛教，与他们自己的族群来源比较密切，因此他们成为佛教的护法。范祥雍先生对此有详细论述，他指出，北魏都平城时，建筑寺塔，铸造佛像，佛教信仰已颇具规模，迁都洛阳后，统治者虽以中国正统自居，却无不热衷于佛教，例如孝文帝"善谈老庄，尤精释义""每与名德沙门，谈论往复"；其子宣武帝元恪又"笃好佛理，每年常从禁中亲讲经论，广集名僧，标明义旨"，上既崇之，下弥启尚；元恪死，元翊立，而实际政权掌握在母后胡太后的手里，她略通佛义，崇奉佛教，佞靡更甚。② 显而易见，由于皇帝的个人喜好、朝廷的政权资助及社会风气等因素，北魏洛阳城佛教势力发展迅猛。这也意味着，宗教必须依靠统治者的力量来达到它推行教义和牟取僧侣特权的目的，诚如晋释道安所言，"不依国主，则法事难立"③。

北魏洛阳城佛教寺院的增多，逐渐改变着最初城市规划的空间布局。神龟元年（519）冬，尚书令任城王元澄有感于洛阳城中佛寺泛滥的局势，曾上书说道："都城之中及郭邑之内检括寺舍，数乘五百，空地表刹，未立塔宇，不在其数"，"自迁都已来，年逾二纪，寺夺民居，三分且一""今之僧寺，无处不有。或比满城邑之中，或连溢屠沽之肆"，"侵夺细民，广占田宅"，④ 尤其是建义元年（528）河阴之变以后，"朝市死者，其家多舍居宅，以施僧尼，京邑第舍，略为寺矣"。⑤ 可见当时都城土地兼并现

---

① 张占仓等：《千年帝都洛阳人文地理环境变迁与洛阳学研究》，《中州学刊》2016年第12期，第120页。
② 参见（北魏）杨衒之撰，范祥雍校注《洛阳伽蓝记校注·序》，上海古籍出版社，2011，第6~8页。
③ （梁）释慧皎撰，汤用彤校注《高僧传》卷5《义解二·晋长安五级寺释道安》，中华书局，1992，第178页。
④ （北齐）魏收：《魏书》卷114《释老志》，中华书局，1974，第3045页。
⑤ （北齐）魏收：《魏书》卷114《释老志》，中华书局，1974，第3047页。

象十分严重，寺院广占土地，侵夺百姓，洛阳城居民的居住环境"拱手让给"了佛教，洛阳城无疑成为佛教理念笼罩下的神圣都城，

洛水北岸居住环境以"崇佛场所"为主要格局。据《洛阳伽蓝记》记载，在洛水北岸传统礼制文化区东西两侧，分布着诸多佛教建筑，且佛塔明显高于明堂等礼制建筑（需要提及的是，北魏洛阳时代洛水北岸"三雍"礼制建筑营建迟滞，其中明堂和太学于北魏洛阳末期方才落成，而辟雍和灵台并为建就），给这里的世俗居住环境带来了巨大的视觉冲击。不难想见，佛寺作为洛水北岸城市景观的重要组成部分，密布在"半成品"性的礼制文化建筑两侧，其实质功能似乎在从视觉层面，表明某种国家统治的理念。诚然，洛水北岸作为历代传统的"崇礼场所"，到北魏时期却演变为以"崇佛场所"为主的格局，这与"北魏洛阳城是当时北方佛教中心"[①] 的时代背景是相吻合的。这意味着，北魏洛阳时代，洛水北岸佛教高于儒教的理念，都外化于周围密布的佛寺建筑群了。

佛教是统治者推行儒家教化的工具，其实质是为王朝政治服务，诚如陈建魁先生所言："西域佛家文化和儒家文化等的相互激荡下，各色人等在洛阳交错而居，呈现出一派和谐共处的局面。"[②] 随着佛教信仰在城市社会中的渗透，寺院逐渐成为居民思想意识中除了儒家礼仪观念之外的又一神圣场域，"这种场域成为社会各阶层共同参与的活动场所，不仅是城市围绕在强烈的宗教色彩之中，同时这种场域的自由出入性和相对平等性促使了大量民众的聚集、围观和交流，成为城市在规划建设之外自发形成的融入民众实际生活中的带有宗教神秘色彩的公共化场域"[③]。然而，佛教和儒学毕竟是两个思想理论体系，故而"引儒入佛"尤显必要了。正因为如此，"在南北朝抢占中华文化制高点的大背景下，鲜卑人锐意汉化，将佛教融入汉化的大潮之中，加速了西来佛教与中国传统文化的会通融合，使

---

①　严耕望：《魏晋南北朝佛教地理稿》，上海古籍出版社，2007，第139页。

②　陈建魁：《洛阳学与地方学研究》，《中州学刊》2016年第12期，第136页。

③　郝鹏展：《公共空间、城市传播与社会控制——基于隋唐长安城的研究》，陕西师范大学博士学位论文，2017，第123页。

印度佛教逐渐发展成为富有鲜明民族特色的中国佛教，极大地丰富了中华文化"。①

洛水北岸寺院体现儒学意涵。寺院是北魏洛阳城僧尼修习讲学的场所，也是皇室、公卿、庶民供养的对象，它们和世俗社会有着密切关系。我们注意到，洛水北岸几座大寺院都和北魏皇帝关系密切，诸如报德寺是孝文帝所立，景明寺是宣武帝所建，秦太上公寺则是胡天后主持营建的，等等。尽管杨衒之在《洛阳伽蓝记》里对报德寺的描述寥寥，但对其周围建筑物着墨相对较多，诸如宣扬儒家传统礼教的汉国子学堂、劝学里和延贤里等。既然这座佛寺营建的初衷是为祖母冯太后追福，在某种意义上也表达了孝文帝对先祖的景仰，而把寺址安置于传统礼制文化区的边缘来看，这应是孝文帝有意而为之举，这都与儒家传统孝道有着相通之处。据《魏书·释老志》所载："先是，于恒农荆山造珉玉丈六像一。（永平）三年冬，迎置于洛滨之报德寺，世宗躬观致敬。"② 从宣武帝亲临报德寺并置贡佛像这一史实不难看出，朝廷不仅仅把佛教当作宗教信仰，更重要的是把佛教作为政治工具，存续孝文帝朝感怀先祖，宣扬儒家孝道的意旨。与报德寺的建寺主旨有着同一性的秦太上公寺，是胡太后"为父追福"而建，似乎是统治者借此宣扬儒家孝道精神无疑的了。又如，景明寺巡像的盛大场景，使佛教节日庆典的政治性在当时社会产生了巨大的凝聚力量，从而巩固了统治者的权力，确立了其统治的合法性。

洛水北岸寺院增多，公共空间的扩大，这种新的居住环境，给居民之间的"关系""交流"带来了新的变化。随着城市寺院空间的扩展，里坊居民区空间不断收缩，寺院融入里坊中，故而封闭的里坊所具有的禁锢自由、限制活动的作用随之逐渐淡化，相反，却促进了居民走出厚重的坊墙，涌进寺院进行广泛的交流，佛事活动成为居民生活重要内容，洛阳城居住环境染上了佛教色彩，凸显浓郁的时代气息，恰好反映出北魏洛阳所谓的"佛寺之城"的城市特色。诚如汤用彤先生所说："洛中自汉以来，

---

① 陈建军等：《北魏洛阳永宁寺塔基遗址新出土的彩绘泥塑造像》，《文物天地》2018年第10期，第69页。
② （北齐）魏收：《魏书》卷114《释老志》，中华书局，1974，第3041页。

已被佛化。"①

　　概言之，洛水北岸佛寺群的空间分布，与礼制建筑是你中有我，我中有你，佛寺和礼制建筑既对立又统一。恰如有学者所言："佛教在人类社会发展史中，曾起到过极其重要的作用，它为社会稳定、济贫扶弱、人类精神生活的健全、道统的维持等，都起了非常积极的作用。但当宗教与政治结合，其负面影响越来越大。由于政治把太多的世俗功利引入佛教，使佛教原本的宗教纯洁性日益庸俗化，自此佛教也就变成了政治的可怜嫁衣。北魏统治者便是这种理论的实践者。但他们的实践并不成功，体现在他们对佛教的政策上，就是一直徘徊在传统与现实之间，理智与矛盾之间。"②

二　洛水南岸：经济文化区

　　众所皆知，洛阳盆地的土壤和河流灌溉，为农业发展提供了优越条件，但是这里地域狭小，农业发展受到了极大限制，因此，班固在《汉书》中说："洛阳虽有此固，其中小，不过数百里，田地薄。"③ 也就是说，洛阳盆地地势狭小，农业生产潜力有限，不像关中平原有大规模的水利灌溉工程之利，有"陆海"之誉。然而不可忽视的是，早在西汉时期，史学家司马迁已经注意到洛阳盆地"居天下之中"的区位优势，加上丰沛的水资源带来的水运交通之便，城市商业一向兴盛④，这里的居民历来有着经商习俗⑤。由此看来，尽管洛阳盆地地域相对狭小，但其"天下之中"的地缘优势，形塑了这里的水资源利用偏重于商业交通漕运，而非农业灌溉的用水结构。

①　汤用彤：《汉魏两晋南北朝佛教史》，武汉大学出版社，2008，第96页。

②　王继训：《从元澄奏折看北魏佛教的传统与政策》，《中国社会科学网》2015年8月2日。

③　（东汉）班固：《汉书》卷40《张良传》，中华书局，1962，第2032页。

④　参见曹尔琴《洛阳：从汉魏到隋唐的变迁》，《唐都学刊》1986年第1期，第8页。参见（西汉）司马迁《史记》卷129《货殖列传》："东贾齐、鲁，南贾梁、楚。"中华书局，1959，第3265页。

⑤　参见（西汉）司马迁《史记》卷129《货殖列传》："洛阳街居在齐、秦、楚、赵之中，贫人学事富家，相矜以久贾、数过邑不入门。"中华书局，1959，第3279页。

拓跋魏入主中原后，逐步改变其落后的生产方式，特别是推行均田制、三长制等封建生产关系，大大促进了社会经济的繁荣发展。太和十七年（493），北魏孝文帝以"恒代无运漕之路，故京邑民贫。今移都伊洛，欲通运四方"① 为目的，从平城迁都洛阳，以承继发挥汉晋洛阳城南传统的伊、洛水运航道之利。城南优越的水环境，加上朝廷重视水利兴修，以及居民在日常生产和生活实践中，对洛水水性的认识和实际控制能力的逐步提高，经过二十余年的发展，洛水之滨一派繁盛景象②。

北魏洛水南岸居住环境曾引起学界的较大兴趣。陈寅恪先生明确指出城南开发与伊、洛水道密切相关，他认为："北魏洛阳城伊、洛水旁及市场繁盛之区，其所以置市于城南者，殆由伊、洛水道运输于当日之经济政策及营运便利有关。"③ 宿白先生与陈氏观点相类似："这里扼洛阳水路要道，是当时洛阳最繁盛的所在。"④ 张乃翥先生详细描画了洛水两岸的"国阳胜地"，并述及洛水之畔的四通市，指出："这一邬埠市场对北魏国都的商业生活起到了重大的调制作用，不仅促进了中外商客的物资交流和中州资源的集散，尤使洛下方物率先活跃于京畿商场。"⑤ 正如何炳棣先生所认为："北魏洛都的坊里制绝不仅是京都土地利用的制度，其最主要特征是京都全盘的社会经济设计。依照当时的社会阶级观念，北魏政府将洛阳城郭坊里划成若干社会经济性能不同的区域。因此，北魏洛阳的坊里制充分反映当时的社会经济制度。"⑥ 可见，随着社会发展，经济因素的影响越来越突出。

经济社会的变迁，引发新的城市居住环境，二者往往紧密相关，诸如洛水南岸的开发，是传统经济社会历史发展的必然。通常情况下，在水陆

---

① （北齐）魏收：《魏书》卷79《成淹传》，中华书局，1974，第1754页。
② 张乃翥：《元魏畿下的洛水两岸绎述》，《中州学刊》1985年第6期，第100~103页。
③ 陈寅恪：《隋唐制度渊源略论稿》，中华书局，1963，第67页。
④ 宿白：《北魏洛阳城和北邙陵墓——鲜卑遗迹辑录之三》，《文物》1978年第7期，第45页。
⑤ 张乃翥：《元魏畿下的洛水两岸绎述》，《中州学刊》1985年第6期，第101页。
⑥ 何炳棣著，范毅军、何汉威整理《何炳棣思想制度史论》，联经出版公司，2013，第427~428页。

交通要道和社会经济相对活跃的地区，容易形成居住环境，城市面貌亦随之发生变化，最明显的迹象是该地区经济意义增强，居民增加，居住环境因而有了改善和提高。例如，北魏洛阳时代，较之汉晋，市场由洛水北岸徙迁至南岸，居民显著增加，包括相当数量的胡商贩客，经济面貌日益突出，居住环境亦有很大改善，正如《洛阳伽蓝记》所载："西夷来附者，处崦嵫馆，赐宅慕义里。自葱岭已西，至于大秦，百国千城，莫不款附。商胡贩客，日奔塞下。所谓尽天地之区也。乐中国土风因而宅者，不可胜数。是以附化之民，万有余家。门巷修整，阗阓填列。青槐荫陌，绿柳垂庭。"①

为了满足四夷人员的日常生活所需及商胡贩客的贸易需求，市场是必不可少的居住环境基础设施。正因为如此，朝廷和当地居民在这一带设置了"四通市"和"鱼鳖市"。"北魏洛阳邙山、洛河间约 15 里宽的河川地带上，既有城区已显拥挤，伊、洛二水夹川地带地势开阔，人口稀少，伊洛河更有便利的运输条件，因而成为四通市选址最佳处。"②"四通市"，由于临近永桥，又称永桥市，靠近伊、洛二水，水陆交通便利，又靠近四夷馆，来洛阳经商的各国商人无不云集于此，"天下难得之货，咸悉在焉"③。

很显然，四通市作为公共空间，不仅是当时异族异国商贸交流场所，使洛水南岸的开放性明显增强，渔业经济也较为发达，从伊、洛水里捕来的鱼，基本上在这里出售，城里人吃鱼也多到这里购买。另外，许多南人投靠北魏政权时，将喜欢吃鱼的习惯带到了北方，却不习惯羊肉乳酪，遂在靠近伊、洛二水的归正里，自发形成了专售水产品的市场"鱼鳖市"，以满足南人对水族之货的习俗所需。由此看来，南方归附民众聚居地形成两大水产品专卖市场，南方饮食习惯渐至风行京城洛阳，丰富了洛阳居民的饮食生活。需要说明的是，"市场本身应具有开放性，起到广场的作用。但四周围墙，中午开市，日落前闭市，其开放性也大打折扣。由于城市的

---

① （北魏）杨衒之撰，周祖谟校释《洛阳伽蓝记校释》卷 3《城南》，中华书局，2010，第 117 页。
② 岳东：《北魏洛阳市场布局环境、格局与境界》，《三门峡职业技术学院学报》2018 年第 3 期，第 10 页。
③ （北魏）杨衒之撰，周祖谟校释《洛阳伽蓝记校释》卷 3《城南》，中华书局，2010，第 117 页。

夜禁和市场严加管理，一些丰富多彩的城市生活不得不在坊内开展"。① 在独立小城似的空间里，民间交流的规模和深度当然不可能太大，故而四通市的繁盛景象不宜估计过高。

要之，洛水南岸市场的设置，既考虑了商品流通方便，又关照了居民生活习惯，这对城市经济发展极为有利。对此，孟凡人先生指出，"北魏迁洛以来，在改造魏晋故城规划新都时，主要从安置人口、控制民居、加强防御、活跃经济等方面考虑"。② 由是观之，工商业发达和人口大量集中，势必促进城市居住环境的扩展，传统的礼制因素已不是决定城市规模的依据，城市经济决定了城市本身发展的基础。伊、洛水交汇于城南，这里地处水陆要冲，为市场提供了交通运输之便，政府设官对市场进行管理，击钟鼓以开市、罢市③，便利了居民的生活，使富有经商传统的洛阳发展成为所谓的"四方风俗，万国千城"商业大都会。

"四方风俗，万国千城"是多种合力催生的一种居住环境之文化现象。佛教寺院诸多杂伎百戏表演如魔术、角抵、假面戏等活动，往往是佛寺举行佛法盛事时的表演节目，这是由于西域风气所染，音乐歌舞如龟兹、疏勒、高昌、康国等地音乐歌舞风行朝野，乐器如高阳王雍宅所记载的汉族传统乐器如铙、筑、笙等，外来乐器如笳、箜篌并用，都从不同侧面反映了北魏洛阳城的文化风貌和特色。可见，城南居民交往互动，不仅是通过四通市和鱼鳖市进行物质上的交换，而且还有精神上的、意义的、符号的、象征的等全方位、多层次交往互动，诸如个性显明的体貌特征、不同的宗教信仰、迥异的生活方式、不同的身份经历，以及"不食牛羊肉"的鲜明文化特质，等等。

值得一提的是，前面提及学界多倾向于洛水南岸开发是水运发达和商业发展所致的观点，是不够充分的，有修正的必要。刘淑芬先生的看法很

---

① 齐东方：《魏晋隋唐城市里坊制度——考古学的印证》，载《唐研究》（第九卷），北京大学出版社，2003，第76页。

② 孟凡人：《北魏外郭城形制初探》，《中国历史博物馆馆刊》1982年第4期，第47页。

③ （北魏）杨衒之撰，周祖谟校释《洛阳伽蓝记校释》卷2《城东》，中华书局，2010，第56页。

具启发性，她认为，"都城如帝国的心脏，它跳动的变化，所反映的是整个帝国政治、经济、社会、文化各方面的变化，而不仅于商业一端而已"。[①] 要知道，北魏洛阳城里坊制的主要是为了便于控制坊内居民，依据《洛阳伽蓝记》可知，洛阳城的都城管理体系是严密的，而这一套都城管理体系实施的成效如何？据《魏书》显示，当时城坊管理体系，自宣武帝以后，就不足以应对，治安开始走下坡路，甚至连犯夜的人也越来越多。毕竟，历史上的都城大都五方汇聚，人口杂沓，在管理上较费周折。四夷馆和四夷里的设置，不仅涉及城市规划层面、政治上管理控制层面及经济层面，它同时也和居住在这里居民的生活日常有密切关联。因此其设置不能简单归因于商业发展，而要从政治、社会、文化方面综合加以考察，就其中不切实际的规划，以及其实际上付诸实施时的弹性（自设鱼鳖市）进行讨论，从而揭示了居民借助某种居住环境，去追求美好生活的天性，也表明了居住环境在居民生活中具有不可替代的重要性。

洛阳是北魏王朝的政治、经济、军事中枢，甚至可以说是当时东西方文化的汇聚之都。四方附化之民在居民来源、构成、观念上均与中原农业文明人群有很大不同，他们附洛后带来全新的文化形式，展现了多姿多彩的生活面相，从而使北魏洛阳城集四夷文化各家之长，为当时新文化、新思想、新风尚之风向标。

三　政治底色："以夏变夷"

中国古代尤其是早期城市，大多是因政治和军事需要而设，政治性是其首要功能，这是一个众所周知的常识。正因为如此，有着草原文化气息的北魏朝廷入主中原后，锐意汉化改革，试图用华夏儒家的"礼乐教化"去同化周围不开化的"夷狄"，以达到巩固中央集权封建专制主义的目的。拓跋魏迁都洛阳后，"以夏变夷"政治思想更甚，特别是在居民的居住环境规划设计中，无不彰显中原传统文化特色，努力打造其华夏正统性和合法性的身份，这一主导思想在城南亦多有体现。

---

① 刘淑芬：《六朝的城市与社会》，台湾学生书局，1992，第466页。

朝廷在城南居住环境建设中凸显华夏礼制秩序。诸如洛水北岸的"三雍"礼制文化建筑，劝学里、延贤里等里坊区的命名，王肃在延贤里"斯文在兹"的文化意蕴，报德寺和秦太上公寺"宣扬孝道"的立寺缘由等，无不表现出中原华夏的城市规划意蕴；因此华表的规划设计、四夷馆和四夷里的命名、圜丘的徙入等，这些带有传统华夏色彩的符号出现在洛水南岸四夷聚集区的生活历史场景中，也就是很自然的事情了。具体说来，设在交通要道处的华表，从人的视角出发，再回归人的心灵，使景观与人达到共鸣；四夷馆命名方式带有承续华夏传统的政治和文化意义，从表面上看，四夷聚集区与内城、宫城分离，实际上通过大中轴线中央御道联结为紧密的一体。不言而喻，这些凸显华夏礼制秩序的建筑群所体现的教化安抚思想在国家统治中必不可少。

伊水之阳的圜丘强化了城南居住环境的礼制文化区功能。从东汉开始，帝王每年冬至都要到都城南郊的圜丘祭天礼仪，这成为展示王朝统治正统化的象征。北魏宣武帝时期，朝廷把洛水南岸纳入城市规划建设范围后，即把圜丘从城南委粟山徙至伊水之阳。很显然，这一举措可视为洛水北岸传统礼制功能在洛水南岸的延续，充分体现了北魏王朝以儒学立国的旨要，亦进一步凸显了城南作为传统礼制文化区的功能。可以想象，圜丘由南郊委粟山移至伊水之阳，这一变化不仅改变了洛阳城的城市礼仪空间格局，把洛水南岸纳入国家礼仪空间范围，更为重要的是，它加深了城南居住环境"以夏变夷"的政治底色。概言之，洛水南岸的开发，是魏廷政治运作的结果，也是朝廷进行国家治理、维护统治的重要举措，由此国家秩序得以巩固，王朝正统性得到了强化。也就是说，以南北中央御道连接圜丘、永桥及宫城，形象生动地反映了四夷与朝廷的政治、礼仪空间的关系。不难想象，在这样的居住环境氛围下，"以夏变夷"是很自然的事了。

四夷人员附洛后出现了诸多不同程度的"汉化"。不难想见，四夷馆和四夷里聚族而居的居住环境模式，便于四夷保持本民族的特性，然而这种特性不会维持很久，他们不管是入仕为官，还是经商兴贩，或是布经传道，都不可避免地与广大汉人打交道，接受汉化习俗的影响。换言之，在保持本民族文化特性的同时，四夷附洛人员自觉或不自觉地开始了汉化的历程，其主要表现在对汉姓的模仿、采用汉族的土葬以并使用墓志等方面。

模仿汉姓。前文已述及，四夷附洛人员除胡商外，还有各族各国的上层贵族，他们大多是作为质子"入侍"身份附魏的。就姓氏而言，入华之中亚诸国人多以国名为姓，例如西域康国之康大农、鄯善国之鄯乾和鄯月光、麹氏高昌国之麹嘉、于阗国之于仙姬等。由此不难推测，"康""鄯""麹""于"等既是一种辨认国籍的标志，也是一种对汉姓的模仿。

采用汉族土葬并使用墓志。关于四夷诸国的葬俗，史料记载如：勿吉国，"其父母春夏死，立埋之，冢上作屋，不令雨湿；若秋冬，以其尸捕貂，貂食其肉，多得之"；焉耆国"死亡者皆焚而后葬"；龟兹国，"风俗、婚姻、丧葬与焉耆略同"；波斯国"死者多弃尸于山"；嚈哒国，"死者，富者累石为藏，贫者掘地而埋，随身诸物，皆置冢内"。① 这些夷人入华后，最初是否采用这些习俗，我们还不十分清楚。不过，在当时洛阳这样的大都市，上述丧俗是不大可能被接受的。就笔者所见考古资料来看，这些人入华定居后，更多是采用汉族习俗，即进行土葬，并使用棺椁，其中身份等级地位较高者，则立墓志。如近年来在洛阳地区所发现的康大农、鄯乾、鄯月光、于仙姬等墓志，都应是比较典型的中国传统风格的葬法。此外，从出土墓志的志文来看，这些志文亦完全仿照中国传统撰写风格，无非是一些近乎程式化的歌功颂德的夸饰之语。例如鄯乾墓志志文部分内容摘录如下：

> 君讳乾，司州河南洛阳洛滨里人也。侍中镇西将军鄯善王宠之孙，平西将军青平凉三州刺史鄯善王临泽怀侯视之长子。考以去真君六年归国。自祖已上，世君西夏。君初宦，以王孙之望，起家为员外散骑侍郎，入将左右辅国将军城门校尉，出为征虏将军安定内史。春秋卅四，以永平五年岁次壬辰正月四日薨。蒙赠征虏将军河州刺史，谥曰定。其年四月改为延昌元年，八月廿六日，卜营丘兆于洛北芒而窆焉……世光凉右……入蕃皇魏。②

---

① （北齐）魏收：《魏书》卷 100《勿吉国传》、卷 102《西域传》，中华书局，1974，第 2220、2265、2266、2272、2279 页。
② 朱亮：《洛阳出土北魏墓志选编》，科学出版社，2001，第 26 页。

透过志文，不难发现，其行文格式和内容描述与习见的北魏志铭无甚差别，反映了当时墓志的一般特征。笔者认为，附洛夷人采用的这些中原葬俗，在西域习俗中尚未见有类似记载，毫无疑问应是受汉族影响，亦是他们汉化的一个表现。试想，这些夷人附洛定居后，难免受到汉俗浸润，逐渐采用中原习俗，故死后立有墓志也就容易理解了，且从其所立墓志的志文采用汉文标准纪年情况来看，似乎已经受汉文化影响很深了。前已述及，洛水南岸汉族人比例较大，故而这些西域人因居住环境影响使然，其汉化相对来说较为迅速。

需要说明的是，魏晋以降，因当时社会胡汉民族交融频繁，所谓胡汉之别，文化上的因素远重于种族之差异，"凡汉化之人即目为汉人，胡化之人即目为胡人，其血统如何，在所不论"。① 因此，对于降服人员而言，我们不能用忠诚或叛离简单加以断定，只能具体问题具体分析。相比之下，聚族而居的夷人更容易保存自己的传统习俗和固有文化，民族特性不易丧失，而散居者则不具备这种条件，在很短时间内即被其周围的文化，尤其是汉文化所吸入，接受一种新的文化时间愈短，原有传统丧失也就愈快。

第三节　"国阳胜地"与"四夷所居"的空间意义

从文化整合的角度来看，城南经过二十余年的发展，洛水南北两岸浑然一体，即出现"国阳胜地"的盛景，正因为如此，提高区域内居住环境的共同发展意识，尤显必要。然而不容回避的是，四夷降服人员构成了当时城南居民的主体，如何看待"四夷居城南"，也就是说，"四夷所居"的居住环境在北魏洛阳城有着怎样的空间意义？很显然，这是一个复杂的问题，需要我们从时间发展的维度来分析。笔者认为，洛水两岸仅是功能构成上存在分工，都是为封建王朝政权稳定服务，因此可视为一个整体。

一　"国阳胜地"的提出及其阐释

如前所述，周边各族和异国政权络绎不绝的朝贡拓跋魏王朝，四夷人

---

① 陈寅恪：《唐代政治述论稿》，上海古籍出版社，1982，第17页。

员纷至沓来地会合京畿，无疑为北魏洛阳城注入了新鲜活力，丰富了城市居民的物质生活和精神生活，加上城南水环境甚为优越，朝廷又甚重视这里的水利兴修，并在洛水南北两岸营建了四夷馆、市场、寺院、桥梁、礼制建筑等建筑物，不断对城南居住环境做出积极有效的努力，故城南经过二十余年的发展，洛水之滨以一派繁盛景象展现在人们面前，成功践行了跨水营建新区的先例——"国阳胜地"。《洛阳伽蓝记》中有颖川荀子文与李才对话一事可为明证：

> （城南）高阳宅北有中甘里。里内颖川荀子文，年十三，幼而聪辨……。正光（520～524）初，广宗潘崇和讲《服氏春秋》于城东昭义里……时赵郡李才问子文曰："荀生住在何处？"子文对曰："仆住在中甘里。"才曰："何为住城南？"城南有四夷馆，才以此讥之。子文对曰："国阳胜地，卿何怪也？若言川涧，伊洛峥嵘。语其旧事，灵台石经。招提之美，报德、景明。当世富贵，高阳、广平。四方风俗，万国千城。若论人物，有我无卿！"①

这段文字告诉我们，儒生荀子文住在城南中甘里，因为"城南有四夷馆"，受到同学李才的讥笑。荀子文机智辩驳道：城南是国阳胜地。这里水源丰沛，伊、洛二水交汇于此；这里历史久远，有东汉以来的礼制文化区；这里有宏伟富丽的皇家寺院报德寺和景明寺；这里有贵极人臣的高阳王元雍和广平王元怀的宅邸；这里更是四夷聚集区，为北魏王朝与周边各族及各国政治、经济、文化交往的中心。从荀子文的观点可以看出，经过二十余年的发展，城南俨然已成为"国阳胜地"了，尤其是洛水南岸的四夷聚集区，更是"四方风俗，万国千城"，"自葱岭以西，至于大秦，百国千城，莫不款服。胡商贩客，日奔塞下。所谓尽天地之区也。乐中国土风因而宅者，不可胜数。是以附化之民，万有余家"。荀子文对四夷居住区给予了应有的肯定。

---

① （北魏）杨衒之撰，周祖谟校释《洛阳伽蓝记校释》卷3《城南》，中华书局，2010，第125～126页。

　　既然城南如此繁盛，为何住在这里荀子文还遭到同学的讥讽？仔细辨析不难发现，这是二者所论城南范围不同所致。李才所指的城南是"特指"，仅为洛水南岸的四夷聚集区，由于该区域居住着四夷附化之民故而耻笑荀子文；而荀子文所指的城南是"泛指"，包括洛水南北两岸更大的区域。按照荀子文的说法，城南经过二十几年的发展，洛水南北两岸越来越自成一体，这才是上文提及的真正意义的"国阳胜地"。

　　儒生荀子文和赵郡李才这场带有主观感情色彩的辩论，使"城南"得到更为深刻的理解和阐发。不难想见，"国阳胜地"的景象随着时间的推移不断被叠加新的内容，日渐丰满，因此荀子文给予了四夷聚集区应有的肯定，而李才则将辩论的重心落在了"四夷"这个词本身，即"四夷"作为边鄙民族的称谓，他们没有被视为"华内之人"，在这种语境中，城南悄然失色，退居为外郭城中地位最卑贱的一个区域，其社会地位较低，且文化落后，加上四夷馆和四夷里的设置本身包含着些许政治和民族关系上的歧视，故而居住在城南被以李才为代表的时人视为不光彩。然而在以荀子文为代表的有识见的人士中，认为四夷馆和四夷里作为城市的新功能区和新的居住环境，对城市发展有着积极意义。从荀子文鲜活风趣的措辞中，可以想见，"国阳胜地"这种看法并非一朝一夕所能形成，也并不仅仅是一种外在的观感，更是一种深刻的自我认知。

二　如何看待"四夷居城南"

　　由"城南有四夷馆，（李）才以此讥之"不难发现，北魏洛阳城有"以居四夷馆为耻"的社会现象，对此，我们还可以从"城南"一词的渊源来窥知这一现象。北魏人杨衒之在《洛阳伽蓝记》一书写作中，以城内为始，次及城东、城南、城西、城北，这样的叙述方式固然使城市轮廓鲜明，俨然一体自不待言，而且这些称谓在正史中也多有出现①。试想，"城东""城南""城西""城北"等地域方位名词，应是直接肇因于北魏外郭

---

① 　如《魏书》卷9《肃宗纪》、卷11《前废帝广陵王传》、卷22《废太子恂传》、卷71《夏侯道迁传》、卷94《王遇传》《刘腾传》、卷103《蠕蠕传》《李业兴传》等。

城的扩建，更进一步说，是北魏朝廷将这一地理观念与政治直接结合进行了城市规划设计，体现了明显的社会等级化特征，从而形成较为明确的居住生活空间界域。前文也已述及，不论是城市居民的感受，还是当时社会的主流认识，居住在四夷馆都是"耻"的。显而易见，北魏洛阳外郭城的分区设置是朝廷经过深思熟虑而为之，正如孟凡人先生所言："北魏迁洛以后，有大量人口从南方和'四夷'汇至"，为了控制这些人口，就必须尽量使之不与原住居民混杂，所以在洛河永桥以南圜丘以北专门修建了'四夷里'和'四夷馆'予以安置，致使外郭城南面突出一块，呈凸字形。"①

四夷聚集区是朝廷有意规划的结果。为了管理和控制这些四夷附化者，尽量使他们不与城市原住民杂居，朝廷遂在洛水南岸这块尚未开发之地，设置了四夷聚集区。这实在是"高明之举"，因为无论从自然环境角度来看，还是从当时城区规划效果来看，四夷聚集区都是受人鄙夷的：这里是全城最易遭水患的低洼地带，这里亦是全城社会身份地位最低者的集中地。既然"华夷之别"自古已有之，故而"城南"二字成为北魏洛阳时人歧视"四夷"的代名词，亦是正常的事情。可以想象，其时"城南"很可能越来越多地出现在时人的表述中，形成一个区域意识和认同观念，上文赵郡李才的看法就极具普遍意义。可见，城区分异，不是一个纯粹的地理问题，而是牵涉文化与政治等多重复杂关系。要之，赵郡李才和儒生荀子文对城南居住环境有着各自的观点，分别代表着当时人们的主观看法。为了获取一个较为客观的"国阳胜地"，我们需要回归当时历史语境，或许能更加丰满而生动地呈现这段历史。

也就是说，"四夷居城南"这一北魏洛阳城里坊区域规划方案，充分反映当时的社会阶级观念。诚然，这种将居民按照身份地位安置的传统，春秋时期已有之，《管子·大匡》曰："凡仕者近宫，不仕与耕者近门，工贾近市。"北魏统治者继承和发展这一传统，将城市住居的等级制度进一步细化，这种划分不仅体现在统治阶级对坊里区域的敏感，在一般士庶平

① 孟凡人：《北魏洛阳外郭城形制初探》，《中国国家博物馆馆刊》1982年第4期，第47页。

民阶层中也表现得淋漓尽致。如上文提到，儒生荀子文虽然住在洛水北岸的中甘里，却因为洛水南岸有四夷馆而遭受同学李才的讥笑。可见，在当时外郭城里坊区的划分中，城南四夷馆无论是地理环境，抑或是社会地位，都处于一种弱势，这已成为当时社会的普遍看法，继而衍生成一种社会风气。笔者认为，尽管这种社会风气应是在当时社会背景下多重因素造成的，这亦与"堰洛"之前城南地势较低、易遭水患、不适合居住的历史传统也不无关系。

另外，《洛阳伽蓝记》《魏书》等史籍多有论及入魏南朝人在与鲜卑上层人物交往过程中备受歧视和羞辱的记载，可作为城南居民等级地位较低的旁证。《洛阳伽蓝记·正觉寺》讲述了北魏宗室和朝贵嘲戏南朝人喜好茗饮之习的实例：

> 时给事中刘缟慕肃之风，专习茗饮。彭城王谓缟曰："卿不慕王侯八珍，好苍头水厄。海上有逐臭之夫，里内有学颦之妇。以卿言之，即是也。"时彭城王家有吴奴，以此言戏之。自是朝贵宴会虽设茗饮，皆耻不复食，唯江表残民远来降者好之。①

这件事情发生在孝文帝殿会群臣时期②，当时朝臣皆以喜好饮茶为耻，并有嘲弄南朝人"好苍头水厄""海上有逐臭之夫，里内有学颦之妇"等激烈言辞。

我们知道，生活习俗差异主要是所处自然环境使然，本无优劣高下之别，但由于政治、经济和种族歧视等原因，北魏洛阳社会上流行有北人文化优于南人的风气，北人也往往对南人生活习俗多有诟病，并用词刻薄，极具嘲讽意味，且这种歧视和偏见贯穿北魏洛阳时代之始终，从中不难看出北人对南人鄙视的程度之甚。例如《洛阳伽蓝记·景宁寺》中说，在北

---

① （北魏）杨衒之撰，周祖谟校释《洛阳伽蓝记校释》卷3《城南》，中华书局，2010，第111页。

② （北魏）杨衒之撰，周祖谟校释《洛阳伽蓝记校释》卷3《城南》："肃初入国，不食羊肉及酪浆等物，常饭鲫鱼羹，渴饮茗汁。京师士子见肃一饮一斗，号为漏卮。经数年已后，肃与高祖殿会，食羊肉酪浆甚多……时给事中刘缟慕肃之风，专习茗饮。"中华书局，2010，第109～111页。

魏即将灭亡前夕，北人对南人的歧视依然存在：

> 永安二年（529）萧衍遣主书陈庆之送北海入洛阳僭帝位。庆之为侍中。景仁在南之日与庆之有旧，遂设酒引邀庆之过宅。司农卿萧彪、尚书右丞张嵩并在其座，彪亦是南人。唯有中大夫杨元慎、给事中大夫王晌是中原士族。庆之因醉谓萧张等曰："魏朝甚盛，犹曰五胡，正朔相承，当在江左。秦朝玉玺，今在梁朝。"元慎正色道："江左假息，僻居一隅，地多湿垫，攒育虫蚁，疆土瘴疠，蛙黾共穴，人鸟同群。短发之君，无杼首之貌；文身之民，禀蕞陋之质。浮于三江，棹于五湖，礼乐所不沾，宪章弗能革。虽复秦余汉罪，杂以华音，复闽楚难言，不可改变。虽立君臣，上慢下暴，是以刘劭杀父于前，休龙淫母于后，见逆人伦，禽兽不异。加以山阴请婿卖夫，朋淫于家，不顾讥笑。卿沐其遗风，未沾礼化，所谓阳翟之民不知瘿之为丑。我魏膺箓受图，定鼎嵩洛，五山为镇，四海为家。移风易俗之典，与五帝而并迹，礼乐宪章之盛，凌百王而独高。岂卿鱼鳖之徒，慕义来朝，饮我池水，啄我稻粱，何为不逊，以至于此？"庆之等见元慎清词雅句，纵横奔发，杜口流汗，含声不言。①

透过陈庆之和杨元慎的对话不难发现，北魏中大夫杨元慎的中原士族文化主体意识非常鲜明，甚至称南朝人为"鱼鳖之徒"，可见当时南北歧视之深，且终北魏洛阳时代这种文化歧视心态并未消失。此外，史籍中多称南人为"吴儿""吴人""吴人坊"②，以示轻视，这在当时实际上是一个带有侮辱性色彩的符号，这些都在一定程度上体现了北魏时人杨衒之和

---

① （北魏）杨衒之撰，周祖谟校释《洛阳伽蓝记校释》卷2《城东》，中华书局，2010，第89～92页。

② 参见（北齐）魏收《魏书》卷82《祖莹传》："尚书令王肃曾于省中咏《悲平城》诗……彭城王勰甚嗟其美，欲使肃更咏，乃失语……肃因戏勰……勰有惭色。莹在座，即云：'所有《悲彭城》，王公自未见耳。'……肃甚嗟赏之。勰亦大悦，退谓莹曰：'即定是神口。今日若不得卿，几为吴子所屈'"，中华书局，1974，第1799页；（北魏）杨衒之撰，周祖谟校释《洛阳伽蓝记校释》卷2《城东》："（归正里）民间号为'吴人坊'"，"时朝廷方欲招怀荒服，待吴儿甚厚，褰裳渡于江者，皆居不次之位"，中华书局，2010，第89页。

魏收等作为北方士人，多以北方本位的立场来记事，对北魏政权有着强烈的认同感，往往褒北贬南，这也说明了北魏在当时的汉化程度以及北方汉族士人对它的认同态度，而这正是孝文帝迁都洛阳和大力汉化改革的必然结果①。

对于此类相关问题，学界多有论述。诸如何炳棣先生敏锐指出，北魏洛阳坊里制呈现着相当严格的阶级与身份区分："北魏迁洛同年之中，孝文帝下诏'制定姓族'，将鲜卑和汉族的统治阶级通盘门第化、世袭化、品级化。在'以贵成贵，以贱袭贱'的原则下，将全部社会各阶层，至少在法律上，予以凝结。"② 何氏认为北魏迁洛初期就以法律形式固化社会各阶层，以此来强化拓跋鲜卑及汉族高门的统治地位，由此，不断归附的四夷人士自然位列社会最底层；逯耀东先生进一步指出这种等级化渊源于旧都平城："洛阳坊里制所呈现相当严格的阶级与身份的区分，不仅表示当时社会门第的凝结，同时也反映出北魏文化转变中的宗主督护制的持续。"③ 我们知道，拓跋鲜卑在统一北方过程中，汉族高门一直是其主要依赖对象，特别是孝文帝时期，集中了当时北部宗族、北族汉人高门势力，形成强大的北魏封建王朝统治集团，故而他们位列社会的尊崇地位；张金龙先生从社会风尚的角度提出，"北魏朝廷并未规定里坊之等级高低，更没有对四夷里一类里坊的歧视，但形成的风尚是人们不愿与归化之民同居。"④ 从现存史料来看，北魏朝廷确实没有明文规定里坊有等级高低区分，但是从"华夷之别"历史观来看，特别是从秉持着"正朔所在"传统观的南朝士人中来看，这些南降人士表现得尤为明显，他们更不愿与夷人比邻而居；李久昌先生从地理环境方面进一步分析，他认为当时城南北里坊分区等级化明显，城内远离洛水，等级地位最高，是皇室和高级官员居

---

① 钟盛：《从〈洛阳伽蓝记〉看北魏洛阳汉文化的复兴》，《四川理工学院学报》（社会科学版）2008年2月，第115~118页。

② 何炳棣著，范毅军、何汉威整理《何炳棣思想制度史论》，联经出版公司，2013，第432页。

③ 逯耀东：《从平城到洛阳：拓跋魏文化转变的历程》，中华书局，2006，第180页。

④ 张金龙：《北魏迁都后官贵之家在洛阳的居住里坊考》，《河洛史志》2000年第1期，第30页。

住地；城南伊洛水交汇地带地势为全城最低处，等级地位也最低，为相对独立的四夷里区①。可见，优越的地理位置决定了居住者极高的社会地位，北魏以前伊洛夹河滩不见有居民居住的记载，应与其历史时期多水患、不适宜人居有关；刘连香先生则从出土墓志的视角指出："尽管墓志的发现有一定偶然性，但出土墓志的数量仍然反映当时不同姓氏所代表的不同族属或人群的社会地位及在当时的影响力。"② 刘氏的观点很具启发性，在北魏洛阳时代，墓志是精英阶层丧葬文化的标准配置，北魏洛阳城出土周边少数民族墓志数量寥寥，虽然说与其汉化程度有限相关，但这在某种程度上也反映了四夷居民在当时社会地位较为低下的这一历史事实。此外，1963 年秋，考古人员对汉魏洛阳城进行发掘，发现一处官署府庙类建筑遗址。值得注意的是，遗址出土有带文字的瓦 911 块，上面刻有工匠的工种姓名，经考证这些制瓦匠人是定居于洛阳的高昌人。这些瓦工在北魏洛阳城从事手工劳动，他们身份卑微，这也为四夷人地位低下提供了很好的实物资料。

然而不容忽视的是，四夷馆经过二十余年发展，以居此为耻的观念逐渐淡化。透过上文所述荀子文和李才的对话可知，尽管儒生荀子文因居城南而遭到同学李才的鄙视，他亦进行了反唇相讥，这段对话在某种程度上反映了时人对四夷馆的认识在发生变化，耻居四夷馆的社会现象在北魏洛阳后期已然趋于弱化。很显然，这一观念的转变固然涉及多方面因素，四夷馆居住环境的改善无疑是众多导因之一。

要之，四夷聚集区是一个特殊的地区，作为一个地理名词，它是管理区划的地理概念，具有政治、经济和文化方面的丰富内涵，它又不仅仅是客馆，更透视出一个文化发达的范围。以往学者多认为四夷聚集区是为了便于管理和控制居民，或是为了描述及研究方便而人为设定的，事实并不尽然。实际上，四夷聚集区所在的伊洛水夹河滩地带是先于城市拓展的客观存在，正是在城市发展进程中，逐渐被整合成城市居民居住环境的组成

① 李久昌：《北魏洛阳里坊制度及其特点》，《学术交流》2007 年第 7 期，第 173 页。
② 刘连香：《民族史视野下的北魏墓志研究》，文物出版社，2017，第 46 页。

部分。也就是说，"四夷居城南"社会现象的出现，是多方面因素共同起作用的结果，任何单一因素都不能决定它。

第四节　居住环境的文化意象

"人类实际上是生存在自己所感知的环境中，环境只有被人们感知之后才有意义，而不是生活在纯粹客观的环境里。而具有不同文化背景的人类用不同的方法对他们所在环境进行观察，所得到的认识与解释就可能存在着很大的差异，由此而采取的'行动'以及这些'行动'所带来的环境影响也就不同。"① 在北魏洛阳城南日新月异的四十年面前，居住在这里的居民有着各种感受悲喜哀欢的契机，他们在不同居住环境中的记忆，随着时间的流逝一层层的在居民意识中不断加深。诸如对城南建筑、地理、风俗、文化等方面，不同居民有着不同的感受和态度，热情讴歌者有之，满怀期待者有之，怀疑观望着亦有之。笔者通过深入了解北魏洛阳城的历史和文化，尤其是城南居民对其所处居住环境的所思所想，以期展现曾经生活在这块土地上的居民的喜怒哀乐，进而分析居城南民对其居住环境的满意度。

一　洛水之滨与常景的《洛汭颂》

随着孝文帝营建洛阳城的持续展开，城南伊、洛水漕运呈现"兵民运材，日有万计，伊洛流渐，苦于厉涉"② 的繁忙景象。此后，洛水之滨陆续增建，特别是宣武帝景明初年对洛水南岸新城区的拓展，城市重心逐渐南移。洛水之滨、远山烟水的苍茫景色，极富层次感的滨河建筑，共同装点着洛都畿下的临河景色，南来投化者"近伊洛二水，任其习御"，各色人等汇聚于此，滨水公共空间承载着居民大部分的户外活动，一时间洛滨休闲蔚然成风，似乎应是北魏洛阳城最负盛名的游览区，不仅丰富了居民

---

① 鲁西奇：《"了解之同情"与人地关系研究》，《史学理论研究》2002 年第 4 期，第 19 页。
② （北齐）魏收：《魏书》卷 79《成淹传》，中华书局，1974，第 1754 页。

的社会文化生活，也成为文人眼中的城南意象。

（一）社会公共活动空间

据史书记载，城南除了佛教寺院、礼制文化区和市场等外，洛水之滨也是当时颇有名气的城市社会公共活动空间之一。

帝王行幸洛水。《魏书》记载："会（胡）太后与肃宗南游洛水，雍邀请，车驾遂幸雍第。"① 《魏书·裴叔业传附佺粲传》又载："前废帝初，征为骠骑大将、左光禄大夫，复为中书令。后正月朔，帝出临洛滨，粲起于御前再拜曰：'今年还节美，圣驾出游，臣幸参陪从，豫奉燕乐，不胜忻戴，敢上寿酒。'"② 由此可知，北魏洛阳时代后期，不乏帝王出游洛水之滨的史实，这种现象也从侧面证明了，城南经过二十多年发展，洛水之滨美丽的居住环境开始受到皇帝的青睐，使他们从城北宫殿专门前来城南之"国阳胜地"进行游幸、燕乐。

文人士大夫宴游洛水。《魏书·梁祐传》记载："（梁祐）叔业之从叔姑子也。好学，便弓马。……景明初，拜右将军……从容风雅，好为诗咏，常与朝廷名贤泛舟洛水，以诗酒自娱。"③ 可见，北魏迁都洛阳后，随着南朝降魏人员的增多，南方上流人士崇尚自然、聚首诗书畅饮的生活方式，开始在洛阳上流社会蔓延④。基于梁祐附魏后位居高官，其交友圈又是当朝名贤，自然容易形成士人出游、雅集的场景，故而梁祐在洛水之滨以诗酒招朋纳友，就不难理解了。诚如张乃翥先生所言，"事实上，北魏统治阶级确实是极力效尤了魏、晋以来门阀士族日渐颓废的糜烂生活，就连晋世士族游宴洛滨这一时尚，也被他们相继因袭下来"。⑤

权贵恶少寻衅滋事于洛水亭舍。洛水之滨的游客形形色色，难免涉及公共治安问题，《魏书》所记关于甄侃殴击事件，可谓典型的例证。《魏

① （北齐）魏收：《魏书》卷16《京兆王传附义传》，中华书局，1974，第406页。
② （北齐）魏收：《魏书》卷71《裴叔业传附佺粲传》，中华书局，1974，第1573页。
③ （北齐）魏收：《魏书》卷71《梁祐传》，中华书局，1974，第1579页。
④ 何德章：《北魏迁洛后鲜卑贵族的文士化——读北朝碑志札记之三》，载《魏晋南北朝隋唐史资料》2003，第16页。
⑤ 张乃翥：《元魏畿下的洛水两岸绎述》，《中州学刊》1985年第6期，第102页。

书·甄琛传附子侃传》记载：

> （甄）琛长子侃，字道正。郡功曹，释褐秘书郎。性险薄，多与
> 盗劫交通。随琛在京，以酒色夜宿洛水亭舍，殴击主人，为司州所
> 劾，淹在州狱，琛大以惭慨。广平王怀为牧，与琛先不协，欲具案穷
> 推。琛托左右以闻，世宗遣白衣吴仲安敕怀宽放，怀固执治之。久乃
> 特旨出之。侃自此沉废，卒于家。①

这段文字记载了北魏洛阳城权贵之家纨绔子弟的形象，也在某一侧面
反映了洛水之滨人烟汇聚，自然而然产生了住宿等市场需求。身为河南尹
的甄琛，其子却是热衷于奢游、游手好闲之徒，他依托家世背景，嚣张跋
扈，恃贵傲娇，夜宿洛水亭舍时，驰骋张扬，寻衅滋事，这反映了京城治
安弥漫着一片污浊之气。

（二）文人眼中的洛水意象

《洛阳伽蓝记·龙华寺》中记载了北魏文学家常景的《洛汭颂》，其
辞曰：

> 浩浩大川，泱泱清洛。导源熊耳，控流巨壑。纳谷吐伊，贯周淹
> 亳。近达河宗，远期海若。兆唯洛食，实曰土中。上应张柳，下据河
> 嵩。寒暑攸叶，日月载融。帝世光宅，函夏同风。前临少室，却负太
> 行。制岩东邑，崝岖西疆。四险之地，六达之庄。恃德则固，失道则
> 亡。详观古列，考见丘坟。乃禅乃革，或质或文。周余九裂，汉季三
> 分。魏风衰晚，晋景雕曛。天地发辉，图书受命。皇建有极，神功无
> 竞。魏篆仰天，玄符握镜。玺运会昌，龙图受命。乃眷书轨，永怀保
> 定。敷兹景迹，流美洪模。袭我冠冕，正我神枢。水陆兼会，周郑交
> 衢。爰勒洛汭，敢告中区。②

---

① （北齐）魏收：《魏书》卷68《甄琛传附子侃传》，中华书局，1974，第1517页。
② 杨衒之撰，周祖谟校释《洛阳伽蓝记》卷3《城南》，中华书局，2010，第113~114页。

这段文字书于孝昌元年（525）秋天，时值南朝宗室萧综降附及徐州清复，身兼多职的常景奉使前往，途经洛汭，在山水实地中直接感知和领略了洛水之滨的壮丽，群峰回合，清流萦绕，触景生情，有感而发①。他以清俊简约、酣畅淋漓的笔力，写下俨然一幅唯美山水画卷的《洛汭颂》。在文中，博雅的常景激情饱满地讴歌了北魏洛阳城的自然环境，尤其是城南伊、洛水交汇所带来的便利交通，并希冀朝廷于此形胜之地树立华夏正朔地位，由此可深切感受到作者博大的胸襟和抱负。

《洛汭颂》状写了洛水的恢宏气势，不仅显现出居民对洛水之滨环境的审美认知，也是居民对居住环境的感知而留下的艺术，较为完整地保存了北魏洛阳城洛水一带的自然文化风貌。以常景为代表的洛阳文人的城南意象，借助歌咏洛水风情，以抒发自己的思想情感。正是因为这样的情感，洛阳城在他看来不仅是形胜之地，也具有回顾追忆"洛阳城市史"的留痕，以及文人对洛阳城的地理感知及其背后所蕴含的政治关怀和文化追求。也就是说，文人心目中的伊、洛水交汇地区，不仅是北魏洛阳城最为典型的形胜之地，也是居民重要的居住环境之一。

要之，当在魏晋之际，还是都城南郊时，洛水之滨就是帝王游幸的伏禊之地，北魏迁都洛阳后，洛水之滨南北开发同步进行，逐渐成为京城居民居住环境的组成部分，并拥有了"国阳胜地"的美誉。不难想象，洛水之滨，景致优美，对居民有着强大的吸引力，一时间成为优雅闲适的公共活动空间，是皇族、官宦、士人、僧侣、平民的汇聚游赏之地。不可否认的是，封闭的城市里坊居住环境，使洛水之滨的广阔水域成为城市各阶层居民放松身心、游赏玩乐的场所，又是宴会、交友、赋诗之地，成为洛阳城极为重要的公共空间。也正因为如此，吸引了常景驻足并有绝妙文章词句传世。

二　萧宝夤等耻居城南

通常情况下，选择人文、风水俱佳的里坊居住，应该是城市寓居者的

---

① （北齐）魏收：《魏书》卷82《常景传》，中华书局，1974，第1804页。

普遍理想，居住环境似乎在某种程度上成为居民身份的代名词。

景明三年（502），南人建安王萧宝夤来降，"及至京师，世宗礼之甚重"①，并安置他居住在归正里。归正里，"民间号为'吴人坊'，南来投化者多居其内"②，萧宝夤以此为耻，"求入城内，世宗从之，赐宅于永安里"③。随萧宝夤归化的会稽山阴人张景仁，也居住在归正里，"景仁以住此为耻，遂徙居孝义里焉"。④ 以上史料表明，当时以萧宝夤为代表的南来降服人员，对于所居之地有着敏感的心理反应，纷纷要求由城南移居他处，想必这种情况在当时并非少数，又鉴于朝廷对居住地管理相当严格，能徙居他处的数量也不会太多。

可以想象，萧宝夤如若不是凭借其出身皇族的背景，恐怕不会受到如此特殊待遇，关乎此，我们可从萧宝夤附魏后的年谱中找寻蛛丝马迹，以证明从城南徙居城内并非随意而为之举。《魏书·萧宝夤传》记载，萧宝夤于景明三年（502）四月来到京师，受到宣武帝的厚遇。此后至正始四年（507）八月这段时间，萧宝夤主要奔波于南伐战事，最终以钟离兵败而遭罢官削爵，之后不久尚南阳长公主⑤。也就是说，萧宝夤附魏后，在城南归正里至少居住了五年多时间。关于萧宝夤徙居城内事宜，《洛阳伽蓝记》如是记载："景明初，伪齐建安王萧宝夤来降，封会稽公，为住宅于归正里，后进爵为齐王，尚南阳长公主。宝夤耻于夷人同列，令公主启世宗，求入城内，世宗从之，赐宅于永安里。"⑥ 透过上述史实，可以看出，萧宝夤归魏后，很长一段时间一直居住在城南四夷里，只是后来娶了宣武帝的妹妹南阳长公主后，由公主出面请求，宣武帝才赐宅于内城永安

---

① （北齐）魏收：《魏书》卷59《萧宝夤传》，中华书局，1974，第1314页。
② （北魏）杨衒之撰，周祖谟校释《洛阳伽蓝记校释》卷2《城东》，中华书局，2010，第89页。
③ （北魏）杨衒之撰，周祖谟校释《洛阳伽蓝记校释》卷3《城南》，中华书局，2010，第115页。
④ （北魏）杨衒之撰，周祖谟校释《洛阳伽蓝记校释》卷2《城东》，中华书局，2010，第89页。
⑤ （北齐）魏收：《魏书》59《萧宝夤传》，中华书局，1974，第1314～1315页。
⑥ （北魏）杨衒之撰，周祖谟校释《洛阳伽蓝记校释》卷3《城南》，中华书局，2010，第115页。

里。由此表明，北魏洛阳城里坊制管理是相当严格的，迁徙宅邸须有皇帝亲自批准方可，故而绝大部分归附人士只能固定在四夷馆和四夷里居住。

至于张景仁由城南徙居城东的史实，《洛阳伽蓝记》说："时朝廷方欲招怀荒服，待吴儿甚厚，褰裳渡于江者，皆居不次之位。景仁无汗马之劳，高官通显。"[①] 鉴于南朝皇室萧宝夤入魏时，当属所有降附者待遇最高的阶层，作为萧宝夤随从身份投魏的张景仁，也受到相应等级的礼遇。对此，安介生先生指出："招怀政策在实施过程中表现出突出的等级化待遇特征，不同等级的宾客享受不同待遇。"[②] 从萧宝夤等人耻居城南的实例，不难窥见，城南由于安置各类流亡归入人员，居住在四夷馆和四夷里的居民则成为人们讥讽的对象，不仅其内部有着显明的阶级差别及待遇，且"四夷居城南"这一规划设计本身就暗含等级性，居住在这里的人们在全城中社会等级地位最低。正如黎虎先生所认为："四馆、四里的设置，也多少包含着政治上的、民族关系上的歧视，存在着一些消极作用。尤其是受着'正朔所在'的传统观念熏陶较重的南来士人，更以住在四馆、四里为耻。"[③] 黎氏的观点对萧宝夤等南降人士耻居耻居城南的史实颇具解释力。

由之，也许在南朝士人的观念中，尤其是对那些怀有政治抱负的人士而言，他们才是真正传承中华文化的代表。这些南人附魏后，按照城市规划设计方案，自然是被安置在身份等级地位最低的四夷馆和四夷里。不难假想，以"华夏正朔"自居的南人，在这样的居住环境中，受鄙视并由此引发"耻居城南"的焦虑感在所难免，并有边缘认同之下的危机感也是很自然了。于是乎，就出现了居民自我意识中的特殊诉求，因此史书出现萧宝夤之流徙居他处的记载也就很容易理解了，

三　萧赞及其《听钟歌》

萧赞，南朝齐宗室，因遭萧衍诸子排斥和猜忌，于孝昌元年（525）

---

① （北魏）杨衒之撰，周祖谟校释《洛阳伽蓝记校释》卷 2《城东》，中华书局，2010，第 89 页。

② 安介生：《略论北魏时期的"上客""第一客"与招怀政策》，《中国边疆史地研究》2007 年第 1 期，第 23 页。

③ 黎虎：《北魏的"四夷馆"》，《文史知识》1986 年第 1 期，第 74 页。

流亡北魏。关于其人其事，正史有传，《魏书》卷 59《萧宝夤传附综传》
如是记载：

> （萧）宝夤兄宝卷子赞，字德文，本名综，入国，宝夤改焉……
> 孝昌元年（525）秋，于洛阳，陛见之后，就馆举哀，追服三载。宝
> 夤于时在关西，遣使观察，闻其形貌，敛眉悲感。朝廷赏赐丰渥，礼
> 遇隆厚，授司空，封高平郡开国公、丹阳王，食邑七千户……建义
> （528～530）初，随尔朱荣赴晋阳，庄帝征赞还洛。转司徒，迁太尉，
> 尚帝姊寿阳长公主。①

从中可以得知，萧赞原名萧综，孝昌元年（525）附魏，被安置在金
陵馆，开始为父萧宝卷服三年丧，并受到魏廷的礼遇和恩宠，丧期满后还
迎娶了庄帝的姐姐寿阳公主。

《梁书》卷 55《豫章王综传》又载：

> 豫章王综……乃改名赞，字德文，追为齐东昏服斩衰……初，综
> 既不得志，尝作《听钟鸣》《悲落叶》辞以申其志。大略曰：听钟鸣，
> 当知在帝城，参差定难数，历乱百愁生。去声悬窈窕，来响急徘徊，
> 谁怜传漏子，辛苦建章台。听钟鸣，听听非一所，怀瑾握瑜空掷去，
> 攀松折桂谁相许。昔朋旧爱各东西，譬如落叶不更齐。漂漂孤雁何所
> 栖，依依别鹤夜半啼。听钟鸣，听此何穷极，二十有余年，淹留在京
> 城，窥明镜，罢容色，云悲海思徒掩抑。……当时见者莫不悲之。②

综合上述文字可推知，作为皇室贵胄，豫章王萧综最初附魏时，虽然
得到了魏廷的优待，但并没有受到重用，甚至还被其叔叔萧宝夤猜忌，并
派人窥视。笔者认为，萧综借钟声所作《听钟歌》的创作时间大约应是在
其附魏后不久，创作地点在金陵馆的可能性较大。从表面上来看，《听钟
歌》是作者借钟声抒发自己的愁绪和思情，表达自己的思乡之情，不难看

---

① （北齐）魏收：《魏书》59《萧宝夤传附赞传》，中华书局，1974，第 1325 页。
② （唐）姚思廉：《梁书》卷 55《豫章王综传》，中华书局，1973，第 824～825 页。

出，其投魏后对家乡亲朋的绵绵思绪和思乡的悲凉之情，溢于字里行间。然而从更深层面来看，在歌词中，作者自况为一位无法归乡又郁郁不得志的南朝降人，惆怅茫然，其中愁苦不为外人所解。也就是说，通过塑造一位落难的南朝皇族形象，附魏后却不被重用，从而对生命、前途的渺茫和深深的失望，顿生一种苍凉、悲怨的情绪，以此来抒发自己的愁情。由于他终日"敛眉悲感"，借助笔墨将心中久积的苦闷郁结尽情迸发出来，方才得到魏廷和萧宝夤的信任。

《洛阳伽蓝记·龙华寺》亦载：

> 龙华寺，宿卫羽林虎贲等所立也。在建春门外阳渠南。寺南有租场。阳渠北有建阳里，里内有土台，高三丈，上作二精舍。赵逸云："此台是中朝时旗亭也。上有二层楼，悬鼓击之以罢市。"有钟一口，撞之，闻五十里。太后以钟声远闻，遂移在宫内。置凝闲堂前，与内讲典沙门打为时节。孝昌初，萧衍子豫章王综来降，闻此钟声，以为奇异，遂造《听钟歌》三首，行传于世。①

这则史料无疑是为上述史实的补充。钟声是一种报时信号，城市居民基于这钟声进行日常起居。然而南朝降人萧综却借助钟声，来抒发其淡淡的愁绪、伤痛、无奈、悲愤、悲凉、悲怆，因所处环境以及阅历等原因，个人有不同特点，其悲凉之情便可想见，即所谓的"南朝降人情结"，教人如何不哀叹。在悲情和无奈之中，这种悲情主义形诸文字，文人的笔调一转，把自己的那种伤感、联想、情绪带进去，就使洛水南岸四夷馆的居住环境给人一种萧条之感。

小　结

城南以洛水为自然分界线，包括洛水北岸和洛水南岸两个部分：洛水

---

① （北魏）杨衒之撰，周祖谟校释《洛阳伽蓝记校释》卷2《城东》，中华书局，2010，第56～57页。

北岸为东西狭长地带,主要有礼制建筑、佛教寺院和道教寺院等组成,显示其皇家用地的特性;洛水南岸为四夷聚集区,千姿百态,犹如复杂多变的风景镶嵌画。可见,不同区域建筑景观和分布格局各有特色,这都为居住环境提供了不同背景。

与汉晋洛阳城仅在洛水北岸略有经营有所不同的是,北魏洛阳城南居住环境是在洛水两岸充分展开的。其中尽管北魏洛阳时代,佛教被提升到至高无上、足以使人迷狂的地位,然而儒教始终居于国家主导地位,洛水北岸始终是传统礼制文化区,佛教和道教仅是统治者的辅助工具,并未改变儒学独尊的实质;洛水南岸则是四夷聚集区,虽然四夷附洛人员居住洛阳后,呈现着"四方风俗,万国千城"的缤纷五彩的社会画面,然而不容忽视的是,四夷馆和四夷里的设置也存在一些"消极"因素:其一,从当时居民及其居住环境的诸多史实,以及从朝廷笼络优抚四夷的举措来看,那些持"四夷馆封闭性"的观点是站不住脚的;其二,不论是城市居民的感受,还是当时社会的主流认识,居住在四夷馆都是"耻"的,然而随着城南的发展,四夷馆居住条件在改善,吸引力也在增大,这种社会现象逐渐淡化。值得一提的是,洛水两岸择高而居的布局,是城市规划设计中因地制宜、合理利用地形的成功实例,充分展示了朝廷在妙借自然、利用高地地形规划设计城南居住环境的巧思,且这里存留大片未开发的空地。

笔者认为,洛水南北两岸分属政治和经济两大区域,无论是洛水北岸佛寺香火旺盛的居住环境,还是洛水南岸市场繁荣的居住环境,无不以"以夏变夷"的统治思想意识为政治底色。由于皇帝的个人喜好、朝廷的政权资助及社会风气等因素,北魏洛阳城佛教势力发展迅猛,洛水北岸佛寺和礼制建筑既对立又统一,都是统治者维护政权的工具;洛水南岸作为经济文化区,从表面来看是中原传统社会经济历史发展的必然,但笔者认为不能简单将其归因于商业发展,而要从当时的政治、社会、文化等方面综合加以考察。一般来说,中国古代尤其是早期城市,政治性是其首要功能,正因为如此,拓跋鲜卑入主中原后,必然锐意汉化改革,试图用华夏儒家的"礼乐教化"去同化周围不开化的"夷狄",努力打造其华夏正统性和合法性的身份,特别是在居民的居住环境规划设计中,"以夏变夷"

政治思想更甚，这一主导思想在洛水两岸亦多有体现。

从文化整合的角度来看，城南经过二十余年的发展，洛水南北两岸浑然一体，出现"国阳胜地"的盛景，该景象随着时间的推移不断被叠加新的内容，日渐丰满。正因为如此，提高区域内居住环境的共同发展意识，尤显必要。其中四夷聚集区是一个特殊的地区，它不仅仅是客馆，更透视出政治、经济和文化方面的丰富内涵。以往学者多认为四夷聚集区是为了便于管理和控制居民，或是为了描述及研究方便而人为设定的，事实并不尽然。实际上，四夷聚集区所在的伊洛水夹河滩地带是先于城市拓展的客观存在，正是在城市发展进程中，逐渐被整合成城市居民居住环境的组成部分。也就是说，"四夷居城南"社会现象的出现，是多方面因素共同起作用的结果，任何单一因素都不能决定它。

在北魏洛阳城南日新月异的四十年面前，居住在这里的居民有着各种感受悲喜哀欢的契机，他们在不同居住环境中的记忆，随着时间的流逝一层层地在居民意识中不断加深。诸如对城南建筑、地理、风俗、文化等方面，不同居民有着不同的感受和态度，热情讴歌者有之，满怀期待者有之，怀疑观望着亦有之。

综上，尽管北魏洛阳城南不同的居住环境呈现出不同的功能，但在"以儒治国"的主旨下，最终都是为统治者服务，由此可视其为一个整体"区域"，即洛水南北两岸是一个系统的统一体。

参考文献

一 史籍

周秉钧:《尚书易解》,华东师范大学出版社,2010。

(汉)司马迁:《史记》,中华书局,1959。

(南朝宋)范晔:《后汉书》,中华书局,1973。

(晋)陈寿:《三国志》,中华书局,1959。

(唐)房玄龄:《晋书》,中华书局,1974。

(北魏)郦道元著,陈桥驿校证《水经注校证》,中华书局,2013。

(北魏)杨衒之撰,周祖谟校释《洛阳伽蓝记校释》,中华书局,2010。

(北魏)杨衒之撰,范祥雍校注《洛阳伽蓝记校注》,上海古籍出版社,2011。

(北魏)贾思勰著,石声汉校释《齐民要术今释》,中华书局,2009。

(北齐)魏收:《魏书》,中华书局,1974。

(梁)释慧皎撰,汤用彤校注《高僧传》,中华书局,1992。

(梁)萧子显:《南齐书》,中华书局,1972。

(梁)萧统编,(唐)李善注《文选》,上海古籍出版社,2010。

(唐)李百药:《北齐书》,中华书局,1972。

(唐)李延寿:《北史》,中华书局,1974。

(唐)姚思廉:《梁书》,中华书局,1973。

(唐)魏徵等:《隋书》,中华书局,1973。

(唐)道宣撰,郭绍林点校《续高僧传》,中华书局,2014。

（宋）司马光编著，（元）胡三省音注《资治通鉴》，中华书局，1976。

（宋）志磐撰，释道法校注《佛祖统纪校注》，上海古籍出版社，2012。

（清）彭定求等：《全唐诗》，中华书局，1960。

（清）徐松辑、高敏点校《河南志》，中华书局，2012。

（清）阮元校刻《十三经注疏》，中华书局，1980。

吴廷燮：《元魏方镇年表》，《二十五史补编》卷4，中华书局，1995。

二　著作

陈寅恪：《寒柳堂集》，上海古籍出版社，1980。

陈寅恪：《唐代政治述论稿》，上海古籍出版社，1982。

吕思勉：《两晋南北朝史》，上海古籍出版社，1983。

周伟洲：《敕勒与柔然》，上海人民出版社，1983。

史念海等：《黄土高原森林与草原的变迁》，陕西人民出版社，1985。

郑连第：《古代城市水利》，水利电力出版社，1985。

余太山：《嚈哒史研究》，齐鲁书社，1986。

陈明达：《中国古代木结构建筑技术（战国—北宋）》，文物出版社，1990。

任继愈主编《中国道教史》，上海人民出版社，1990。

周维权：《中国古典园林史》，清华大学出版社，1990。

陈桥驿主编《中国七大古都》，中国青年出版社，1991。

刘淑芬：《六朝的城市与社会》，台湾学生书局，1992。

《中华文明史》编委会编《中华文明史》，河北教育出版社，1992。

郭建民、郑金亮主编《伊洛河志》，中国科学技术出版社，1995。

康乐：《从西郊到南郊——国家祭典与北魏政治》，稻乡出版社，1995。

蔡鸿生：《唐代九姓胡与突厥文化》，中华书局，1998。

马正林：《中国城市历史地理》，山东教育出版社，1999。

辞海编辑委员会：《辞海》，上海辞书出版社，1999。

陈寅恪：《隋唐制度渊源略论稿》，生活·读书·新知三联书店，2001。

周长山：《汉代城市研究》，人民出版社，2001。

韩养民：《中国古代寺院生活》，陕西人民出版社，2002。

逯耀东：《从平城到洛阳：拓跋魏文化转变的历程》，中华书局，2006。

王青：《西域文化影响下的中古小说》，中国社会科学出版社，2006。

杜金鹏、钱国祥主编《汉魏洛阳城遗址研究》，科学出版社，2007。

严耕望：《魏晋南北朝佛教地理稿》，上海古籍出版社，2007。

段鹏琦：《汉魏洛阳故城》，文物出版社，2009。

梁满仓：《魏晋南北朝五礼制度考论》，社会科学文献出版社，2009。

任继愈：《任继愈谈文化》，人民日报出版社，2010。

毕波：《中古中国的粟特胡人：以长安为中心》，中国人民大学出版社，2011。

李永强编著《隋唐大运河的中心——洛阳》，中州古籍出版社，2011。

何炳棣著，范毅军、何汉威整理《何炳棣思想制度史论》，联经出版公司，2013。

赵振华、孙红飞：《汉魏洛阳城——汉魏时代丝绸之路的起点》，三秦出版社，2015。

汤用彤：《汉魏两晋南北朝佛教史》，商务印书馆，2015。

许宏：《何以中国》，生活·读书·新知三联书店，2016。

王仲荦：《魏晋南北朝史》，上海人民出版社，2016。

刘连香：《民族史视野下的北魏墓志研究》，文物出版社，2017。

李力、杨泓：《魏晋南北朝文化史》，新世界出版社，2018。

三　论文

邓静中：《黄河下游地区的气候和水文》，《地理知识》1953年第12期。

阎文儒：《洛阳汉魏隋唐城址勘查记》，《考古学报》1955 年第 1 期。

梁思成：《中国的佛教建筑》，《清华大学学报》1961 年 12 月。

侯仁之：《历史地理学刍议》，《北京大学学报》（自然科学版）1962 年第 1 期。

宿白：《北魏洛阳城和北邙陵墓——鲜卑遗迹辑录之三》，《文物》1978 年第 7 期。

陈寅恪：《崔浩与寇谦之》，载《金明馆丛稿初编》，上海古籍出版社，1980。

林干：《突厥的习俗和宗教》，《民族与宗教》1981 年第 6 期。

徐金星、杜玉生：《汉魏洛阳故城》，《文物》1981 年第 9 期。

孟凡人：《北魏洛阳外郭城形制初探》，《中国国家博物馆馆刊》1982 年第 4 期。

王仲殊：《中国古代都城概说》，《考古》1982 年第 5 期。

钮仲勋、李非：《伊洛河水利开发的历史研究》，《中原地理研究》1985 年第 1 期。

翟建波：《魏晋南北朝时期洛阳的兴衰》，《甘肃社会科学》1985 年第 2 期。

李献奇：《北魏正光四年翟兴祖等人造像碑》，《中原文物》1985 年第 2 期。

张乃翥：《元魏畿下的洛水两岸绎述》，《中州学刊》1985 年第 6 期。

黎虎：《北魏的"四夷馆"》，《文史知识》1986 年第 1 期。

曹尔琴：《洛阳：从汉魏到隋唐的变迁》，《唐都学刊》1986 年第 1 期。

程有为：《魏晋北朝河南地区佛教的传播和兴盛》，《许昌师专学报》（社会科学版）1986 年第 3 期。

段鹏琦：《汉魏洛阳城的几个问题》，载《中国考古学研究——夏鼐先生考古五十年纪念论文集》，文物出版社，1986。

许景远：《晋辟雍碑》，载《中国大百科全书·考古学》，中国大百科全书出版社，1986。

杜斗城、郑炳林：《高昌王国的民族和人口结构》，《西北民族研究》1988 年第 1 期。

张远广等：《人地系统与人地关系浅析》，《国外人文地理》1988 年第 2 期。

孔祥勇、骆子昕：《北魏洛阳的城市水利》，《中原文物》1988 年第 4 期。

曹诗图、黄昌富：《正确认识地理环境的决定作用》，《人文地理》1989 年第 2 期。

刘维钧：《西域的民族与宗教概说》，《社会科学战线》1989 年第 3 期。

施光明：《〈魏书〉所见北魏公主婚姻关系研究》，《民族研究》1989 年第 5 期。

段鹏琦：《汉魏洛阳与自然河流的开发和利用》，载《庆祝苏秉琦考古五十五年论文集》，文物出版社，1989。

周伟洲：《论魏晋南北朝时期北方的民族融合》，《社会科学战线》1990 年第 3 期。

李炳海：《嫠面风俗文献拾零》，《文物》1990 年第 3 期。

庄华峰：《魏晋南北朝时期的妇女再嫁》，《安徽师大学报》1991 年第 3 期。

史为乐：《陆机〈洛阳记〉的流传过程和使用价值》，《殷都学刊》1991 年第 4 期。

王恩涌：《"人地关系"的思想——从"环境决定论"到"和谐"》，《北京大学学报》（哲学社会科学版）1992 年第 1 期。

朱和平：《汉唐间洛阳及其周围地区的蚕桑业与丝织业》，载《洛阳——丝绸之路的起点》，中州古籍出版社，1992。

孔毅：《北魏洛阳与西域的经济文化交流》，载《洛阳——丝绸之路的起点》，中州古籍出版社，1992。

王育民：《论历史时期以洛阳为起点的丝绸之路》，载《洛阳——丝绸之路的起点》，中州古籍出版社，1992。

段鹏琦：《从北魏通西域说到北魏洛阳城——公元五六世纪丝绸之路浅议》，载《洛阳——丝绸之路的起点》，中州古籍出版社，1992。

刘明恕：《洛阳出土的西域人墓志》，载《洛阳：丝绸之路的起点》，中州古籍出版社，1992。

邢康：《从契丹宗教信仰变化看民族文化交流与融合的趋势》，《内蒙古电大学刊》1993 年第 5 期。

陈桥驿：《郦道元笔下的洛阳》，《文史知识》1994 年第 3 期。

张乃翥：《北魏王温墓志纪实钩沉》，《中原文物》1994 年第 4 期。

肖锋：《南北朝的政治流亡者》，《汉中师范学院学报》1995 年第 4 期。

史念海：《汉魏洛阳故城在历史上的作用和地位》，载《中国古都研究（第十三辑）——中国古都学会第十三届年会论文集》，1995。

余太山：《南北朝与西域关系述考》，《西北民族研究》1996 年第 1 期。

谭其骧：《中国文化的时代差异和地区差异》，《复旦学报》（社会科学版）1996 年第 2 期。

吴少珉：《北魏对外交往的国际大都会——洛阳》，《史学月刊》1996 年第 3 期。

王学荣：《偃师商城与二里头遗址的几个问题》，《考古》1996 年第 5 期。

钱国祥：《汉魏洛阳城出土瓦当的分期与研究》，《考古》1996 年第 10 期。

陈久恒：《试论汉晋时期的洛阳灵台及其相关问题》，载《洛阳考古四十年——1992 年洛阳考古学术研讨会论文集》，科学出版社，1996。

张剑：《关于北魏洛阳城里坊的几个问题》，载《洛阳考古四十年》，科学出版社，1996。

吴少珉：《北魏京师洛阳与河洛文化》，《洛阳大学学报》1997 年第 3 期。

钟晓青：《北魏洛阳永宁寺塔复原探讨》，《文物》1998 年第 5 期。

段鹏琦：《洛阳古代都城城址迁移现象试析》，《考古与文物》1999 年第 4 期。

王静：《北魏四夷馆论考》，《民族研究》1999 年第 4 期。

严高鸿：《论人类社会与自然环境的关系——兼评传统的地理环境理论》，《哲学研究》1999 年第 4 期。

张金龙：《北魏洛阳里坊制度探微》，《历史研究》1999 年第 6 期。

康为民：《〈水经注〉中的偃师水系》，载《中国古都研究》（第十六辑），1999。

张金龙：《北魏迁都后官宦之家在洛阳的居住里坊考》，《河洛史志》2000 年第 1 期。

韩玉玲：《伊洛河文明的人地关系初探》，载《环境考古研究》（第 2 辑），科学出版社，2000。

张驭寰：《对北魏洛阳永宁寺塔的复原研究》，载《建筑史论文集》（第 13 辑），清华大学出版社，2000。

姚崇新：《吐谷浑佛教论考》，《敦煌研究》2001 年第 1 期。

李殿福：《高句丽民族的社会生活与习俗》，《社会科学战线》2001 年第 2 期。

刘殿福：《高句丽古墓壁画反映高句丽社会生活习俗的研究》，《北方文物》2001 年第 3 期。

黎虎：《狮舞流沙万里来》，《西域研究》2001 年第 3 期。

钱国祥：《汉魏洛阳故城沿革与形制初探》，载《21 世纪中国考古学与世界考古学》，中国社会科学出版社，2002。

郭琼：《魏晋南北朝时期西域的民族》，《新疆地方志》2002 年第 2 期。

林茂雨、李龙彬：《高句丽民族的婚丧习俗及宗教信仰》，《北方文物》2002 年第 3 期。

谢宝富：《北朝的再嫁、后娶与妾妓》，《中国社会科学院研究生学报》2002 年第 4 期。

赵杰：《论西域民族的发展过程与结合特性》，《石河子大学学报》

（哲学社会科学版）2002 年第 4 期。

鲁西奇：《"了解之同情"与人地关系研究》，《史学理论研究》2002年第 4 期。

周伟洲：《古代西北少数民族多元文化的发展与变异》，《中国历史地理论丛》2003 年第 3 期。

张金龙：《北魏前期禁卫武官制度考论——以史籍记载为中心》，《历史研究》2003 年第 3 期。

陈国灿：《从吐鲁番出土文献看高昌王国》，《兰州大学学报》（社会科学版）2003 年第 4 期。

齐东方：《魏晋隋唐城市里坊制度——考古学的印证》，载《唐研究》（第九卷），北京大学出版社，2003。

张中印：《东汉—北魏时期洛阳城市形态与内部空间结构演变》，陕西师范大学硕士学位论文，2003。

何德章：《北魏迁洛后鲜卑贵族的文士化——读北朝碑志札记之三》，载《魏晋南北朝隋唐史资料》，2003。

王则：《魏故宁陵公主考释》，《北方文物》2004 年第 3 期。

赵振华：《赵暄墓志与都洛北魏朝廷的道教》，《河南科技大学学报》（社会科学版）2004 年第 3 期。

黄岚：《从考古学看高句丽民族的饮食习俗》，《东北史地》2004 年第9 期。

贺萍：《新疆多元民族文化流变述略》，《西北工业大学学报》（社会科学版）2005 年第 1 期。

罗新：《陈留公主》，《读书》2005 年第 2 期。

颜松：《对汉龟二体五铢钱的再认识》，《新疆钱币》2005 年第 3 期。

王铎：《北魏洛阳的佛寺园林》，《华中建筑》2005 年 12 月。

潘玲：《餮面习俗的渊源和流传》，《西域研究》2006 年第 10 期。

安介生：《略论北魏时期的"上客"、"第一客"与招怀政策》，《中国边疆史地研究》2007 年第 1 期。

李树辉：《疏勒、佉沙地名新证》，《中国边疆史地研究》2007 年第

1 期。

石云涛：《北魏中西交通的开展》，《社会科学辑刊》2007 年第 1 期。

成一农：《"中世纪城市革命"的再思考》，《清华大学学报》（哲学社会科学版）2007 年第 2 期。

李久昌：《20 世纪 50 年代以来的洛阳古都研究》，《河南大学学报》（社会科学版）2007 年第 4 期。

李久昌：《洛阳里坊制度及其特点》，《学术交流》2007 年第 7 期。

庄华峰：《鲜卑妇女较高社会地位及其缘由》，《中国社会科学院研究生院学报》2007 年 11 月。

罗欣：《北魏选官制度的变迁》，南昌大学硕士学位论文，2007。

钟盛：《从〈洛阳伽蓝记〉看北魏洛阳汉文化的复兴》，《四川理工学院学报》（社会科学版）2008 年 2 月。

李树辉：《嚈哒史迹钩沉》，《西北民族大学学报》（哲学社会科学版）2008 年第 4 期。

刁淑琴、朱郑慧：《北魏鄯乾、鄯月光、于仙姬墓志及其相关问题》，《河南科技大学学报》（社会科学版）2008 年第 6 期。

王珊：《北魏僧芝墓志考释》，载《北大史学》，2008。

蔡宗宪：《南北朝的客馆及其地理位置》，《中国历史地理论丛》2009 年第 1 期。

陈连洛：《从大同北魏永固陵制看古代的长度单位——里》，《山西大同大学学报》（社会科学版）2009 年第 3 期。

王永平：《北魏孝文帝崇佛之表现及其对佛教义学之倡导》，《学习与探索》2010 年第 1 期。

刘军：《北朝侍读考述》，《北方论丛》2010 年第 3 期。

张海：《景观考古学——理论、方法与实践》，《南方文物》2010 年第 4 期。

王永平：《墓志所见北魏后期迁洛鲜卑皇族集团之雅化——以学术文化积累之提升为中心的考察》，《学习与探索》2011 年第 3 期。

张鹤泉、王萌：《略论北朝佛教僧人与世俗信徒的素食风气》，《吉林大学社会科学学报》2011 年第 5 期。

王炬：《谷水与洛阳诸城址的关系初探》，《考古》2011 年第 10 期。

王佳月：《谈孝宣之际北魏洛阳城的规建》，载《石窟寺研究》，文物出版社，2011。

吴庆洲：《汉魏洛阳城市防洪的历史经验及措施》，《中国名城》2012 年第 1 期。

刘军：《北朝释奠礼考论》，《史学月刊》2012 年第 1 期。

苗霖霖：《北魏公主婚姻考》，《唐都学刊》2012 年第 2 期。

孙英刚：《瑞翔抑或羽孽：汉唐间的"五色大鸟"与政治宣传》，《史林》2012 年第 4 期。

官万瑜：《邙洛近年出土冯聿、源模、张懋三方北魏墓志考略》，《中原文物》2012 年第 5 期。

刘康乐：《北朝国家道教管理制度略考》，《周口师范学院学报》2012 年第 6 期。

刘军：《论北魏宗室阶层的文化参与及角色嬗变》，《东北师大学报》（哲学社会科学版）2012 年第 6 期。

王永平：《北魏后期迁洛鲜卑皇族集团之雅化——以其学术文化积累的提升为中心》，《河北学刊》2012 年第 6 期。

陶钧：《北魏崔宾媛墓志考释》，《收藏家》2012 年第 6 期。

张泽洪：《吐谷浑多元宗教的文化透视》，《青海社会科学》2013 年第 1 期。

张爽：《5－6 世纪欧亚大陆的政治联系与丝绸贸易——以嚈哒帝国为中心》，《社会科学战线》2013 年第 4 期。

刘军：《〈魏书·广平王元怀传〉补疑》，《古代文明》2013 年第 4 期。

杨俊博：《从水源问题看汉魏洛阳城址的迁移》，《河南师范大学学报》（哲学社会版）2013 年第 5 期。

朴南巡：《赞皇北朝李氏家族墓葬的初步整理和研究》，北京大学硕士学位论文，2013。

何炳棣：《北魏洛阳城郭规划》，载《何炳棣思想制度史论》，联经出版事业公司，2013。

罗桂环：《苹果源流考》，《北京林业大学学报》2014 年第 2 期。

张金龙：《北魏官宦贪腐与政府之对策》，《中国高等社会科学》2014 年第 4 期。

张宏斌：《"斯文在兹"：从北魏祭祀制度的变迁看王肃北奔的含义》，《世界宗教文化》2014 年第 6 期。

郑娉：《由洛阳伽蓝记看北魏宗室的婚姻》，《濮阳职业技术学院学报》2015 年第 5 期。

沈丽华、朱岩石、汪盈：《河北赞皇县北魏李翼夫妇墓》，《考古》2015 年第 12 期。

王欣：《北魏对西域的经营与治理》，载《西北民族论丛》（第十二辑），社会科学文献出版社，2015。

戈红叶：《北魏首都客馆研究》，吉林大学硕士学位论文，2015。

丁磊：《论北魏对异国归降王室的安抚措施》，吉林大学硕士学位论文，2015。

陈建军等：《北魏洛阳城里坊新考》，《黄河科技大学学报》2016 年第 3 期。

刘涛：《北魏洛阳城的规划与改建》，《唐都学刊》2016 年第 4 期。

方钢：《北魏都城洛阳相关研究综述》，《新西部》2016 年第 5 期。

张占仓等：《千年帝都洛阳人文地理环境变迁与洛阳学研究》，《中州学刊》2016 年第 12 期。

陈建魁：《洛阳学与地方学研究》，《中州学刊》2016 年第 12 期。

周勋：《曹魏至北魏时期洛阳用水研究》，陕西师范大学硕士学位论文，2016。

方万鹏：《资源、技术与社会经济——中国北方水磨的环境史研究》，南开大学博士学位论文，2016。

牛敬飞：《论魏晋南北朝北郊神位之演变》，《学术月刊》2017 年第 1 期。

王社教：《中国历史地理学向何处去》，《中国历史地理论丛》2017 年第 1 期。

韩茂莉：《历史地理研究方法刍议》，《中国历史地理论丛》2017 年第 1 期。

于涌：《定鼎嵩洛与北魏洛阳诗赋之复兴》，《中国韵文学刊》2017 年第 1 期。

陈建军等：《汉魏洛阳城里坊搜佚》，《三门峡职业技术学院学报》2017 年第 3 期。

张爽：《从平城到洛阳：北魏丝绸贸易与佛教兴盛关系略论》，《四川师范大学学报》（社会科学版）2017 年第 3 期。

邢建洛：《丝绸之路的见证——洛阳发现的北魏时期祆教文物》，《洛阳考古》2017 年第 4 期。

魏斌：《思想的圜丘》，《读书》2017 年第 6 期。

聂晓雨等：《汉魏洛阳城宫城形制及其影响》，《中州学刊》2017 年第 8 期。

郝鹏展，《公共空间、城市传播与社会控制——基于隋唐长安城的研究》，陕西师范大学博士学位论文，2017。

陈建军：《北魏洛阳城里坊平面布局之探讨》，《三门峡职业技术学院学报》2018 年第 1 期。

杨柳：《从〈洛阳伽蓝记〉管窥北魏中后期士人文学生活的新变》，《北方论丛》2018 年第 2 期。

蔡丹君：《鲜卑贵族与北魏洛阳文学风气的形成》，《民族文学研究》2018 年第 2 期。

岳东：《北魏洛阳市场布局环境、格局与境界》，《三门峡职业技术学院学报》2018 年第 3 期。

张乃翥：《北魏晚期洛阳地区的胡人部落》，《石河子大学学报》（哲学社会科学版）2018 年第 5 期。

周胤：《北魏武、明时期洛阳寺院布局与里坊规划》，《社会科学战线》2018 年第 10 期。

陈建军等：《北魏洛阳永宁寺塔基遗址新出土的彩绘泥塑造像》，《文物天地》2018 年第 10 期。

杨柳：《从〈洛阳伽蓝记〉看北魏后期南北文化的交流与融合》，《名作欣赏》2018 年第 12 期。

张南男：《北魏洛阳地区"维纳斯"式女性陶俑研究》，青岛科技大学硕士学位论文，2018。

柏俊才：《洛阳时期的汉化与北魏文学的繁荣》，《石家庄学院学报》2019 年第 1 期。

四　墓志

周绍良：《唐代墓志汇编》（上），上海古籍出版社，1978。

赵万里编《汉魏南北朝墓志集释》，《石刻史料新编》第三辑（三），台北新文丰出版公司，1986。

北京图书馆金石组编《北京图书馆藏中国历代石刻拓本汇编》5 册，中州古籍出版社，1989。

赵超：《汉魏南北朝墓志汇编》，天津古籍出版社，1992。

朱亮：《洛阳出土北魏墓志选编》，科学出版社，2001。

余扶危、张剑主编《洛阳出土墓志卒葬地资料汇编》，北京图书馆出版社，2002。

罗新、叶炜著《新出魏晋南北朝墓志疏证》，中华书局，2005。

吴钢：《全唐文补疑千唐志斋新藏专辑》，三秦出版社，2006。

赵君平、赵文成编《河洛墓刻拾零》，北京图书馆出版社，2007。

乔栋、李献奇、史家珍：《洛阳新获墓志续编》，科学出版社，2008。

赵振华：《洛阳古代铭刻文献研究》，三秦出版社，2009。

齐运通：《洛阳新获七朝墓志》，中华书局，2012。

赵君平、赵文成编《秦晋豫新出墓志蒐佚》，国家图书馆出版社，2012。

胡海帆、汤燕编《1996～2012 北京大学图书馆新藏金石拓本菁华》，北京大学出版社，2012。

赵文成、赵君平编《秦晋豫新出墓志蒐佚续编》，国家图书馆出版社，2015。

五　考古发掘简报

中国科学院考古研究所洛阳工作队：《东汉洛阳城南郊的刑徒墓地》，《考古》1972 年第 4 期。

中国科学院考古研究所洛阳工作队：《汉魏洛阳城初步勘查》，《考古》1973 年第 4 期。

中国科学院考古研究所洛阳工作队：《汉魏洛阳城一号房址和出土的瓦文》，《考古》1973 年第 4 期。

洛阳博物馆：《洛阳北魏元邵墓》，《考古》1973 年第 4 期。

中国社会科学院考古研究所洛阳工作队：《汉魏洛阳城南郊的灵台遗址》，《考古》1978 年第 1 期。

崔汉林、夏振英：《陕西华阴北魏杨舒墓发掘简报》，《文博》1985 年第 2 期。

中国社会科学院考古研究所汉魏故城工作队：《洛阳汉魏故城北垣一号马面的发掘》，《考古》1986 年第 8 期。

洛阳市文物工作队：《洛阳孟津晋墓、北魏墓发掘简报》，《文物》1991 年第 8 期。

偃师商城博物馆：《河南偃师两座北魏墓发掘简报》，《考古》1993 年第 5 期。

中国社会科学院考古研究所洛阳汉魏城工作队：《北魏洛阳外廓城和水道的勘查》，《考古》1993 年第 7 期。

洛阳市文物工作队：《洛阳孟津北陈村北魏壁画墓》，《文物》1995 年第 8 期。

中国社会科学院考古研究所河南二队：《河南偃师县杏园村的四座北魏墓》，《考古》1997 年第 9 期。

中国社会科学院考古研究所洛阳汉魏城队：《汉魏洛阳故城城垣试掘》，《考古学报》1998 年第 3 期。

洛阳市第二文物工作队：《洛阳纱厂西路北魏 IM555 发掘简报》，《文物》2002 年第 9 期。

中国社会科学院考古研究所二里头工作队：《河南洛阳盆地 2001 ~ 2003 年考古调查简报》，《考古》2005 年第 5 期。

中国社会科学院考古研究所：《汉魏洛阳故城南郊礼制建筑遗址 1962 ~ 1992 年考古发掘报告》，文物出版社，2010。

陈华州等：《汉魏洛阳城东阳渠、鸿池陂考古勘察简报》，《华夏考古》2011 年第 1 期。

洛阳文物考古研究院：《洛阳汉唐漕运水系考古调查》，《洛阳考古》2016 年第 4 期。

六　报刊、网络资料

史家珍、赵晓军：《河南洛阳清代沉船发掘与汉唐漕运水系调查获重要成果》，《中国文物报》2015 年 3 月 27 日第 008 版。

《洛阳沟系洛阳乃至全国最早为都城服务大型水利工程》，中国经济网，2015 年 4 月 29 日。

王继训：《从元澄奏折看北魏佛教的传统与政策》，《中国社会科学网》2015 年 8 月 2 日。

唐晓峰：《文明是"忙出来的"》，《北京日报》2018 年 4 月 9 日。

徐冲：《两方墓志与三场葬礼：北魏孝文帝迁都的另类风景》，《文汇报》2018 年 7 月 20 日。

唐晓峰：《上古城市景观的衍变》，《光明日报》2018 年 11 月 25 日。

七　国外资料

〔俄〕普列汉诺夫：《普列汉诺夫哲学著作选集》（第 2 卷），生活·读书·新知三联书店，1961。

〔法〕费尔南·布罗代尔：《15 至 18 世纪的物质文明、经济和资本主义》（上册），生活·读书·新知三联书店，1992。

〔法〕谢和耐著，耿昇译《中国 5 - 10 世纪的寺院经济》，上海古籍出版社，2004。

〔美〕刘易斯·芒福德著，宋俊岭、倪文彦译《城市发展史——起源、演变和前景》，中国建筑工业出版社，2005。

〔美〕芮沃寿著，常蕾译《中国历史中的佛教》，北京大学出版社，2009。

〔韩〕金大珍：《北魏洛阳城的建筑材料与建筑色调》，《洛阳师范学院学报》2010 年第 3 期。

〔日〕都筑晶子：《六朝后期道馆的形成——山中修道》，载《魏晋南北朝隋唐史资料》（第 25 辑），武汉大学出版社，2010。

〔日〕窪添庆文著，陈巍译《北魏的宗室》，《西夏研究》2015 年第 4 期。

〔韩〕金大珍：《北魏洛阳城市风貌研究》，中国社会科学出版社，2016。

图书在版编目（CIP）数据

北魏洛阳城南的居民与居住环境／王静著. -- 北京：
社会科学文献出版社，2019.11
（河洛文化文库）
ISBN 978 - 7 - 5201 - 5499 - 4

Ⅰ.①北…　Ⅱ.①王…　Ⅲ.①城市环境 - 居住环境 -
研究 - 洛阳 - 北魏　Ⅳ.①K296.13

中国版本图书馆 CIP 数据核字（2019）第 201620 号

· 河洛文化文库 ·

北魏洛阳城南的居民与居住环境

著　　者／王　静

出　版　人／谢寿光
责任编辑／李　淼
文稿编辑／徐　宇

出　　版／社会科学文献出版社 · 城市和绿色发展分社（010）59367143
　　　　　　地址：北京市北三环中路甲 29 号院华龙大厦　邮编：100029
　　　　　　网址：www. ssap. com. cn
发　　行／市场营销中心（010）59367081　59367083
印　　装／三河市东方印刷有限公司

规　　格／开本：787mm × 1092mm　1/16
　　　　　　印张：20.75　字数：317 千字
版　　次／2019 年 11 月第 1 版　2019 年 11 月第 1 次印刷
书　　号／ISBN 978 - 7 - 5201 - 5499 - 4
定　　价／88.00 元

本书如有印装质量问题，请与读者服务中心（010 - 59367028）联系